基金业务

财富管理利器

[美] 罗伯特·博森　　特雷莎·哈马彻◎著
（Robert Pozen）　　（Theresa Hamacher）

刘宝成　　杨幸鑫◎译

中信出版集团 · 北京

图书在版编目（CIP）数据

　　基金业务：财富管理利器 /（美）罗伯特·博森，
（美）特雷莎·哈马彻著；刘宝成，杨幸鑫译 . --2 版
. -- 北京：中信出版社，2017.9
　　书名原文：The Fund Industry：How Your Money is
Managed
　　ISBN 978-7-5086-8012-5

　　I. ① 基…　II. ① 罗…　② 特…　③ 刘…　④ 杨…　III .
① 共同基金—基本知识　IV . ① F830.91

中国版本图书馆 CIP 数据核字（2017）第 195382 号

基金业务：财富管理利器

著　者：[美]罗伯特·博森　特雷莎·哈马彻
译　者：刘宝成　杨幸鑫
出版发行：中信出版集团股份有限公司
　　　　　（北京市朝阳区惠新东街甲 4 号富盛大厦 2 座　邮编　100029）
承 印 者：中国电影出版社印刷厂

开　本：787mm×1092mm　1/16　　印　张：32.25　　字　数：550 千字
版　次：2017 年 9 月第 2 版　　　　印　次：2017 年 9 月第 1 次印刷
京权图字：01-2011-1728　　　　　广告经营许可证：京朝工商广字第 8087 号
书　号：ISBN 978-7-5086-8012-5
定　价：92.00 元

目录

序

我非常欣赏这本书，因为它真正透彻地解读了共同基金。聪明的投资者正是需要如此的真知灼见。共同基金是大多数投资者最为重要的投资工具。投资者需要知道回报来自何处，以及如何基于自身实际情况建立共同基金投资策略。共同基金投资者不应该完全依赖别人的意见、共同基金过去业绩的简单计算或对未来业绩的预测。实际上，从过往的经验来看，这种预测往往并不准确甚至是错误的。

本书清楚地阐述了不同类型的共同基金，以及它们是如何运作以实现投资目标的。特别地，本书中有一部分专门介绍了投资者如何利用基金评级机构，如理柏或晨星公司分析基金表现的方法。但它们的分析方法很容易被那些对基金业务并不熟悉的投资者滥用。

本书已经扩展覆盖了行业里最新、最热的产品，例如书中专设交易型开放式指数基金（ETF）和对冲基金章节，并且回顾了流动性另类投资基金的发展。

本书还通过介绍基金投资的主要策略，使基金投资者、管理者了解如何有效发挥共同基金的税收优惠，包括退休计划、教育储蓄和慈善捐赠等税收优惠工具。税负对投资业绩有较大的影响，但是很多投资者忽略了根据自身情况，来进行共同基金选择。

此外，书中有专门针对国际投资的两章。其中一章探索了美国以外的市场购买证券所面临的特殊挑战，另外一章讨论了美国的基金管理人出售基金给外国投资者所遇到的障碍。许多投资者都没有很好地实现在国际上多元化投资，本书可以帮助他们。

本书还分析了许多在业界、学术界和媒体界都备受争议的重要政策问题。例如，共同基金的费用是否过高？独立董事是否能有效地监督基金管理人？共同基金投资者是否对基金所投资上市公司的高管监督？指数基金在资产类别上是否优于主动管理基金？

与之前一样，本版保持了简单明了的叙述方式并避开生僻的专业词汇，而且在每章结尾都附有帮助读者理解的本章总结。为了不给读者增加负担，本版还通过互联网提供了扩展材料，如对衍生品、债券等方面的补充。

总之，本书不仅适用于基金投资者和那些已从事或致力于从事基金行业的专业人士，也适用于金融专业的学生。与此同时，我也向其他金融机构或服务机构的从业人员（包括会计师、律师甚至新闻记者）推荐本书。

罗伯特·J. 希勒① （Robert J. Shiller）

---

① 罗伯特·J. 希勒是耶鲁大学经济学系斯特林教席教授（Sterling Professor），2013 年诺贝尔经济学奖获得者，同年获得者包括芝加哥大学的尤金·法玛（Eugene Fama）和拉尔斯·彼得·汉森（Lars Peter Hansen）。

我们对过去 4 年基金行业翻天覆地的变化非常惊讶。当我们在 2010 年夏天提交第一版稿件时，自认为对次贷危机后的商业世界已经有了一个很好的认识和理解。那时，雷曼兄弟倒闭已是旧故事，《多德－弗兰克金融改革法案》已成为金融法律监管的新标尺。

然而，现实往往和预期有所差异，这个行业瞬息万变、令人惊讶。例如，共同基金、对冲基金趋同的速度比我们预期的还要快。与此同时，行业里还发生了一些小变化，比如美国证券交易委员会开始采用"付费入场"的政策；又如，基金行业通过中介分配新数据源的方式得到了迅速发展，并且通过综合性账户的大量使用来完成投资者的记录保存。

为了捕捉这些新的事实，我们需要在新版本中做出一些显著的改变。本版更新了以下内容：

- **关于 ETF 章节的扩展**：目前，ETF 已占到行业里总资产的 10%，我们认为，ETF 值得专设一章进行讨论，这能使我们更好地回顾自己的投资方式并探讨 ETF 未来的发展前景。

- **关于对冲基金的新章节**：鉴于对冲基金的持续快速增长，我们决定将其作为一个单独的章节进行讨论。本章经过重新整合，反映了《多德－弗兰克金融改革法案》和《乔布斯法案》下私募基金监管的重大变化，并增加了有关对冲基金和共同基金融合后的资产类别——流动性另类投资的讨论。

- **增加了对退休储蓄计划的覆盖**：退休储蓄计划在行业里的重要性逐渐增加，本版因此增加了对其内容的覆盖。在第一版中的美国退休计划一章在本版中被分为两章，主要是增加了对目标日期基金和年金的讨论。此外，本版最后一章将有一个附录专门分析两个国家的退休制度。

- **专门设立基金费用的章节**：对于投资者、监管机构和行业研究人员来说，共同基金的成本费用计算一直是关注的重点。与第一版分散在全书不同，本版单独设立了一章，全面介绍基金费用和相关的争论问题。

- **增加了对衍生品的覆盖**：根据大众的需求，我们增加了一个章节来介绍衍生品及其在基金中的使用。

- **完成内容更新**：我们已经彻底更新了所有章节，以反映最新的数据、评论、法规和趋势，包括对固定收益基金的晨星分类系统、欧洲开始实施另类投资基金经理指令（AIFMD）以及关于高频交易的争论等的修改。

为了给这些新事物留出足够的空间，我们利用互联网的优势并将部分章节发布在网站上。与本书配套的网站包含以下内容：

- 对衍生品的更新介绍：包含3个单独章节"基础知识""期货、远期和互换"以及"期权和信用违约互换"。

- 固定收益证券概述："债券基础"。

- 在本书中引用的补充材料。

- 提供全面的参考资料来源的脚注文本，包括法律引文。

本版中所有的补充材料及教师指南，均可在网站（www. wiley. com/go/fundindustry2）上找到在线素材，包括在课堂上使用的课件。

尽管本版的内容与第一版相比有所改变，但本质相同：两版都是写给任何想知道如何管理其财富的人。本书是一本实用指南，通过揭秘基金管理公司背后的运作，来阐述它们如何选择项目构建基金的投资组合，如何在全球各地卖出基金份额，以及如何为基金投资者提供服务。

基金业是一个极其复杂的行业，它在详尽的法律法规框架下，通过中介机构、直接销售和退休计划等渠道提供了成千上万的基金。这同时又是一个非常重要的行业，因为它吸收了普通美国人将近1/4的储蓄，他们依靠这些资金来购买住房、过上一个舒适的退休生活或者是获得大学教育。

作为已经在这个行业总共工作了 57 年的从业者，我们很荣幸能够有机会向业内人士、监管当局和共同基金的投资者分享我们的投资知识。

本书共分为五个部分：

第一部分：共同基金投资指南。此部分从投资者的角度看待共同基金，评估共同基金的优势与劣势，解释其运作机制，并向投资者介绍怎样搜集潜在基金的投资信息。另外，我们还介绍基金的不同类别，并分析投资者该如何选择基金。

第二部分：共同基金投资组合管理。此部分介绍基金如何管理其投资，讨论股票、债券、货币市场基金的投资组合管理，并解释基金如何通过交易实施投资决策。最后，得出共同基金作为重要的证券投资者如何行使职责的结论。此外，本部分还以附录形式总结了基金中衍生品的运用。

第三部分：共同基金的销售和运营。此部分阐述共同基金业务的另外两个关键环节：向投资者销售共同基金份额和共同基金的运营。首先，针对通过中间商渠道的零售和面向消费者的直接销售展开调查。接下来的两章讨论了 401（k）计划和其他退休储蓄工具（包括个人退休账户和年金等）的运用。最后，专设一章来介绍基金的客户服务和投资组合记录的保存操作。

第四部分：非传统基金。此部分考察两种日趋重要且增长迅速的传统共同基金衍生品：ETF 和对冲基金，并以单独的章节形式分析有关它们的监管规则、投资方法和未来的发展前景。

第五部分：共同基金的国际化。此部分旨在审视跨国投资和资金募集、美国共同基金在投资海外市场时遇到的投资和操作问题，研究在全球范围内分销基金面临的特别挑战，并讨论欧盟如何增加其跨国分销。最后，以附录专题形式对美国和欧洲地区以外的两大退休计划及其相应的基金业务进行研究。

第一部分
共同基金投资指南

共同基金的设计初衷是为投资者提供便利，即使那些储蓄不多的人，也能以合理的价格享受到便利而优质的投资管理服务。

鉴于共同基金的使命是服务投资者，本书首先从投资者的视角入手探寻该行业的奥秘。为了让读者全面了解共同基金的状况，我们将重点探讨以下 5 个方面的问题：

1. 为何要通过共同基金进行投资？

2. 共同基金是如何运作的？

3. 投资者应如何研究值得购买的共同基金产品？

4. 投资者应如何选择适当的共同基金产品？

5. 持有共同基金的成本如何？

本部分包括 5 章：

第 1 章简要介绍如何通过共同基金进行投资，概述其优势与劣势，回顾其发展历史，讨论投资者将如何运用这一金融工具，最后介绍确保基金能够履行对投资者义务的两个实体：政府监管者和行业协会。

第 2 章阐述共同基金的基本结构和运作情况。首先，讨论基金的两个重要特征：净资产估值流动性安排以及税收优惠功能。然后，解释基金如何通过与那些在董事会监管下的服务机构签订的协议进行运作，并讨论适用于这些基金经理的道德标准。最后，将共同基金与直接投资证券或者其他混合投资工具的方式进行比较。

第 3 章阐述投资者如何通过共同基金披露的公开信息选择基金。首先概述信息披露的原则，然后重点介绍基金募集说明书概要和其他部分以及投资者报告，最后讨论投资者如何应用这些信息选择基金。

第 4 章讨论投资者如何将基金作为个人理财计划的一部分选择基金产品，介绍评估基金绩效的各种方法，回顾不同类型的基金，最后讨论在选择不同类型的基金时应考虑的因素。

第 5 章讨论共同基金费用的重要性并解释投资者持有共同基金所需要支付的成本。此章还将回顾针对相关费用的争论，尤其是管理费的水平。最后，阐述采用被动（指数型）投资方法和主动投资方法的不同，并讨论两种投资方法所带来的不同管理费用成本。

第1章

通过共同基金进行投资

许多人选择共同基金进行投资，你大概也是其中的一员：截至 2013 年底，此类投资者在美国约有 9 600 万人，通过共同基金平均投资了其所有资金的 22%。[1]请注意，这里所说的是通过共同基金进行投资，而非投资于基金。因为共同基金本身并不是一项投资，而只是一个媒介——金融中介。

共同基金让个人（包括你我在内的任何投资者）和机构（包括公司、基金会、养老基金等）能够方便地将资金汇集在一起，用于购买股票和债券，或进行其他项目的投资。基金之所以被称为"共同"基金，原因就在于它具有收益共享（包括利息收入、股利分配及资本利得）和费用均摊的特点。

与直接买卖有价证券相比，基金具有以下优点：

- 分散投资以降低风险。
- 不收取当日赎回费用。
- 能够让投资者聘用专业人士进行投资。
- 能够为小型投资者制定投资策略。
- 管理方便，服务周到。
- 安全性高。
- 披露全面，便于对比。

事实证明，共同基金的这些优点对全世界范围内的投资者都颇具吸引力。截至 2013 年底，投资者所持有的基金资产总额已达 30 万亿美元。如今，美国家庭将更多的资金投资于共同基金而非存入银行，基金也因此成为很多理财计划的重要组成部分。[2]"共同基金投资者"专栏列举了几种典型的基金购买者。

共同基金投资者

你或者某个你认识的人属于下列典型的共同基金购买者吗？

- 一对将于 10—15 年后退休的中年夫妇。丈夫在一家科技公司任职，妻子则经营着自己的咨询公司，他们通过丈夫所在公司的 401（k）计划和妻子的个人退休账户投资于股票基金来储备养老金。
- 一位想要为两个孙女上大学积攒学费的老奶奶。她为两个孙女开立了大学存款计划账户，希望每年为孙女支付一定数额的费用，她将所有的财产都投入到基金账户（投资方向包括股票和债券）。
- 一名厌倦租房度日，希望能在几年后拥有自己公寓的年轻职员。为此，他开始从薪水中自动划出一部分资金用于积攒购房首付款，在理财顾问的建议下，他通过将这笔资金投入债券基金进行投资。

本章将对通过共同基金进行的投资活动进行介绍，主要包括：

- 通过基金进行投资的优势与劣势。
- 基金的历史起源及投资者运用基金进行投资的现状。
- 监管机构与行业协会在基金行业中的重要作用。

共同基金的优势与劣势

共同基金在家庭理财方面得到了广泛的认可，这源于其自身的诸多优势，主要包括：

- **更分散化的投资**。与自己直接投资证券相比，投资者通过共同基金可投资更多的证券。此外，投资者可通过购买多只基金，进一步增加投资的分散程度。2013 年，仅在美国就有 10 000 余只基金可供投资者选择，与之相关的投资组合也涵盖甚广，从传统债券基金到新兴市场基金均有所涉及。[3]（参见"风险的基本概念"专栏，了解分散投资为投资者带来的好处。）

- **日常流动性**。共同基金投资者有权在每个交易日结束时，以基金净值将其所持份额售回给基金，而无须另寻买家或议定价格。

- **专业管理**。基金将雇用高水平的专业投资者来进行证券买卖。因为基金经理代表众多的投资者进行投资，所以众多投资者会分摊因雇用一流分析师和引进先进技术所产生的费用，从而更好地识别出高回报的投资项目。

- **更多的投资机会**。共同基金为想要进入海外市场的投资者提供了更多便利。此外，一些证券仅面向大型投资者发行，例如，有些股票和债券仅向资产价值在 1 亿美元以上的合格机构投资者出售，基金通常能满足这种条件，但能满足该条件的个体投资者则寥寥无几。[4]只要达到 5 000—10 000 美元的最低投资额，投资者便可通过共同基金参与此类投资。

- **便捷管理与优质服务**。基金为投资者提供了更为便捷的投资方式，通常包括 24 小时服务的电话或网络。此外，基金投资者还可享受税收申报、支票给付、自动交易，以及参与个人退休计划、获取教育资源等一揽子的其他服务。

- **投资者保护**。政府监管体系确保共同基金投资的合法性。在美国，该体系包括独立董事的监管制度。因此，共同基金投资者不必对庞氏骗局或其他形式的资金挪用过度忧虑。

- **透明度与可比性**。根据相关规定，共同基金必须定期出具证券持有情况与投资策略的报告，以便投资者更好地把握其资金动向。更重要的是，统一的报告格式也便于投资者对不同基金的投资收益进行比较。

风险的基本概念

降低投资风险的方法非常简单——你只需进行多项投资即可，这种不把鸡蛋放在一个篮子里的策略称为分散投资。

为更好地理解分散投资的作用原理，这里将涉及证券投资的两类风险：贝塔风险和阿尔法风险。贝塔（通常由希腊字母 β 表示）风险指市场的总体风险；阿尔法（由希腊字母 α 表示）风险，又称非系统风险，指某项投资收益的波动情况。二者将同时作用于某只股票，一方面，股票价格随市场行情上下波动（贝塔风险）；另一方面，上市公司的重大事件也会对股价产生重大影响（阿尔法风险）。通常，利好消息会使股价支撑于市场水平之上，而利空消息则会将股价打压至市场水平之下。

分散投资可通过降低阿尔法风险来降低投资的总体风险。这是因为，当你持有分散的投资组合时，一个证券的利好消息和另一个证券的利空消息所产生的作用会相互抵消，因此，即使一项投资失利，投资者也不必担心整个投资付诸东流。例如，马鞭制造商因销量的连年下滑而不幸破产，其投资者也因此遭受损失，但实行分散投资的投资者并不会损失其全部资产。

但是，分散投资并不能降低贝塔风险。例如，当美国股市陷入熊市时，投资组合中的美股价格仍将走低。

事实上，真正意义上的分散化投资者不会局限于投资单一的市场，而是将投资分散于不同市场。如果你认为经济走势难以把握，那么可以同时购买股票与债券来分散投资，因为股票通常可在经济高涨时期带来较为丰厚的回报，而债券则可在经济低迷时期产生相对稳定的收益。如果你认为美国市场可能会丧失其竞争优势，那么你可以在全球市场上分散投资，以确保你在那些经济成长较好的国家有一定的投资，从而提高获利的概率。

虽然分散投资的原理十分简单，但实际操作却非常复杂。例如，我们并不知道需要多少证券才足以分散阿尔法风险。以美国股市为例，最新的研究认为40—70 种不同的证券便足够分散风险，但也有一些研究表明在美国以外的市场需要的证券数量更少，而在市场困境时期则需要更多的证券来消除阿尔法风险。[5]

共同基金也存在一定的劣势，其中包括：

- **费用。**羊毛出在羊身上。2013 年，股票基金年度管理费用的平均水平近乎基金资产价值的 0.71%，其中包括运营、管理及营销费用，即 12b-1 费用[6]，而基金买卖股票时所支付的交易佣金尚未包含在内。其他未计入的款项包括：基金销售费用，即投资者购买基金份额时支付的费用；将基金纳入某项投资计划的项目费用，如经纪公司的捆绑项目费用和保险公司的可变年金费用等。

  基金费用的高低会因为基金类型和分配方式的不同而有较大差异。针对在职人员的 401（k）计划中的货币市场基金年费可能只有 0.20%，即 20 个基点（参见"基点"专栏），而直接向基金公司购买的债券基金年费却可能高达 55 个基点。但要想通过基金理财顾问实现对高成长企业的小规模投资，则需一次性支付 2.55% 的销售费用，并分期缴纳 1.0% 的管理费。[7]（若想全面了解共同基金的相关费用，请参见第 5 章。）

  为降低投资者的成本，基金年费将从其应税所得中予以扣除，从而抵扣了这部分税款。相比之下，散户投资者则不能享受此项优惠，除非相关费用达到当年调整后净收入的 2% 以上，但这种情况十分罕见。

- **无法控制实现收益的时间。**共同基金不允许投资者自行决定实现资本利得的时间，而股票或债券散户投资者则可自由选择出售所持有证券的时间，以确认收益或损失。如果他们暂时不想为某只股票的资本利得纳税，那么只需等待——直到另一只股票的损失能够冲销此只股票获得的收益为止。然而，美国的共同基金投资者并不享有此项权利，其所持有证券的出售时机完全由基金经理决定，而投资者必须为当年的资本净收益缴纳税款，即便他们并未减持所投资的基金份额。

- **难以预测投资收益。**共同基金的股利分配和利息收入都很难预测，这意味着偏好稳定收益的投资者可能更倾向于持有单一证券。他们可以购买并持有债券，直至到期，其间即可按约定利率定期获取相同的利息收入。与之相反，共同基金对债券的买卖较为频繁，因而其收益会随不同时点上的证券组合发生变化。

- **非定制化**。共同基金的最后一点不足在于缺乏定制，同一只基金所有投资者的交易行为都是相同的。因此，投资者不能因个人偏好而单独进行证券买卖；大型投资者也不能享受相应的年费折扣。事实上，一旦某个投资者享受到某种特别的优待，那便立即会成为行业内的丑闻。

基 点

共同基金的费用通常以基金资产的百分比计算。为保证其精确度，通常需要保留到小数点后两位，如 1.07%。

基金费用的另一种表示方式为基点。一个基点相当于 1% 的 1%，因此"107 个基点"即等于"1.07%"。

起源与发展

随着对共同基金认识的不断加深，美国人的投资方式发生了巨大的转变。美国家庭在共同基金中的投资始终保持着平稳上升的趋势，而其在单一股票上的投资则在不断减少。共同基金业已演化成为个人理财计划的重要组成部分。下面我们将介绍这一发展历程。

早期历史

共同基金属于一项新发明，具体可追溯到 20 世纪初。[8] 当时，波士顿地区的法律咨询公司正开始筹建信托部门，为当地的富裕家庭管理财产。经过数代传承，这些财产变得越发分散，共同基金便以管理多个家庭财产账户的形式诞生了。1924 年，开放式基金作为一种新型基金形式进入市场，并逐渐成为行业标准，当时该基金的创新之处就在于投资者在每个交易日都可进行基金份额的申购与赎回。

虽然共同基金行业的发展受到 1929 年股市崩盘以及大萧条的影响而停

滞，但 20 世纪三四十年代相继出台的相关法律法规，作为"罗斯福新政"的一部分，塑造了一个更加规范的金融产业———一个更有利于基金发展的环境。尤其是《1940 年投资公司法》针对共同基金及其他类型的投资公司确立了严格的运行标准，其中包括基金推广与组合投资的限制，以及信息披露与定价的最低要求等。此法案对开放式基金的影响不大，因为开放式基金在法案出台前就已满足了其大多数条款的要求，使其处于非常强的竞争地位。可以举一个体现该行业价值的例证，麻省投资者信托基金作为第一只开放式共同基金，今天仍然在运行，目前是 MFS 投资管理公司①的一部分。

然而，共同基金在 20 世纪 40—70 年代发展缓慢，基金投资大都集中于股市，也就意味着其资产规模与股市的跌宕起伏密切相关。20 世纪五六十年代，由于经济发展迅猛，股市价格高涨，基金行业经历了一次小规模的井喷式成长。但好景不长，1973 年的股市下跌，导致基金行业的短暂繁荣又开始转为持续下滑。在随后的经济大衰退中，股票型基金的销售变得极其惨淡。

20 世纪 70 年代末期，股票市场持续低迷，而利率水平则出现了大幅波动。1979—1982 年，利率升至两位数，几乎从未低于 10%，而且一度上涨至接近 20%。但由于银行业的诸多规定，大多数投资者都难以享受到由此高利率带来的高额回报。特别是《联邦储备法案》Q 条款规定，银行为储蓄和支票账户支付的利率不得超过 5%[9]，结果只有 10 000 美元面额的国库券和 100 000 美元面额的大额存单才可按高利率计息，但这远远超出了普通美国民众的投资能力。

于是，货币市场基金应运而生了。通过汇集大量投资者的资金，货币市场基金便有能力购买这些高收益证券，从而使中等收入的投资者也能享受到其中的高额回报，而基金在赎回方面的优势更增强了其与银行存款竞争的能力。人们更愿意将资金从低利率存款账户转移到货币市场基金。1977—1982年，货币市场基金总资产从不足 40 亿美元一路飙升至 2 000 亿美元以上。截至 1982 年底，共同基金行业有 3/4 的资产都集聚于货币市场基金。

然而，由货币市场基金主导的时代在 20 世纪 80 年代初便戛然而止了。当时，Q 条款被废止，银行也能够支付极具竞争力的利率，而股票及债券牛市

---

① MFS 投资管理公司是一家美国全球投资管理公司。——译者注

的到来也使得其他类型的共同基金进入公众的视野。但是，货币市场基金对企业和个人而言始终是一种重要的理财工具，而且也在基金经理组合构建过程中发挥着不可或缺的作用。因为货币市场基金能够将其触角延伸至个体投资者之中，个体投资者便可根据市场情况的变化，将资金转移至其他类型的基金。

快速增长期

自从尝到货币市场基金带来的甜头之后，投资者便立即开始通过共同基金进行投资。1984—2013 年，美国共同基金经过 30 年的增长，资产总额从 2 930 亿美元上升到 17.1 万亿美元。若按复利计算，剔除通货膨胀因素的影响，调整后的年增长率达到了 15%，远高于同期国内生产总值年均 3% 的增速（图 1-1 显示了基金资产的上升通道）。[10]

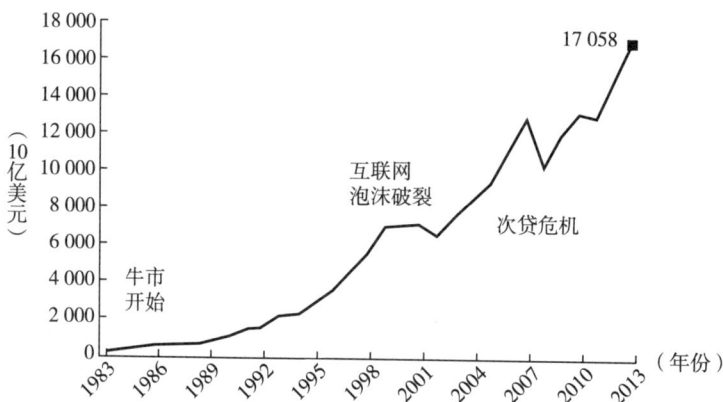

图 1-1　美国共同基金资产的增长
资料来源：投资公司协会，2014 投资公司年报

基金资产的持续增长主要源于以下 3 个因素：股票和债券市场的普遍上涨，新型基金产品的诞生，以及销售渠道的扩张。下面我们将分别予以阐释。

增长因素 1：股票和债券市场的普遍上涨。 1984—1999 年，股票和债券价格的上涨拉升了共同基金既有投资的价值。同时，20 世纪 90 年代极佳的市场环境，也促使更多的个人投资者将资金从存款账户转向股票和债券市场。但两次市场崩盘，即互联网泡沫的破裂与次贷危机，宣告了繁荣的终结（参见"崩盘"专栏对两次危机的介绍）。

崩　盘

在过去的 20 年中，股市曾经历过两次大涨，最终均以暴跌收场。第一次发生在 20 世纪 90 年代末期，人们对互联网成长潜力的炒作催生了互联网泡沫。直到 2000 年 3 月泡沫破裂，人们才意识到追捧虚拟经济并不能保证真正的收益。

这股风潮从互联网逐渐吹向了房地产行业。在 21 世纪初期的 10 年间，银行贸然向许多不合适的购买者提供抵押贷款，导致房价飙升。当银行信贷违约人数以惊人的速度增加时，房地产市场便轰然倒塌，并波及许多相关的金融机构。2008 年的这场股市暴跌即被称为次贷危机。

增长因素 2：新型基金产品的诞生。鉴于货币市场基金取得的成功，基金公司又推出了几种新型基金产品来满足投资者的需求，并借此与其他金融机构争夺市场份额。

- **指数基金**。世界上第一只指数基金——先锋第一指数投资基金（现为先锋 500 指数基金）于 1976 年推出。虽然经历了一段时间后指数基金才让大众所接受，但发展到现在它们已经成为许多储户的首选投资工具。

- **免税基金**。20 世纪 70 年代末出台的法律规定，通过共同基金持有的市政债券可免税，免税基金便应运而生。立法通过之前，持有共同基金中的市政债券所取得的利息收入均需要缴税。[11]20 世纪 80 年代，在国会对个人避税策略加以限制之后，免税基金便更受欢迎。

- **产业基金**。产业基金的诞生也发生在 20 世纪 80 年代，此类基金只关注某些特定行业，对有意持有某个行业但非单一股票的投资者尤其具有吸引力。

- **国际基金**。20 世纪 90 年代新型国际基金的出现，使得投资者能够参与过去仅对大型机构开放的相关项目的投资。

- **目标日期基金。** 20 世纪 90 年代推出的目标日期基金为热衷于养老储蓄的投资者提供了一种全新的选择，这类基金可投资于不同数量的股票和债券，属于混合型基金。

- **另类投资基金。** 过去几年，使用另类投资技术来控制风险的基金越来越受欢迎。

丰富的基金类型发挥了保障作用，为基金行业针对各种经济环境为投资者提供多种选择创造了条件。图 1 - 2 显示了 4 种不同类型的共同基金 1984—2013 年在基金总资产中的比例变化，这 4 种基金分别是股票基金、债券基金、货币市场基金以及混合和另类投资基金。虽然货币市场基金在 1984 年仍占据着统治地位，但其利率已然出现下降信号，资产随即转向债券基金。股票基金和混合型基金于 20 世纪 90 年代初开始崭露头角，到了 90 年代末，它们几乎占到基金行业的 2/3。自此，其占有比例便随股票市场上下起伏，而货币市场基金和债券基金则在股市低迷时成了投资者的避风港。2013 年底，股票基金和混合型基金总额占共同基金行业的 55%，债券基金占 22%，货币市场基金占 16%，其余为目标日期基金和另类投资基金。[12]

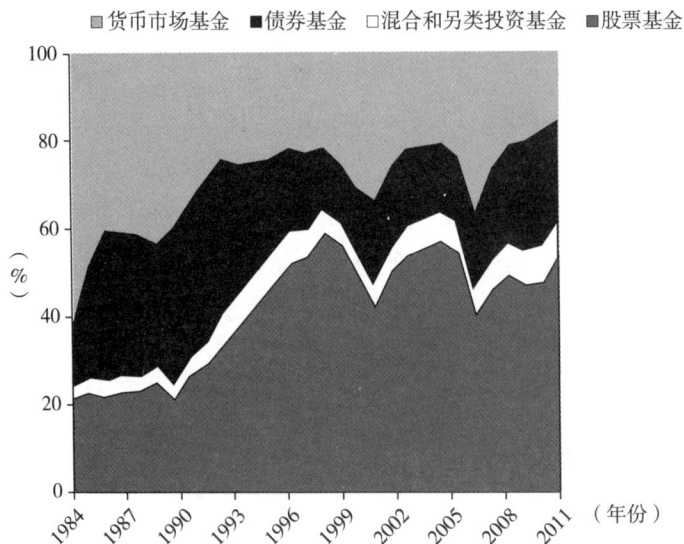

图 1 - 2　不同类型的基金资产比例

资料来源：投资公司协会，2014 投资公司年报

增长因素 3：销售渠道的扩张。在过去的 30 年间，基金管理公司通过新建的销售渠道接触到新的投资群体。在 20 世纪 70 年代之前，几乎所有的共同基金都通过第三方机构向公众销售；也就是说，基金由一家公司管理，而由另一家公司销售，后者通常叫作证券经纪公司（"关于经纪人"专栏将对一些重要概念进行介绍）。这些公司的经纪人通常会向财力雄厚的投资者提供个性化的投资建议。当时，经纪人提供投资建议的报酬来源于佣金，即投资者支付的交易费用。在共同基金行业中，佣金通常叫作前期销售费用，在投资之前予以扣除。在 20 世纪 60 年代，销售费用为投资金额的 8.5%。

关于经纪人

证券经纪公司是负责证券买卖的公司，既可代客户交易，也可自营。[13] 证券经纪公司有时也被称为经纪公司，美林、摩根士丹利（MSCI）、爱德华琼斯等都属于证券经纪公司之列。

过去，证券经纪公司雇用的销售人员通常叫作经纪人，如今这些人常被称为理财顾问或客户经理。他们要获得相关监管机构的许可持证上岗。

这种传统的通过中介进行基金销售的渠道，随着货币市场基金的出现而有所改变。货币市场基金往往借助广告和直邮等方式直接销售给公众，而省却了前期费用。后来，一些基金管理公司开始将这种方式推广到所有基金的销售，包括股票基金和债券基金，而完全摆脱了对中介渠道的依赖。由于不含任何销售费用，直销模式在关注成本的投资者中备受青睐，而投资者也为能脱离经纪人进行自主决策感到非常满意。

在 20 世纪 80 年代，401(k) 计划的推出及个人退休账户的普及催生了另一种，也许是最重要的一种基金销售渠道：退休账户。共同基金逐渐成为此类账户中的优先投资方式，而基金管理公司不仅按退休计划的要求提供详细业绩记录，而且逐渐成长为最大的管理人。随着此项服务越来越受欢迎，到 2013 年底退休账户现已占据超过 1/3 的基金资产。[14] 与此同时，共同基金也成为国家退休体系的重要组成部分，占到退休计划资产的 25%。

通过中介进行基金销售的方式也在不断演化。如今，银行和保险公司也可向公众销售基金，其中保险公司的销售通常以年金合同和人寿保险的形式进行。独立于证券经纪公司的注册投资顾问也在基金销售环节中扮演着重要角色，他们引领了一股新的潮流：按资产计算而非购买的前端费用向客户收取年费。证券经纪公司也采取了与共同基金类似的做法，即免除销售费用，根据整体理财方案仅收取附加费与单项费。

共同基金的销售还在向全球化方向迈进。基金管理公司已在世界范围内建立了销售网点，从而可在不同地区为投资者提供服务。随着更多欧盟国家对基金的认可，基金的跨国界销售已经变为现实。截至 2013 年底，共同基金的投资者已遍布美国以外的 40 余个国家，资产总额超过了 15 万亿美元之巨。

共同基金在美国的现状

共同基金凭借自身的优势和广阔的销售渠道，逐渐超越证券这种直接投资工具，发展为投资者的首要选择。在过去的 10 年中，美国家庭有 9 个年头在持续增加其基金持有头寸，而减少了股票的直接持有量。图 1-3 显示了美国家庭近年来在基金、债券、股票上的净投资分布情况。[15]

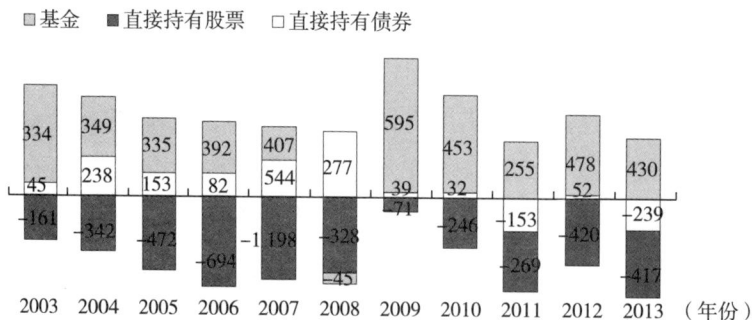

注：基金中的净投资包括新投入的资金和红利再投资。基金按定义分为共同基金（包括在各类年金中持有的基金）、ETF 以及封闭式基金。

图 1-3　家庭在基金、债券和股票上的净投资（10 亿美元）

资料来源：投资公司协会，2014 投资公司年报

将投资转向共同基金，源于家庭储蓄从银行取出并投资于基金获得的收益的增长。1981 年，仅有不到 1/3 的美国家庭直接持有股票或间接通过基金

持有股票，股票只占到了他们所持金融资产的 1/4。但到 2007 年底，超过一半的美国家庭将其 50% 的资产投资到了股票上。

许多人在股票市场的投资是通过共同基金完成的。截至 2013 年底，美国约有 46%，合计 5 670 万户家庭，至少将其部分资产通过共同基金进行投资。如图 1 - 4 所示，持有共同基金的美国家庭比例在 20 世纪 80—90 年代迅速增加，并在过去的 15 年中稳定在 40%—45% 的水平。

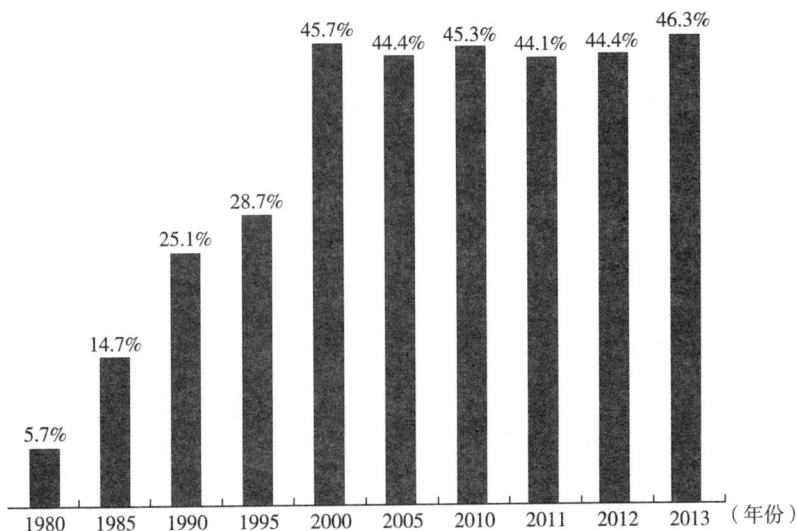

图 1 - 4   通过共同基金进行投资的美国家庭比例

资料来源：投资公司协会，2014 投资公司年报

那么，这些投资者是谁呢？2013 年，他们也许是拥有稳定工作及大学文凭的中年人，且大多与配偶共同进行投资决策，家庭平均收入为 100 000 美元，拥有的金融资产（不包括房屋）价值约为 200 000 美元。共同基金投资者通常并不是特别富有：仅有 8% 的投资者拥有年均超过 200 000 美元的金融资产。表 1 - 1 列举了相关数据。

事实上，这些家庭通过 3 种不同类型的基金进行投资的总额平均约为 100 000 美元，这些是平均数据，占其金融资产投资的 66%。就目前情况而言，他们通过基金进行投资的主要原因在于做好退休养老的准备，尽管也会有诸如降低应税收入、应对突发事件、储备教育资金、获得投资收益、积攒购房首付及其他大额开销等原因。有 4/5 的投资者在工作中通过共同基金参与了 401（k）退休计划，而超过 1/3 的投资者选择将基金作为该计划的一部分。

表 1−1　共同基金投资者的特征（2013）

人口统计特征	
平均年龄	52
已婚或与配偶同居	76%
已就业，全职或兼职均可	69%
大学毕业	47%
财务特征	
家庭平均收入	80 000 美元
低于 50 000 美元	24%
50 000—200 000 美元	68%
200 000 美元以上	8%
家庭平均金融资产（不含主要房屋）	200 000 美元

资料来源：投资公司协会，2014 投资公司年报

监管机构与行业协会

鉴于共同基金在美国家庭中的广泛影响，确保其履行对投资者的承诺变得尤为重要。因此，共同基金成为美国证券业中监管最为严格的行业。证券交易委员会对共同基金的合法性、合规状况负有首要监察责任，并与金融业监管局（Financial Industry Regulatory Authority，FINRA）密切合作共同监管基金运营活动。许多其他联邦监管机构也对基金行业起到了重要监管作用。此外，州政府也会参与违规行为的查处工作。

基金行业协会在行业自律方面扮演着重要角色。其中，投资公司协会是推动规章制度建设的首要倡导者，而全国投资公司服务协会则通常提供新法规执行方面的教育和培训服务。

证券交易委员会

证券交易委员是国会于 1934 年建立的，主要负责监管《联邦证券法》的执行，[16]其使命在于"保护投资者权益，维护公平、有序、高效的市场环境，为筹资活动提供便利"[17]。证券交易委员会由 5 名委员负责监督其运作过程，而委员由美国总统亲自任命，任期 5 年；但其任期交错，每年任命 1 名委员。为保证两党均在其中占有席位，来自同一政党的委员不得超过 3 人。

证券交易委员会下设 5 个部门：

1. 投资管理部。该部门对共同基金产业影响最大，主要负责投资公司及管理这些公司的投资顾问的监管工作。

2. 交易与市场部。该部门通过证券经纪公司和证券交易所相关法规实现对证券买卖的监控，与共同基金关系最密切的部分在于该部门负责监管基金经理的客户服务部门，以过户代理人著称。[18]

3. 执法部。该部门主要负责调查潜在的违规行为，提出改正措施，与违规者商定解决方案，该部门通常参照执法检查办公室的相关意见开展工作，详见"证券交易委员会的执法检查"专栏。

4. 企业融资部。该部门负责确保上市公司向投资者提供完整准确的信息。作为公司证券的机构投资者，共同基金从该部门的相关工作中受益良多。

5. 风险、战略及金融创新部。该部门成立于 2009 年，负责研究金融市场的长期趋势，并据此向证券交易委员会提出监管方法的调整方案。

证券交易委员会的执法检查

为确保证券公司合规经营，证券交易委员会执法检查办公室将对其进行审查，发现的问题将交由执法部处理。如果怀疑公司违反某个重要规定，甚至有时是由小费问题引起的，执法检查办公室成员可随时进入公司检查。

执法检查办公室还可同时向多家公司索取相关信息，并将其作为风险聚焦、清查或检查、审视整个基金行业面临的新问题的一个部分。例如，2011 年 2 月，执法检查办公室曾针对投资顾问机构的社交媒体使用情况展开调查，并将风险审查结果发布在第二年的《风险警示》通告中。[19]

在新规则正式出台后，管理公司及行业内的其他公司便可通过证券交易委员会的无异议函寻求非正式的解释性建议。公司通常会以信函的形式向证券交易委员会询问诸如"如果我们做了这样或那样的事，证券交易委员会是否会采取强制措施"之类的问题，并针对不确定违规与否的行为进行确认。证券交易委员会成员将对其所描述的事项进行研究，若认定不属于违规范畴，则有关部门的首席顾问办公室便会发出无异议函。通常，无异议函中将说明证券交易委员会成员"不会就相关行为向委员会提出采取强制措施的建议"。

这类信函可以减轻公司对潜在违规行为的担忧，在原则上不被证券交易委员会禁止。例如，在最近针对管理基金协会的无异议函中，证券交易委员会工作人员在申请一些规定时，需要澄清其作为投资顾问的"雇员"或"投资者"身份。[20]

大多数无异议函所针对的是法规中敏感或艰涩条款的解释和不易分类的非常规问题（如贝尔斯登的案例）。它们为基金行业和证券交易委员会提供了一个有价值的工具，这有助于解决复杂的证券法律中难以避免的模糊性问题。

金融业监管局（FINRA）

金融业监管局的使命是"确保证券行业的公平诚信，保护美国投资者的切身利益"。其前身美国国家证券交易商协会曾隶属于全国证券交易商自动报价系统协会（简称纳斯达克），2007 年 7 月与纽约证券交易所执法部合并，并更名为金融业监管局。它负责监督证券经纪公司的业务及其注册代表的行为，特别是向公众出售证券的相关事宜。

对共同基金来说，最重要的是金融业监管局负责监管其大部分的分销活动。

- 金融业监管局负责向共同基金和证券销售者发放许可证。无论是只出售共同基金的个人（通过第 6 系列测试与登记），或同时出售共同基金和其他证券的个人（通过第 7 系列测试与登记），还是销售经纪人的监管人员（通过第 24 系列测试与登记），或特定的运营人员（通过第 99 系列测试与登记）都要获得许可。[21]
- 金融业监管局几乎会对所有基金的销售宣传材料进行审查，并对违犯基金广告法和销售法等法规的公司和个人启动处罚程序。[22]
- 金融业监管局有权对基金所收取的销售费用设定上限。目前，这个上限为投资金额的 8.5%，但是正如我们看到的那样，目前大多数基金的销售费用都非常低。[23]

与证券交易委员会不同，金融业监管局并非政府机构，而是一个自律组织。当行业中的参与者一起进行自我规范时，自律组织就产生了，它试图在政府机构介入之前把烂苹果丢掉，而不是让政府介入将整个行业连根拔起。自律组织能够在证券交易委员会的监管下，按准政府机构的方式行事，这正是金融业监管局的运作方式。证券交易委员会通过交易与市场部，将监管证券经纪公司的部分责任，特别是规范证券经纪公司与公众进行业务往来的责任，委托给金融业监管局。投资行业的另一个自律组织是市政证券决策委员会，它主要负责市政债券市场的监管工作。[24]

其他联邦监管机构

有许多其他的联邦监管机构也可能会采取行动来影响基金行业，主要包括：

- **商品期货交易委员会（CFTC）**。该机构监管共同基金在衍生品证券中的使用。其网站是 www.cftc.gov。
- **劳工部（DOL）**。该机构负责监管雇主支持的退休计划。劳工部下属的员工福利保障管理局负责制定退休计划的相关规定与条款，并向包括在职和退休员工在内的计划参与者进行公告。正如我们所看到的，退休计划已在共同基金资产中占有很大比例。员工福利保障管理局需要监督退休计划的条款执行，并向包括在职员工和退休员工在内的所有参加者报告。

- **金融犯罪执法网络（FinCEN）**。该机构是隶属于美国财政部的反洗钱单位，其规定在共同基金的运营中担任着重要角色，尤其是解决投资者账户问题。
- **金融稳定监督委员会（FSOC）**。为了担起稳定整体金融体系的责任，金融稳定监督委员会有权监督那些具有系统重要性的金融机构（SI-FIs）。该机构由财政部长担任主席，由包括联邦储备委员会、证券交易委员会和联邦存款保险公司（FDIC）等在内的主要联邦机构组成。
- **美国税务局（IRS）**。该机构决定与基金相关交易的税收法规，确定是通过投资组合交易还是买卖基金份额。

州政府监管机构

在过去，虽然州政府的影响力发生了重大变化，但是它在共同基金的监管中扮演了重要角色。直到 1996 年，多数州政府仍设有各自的监管机构，且其规定往往和证券交易委员会的条款有所出入。为改变这种混乱的局面，国会出台了《全美证券市场促进法案》[25]。该法案的效力普遍高于各州的立法，在大多数实质问题上，可以确保证券交易委员会的最高管理权。如此一来，便减轻了基金在应对各州各行其是、相互冲突的不同立法方面的负担。

然而，《全美证券市场促进法案》明确保留了地方对共同基金违法行为的查处权，州政府也在最近加强了这方面的管制。例如，2003 年，纽约总检察长办公室在揭露和惩处共同基金交易过程中的违规行为方面发挥了重要作用，本书第 14 章将对此进行详细讨论。此外，《全美证券市场促进法案》还规定，进行基金销售的公司必须根据当地州政府的规定注册，并向监管机构缴纳相应的费用。

投资公司协会

投资公司协会是美国基金业内第一大同业协会。它成立于《1940 年投资公司法》出台后不久，如今，几乎美国所有的基金系列均已归至其麾下。该协会在基金行业得到了广泛的支持，使得基金行业可以在面对国会、证券交易委员会及其他监管机构时保持步调一致，它为此不惜耗费大量的资源，这使其成为该行业利益最有效的维护者。

投资公司协会同时负有重要的教育使命，其研究机构是投资行业发展趋势等信息的主要来源，内容涵盖退休计划市场、投资者特征、基金费用等不同专题。

美国国家投资公司服务协会（NICSA）

美国国家投资公司服务协会可帮助基金管理公司及服务机构应对新的规定。它成立于 1962 年，是一个非正式合作论坛及专业的投资者服务机构。该协会还将支持研讨小组开发并汇集最佳的合规实践。

其他基金业务协会

还有许多其他协会在基金业中提供服务，它们向成员提供重要信息或法律法规变动的支持。表1-2列出了其他基金业协会及其所关注的领域。

表 1-2 其他基金业务协会

简称	全称	涉及领域	网址
CFA 协会	特许金融分析师协会	投资管理	www. cfainstitute. org
IRI	退休保险协会	年金	www. irionline. org
IAA	投资顾问协会	注册投资咨询	www. investmentadviser. org
MFA	管理基金协会	对冲基金，管理型期货基金	www. managedfunds. org
MMI	货币管理协会	管理账户和其他投资解决方案	www. moneyinstitute. com
MFDF	共同基金董事论坛	独立共同基金董事	www. mfdf. org

本章小结

共同基金能够使投资者将资金汇集起来，用于购买股票和债券，或进行其他项目的投资。基金的全部收益由投资者共享，费用也由其均摊。

共同基金在家庭理财领域得到了广泛的认可，原因是，与自行投资相比，投资者可通过共同基金，在证券数量和市场类型上实现更高水平的分散化投资。基金还是一种便捷的投资方式：允许投资者每天出售基金份额，享受专业投资管理等一系列其他的投资者服务。共同基金受到政府的严格监管，这在很大程度上保护了投资者的利益。基金的不足之处在于其对服务的收费较高，且投资者很难享受适合其特点的个性化定制服务。

第一批共同基金成立于20世纪20年代的波士顿，然而基金行业的快速发展则主要集中于过去的30年间。20世纪80—90年代，股票及债券的牛市带动了基金资产价值的上涨，并鼓励更多的个人投资者通过共同基金进行投资活动。基金管理公司通过开发新型基金产品和开辟诸如直销、退休计划和金融中介等新型销售渠道，实现了共同基金市场的快速扩张。在2013年，有46%的美国家庭持有共同基金。

共同基金受到政府的严格监管。其中，证券交易委员会是基金行业的主要监管者，金融业监管局、劳工部及州政府也参与其中。行业协会则有助于基金公司合理应对这种严格的监管。其中，投资公司协会是基金行业法律、法规的主要倡导者，而美国国家投资公司服务协会则负责为基金业的发展提供最佳实践案例。

第2章

共同基金的运作模式

我们已经讨论了共同基金如何帮助投资者,现在让我们深入考察共同基金具体是如何组织和运作的。乍看之下,共同基金并无太多特殊之处。每只共同基金都是一家独立的公司,通常被称为投资公司。[1]像其他公司一样,共同基金向公众发行基金份额,代表基金的部分所有权:拥有 10% 的基金份额,意味着你实际拥有了 10% 的基金资产和负债。希望通过共同基金进行投资的投资者通过购买基金份额成为某只基金的持有者。这就解释了为什么"投资者"与"份额持有者"在基金行业中是两个可以相互替换的概念。

但若仔细考察,共同基金又与上市公司有很大区别。共同基金份额并不在证券交易所进行交易。通常,共同基金既无纳税义务,也没有雇员需求。此外,共同基金还受到极为严格的道德准则保护。让我们进一步对这些特征进行考察,并将共同基金与其他投资工具进行对比。

本章将讨论:

- 投资者如何根据资产净值进行基金份额的买卖。
- 共同基金的穿透性税收待遇。
- 共同基金如何在董事会的监管下进行日常运作。
- 基金运作应遵循的道德准则。
- 适合个人投资者的共同基金替代方案。

请注意,我们从现在开始关注美国的共同基金,并将在第 17 章对非美国基金进行讨论。对我们讨论的法律法规感兴趣的读者，可以参考本书网站上列举的法律引证列表。

基金份额的买卖

共同基金的独特之处在于，其投资者并不在证券交易所进行基金份额的买卖：他们直接与共同基金进行交易。因此，基金份额的价格便不是由市场交易者决定的，而是等同于基金的资产净值。资产净值可通过特定的公式逐日计算得出，详见"解读资产净值"专栏。当投资者购买基金份额时，其支付的费用等于基金的资产净值与销售费用之和，通常被称为基金报价。而当投资者卖出基金份额时，其得到的资金等于资产净值与赎回费用之差。[2]

解读资产净值

基金的资产净值等于基金资产与基金负债之差除以发行在外的基金份额。[3]

资产净值（NAV）＝（资产－负债）/发行在外的基金份额

若基金资产为1亿美元，负债为1 000万美元，发行在外的基金份额为1 000万，则其净资产为9 000万美元，资产净值为9美元。

基金资产并不难理解，但基金负债是什么呢？这可能源于某些复杂的投资策略，比如卖空或做空期权。如果基金出于某些原因借入了资金——无论是为了偿还贷款还是利用杠杆——这些资金的借入同样表现为负债。此外，基金负债还可能在支付投资管理等服务费用的过程中产生。

大多数基金在每个交易日都可发售基金份额，但这不是一项强制要求，所以基金有时会拒绝投资者追加投资。当基金达到一定规模，很难获取更好的投资回报时，这种情况往往就容易发生。

但法律规定，共同基金必须具备在纽约证券交易所营业时间内，从投资者手中回购或赎回其基金份额的能力。[4]若想暂停赎回——不论是由于市场发生了重大事故或是崩溃——共同基金都务必事先得到证券交易委员会的批准。(但货币市场基金是个例外,也就是说,货币市场基金不必取得证券交易委员会的批准即可暂停赎回。我们将在第 8 章对此做出进一步讨论并说明其缘由。)

很明显,即刻卖出基金头寸的权利,使投资者获益良多:他们可以在任何时间通知基金投资者服务机构卖出其份额,而基金会将等价于基金资产净值的资金在当天转入投资者账户。基金保留了以实物方式为拨款赎回进行支付的权利——通过出售基金中持有的部分投资,而不是现金。很少有人使用基金这一权利,除非向同意接受这类证券的大额投资者行使。[5]

虽然此项规定对投资者是一项优惠,但对共同基金并非如此,主要体现在两方面:一方面,共同基金每天都必须对资产净值进行计算。虽然计算公式十分简单,但计算过程非常复杂:进入证券交易,调整持有头寸,记录负债,准确评估头寸价值——流程十分紧凑——对于每个共同基金公司都是一项烦琐的工作,对那些持有头寸较大、投资结构复杂的公司尤其如此。我们将在第 14 章对资产净值的计算所面临的挑战进行更加深入的讨论。

另一方面,仅仅拥有基金运作的基础设施还不足以应对每日的赎回需求。基金还必须适当调整其投资组合结构,从而确保能够快速准备现金资产,来应对任何水平的赎回需求。关于投资组合结构的规定,在《1940 年投资公司法》中有详细描述,它是支持基金行业发展的重要立法之一(详见"基石"专栏对此法案的详细介绍)。

基 石

有两部法案铸就了今天我们所熟知的基金行业,其中,《1936 年税收法》设立了基金投资者免税条款;《1940 年投资公司法》(常被称为《1940年法案》)则规定了基金的结构。这两部法案的原则至今仍指导着基金的运作。

正如产业历史学家马特·芬克（Matt Fink）所言，《1936 年税收法》的设立是"共同基金历史上最重要的事件之一"，正是《1940 年投资公司法》，使得共同基金广受关注。[6]大家经常把共同基金称作 1940 年法案基金，来区别其他类型的基金。专门为共同基金提供服务的律师被称作什么呢？当然是 1940 年法案律师。

《1940 年投资公司法》对所持投资组合的限制体现在以下两个方面：

1. 限制借款。 基金可借贷的资金规模受到限制。根据法律规定，借贷资金不得超过其资产价值的 1/3。[7]基金借款要求以基金资产作为抵押或担保，即意味着那些抵押资产在贷款清偿前不得出售。因此，借贷规模的限制等于限制了证券的卖出速度。如今，大多数基金借贷的目的仅仅是满足短期资金需求——以便支付给那些期望通过卖出基金获利的基金持有人。但是，越来越多的基金利用杠杆来提升投资回报，我们会在第 15 章和第 16 章里讨论这些基金。

2. 设定分散化的标准。 大多数基金选择实行分散化策略，但作为管理共同基金的重要立法之一，《1940 年投资公司法》对此持否定态度。具体而言，在 75% 的基金资产中，分散化基金对单一项目的投资不得超过基金总资产的 5%，其对一家公司的投资不得超过具有投票权的证券的 10%。[8]

然而，基金对于其余 25% 的资产拥有绝对的自由支配权。因此，从理论上说，基金可以在一家公司投入 25% 的资产，并在其他 15 家公司分别投入 5% 的资产。但在实践中，大多数分散化的共同基金自身持有50% 以上的头寸，并很少将多于 10% 的基金资产投资于一家公司。因为基金普遍认为，小头寸比大头寸更容易卖出，分散化基金也更容易满足赎回需求。非分散化基金，即将投资集中于少数公司证券的基金，可能会遭遇筹资困难。此类基金通常只投资于某一单一行业或小型的高增长企业。

此外，根据证券交易委员会的规定，基金对非流动性证券的投资不得超过其资产的15%，而非流动性证券指那些不能在 7 天之内出售的证券。[9] 这项指标对货币市场基金甚至更低——5%。[10] 也就是说，基金持有的大多数证券必须能够在赎回时立即变现。

总之，即时赎回的成本较高。对于基金投资集中度、借贷规模和非流动性证券投资的限制，意味着共同基金不能通过采取激进的投资策略来获取高回报。这对大众投资者并无影响，但并不等于那些追求高风险高回报的投资者往往会倾向于选择对冲基金。

共同基金税收优惠的功能

共同基金的另一个特别之处在于：共同基金虽为公司，却无须缴纳公司所得税。基金份额持有人承担纳税责任。听起来这似乎不是一项优势，但与一般公司相比，这却是一项优势所在。一般正常经营的公司都面临着双重纳税，首先，公司须缴纳企业所得税；然后，由于公司会将税后收益的一部分作为股利发放，所以投资者还要为此缴纳个人所得税。而共同基金的份额持有人只需缴纳一次税款。

美国税务局实行双重征税，这显然会得到更多的税款，所以它建立了一些标准来防止一般企业转化为共同基金公司。这些测试在《国内税收法》的 M 节中有所描述（税务律师将共同基金称为"M 节公司"就理所当然了）。其中两个标准与我们提及的《1940 年投资公司法》关于分散化标准的规定非常类似：

- 分散化。在50%的基金资产中，共同基金对某单一投资的数额不得超过基金总资产的5%；而其余50%的资产，共同基金对单一公司的投资不得超过基金总资产的25%。（与《1940 年投资公司法》类似[11]，参考"标准"专栏，了解这两种规定在细节上的差异。）
- 有限的投票权证券拥有量。在50%的基金资产中，M 节公司在一家企业持有的具有投票权的证券不超过10%。[12]

标　准

哪项分散化标准更容易通过，《1940 年投资公司法》标准还是美国税务局标准？这要视具体情况而定。毫无疑问，按美国税务局标准，基金在更少的公司中进行投资，但美国税务局要求基金在每个自然季度末均须达到标准，而《1940 年投资公司法》只要求基金在购买时点上满足要求即可。

举个例子：假设雅芳希尔基金在 3 月 1 日将 24% 的资产投资于温迪科纳股票（其他投资均低于基金资产的 5%），温迪科纳的股票大涨，截至 3 月 31 日，基金在该公司的投资增长到基金资产的 40%。这在《1940 年投资公司法》下是符合要求的，因为其头寸在购买时点保持在 25% 的限额之下。但是基金必须卖出部分头寸才能满足税收测试，因为税收测试只考察季度末的头寸水平。

其他标准是《国内税收法》所特有的：

- **收益分配**。为了获得免税待遇，基金每年须对至少 90% 的利息、股利和已实现的资本利得净额进行分配，纳税人则须将这些分配收益计入自己的应税所得，以缴纳个人所得税。为帮助基金份额持有人计算所分配的收益，基金会在表格 1099 - DIV 中列明收益分配情况，同时这份表格也会提交给美国税务局。收益在分配给投资者后仍将保持其原有特性，基金的长期资本利得也是投资者的长期资本利得。

  在实践中，基金每年都对其所有的收入进行分配。那是因为，当基金收益分配率低于 98% 时就必须缴纳消费税。为防止基金每年恰好分配 98% 的收益，任何未分配的收益都将转入下一年累积计算。[13]

- **合格收入**。《国内税收法》M 节的最后一条规定是：至少 90% 的营业收入（扣除费用之前）须来自证券市场和货币市场的投资活动（在法律允许范围内，商品市场的投资活动也包括在内），基金不得将其大部分资产投资于公寓建设、厂房设施及金矿开采，否则将不得享受税收优惠。[14]

这听起来挺公平的，是吗？共同基金的投资者如果直接拥有证券，最终将缴纳相同的税款，除此之外，基金投资者不能决定纳税的时间。如果投资者通过其经纪人账户持有股票，那么他们可以决定何时将其卖出，从而实现资本损益。但如果他们通过共同基金持有相同的股票，那么这个时间将由基金经理决定——基金份额持有人不能选择纳税时间，只能在规定时间内缴纳税款。

更糟糕的是，出现资本净损失的基金不得进行任何分配活动，而这些损失只能用于未来收益的冲销。如果基金份额持有人希望利用共同基金的损失冲销另一投资组合的收益，那么他必须将基金份额卖出。也就是说，基金并不是一个完美的避税工具。

为了减轻税收负担，许多基金利用一些投资策略来最大限度地减少可实现的资本利得，以及随之而来的税单。指数基金越来越受欢迎，部分原因就在于它几乎不对投资组合中的证券进行交易，没有交易，就没有资本利得，也就没有税收负担。

所以，也许基金的税负并没有乍看之下那么公平。事实上，其他发达国家大多采取另一种不同的方法，详情请参见"课税对比"专栏。

课税对比

仁者见仁，智者见智。美国公司大都希望自己能够适用与共同基金相同的税收政策，但其他国家的投资者也许认为美国对共同基金的课税过于苛刻。国外的投资基金大多没有被要求必须向投资者分配资本利得。相反，基金的所有收益都将在内部留存，而投资者只需在赎回其份额时缴纳税款，这可使基金份额持有人更好地选择纳税的时间。

所以，至少从纳税角度考虑，美国的共同基金对非美国投资者并没有很大的吸引力，他们在本国有更好的选择。也许美国投资者看好离岸共同基金——在其他国家建立的基金，但证券交易委员会不允许其在美国境内向个人销售。[15]

因此，全球的共同基金行业可分为两个部分：美国的和非美国的。我们将在第 18 章进一步讨论这种划分的意义所在。

最后需要说明的一点是，每年都对收益分配进行纳税的政策，对半数以上的共同基金没有影响，因为它们都是有税收优惠的投资工具。[16]基金可能是投资于免税的市政债券，这些债券产生的利息收入不属于联邦所得税的纳税范畴。或者这些基金资产属于递延纳税工具，就像退休账户或可变年金一样，仅在从账户中提取款项时才需纳税。（我们将在第 7、12、13 章对市政债券、退休计划、可变年金进行更多讨论。）

虚拟公司

共同基金与经营型公司的另一个重要区别在于：共同基金一般没有雇员，它们更像是一种虚拟公司，其所有工作都由其他公司代为完成。基金董事会负责与这些服务机构进行谈判并签署合同，同时负责监控工作绩效。

所以，共同基金至少在一个方面与其他公司相似：均设有董事会。[17]如同其他公司董事会一样，共同基金的董事会代表基金持有人的利益，与其他公司董事会的责任一致——谨慎管理与忠于基金。

基金董事会必须积极投入到各个重要环节的监管中。董事会审阅基金的财务报告，建立健全内控机制来完成准确的基金财务披露，并批准有效的程序，对投资组合中的证券进行估值。[18]

一般公司和共同基金董事会都须将某些重大问题交给股东（或基金份额持有人）来进行最终决策。董事会将向股东提交一份委托声明，解释投资者需要权衡决策的问题。股东将在股东大会上通过投票对每一个问题做出决策，一股即一票。整个过程常被称为代理投票，因为股东可委托选举人提交缺席选票，而不必亲自出席投票。

一般公司董事会必须每年召开一次股东大会——无论是否有重大事件需

要决策，而共同基金董事会只需在遇到牵涉重大利益的问题时才与投资者进行正式商议。基金份额持有人无须对常规问题进行表决，如与原审计公司续约或现任董事的连任。相反，他们仅对少数重大事件进行投票，包括重要投资政策的变更、基金管理费用的增加、基金管理公司或审计师的更换等。基金董事甚至可以在通过选举前就开始任职，因为只要超过 2/3 的董事得到了股东的认可，现任董事便能够自行任命其岗位继承人。如果股东认可比例低于 2/3，那么新任董事必须通过投票决定。[19]（参见"民主的代价"专栏，可了解为什么共同基金无须召开年度投资者大会。）

民主的代价

基金不召开年度投资者大会的主要原因是成本问题，因为大多数基金的客户由大量个人投资者和极少数大型机构投资者组成，所以基金很难取得法律规定的最少票数。为此，基金通常会雇用信息征集公司，以电话访问的形式统计投票。证券交易委员会也认为，常规问题决策采用这种方法的代价过高。

关于无须股东（或基金份额持有人）同意的问题，一般公司和共同基金董事会均有较大的监督、管理业务的权力，但两种董事会的具体职责有所不同。一般公司董事会的首要责任是雇用、解聘首席执行官，并决定其薪酬，董事会往往需通过首席执行官来贯彻公司战略和政策。如前所述，共同基金董事会主要负责管理基金与服务机构之间的关系。

共同基金董事会所签署的最重要的合同是与基金管理公司（也称基金发起人）签订的。[20]管理公司之所以重要，主要有 3 个方面的原因：

1. **基金建立**。如果基金建立之初的原始资本来自基金管理公司，那么基金的建立也通常由管理公司负责。
2. **基金名称**。基金发起人常常决定了基金的名称。通常，发起人会与一家以上的基金签署合同，这些基金形成了基金家族或基金系列。例如，雅芳希尔价值基金和雅芳希尔全球债券基金可能属于同一个基金家族，且均由雅芳希尔投资公司管理。一个董事会若不是负责监管所有基金，则通常只负责一个基金家族中的子系列。

3. **投资管理**。最重要的是管理公司负责将基金资产投资于不同的证券组合。当管理公司行使此项职能时，通常被称为投资顾问或投资经理，其与基金签订的协议即为投资顾问协议。虽然大多数管理公司自行决策，但也有一些管理公司另雇其他投资管理公司顾问进行投资决策。这种结构称为分层管理关系，必须得到董事会的批准。

董事会与基金管理公司的合同每年都需要更新，年度审查是董事会的一项重要任务。[21]董事会要仔细审查明细报告，分析基金的成本和收益，并询问商业计划与盈利能力。（请参考"加藤伯格标准"专栏，了解他们在年度审查中所考虑的因素。）一旦董事会决定与某家管理公司商议合同，必须以书面形式记录其决策过程、考察因素和最后结论，此项记录文件要在提交给投资者的年度报告中披露。

加藤伯格标准

在对管理合同进行评估时，几乎每一个基金董事都会参考知名的加藤伯格标准。这一标准是根据欧文·L. 加藤伯格（Irving L. Gartenberg）的名字命名的，他在一份诉讼文件中声称美林货币市场基金收取了过高的费用，而该案最终被第二巡回上诉法院驳回。

1982 年，法院制定了一系列标准，用以判断一项费用"是否过高而无法与所提供的服务建立合理的联系，或不是公平谈判的结果"。[22]法院列举了处理与基金费用相关的案例时应考虑的 6 个因素，分别是：

1. 服务的性质和质量。

2. 对顾问而言基金的盈利水平。

3. 顾问的关联收益，即基金带来的间接收益。

4. 基金增长带来的规模经济程度。

5. 同类基金的费用。

6. 董事的独立性与责任感。

加藤伯格为董事会针对管理合同的年度审查绘制了一幅蓝图。2010 年，美国最高法院在琼斯与哈里斯公司的案例中重申了加藤伯格标准，进一步丰富了这些要素的应用。[23]

然而，管理公司只是基金董事会必须监管的服务机构之一，这些服务机构大致可分为 3 类：

1. **销售及投资者关系管理**。分销商直接或通过中间商间接向投资者销售基金份额。过户代理人负责记录基金持有人的头寸，并回答投资者的提问。

2. **托管与清算**。托管人持有基金的投资组合证券。基金会计负责基金账簿的保管和记录，并每日对资产净值进行计算。

3. **审计与合规**。法律顾问在合规性方面提供指导建议，审计师为董事会评价财务报表的准确性与操作流程的合理性。

有些服务必须由管理公司以外的公司提供。例如，审计师必须保持独立性，事实上每个基金公司都有独立的法律顾问。但是其他服务则可以——而且通常是——由管理公司提供。规模较大的基金系列往往自己管理投资组合，并自行处理基金份额销售和会计等工作，以及过户代理的部分工作。规模较小的基金发起人则往往只负责投资组合的筛选，而将其他工作外包出去。图 2-1 反映了这些服务机构与大规模的基金系列有着怎样的关系。

不管这些工作如何组合，在签署合同之前，基金董事会必须让投资者相信其投资能够获得合理的回报。董事会还会评估潜在的风险：服务机构在监管基金的过程中坚持所有规则是否会遇到问题？假如服务机构因为某种原因突然停止服务，基金会怎么样？而合同签署后，董事会还须确保服务能够如约提供。

董事会还须确保基金管理公司没有以基金利益为代价，为关联公司牟取

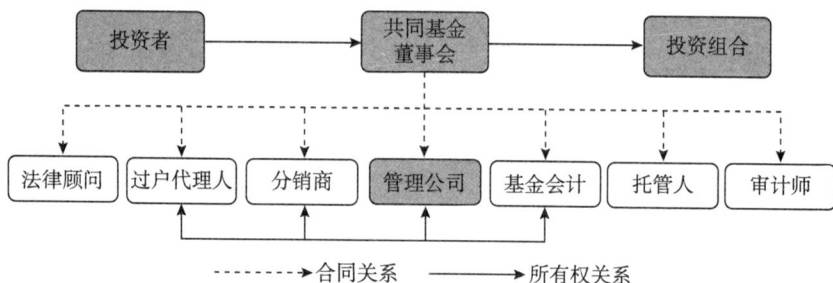

图 2 - 1 典型的共同基金服务机构关系

利益。为避免此类情况发生，《1940 年投资公司法》严禁基金与基金管理公司的关联企业进行交易，但证券交易委员会批准的除外。[24]关联交易只有在个别情况下才能进行，并且通常只能在基金董事的监控下进行。

下面有 3 个在董事监控下的关联交易的典型案例：

1. 如果基金管理公司由一家银行控股，那么投资顾问便不能购买该银行的股票作为基金的投资组合。

2. 现在假设银行还拥有一家证券经纪公司，管理公司希望通过那家公司进行基金组合中相关证券的买卖。董事必须首先确定与这家关联公司进行交易是否可使公司利益最大化。如果他们认为可以，那么必须对交易进行复查，并确保基金支付给关联企业的佣金同类似交易中支付给第三方企业的佣金相比是合理的。[25]

3. 董事还必须决定是否允许同一基金家族中的两只基金相互买卖证券，这种交易的成本很低，因为不会产生佣金或其他交易成本。如果董事批准此类交易，那么他们必须进行仔细核查，以确保两家公司均获取了最大化利益。[26]

总之，董事必须是为基金份额持有人负责任的代理人，必须为服务争取到一个正当的价格，保证服务的如约提供，并确保没有隐性费用。

为了确保董事会时刻以股东权益为重，证券交易委员会规定董事会中必须有一半以上是独立董事。[27]其他成员可以是管理公司的员工。独立性的官方定义非常详细，大体而言就是无关联利益的董事（即独立董事）与管理公司及其他服务机构之间没有密切关系。这是一个非常严格的标准——至少与工业企业类似标准相比是严格的。[28]

独立董事对基金投资者负有特殊的责任,因为只有他们有权批准顾问合约。具体的协议和交易条款必须得到独立董事的多数(同时也是董事会成员的多数)授权,包括我们之前提到的关联交易。[29]然而,不是每个人都相信独立董事很好地履行了他们的职责,正如"宠物狗还是看门狗?"专栏所说的那样。

宠物狗还是看门狗?

通常认为,基金董事会是投资者利益的保护者,但有些人对此提出批评,认为基金董事对此毫无作用,就像在需要德国杜宾犬的场合下却来了一只英国小猎犬一般——这暗示着独立董事往往是那些愿意遵从管理公司期望的人,而不是将投资者利益放在首位的人。你很难忽略这条批评,因为这出自基金顾问约翰·博格尔(John Bogle)之口,而约翰·博格尔是先锋基金家族的发起人之一。

批评的例子

对基金独立董事提出批评的人通常会考虑 3 个问题:

- 问题 1 是董事获得的高额酬金。虽然在一家基金任职的酬金并不算多,但一个董事会常常会服务于一个基金家族中的多只基金,并分别计酬。因此,一个董事每年可从一个规模较大的基金集团获得超过 150 000 美元的报酬。批评者指出,独立董事出于维护自身利益的考虑,会避免与管理公司发生冲突。

- 问题 2 是独立董事在所监管的基金中没有个人投资。批评者质问道:"如果董事没有在所监管的基金中投资,他们怎样与投资者利益相联系?"虽然越来越多的董事被要求购买他们负责监管的基金,但他们似乎不会再拥有大量的基金份额。

- 问题 3 才是真正的症结所在。批评者指出,如果董事把投资者利益最大化作为行为准则，那么他们应该设法降低支付给管理公司的费用。但是基金董事会几乎从不以竞争性投标方式决定顾问合约的签署，也很少更换管理公司。

经济学家的反驳

许多经济学家认为，削减费用并非基金董事会的首要职能，[30]共同基金市场是高度竞争的市场，现存的 10 000 只基金就是最好的证明。[31]他们还指出，假设有关投资方式和投资费用的信息丰富且易于获得，那么投资者可以轻易挑选基金经理——董事会不得对此擅加干涉。一些经济学家甚至认为基金根本不需要董事。

实践中的中立

在实践中，大多数基金董事会的行为处于批评者的激进主义和经济学家提出的自由放任之间。在基金份额持有人已经选好投资基金管理公司后，董事会也不会强迫变更管理公司。

同时，董事负责每年与基金发起人进行谈判，以确保投资者利益最大化。他们通过与类似基金费用对比的方式，判断费用的合理性，并向管理公司提议与投资者分享规模经济效益，即随着基金成长，降低相关费用。对投资业绩不佳的基金，董事会可以建议更换证券投资组合经理或改变投资策略，而管理公司一般都很重视基金董事会提出的针对性建议，因为他们明白董事会最终有解雇他们的权力。

基金董事也明白他们的职责不仅在于评估费用，董事会还负责保护投资者的资产免于被盗。因此，在次贷危机中，美国共同基金并未成为庞氏骗局的牺牲品。

由于独立董事扮演着重要角色，一些基金份额持有人断言，只有更高的董事会独立性才能保证投资者的利益，因此他们一再提议董事会应采取诸如加大独立董事和独立委员会的席位比例等措施，确保董事会的独立性。

2004 年，证券交易委员会对此做出回应，并发布了一条规则提案，即董事会主席必须由独立董事担任。因此，基金董事会至少每个季度开一次例会，独立董事还必须在利益相关方董事不在场的情况下尽可能频繁地举行单独会议。如果董事会认为他们需要直接接触第一手信息，那么他们必须直接雇用员工。除此之外，基金董事会每年还必须对自身表现做出评估。[32]

道德准则

独立董事并不是防止不法行为损害基金份额持有人利益的唯一方法，共同基金的运作还受到极为严格的道德准则的约束。

具体而言，共同基金经理是对投资者负有一系列重大受托责任的受托人。他们需要运用自身的专业技能实现客户利益的最大化，而不得以客户损失为代价谋取个人利益；他们必须坦诚对待客户，向其提供所有关键信息，并解释这些信息之间可能存在的冲突。简言之，受托人必须始终将客户利益放在首位。事实上，这是一个极其严格的标准——是一方对另一方应尽的最高法律责任。然而，该标准尽管非常严格，却也模糊不清，因为它并没有为管理公司员工遭遇的道德困境提供具体的指导。

为帮助投资顾问正确决策，证券交易委员会要求注册投资顾问——包括所有的基金管理公司——必须采取并执行适用于所有关联机构的道德准则[33]（参见"另一部《1940 年法案》"专栏对注册投资顾问的介绍）。公司必须以书面形式告知所有员工道德准则，并确保所有员工人手一册。许多公司每年都会重复这个过程，还有一些公司在网上发布该准则，通常出现在其网站"关于我们"或"公司治理"部分。

另一部 《1940 年法案》

《1940 年投资公司法》并不是 1940 年颁布的唯一的一部有关金融市场的主要法律，《投资顾问法》也是在这一年颁布的。它建立了个人和机构投资者向他人提供证券投资咨询业务的收费标准。

根据《投资顾问法》的规定，参与共同基金管理的公司必须在证券交易委员会注册备案，填写基金档案（ADV 表格），并由注册投资顾问管理，[34] 其中包括服务类型和费用水平等方面的信息。根据"手册规定"，在其第二部分中的信息也必须提供给客户。[35]

尽管投资顾问在许多方面也会有一定的灵活性，但证券交易委员会确定了道德准则所应包含的内容指南。投资顾问道德准则通常包括以下 6 个核心部分：

核心部分 1：商业行为标准。 道德准则的开篇即是对商业行为期望标准的总体描述，最基本的是所有员工必须遵守相关的法律法规。但许多顾问的行为标准都远高于此，比如要求关联公司在履行职责时避免出现不恰当的行为，以维护公司的声誉。

核心部分 2：重大非公开信息的保护。 顾问必须采取措施保护客户投资组合与交易信息的秘密性——因为这些信息是非常有价值的。若交易人员得知一家大型共同基金将大量购买某只股票，那么他们也许会先行购买，并期待着基金的购买行为能够带动价格上涨，然后在可获利的价位卖出。因此，顾问应限制想要得知此类信息的人接触该信息，从而防止据此进行个人投机行为。

此处的重点是客户相关信息的使用，这也同样适用于有关潜在投资的重大非公开信息——言其"重大"，是因为这些信息可能对投资者非常重要；至于"非公开"，则是因为并非所有投资者都可获取此类信息。根据内幕信息进行操作是被严格禁止的。那些进行内幕交易的人将遭到指控，并将承担严重的民事和刑事责任（我们将在第 6 章再次讨论内幕交易）。

共同基金管理公司作为大型金融公司的一部分，必须特别注意内幕交易问题。它们可能与某一投资银行有关联，而投资银行在常规的证券承销业务中能够接触到许多重大非公开信息。这些公司必须遵守一定的程序，在基金经理与投资银行之间建立信息隔离带——有时也称为防火墙。[36]

核心部分 3：个人证券交易限制。 投资顾问必须采取相应措施，以防止那些接触重大非公开信息的员工利用此类信息牟取私利。请注意，这些规定并不适用于所有员工，而仅限于内幕消息知情人。[37]这些人通常包括投资组合管理团队、交易员、每天接触交易信息的管理人员，以及监管投资程序的高级管理人员。（请注意，许多规定同样适用于内幕消息知情人的家人。）

大多数顾问公司的内幕消息知情人若想利用个人账户进行交易，则必须事先获得书面许可，通常称为事先批准，而它远不只是一个盖章的程序。任何接触过重大非公开信息的人不得买卖相关证券，如果某基金家族中的某只基金正在交易或刚刚交易过某证券，或与之类似的证券，相关的个人交易也会被禁止。

投资顾问进行特定类型的证券交易时可免受事先批准条款的约束，如美国政府债券。然而，首次公开发行和私人配售往往必须得到事先批准。因为私人配售的投资收益相当可观——私人配售的机会非常有限——所以证券交易委员会希望确保基金并未以私人配售方式贿赂内幕消息知情人。首次公开发行也可能会遇到类似问题，所以许多投资顾问在任何情况下都不会进行个人账户交易。

另外，还有一些其他类型的交易也是被禁止的。内幕消息知情人一般不得从事短线交易，即不得在较短时间段（通常为60天）内进行证券的买卖。此外，投资组合经理个人不得自行买卖其管理过的基金刚刚交易过的股票。

内幕消息知情人必须放弃与其财务状况相关的大部分隐私。为了确保他们严格遵守了相应的道德准则，他们必须定期披露自身证券交易及持有情况。

到目前为止，很明显，内幕消息知情人要进行个人账户交易并不容易。因此，一些基金经理为避免麻烦，便将其所有资金都投入到自己公司所管理的基金中去。管理公司一般会鼓励这种行为，因为这既便于管理，又可使投资者受益。

核心部分4：礼品和娱乐的限制。大多数公司的道德准则都会对商业活动中收送的礼品和娱乐活动加以限制。[38]通常规定，员工不得收受与本公司有业务往来的客户或送给这些客户价值超过100美元的礼物或现金。娱乐活动必须符合商业惯例而不得过度。一些投资顾问甚至要求其关联方提交与此相关的报告。

核心部分5：对政治捐款的限制。那些想要为国家或地方养老金计划管理资金的注册投资顾问必须遵守"付费游戏"规则，要做到这一点，他们会限制其员工的政治捐款。[39]该规则禁止投资经理影响州级和地方官员（"支付"政治捐款），以确保向政府基金提供服务而获取大量利益的合同能够签署（"进行游戏"）。那些因支付捐款而违反规定的顾问，将从支付了捐款开始之后的两年内，不能从相关的政府合同中赚钱。

"付费游戏"适用于公司高级管理人员和销售人员的捐款，这些人被称为"互相掩护的同伙"[40]。在一些公司，他们必须预先清除捐款，就像他们的个人证券交易一样。在其他一些公司，员工对于可投票官员的捐款不能超过 350 美元，其他人不能超过 150 美元（这些微量的数额在规定中被允许通过）。公司也会将付费游戏规则融入它们的招聘流程中，因为在加入公司前，新员工可以触发超时捐赠的使用。

当哨声响起时

为投资顾问或共同基金工作？根据道德准则您可能会向内部合规团队表达您的疑虑，但您可以采取另一种途径：启用美国证券交易委员会举报程序。如果您这样做，您将受到保护且不会受任何形式的报复。

如果采取此途径真的是个大问题，这里甚至有一个财务激励鼓励您直接去美国证券交易委员会，因为您可能会获得举报不良行为的现金奖励。要想获得奖励资格，您必须自愿向美国证券交易委员会提供能导致不良行为人支付 100 万美元或更高罚款的原始信息。但是请注意，如果您首先尝试通过公司的监察部来解决，则可能会增加奖励的规模。[41]

从 2011 年设立举报人奖励计划开始至 2013 年 9 月，美国证券交易委员会已经收到了超过 6 500 个举报，并已完成了 6 次奖励的支付。2014 年 9 月，美国证券交易委员会为了感谢一个举报人对执法行动的贡献，给予其超过 3 000 万美元的奖励。[42]欲了解该计划的更多信息，请访问网站 www. sec. gov/ whistleblower。

核心部分 6：违反准则的后果。 任何违反准则的行为都须及时上报首席监察官，首席监察官通常会在听取执行委员会的意见后，执行相关决议。执行委员会负责制定违规的处罚措施，包括通报批评、罚款，甚至解雇。（关于首席监察官的更多信息，参见"双重责任"专栏。）

双重责任

根据证券交易委员会的规定，每个投资顾问及共同基金均须设一位首席监察官。这是一个重要的职位。[43]首席监察官负责确保其完全服从相关的法律法规，因此有权建立相关的政策，并有责任确保其得到执行。[44]

共同基金的首席监察官对其董事会负责，并由此获得佣金。即使如此，他们仍属于管理公司的雇员，通常担任管理公司的首席监察官。他们在基金公司的工作只是短期性质的。

最后需要注意的是，管理公司关联企业也可以制定雇主要求的道德准则以外的其他准则，通常适用于经过某领域机构认证的专业人员。例如，特许金融分析师协会负责授予特许金融分析师（CFA）资格。获得此项资格的分析师及基金经理必须遵守其制定的道德规范与职业行为准则。特许金融分析师必须每年发表职业操守声明，对其遭遇的法律诉讼、客户投诉、纪律处分进行披露。协会将对每个案例进行调查。如果其认定分析师发生了违规操作，那么分析师将受到公开警告直至开除会籍等不同程度的处罚。[45]

共同基金之外的投资选择

如前所述，共同基金为投资者带来了较高的投资便利与保障。但它与其他投资方式相比又如何呢？在本章最后，我们将分别讨论对投资者而言可行的其他两种主流的投资方式——直接证券投资与混合投资工具。

个人账户直接投资

投资者大可不必通过诸如共同基金这样的金融中介进行投资，而是直接进行证券投资。若想自行买卖证券，投资者通常有 3 种选择：经纪账户、信托账户和独立管理账户。

选择 1：经纪账户。 许多投资者通过在美林证券或嘉信理财等经纪公司开设账户来购买股票，当他们认为时机成熟时，便会向经纪公司发出买卖指令。这种方式比较适合有自主控制偏好的投资者，而不适合有分散投资或专业理财偏好的投资者。

经纪账户的费用差别很大。如果投资者选择交易费用较低的经纪公司并自主决策，支付的费用要远低于通过共同基金投资的花费；但若选择提供专业化的理财建议并执行买卖决定的全套服务的经纪公司，情况则并非如此。

选择 2：信托账户。 期望享受白金级服务的投资者，通常会选择由银行信托部门管理的账户，或偏好高净值账户的投资顾问。高净值也指明了此类账户的主要缺陷：专为高端客户服务，开户的最低限额为 200 万美元左右，其费用也体现在其所包含的大量服务之中：处理账单、支付孩子的零花钱、寻找抵押贷款等。

在过去的 20 年中，又发展出了第三种选择：

选择 3：独立管理账户（SMA）。 此类账户专为欣赏信托账户理念但缺乏足够的银行存款的投资者所设计。此类账户通常也被称为个人管理账户、管理账户或掉期账户（注意，此处的掉期与共同基金的掉期业务不同，第 10 章将会对此进行详细讨论）。

相比于信托账户，独立管理账户的投资者所拥有的实际上是特定的证券，而非证券投资组合中的份额。而与信托账户类似的是独立管理账户也实行专业化管理，投资者有机会定制证券组合。例如，投资者可对那些价格上升的证券发出持有指令，从而获取资本利得；若反对支持酒精、卷烟、赌博等行业，也可禁止购买此类股票。但独立管理账户与信托账户之间最大的区别在于，独立管理账户对账户规模的要求要低得多，通常在 50 000 到 100 000 美元之间——尽管与共同基金的要求相比仍然较高。

　　独立管理账户项目一般由经纪公司发起，并由其负责投资组合记录、业绩报告准备、交易指令执行等相关工作。另外，它们也负责遴选投资经理。"网络与独立管理账户"专栏介绍了已经成为现实的经纪公司的线上独立管理账户项目。

　　当然，针对小规模账户的专业化管理，个性化投资组合必然要有所妥协。值得注意的是，事实上独立管理账户个性化证券定制的程度是非常有限的。在大多数独立管理账户项目中，投资者可以选择一个由投资项目经理确定好的投资组合模型。然后，相关电脑程序将根据该模型持续进行大体相同的交易，并根据税收和其他投资者偏好进行细微调整。（事实上，直到计算机变得非常强大，能够方便地进行此类运算，独立账户管理才变得可能。）

　　另一点需要妥协的是，独立管理账户的投资者不能像银行信托部门的客户一样，享受到所有的客户服务。若想获得此类好处，相对于共同基金，尤其是对小型账户投资者，则要付出高昂的费用。

网络与独立管理账户

　　如果你对独立管理账户很感兴趣，却没有理财顾问，那么你还可通过网络获取投资组合相关建议。有许多网站都提供与独立管理账户相类似的投资组合模型，以及个人经纪账户的链接。如此一来，模型的任何变动都将自动反映在你的个人账户中，这是最简单的部分。

　　如果你有兴趣，则需要仔细选购，因为所有这些服务都是不同的。例如，当涉及实际买卖时，有些服务会为你设置一个个人经纪账户，以便在模型更改时自动调整你的投资组合。其他则会要求你自己启动交易。

　　每种服务都有自己的方法来选择模型组合中的证券。你可以通过以下方式追踪投资组合：

- 顶级投资者的投资组合。
- 小市值策略。
- 量化选股技术（参见第 6 章可进一步了解此项技术）。

- 趋势跟踪策略。
- 你的财务目标和风险承受能力。[46]

此外，还有费用问题。它们差别很大，从每月 20 美元、每笔交易 9.99 美元到每年资产价值的 1.5% 不等。

独立管理账户的资产价值在过去 10 年中保持着相对平稳的水平。据资产管理研究所估计，该数字在 2013 年底已经达到 6 960 亿美元，详细趋势可见图 2 – 2。

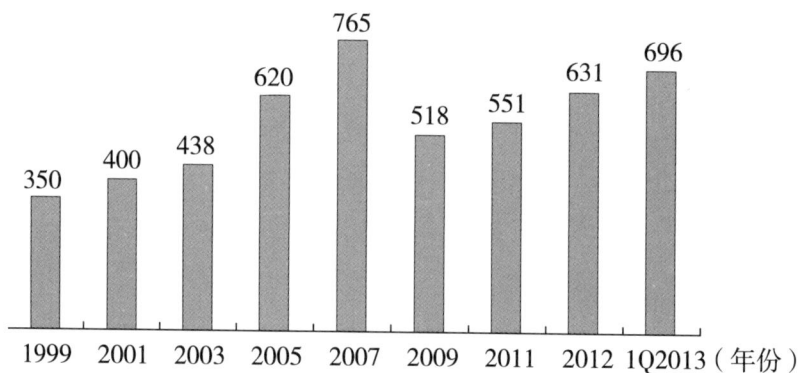

图 2 – 2　独立管理账户的资产（10 亿美元）

混合投资工具

投资者还可以通过混合投资工具进行投资。与共同基金类似，这些工具允许投资者进行集合投资，如封闭式基金、ETF、单位投资信托基金，以及对冲基金等。

需要说明的是，迄今为止，本章一直讨论的是开放式基金或开放式投资公司，只有开放式基金允许投资者在每个交易日都可申购或赎回其基金份额。[47]

我们将看到，开放式基金与封闭式基金、ETF 和单位投资信托基金有很多共同之处。事实上，许多基金管理公司向投资者提供以上 4 种。在可能的情况下，我们会在本书中将所有描述共同基金行业整体的统计数据都包括在

内。这 4 种类型的基金和对冲基金之间有很大的差距，不过正如我们将在第
16 章看到的，这种差距正在缩小。表 2 - 1 对以上几种基金进行了简单的
对比。

表 2 - 1　混合投资工具对比

特　征	开放式基金	封闭式基金	ETF	单位投资信托基金	对冲基金
每日按基金资产净值赎回	√	在公开市场进行交易	在公开市场进行交易	√	×
避税功能	√	√	√	√	√
持续的专业管理	√	√	√	×	√
独立董事监管	√	√	√	×	×

封闭式基金。封闭式基金一般仅在建立时从投资者处筹集资金并发售份
额。之后，这些份额即在如纽约证券交易所之类的证券交易所挂牌交易。想
要将投资变现的基金份额持有人不得将其所持份额回售给基金，而必须在公
开市场上寻找买家，其价格由供需情况决定，且通常低于基金资产净值。

在基金业发展初期，封闭式基金流行程度远高于开放式基金，但受欢迎
程度急剧下降。截至 2013 年底，市场上仅有不到 650 只封闭式基金。[48]投资
经理偏好封闭式基金是因为其资产规模具有稳定性，不会因为投资者的购买
或出售而出现大幅波动。但投资者却更加偏好开放式基金，因为他们不必担
心销售基金份额时的卖出价格低于基金资产净值。

ETF。ETF 是共同基金的最新形式，于 1992 年在美国成功推出，融合
了开放式基金和封闭式基金的特点。

与封闭式基金一样，ETF 在证券交易所进行交易，投资者可在公开市场
上进行买卖。但不同的是，ETF 的在外流通股份数目可以进行调整。更重要
的是，其在证券交易所的交易价格即使不等于资产净值，通常也与之非常
接近。

ETF 因其避税功能而备受投资者青睐，它多基于某一指数采取被动的投
资管理方式，而由此产生的资本利得通常较少，所以几乎不会产生较大的所

得税账单。但仍需注意的重要一点是，ETF 及开放式基金所适用的税收制度是一样的。

投资者对 ETF 的青睐加速了其发展，并使之成为发展最快的混合型基金。截至 2013 年底，交易型开放式基金多达 1 300 只，交易的资产价值超过1.6 万亿美元，远高于 10 年前的 120 只，而在 1992 年仅有 1 只此类基金。我们将在第 15 章进一步讨论这个快速增长的投资方式。

单位投资信托基金。[49]《1940 年投资公司法》所授权的另一种混合投资工具即为单位投资信托基金。此种基金与其他共同基金有很大差异，因为它们通常不雇用投资经理。相反，基金发起人会在基金建立之时选择证券组合，并在此后基金的整个生命周期中基本保持不变（单位投资信托基金通常在建立时确定生命周期）。投资者若想从单位投资信托基金提取资金，只需按基金资产净值进行赎回即可，这与开放式基金的操作是一致的。但人们会有更多其他选择，既可以在公开市场上出售基金头寸，也可以持有至到期日。

此类基金的吸引力在于：投资者可确切知道所拥有的证券。因为不存在投资组合交易，所以投资者从不会获得资本利得的巨额分红。单位投资信托基金的成本很低——不进行交易，也就没必要雇用投资顾问或设立董事会，这意味着维持基金运作的费用会非常低。此外，投资者在购买基金时所支付的销售费用还会抵销掉很大一部分年费成本。

尽管单位投资信托基金具有以上诸多优点，但在其他魅力四射的共同基金面前还是黯然失色。截至 2013 年底，所有单位投资信托基金的资产加起来也不过 380 亿美元。虽然这听起来也是个不小的数目，但它已经不足 10 年前的一半，而且规模还在不断减小而非扩大。

对冲基金。另一类值得一提的投资工具——对冲基金——是我们讨论过的所有混合投资工具中唯一不受《1940 年投资公司法》约束的。它只需通过某些测试，甚至无须在证券交易委员会注册登记。直到最近，《多德－弗兰克华尔街改革》和《个人消费者保护法案》（本书将其称为《多德－弗兰克金融改革法案》）得到通过，对冲基金经理才被要求必须获得注册投资顾问资格。

对冲基金与共同基金的区别表现在以下几个方面：

- 对冲基金的投资者不能随意进行基金份额的赎回。相反，基金的赎回通常安排在每年只有一次或两次的特定日期进行，而且只有达到一定的最低年限的投资者才具备赎回资格。
- 对冲基金不受《1940 年投资公司法》或"第 M 节"规定的投资程度和数量的限制。相反，对冲基金可通过如杠杆投资之类的技术进行扩张性投资，而杠杆即利用高于投资者实际投入的借贷资金进行投资。因此，对冲基金对追求高回报、高风险的投资者较适合。
- 大多数美国对冲基金不设独立董事会监管基金运作以保证投资者的利益。

对冲基金和共同基金也有一些相同之处：它们都是免税实体，通过不同的方式实现相同的结果。如前所述，共同基金是公司；而对冲基金更类似于一种合伙式的结构，受到美国《国内税收法》第 K 节相关内容的约束。[50]请注意，合伙制的对冲基金无须像共同基金那样，每年向投资者分配收入。但投资者则须根据所占份额，为合伙制的对冲基金的收入纳税，并根据 K-1 文件格式提供收入报告，因此，对冲基金通常会分配大量资金，以减轻有限的投资者的税负。

在过去的 10 年中，对冲基金已逐渐从极少数高收入阶层的投资工具，发展成为收入水平一般的阶层广为传播的投资工具。对冲基金研究（Hedge Fund Research）的数据显示，即使在 2008 年金融危机对市场造成巨大破坏的情况下，对冲基金的资产过去 10 年还是增加了 2 倍以上，在 2013 年底达到了 2.6 万亿美元。虽然与整个共同基金行业相比，对冲基金的规模仍然较小，但越来越多的投资者认为，对冲基金在任何市场环境下都能为其带来收益，这为共同基金的未来发展打下了良好的基础。我们将在第 16 章就对冲基金进行更加深入的讨论。

本章小结

每只共同基金都是一家独立的公司。投资者通过直接购买基金份额的方式，将自己的资产投入共同基金进行再投资，他们支付的价格等于基金资产与基金负债之差除以发行在外的基金份额，即基金的资产净值。资产净值会在每个交易日结束时重新计算。为确保基金持有足够的资金来满足投资者的赎回需求，《1940 年投资公司法》对基金的投资活动进行了限制。

共同基金自身无须缴纳公司所得税，而是将所有纳税义务转嫁到投资者身上。为获取免税资格，基金必须严格遵守相关规定，且每年必须至少进行一次收入分配，将所有的收入分配给投资者。

共同基金一般不雇用员工，其工作往往由其他公司代为完成。基金董事会负责与服务机构进行协商并签署合同。其中，与管理公司之间的合同最为重要，因为它决定了基金名称，并负责基金的具体运作。但基金董事会在与管理公司的谈判及签订合同过程中所起的作用，仍是备受争议的话题。

共同基金的运作受到严格的道德准则的制约，作为受托人的基金经理必须凭借自身的专业技能为投资者谋取收益。证券交易委员会要求每位基金经理都必须拥有一份书面的道德准则，规范员工的业务行为。

不想通过开放式基金进行投资的投资者，还可以选择通过经纪账户、信托账户或独立管理账户等直接进行证券买卖。还有些投资者偏好其他类型的混合投资工具，如封闭式基金、ETF、单位投资信托基金和对冲基金。它们与共同基金的区别主要在于投资成本、账户规模下限、管理专业度、赎回条件、个性化定制的机会、所受监管的水平等。

第 3 章

基金研究：投资者指南

前面我们已经介绍了共同基金的优点和不足，并了解了它们是如何运作的，现在你将开始对一项潜在的基金投资进行研究，你所需要的很多信息都可以从基金本身直接获得。事实上，法律规定基金必须向投资者披露必要的信息，即为潜在购买者提供指导。本章将介绍基金提供的相关文件。在以后的章节中，我们将考察基金以外独立的信息来源，你能够从中了解到更多可能的基金投资工具。

本章将介绍：

- 信息披露原则及其在共同基金中的应用。
- 基金提供给潜在投资者的核心文件——募集说明书概要。
- 基金必须准备的其他文件：完整募集说明书，附加信息说明，以及投资者报告。
- 投资者如何利用这些文件中的信息为其投资组合选择合适的基金。

读者如果想深入了解这里讨论的法规，请参阅本书网站上发布的备注。它们包含法律引文。

共同基金及其信息披露

美国证券监管的基本原则是信息披露，即证券发行方有责任告知潜在的买方与投资相关的必要信息。美国法律规定，任何向公众公开销售证券的机构或个人必须：

- 在证券交易委员会登记计划出售的证券。
- 向买方提供募集说明书，披露投资相关的重大信息，即对投资者可能十分重要的信息。
- 在证券发行之后，定期向投资者发布投资情况报告。

如欲了解这些规则来源的详细信息，请参见"里程碑式的立法"专栏。

里程碑式的立法

作为罗斯福新政的一部分，最早颁布的两部证券法至今仍是美国证券监管的基础。

1. 《1933 年证券法》。由于这部法案规定重大信息要在募集说明书中进行披露，它有时也被称为证券事实披露法，该法案还确立了证券登记制度。

2. 《1934 年证券交易法》。该法规定了证券发行的年报和季报制度，也促成了证券交易委员会的建立。

信息披露旨在为证券交易营造一个透明的环境，将投资置于一个玻璃房内而非黑箱里，以确保对内部操作易于分析和监控。买方将受益于这种透明的环境，因为他们可以广泛获取所需的信息以进行投资决策。另外，所有卖方都必须披露类似的信息，以便投资者能够轻松方便地对各种基金进行比较。

应该注意的是，信息披露完全属于开发基金产品的卖方的重要责任。即使他们向证券交易委员会提交了募集说明书的初稿，如果这些文件没能满足相关的要求，证券交易委员会也不会批准基金的发行要求——这种情况时有发生。但证券交易委员会并不对募集说明书内容的准确性和完整性发表意见。事实上，每一份募集说明书的终稿都包含如下的免责声明：

无论是证券交易委员会还是其他任何国家证券机构，都没有对这些证券进行核准，或确定募集说明书的真实性及完整性。任何与之相反的陈述都是违法的。[1]

履行信息披露的义务同样有益于基金销售者，信息披露充分者在法律诉讼中将受到极大程度的保护。投资者不能单纯因证券价格下跌而向证券发行人提起诉讼，相反，他们必须证明证券发行人在相关披露中遗漏或错报了某些重要信息——称为重大误述，不论属于有意为之抑或准备文件过程中不够谨慎所致。买方还须证明他们正是基于错报信息而做出了购买决策，并最终遭受了财务损失。

鉴于这种保护作用，卖方往往愿意提供种类繁多的证券。如果每当证券价格下跌时，卖方都会担心招致官司，那么他们就会限制证券的供应，而只提供最安全的债券，但这种投资不太可能产生较高的收益。相反，在信息披露制度下，卖方甚至愿意出售高风险的证券。

反过来，这对买方也大有好处，他们能够接触到大量各种各样的投资机会，根据必要的信息，自主判断潜在收益与风险是否匹配。因为社会是一个整体，所以信息披露制度进一步活跃了证券市场。

共同基金通常也以证券的形式发行，因此必须遵守信息披露规则的所有要求，必须在证券交易委员会进行注册登记，并向潜在投资者提供募集说明书及定期报告。

信息披露也为共同基金带来了特殊的挑战，具体体现在两方面：第一，由于大多数基金每个交易日都向公众出售份额，因此它们必须保证募集说明书的信息时效性和准确性。典型的传统经营公司与之恰好相反，它们只需每隔几年面向公众筹集一次资金，公司也只需在发行股票或债券之前准备募集说明书即可。此后至下次筹资前，公司都无须处理募集说明书的相关事宜。

第二，共同基金的募集说明书处于持续使用状态。基金须对其进行定期核查，大约每年全面更新一次，但若有重大变化，基金还须在年中进行及时修订。年中修订通常被称为"粘贴文件"，因为国家法律要求其与募集说明书的打印版贴在一起。在电子版中，你在浏览所有文件时会首先看到修订文件。如欲通过线上访问了解更多基金募集说明书的相关信息，请参见"解读基金文件"专栏。

解读基金文件

基金文件可以很容易地通过以下两种方法在网络上查到：

方法 1：浏览管理公司的网站。一个基金发起人通常会提供许多基金产品——有时会非常多，因此你需要找到自己感兴趣的那只特定基金所在的页面。有时，你可能需要查找标有文件或资料的导读标签。当你找到自己所需要的文件时，那通常是当期最新的文件。

方法 2：查询电子数据收集、分析与检索系统（Electronic Data Gathering and Retrieval，EDGAR），该系统由证券交易委员会负责维护，网址为 www. sec. gov/edgar. shtml。在该系统中，你可以找到由证券交易委员会保留和记录的过去 15 年的所有基金文件——而不仅仅是本章提到的关键性披露文件。[2]

信息披露为共同基金带来的第二个挑战是其服务对象的多样性，即投资者及其代理人希望得到的信息类型多样。有些基金份额持有人，例如那些通过 401（k）计划购买基金份额的人，也许只希望得到基金的概括性信息，他们可能只想了解基金的总体投资方式、风险和成本。而其他人，可能是决定是否将基金纳入 401（k）计划的公司监管者，也许对所有详细信息都感兴趣，比如可能使用的具体投资方式或董事会成员的资格水平。

由此可见，证券交易委员会多年来建立了一套多层级的基金信息披露标准。基金必须准备一系列简繁不一的文件来介绍公司及其政策，投资者可据此选择最适合的文件。[3] 如今，募集说明书有 3 种不同的形式，篇幅由短到长分别是：

1. **募集说明书概要**。顾名思义，这是一个简要的文件，通常只有 3—4 页，专为只关注重点信息的投资者设计，文字简明扼要。如欲了解证券交易委员会对此的定义，请参见"简明募集说明书"专栏。

2. **募集说明书**。完整的募集说明书必须包含证券交易委员会认定的、将对投资者的购买决策产生影响的所有重要信息，募集说明书概要内容是其全文的第一部分。

3. **附录**。顾名思义，该文件是为特别关注细节信息的购买者所提供的材料，通常是募集说明书的第二部分。

简明募集说明书

证券交易委员会鼓励公司在其信息披露文件特别是募集说明书概要中使用简明的语言，[4] 它对如何提高披露文件的可读性制定了一些具体的指导准则。证券交易委员会建议募集说明书起草者：

- 使用主动的（而非被动的）语气。
- 多用短句。
- 使用明确而具体的日常用语。
- 尽可能利用图表（而非文字）来解释复杂的材料。
- 避免使用法律术语和技术性过强的商业术语。
- 避免使用多重否定语句。

总之，证券交易委员会要求募集说明书的起草者了解其读者，突出强调最重要的信息，并采用易读的方式设计募集说明书的结构。证券交易委员会提供了一份长达 77 页的手册，名为《简明英语手册：如何制作清晰的证券交易委员会披露文件》，用以指导应用简明英语进行募集说明书写作，该手册可以在网站 www. sec. gov/pdf/handbook. pdf 上查到。

大多数基金向投资者发送简明募集说明书，尽管它们可以选择向投资者发送完整的募集说明书。事实上，如果基金不在线发布文件，则需要发送完整的募集说明书，但从当今社会看来这是不常见的。基金管理公司通常希望将几只基金的募集说明书结合起来，可能是因为它们是以年金形式或与其他包装化产品一起销售。这需要使用完整的募集说明书，因为简明募集说明书只能独立使用。[5]

我们将首先介绍募集说明书概要，然后介绍募集说明书的其他两种形式，以及基金公司须准备的一年至少两次的基金报告。

募集说明书概要

募集说明书概要对共同基金投资者而言是重要的用户指南，它涵盖了基金投资目标、投资策略、投资风险等内容，并总结其历史业绩，提供管理方面的信息，而这些均与投资者密切相关。

为了确保募集说明书概要是一个信息披露性文件而非营销性文件，证券交易委员会对其具体内容做了详细规定。[6]为方便投资者在不同基金之间进行比较，每一份募集说明书概要都必须严格按顺序披露以下内容：

- 封面。
- 投资目标。
- 费用表。
- 投资、风险与业绩。
- 管理方式。
- 基金份额的买卖。
- 纳税信息。
- 金融中介费用。

接下来，我们将按顺序介绍每部分的重要内容，本书的配套网站上也有一份募集说明书概要的样本。

第1部分：封面。募集说明书概要会首先列举基金的最关键数据。读者在封面或首页上首先看到的是：

- 基金名称。

- 募集说明书概要的制作日期。
- 基金份额的分类。
- 不同类别的基金份额的交易代码（详细定义参见"确保你的基金符合规范"专栏）。
- 关于如何获取完整募集说明书的信息。基金必须以电子邮件或传统邮件的方式提供募集说明书，且必须提供此信息相应的网址。

此处提到的基金份额的分类，我们将在第 5 章对其进行更加深入的讨论。

确保你的基金符合规范

由于有非常多可供选择的共同基金，所以人们很容易混淆。为避免这种情况发生，公众接触到的每一只共同基金（以及该基金的每一份额）都有一个独特的标识，叫作交易代码，如同个人社会保险号和书籍的国际标准书号（ISBN）一样。该代码由 5 个字母组成，通常以 X 结尾。例如，A 类黑岩股票红利基金的交易代码为 MDDVX。

你可以根据基金的交易代码快速查阅到相关的信息。在雅虎财经网页上端的报价栏中输入 MDDVX，你将获得包括该基金资产净值在内的基本数据。

基金名称是第一个需要披露的关键信息。证券交易委员会对共同基金的名称设定了严格的标准：简而言之，基金名称不能具有迷惑性或误导性。按照惯例，证券交易委员会对此制定了许多具体规定和指南（如表 3 - 1 所示）。[7]关于基金名称的规定，证券交易委员会要求必须能够反映基金计划持有的投资类型。证券交易委员会并未对能够反映基金投资策略（如成长型或价值型）的名称或一般化的名称（如"航海家"或"命运"等）做出规定，因为这些名字在任何情况下都不会误导投资者。但是，以"稳若磐石"或"超级安全"作为基金的名称，是绝不会得到批准的。

表3-1 共同基金名称的限制

如果基金名称……	那么基金必须……
暗示基金将集中投资于某个特定行业或特定类型的证券……	保证至少将80%的资产投资于该行业或该类证券。例如，生物科技基金必须将至少80%的资产投资于生物科技行业
表示基金将投资于特定国家……	至少将80%的资产投资于与该国经济相关的证券
包含"外国"一词……	对美国以外的国家的证券投资比例至少为80%
包含"免税""市政"这类词……	保证所持证券至少有80%为免税证券，或至少有80%的基金收入可享受免税待遇[8]
描述了基金期限（如短期、长期等）……	保证固定收益证券组合的平均期限与基金名称所述一致。例如，短期基金的加权平均期限应低于3年
表明基金是平衡型的……	持有权益型和固定收益型的资产组合。具体而言，必须持有至少25%的债券资产，以及至少25%的股票资产

第2部分：投资目标。募集说明书概要的主体部分会首先对基金投资的目标做出简单陈述，即基金期望获取何种类型的收益。表3-2列举了一些例子。如果基金名称对此没有暗示，那么基金需要说明它属于何种类型（货币市场型、免税型、权益型等）。我们将在第4章对基金类型进行更加详细的介绍。

表3-2 投资目标示例

基金类型	典型的投资目标
货币市场	基金分红时的单位价值至少为1美元
投资级别债券	经常性收益
免税或市政债券	经常性收益减去联邦所得税
权益收入基金	长期资本增值与收入
快速成长权益基金	长期资本增值

第 3 部分：费用表。证券交易委员会为确保投资者明确持有基金的成本，要求基金紧接着对费用进行披露，甚至在风险和收益披露之前。这部分报表包括以金额或百分比的形式列明费用的年度运营费用表和销售费用表。（需要记住的是，前端销售费用的支付发生在投资者购买基金份额之时。）此外，基金还必须说明：

- 投资者是否可以通过增加基金份额投资规模来降低销售费用，即是否能获得断点折扣。
- 投资组合周转率——基金内部的证券买卖——如何影响成本。[9]基金的周转会在两方面增加成本：第一，交易过程中的交易成本对基金而言是一项费用；第二，卖出证券可能会产生资本利得，这将增加份额持有人当年的纳税额。

作为募集说明书的一部分，这里对基金费用的介绍非常简略，我们将在本书第 5 章进一步讨论这个问题。

第 4 部分：投资、风险与业绩。这是募集说明书概要的核心部分，描述基金的投资方式和风险，以及基金利用该方法在过去的实践中取得的成果。

该部分开始即对基金将要购买的证券类型和筛选该证券的方法进行具体描述。一只基金可能会对基金经理认定的被低估的美国普通股进行投资，而另一只基金则可能购买与发展中国家有业务往来的公司的股票，因为这类公司可能具有高速增长的潜质。如果基金的投资集中于某一特定行业或行业群，此部分将会特别提及。

接下来，募集说明书概要会列举一些可能对基金收益产生负面影响的情形。对于不同类型的基金，影响因素各不相同。蓝筹股基金的募集说明书可能只涉及两种主要风险：股票市场呈现熊市和所选股票业绩不佳。对于新兴市场权益型基金，也许需要考虑外汇汇率的波动状况或东道国的政治风险；而高收益债券基金列示的风险因素，则可能包括股价下跌、利率上涨、发行人违约，以及持有债券出售过程中可能遭遇的困境等。此外，募集说明书还将披露基金季度回报的最佳与最差业绩信息。"定义风险的困难"专栏解释了募集说明书为何要包含对风险的各种不同描述。

定义风险的困难

如何定义一只共同基金的风险最为恰当？

这是一个非常好的问题。学者们很久以前就对风险做出了数学意义上的定义，即通过测量一项投资回报所得的历史波动性。一只美国国库券的潜在收益波动范围有限，而一只生物科技股票的收益具有较大的波动空间。

然而，即便是投资者自己，对风险的定义也并没有那么清晰。1996 年，投资公司协会针对投资者对共同基金风险的认知进行了一项调查。[10] 当被问及风险的定义时，受访者将其表述为以下事件发生的可能性：

损失部分初始投资（57%）。

投资收益不能弥补通货膨胀带来的损失（47%）。

投资价值上下波动（46%）。

在投资期末不能获得预期的资金回报（40%）。

投资分配的红利折损（38%）。

投资表现低于银行定期存款（30%）。

投资表现低于某个指数（27%）。

第一年就遭遇亏损（23%）。

只有 16% 的受访者选择了其中的一项定义，而 55% 的受访者则选择了 3 个或更多。

募集说明书通常会以多种形式对风险进行描述，多数采用文本或图表形式，其目的在于方便投资者评价基金特征是否与其风险容忍度相匹配。

基金还须以柱形图的形式显示其过去 10 年的年度收益。如果基金的运作时间不到 10 年，那么披露时间可适当缩短。柱形图中条柱的高低显示了基金份额价值的波动状况，从而有助于投资者直观判断基金收益的波动范围。图 3-1 给出了一个假设的例子。

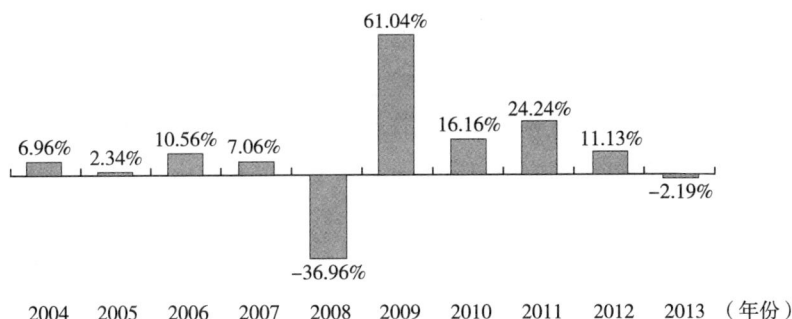

图 3-1　风险/收益柱形示意

为使投资者明确投资共同基金的风险，证券交易委员会要求货币市场基金以外的所有基金必须简单而明确地声明其基金份额价值下降的可能。许多基金文件的声明非常直白：

你可能因投资于本基金而遭遇亏损。

在风险披露之后是募集说明书概要对基金绩效的历史回顾。为防止基金只披露正面的数字，证券交易委员会明确规定，募集说明书概要必须包含基金收益的所有相关数据。通常，募集说明书概要须披露过去 1 年、5 年及 10 年的基金收益（或披露自基金建立以来的不低于 10 年的年度收益）。所披露的数据必须包括以下 3 个方面：

1. 若存在销售费用，则须披露扣除销售费用后的基金收益。
2. 扣除销售费用及因股利分配导致的税后基金收益。
3. 扣除销售费用、因股利分配导致的纳税，以及基金份额销售引起的税后基金收益。[11]

基金收益数据通常指基金总收益，在"总收益"专栏中有介绍，关于计算方法的详细描述可在本书的配套网站上找到。

总收益

虽然共同基金有各种不同的类型，但其绩效评估往往采取相同的方法——总收益，包括所有形式的收入，如收入所得和价格上涨收益等。对共同基金而言，总收益包括：

- 利息与红利收入减去年度运营费用的差额。正如我们在第 2 章所提到的，这项回报必须每年向基金份额持有人分配。
- 卖出证券带来的已实现的证券收益或损失，这项收益也必须每年向基金份额持有人分配。
- 证券组合未实现的收益或损失，必须在基金资产净值中予以反映。

为便于基金购买者进行数据对比，基金还须提供同期相应的市场指数。我们将在下一章详细讨论这种比较分析的价值。

第 5 部分：管理方式。募集说明书概要会在此部分列出许多名称。我们在这里能够知晓投资管理公司的名称——并非总是与募集说明书封面上的公司名称相同，能够看到投资组合经理的名字——投资组合经理是管理公司中实际做出买卖决策的人，还可以了解到这些经理管理基金的时间跨度（该信息对货币市场基金而言并非必须披露的信息）。共同基金专业人士会密切关注该部分的变动，因为投资组合经理的变动有时意味着投资策略的重大改变。

第 6 部分：基金份额的买卖。对仍热衷于基金的投资者而言，这部分概括了如何进行基金份额的买卖。[12]有些基金可能只提供一种交易方式，但也有很多公司提供所有的投资方式的清单，具体包括：

- 通过经纪人或其他金融代理。
- 通过系统的投资项目，从支票、储蓄账户或薪酬账户中定期扣除。
- 通过网络。

- 通过电话。
- 通过邮件。
- 通过电汇。

此部分还将说明最低投资额度，以及基金赎回的相关信息，如销售收益如何进行分配等。

第 7 部分：纳税信息。对共同基金运作方式不太熟悉的投资者，会从此部分了解到基金每年都会分配收益，而基金持有人则必须为此纳税。

第 8 部分：金融中介费用。募集说明书概要的最后一部分将再一次提到成本（很明显，到目前为止，证券交易委员会希望这部分的披露彻底透明）。如果基金（或其顾问、关联方）通过中间商即经纪公司出售份额或提供服务，那么基金必须做出如下声明：

> 向经纪公司支付的服务费用可能会引发利益冲突，因为这笔费用很可能影响经纪公司或其他中间方以及销售人员向投资者推荐基金而非其他投资项目。

募集说明书概要就是这样的。其他信息只能放在完整募集说明书或附录中进行披露，不会放在概要文件里。

募集说明书概要以外的文件

一些潜在购买者希望详细了解募集说明书概要以外的更多信息，基金提供的募集说明书全文和附录可以满足他们的需求。基金份额持有人也需要定期获取基金运营状况的即时文件，而人们可以从半年报中获得这些信息。

募集说明书

完整的募集说明书构成共同基金提供给份额购买者的必要文件。募集说明书都是精心制作的，并完整地披露了投资者在购买基金之前所需的所有重要信息。

遗憾的是，没有证据表明投资者真正完整地阅读了募集说明书全文。事实上，投资公司协会在 2006 年进行的一项调查发现，只有 1/3 的基金投资者在购买基金前仔细阅读过募集说明书的全部内容，[13] 理财顾问的建议似乎在更大程度上影响着投资者的决策。募集说明书的过量信息似乎是问题的一部分。

证券交易委员会认为需要一种更好的方法为投资者提供信息，因此推出了募集说明书概要，这也为基金提供了一种新的选择。从 2009 年 3 月开始，基金公司可以选择为投资者提供募集说明书全文或仅提供募集说明书概要。如果基金公司提供募集说明书概要，那么它们必须在网站上发布本章提及的所有文件：募集说明书概要，完整募集说明书，附录及最近的年报和半年报。基金公司必须确保投资者能通过目录、表格或链接等工具，轻易地获取线上相关文件。

然而，完整的募集说明书仍不乏拥护者。与募集说明书概要相比，它显然包含了更多的信息，概要文件也仅是它的一部分。完整的募集说明书中的其他内容包括：

- 有关投资策略与投资风险的更多细节。
- 基金公司计算资产净值的时间，一般是纽约证券交易所刚刚收盘后。如果投资者希望其买卖指令在当天得到处理，那么他们必须在收盘之前完成提交。
- 基金份额持有人设定的交易限制的细节，尤其是短线交易。基金不鼓励投资者频繁买卖基金份额，因为这将增加所有基金持有人的成本，而只有个别投资者可从中受益。
- 所有销售费用明细。
- 一份包括过去 5 年的资产净值、收益与成本的重要财务报表。

如果某基金想在募集说明书的封面外再加一个极具吸引力的包装，那么该基金必须声明"此页并非募集说明书的一部分"，以防引起任何误导。关于包装与其他宣传材料的制作规定，请参考"广告中的真相"专栏。

广告中的真相

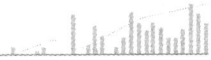

尽管证券交易委员会希望投资者将募集说明书作为获取基金信息的唯一来源，但许多投资者最早还是通过广告接触到基金的。基金管理公司为吸引投资者，不惜斥巨资进行广告宣传。

同基金业务的其他方面一样，投资公司广告也受到严格的监管，[14]这些限制不仅限于传统的电视、广播及印刷品广告，还包括基金分销商为自我推销或基金产品宣传而发布的所有信息，不论是销售手册还是《华尔街日报》（*Wall Street Journal*）上的文章，还包括公司在网络上的广告，如官方网站、博客、社交网站的信息等。[15]

对于首次使用的材料，基金分销商必须在 10 个工作日内完成其在美国金融业监管局（FINRA）的备案。[16]（关于自律组织的概况信息，本书第 1 章有详细描述。）美国金融业监管局负责对所有提交的文件进行审查，判定其公平性与均衡性，并说明评价依据。此外，材料中不可出现任何"错误的、夸张的、无担保的或误导性的陈述或声明"，以及对基金未来表现的任何预测。[17]基金的宣传广告还要引导读者去阅读募集说明书。如果美国金融业监管局的审查人员认为材料存在少许缺陷，那么他可能提出修改和完善建议；如果材料存在重大缺陷，那么他将发送"禁止使用"邮件，并要求基金分销商给予书面回复。

有些基金广告设计目的仅在于塑造品牌，不含任何数字，宣传重点集中于基金业绩以及对证券交易委员会设立的严格标准的遵守。就像募集说明书一样，管理公司在相关的业绩数据披露中毫无选择余地。若想在广告中包含基金业绩表现，则必须披露最近 1 年、5 年及 10 年（如果基金建立不足 10 年，也可以从其建立之时起直到最近季度）的表现。这些广告还必须时刻提醒投资者：

过去的业绩不能保证未来的收益。

所以，基金广告必须是准确的，但这是否对未来投资决策有所帮助呢？请记住，基金管理公司并未被要求发布广告，只有当它们相信这有助于增加基金销售额时才会这么做。通常，这发生在基金运行状况良好的时候，不论是因为基金经理的明智决策，还是因为基金所持有的证券的丰厚收益，或两者兼而有之。[18]但是，这不一定是购买基金的最佳时机。与此同时，广告中并没有包含风险和费用的全部信息，但这些在规定的披露文件中能够找到。

投资者最好采纳基金广告结尾处的建议，即：

在投资之前，请仔细阅读募集说明书。

附录

有些投资者认为，抱怨募集说明书过于详细十分可笑，他们认为募集说明书甚至还不够详细：附录正是为这类投资者准备的。但这类投资者的比重很小，据一个服务于多个基金家族的邮政所称，其在一个自然年度中仅收到6份索要附录的请求。由于需求十分有限，所以除非有人特别要求，基金公司通常不必提供附录。如今，大多数基金家族均在网上披露附录。请记住，如果基金选择将募集说明书概要作为发给基金份额持有人的独立文件，那么它们必须在网上披露附录。

通常，虽然证券交易委员会已制定了详细的附录制作指南，但在实践中，基金公司会披露它们认为投资者所期望得到的全部信息。例如，许多基金公司提供有关组合证券如何估值的信息，即使这并非证券交易委员会的特别要求。

附录的披露逐渐变成了一项法定条款，用以确保基金公司向投资者完整披露了所有信息。例如，投资策略清单一般会列举基金当年可能参与的所有交易，而不管它们是否会经常使用这些策略。接下来，基金还会列举它们不会参与的项目，即投资限制。这些限制通常由法律规定，并适用于所有基金。

之前的部分没有显示不同基金之间的区别，许多这方面的信息将包含在附录中，具体包括：

- **董事会**。附录提供了利益关联方的详细信息，以帮助投资者评估董事会成员与自身利益之间存在何种关系。我们可以从中了解到关于董事的职业，当前及过去 5 年中他们在其他董事会的任职经历，从单只基金及整个基金家族中获取的报酬，他们在该基金及该基金家族的其他基金中持有的份额，以及他们与基金管理公司之间的财务往来等详细内容。总之，董事会必须能够解释每一位董事此时有资格担此重任的理由。（参考本书第 2 章，回顾有关基金董事的持久争议。）

这部分还包括对董事会内部机制的介绍，包括领导层结构，即董事会主席是独立董事还是与基金有利益关系的董事，或者是否任命了独立董事。基金还必须说明董事会在风险监管中所扮演的角色，这是一个对投资者非常重要的问题。

关于董事会信息的披露，这一要求并不仅仅是针对共同基金的，证券交易委员会同样要求所有上市公司遵守此规定。若在附录中遗漏了这些信息，结果会怎样呢？当基金份额持有人进行投票时，这些信息也会出现在代理声明中。

- **投资组合经理**。在这里，投资者可以更多地了解到基金投资决策人的相关信息。附录详细披露了投资组合经理管理的所有账户信息，包括共同基金和非共同基金。这与投资者密切相关，因为它可能消耗基金经理的时间、精力和最佳的理念。该部分还披露了确定经理薪酬的方法（虽然并非实际的收入数目）；如果经理也持有一定的基金份额，那么具体的份额数量也会得到披露。如同董事会成员信息部分一样，投资者可从中判断投资组合经理的利益与投资者的利益能否达到一致。

- **合同**。基金必须披露所签署的服务合同。该部分内容对投资者理解基金费用结构、识别任何潜在的利益冲突非常有益。

- **历史**。如果基金曾更改名称，那么在此必须披露，这对于追踪基金历史记录的投资者非常重要。附录还须披露所有结转的税收损失，即在过去几年中出售证券时的净损失（这些信息也可能在基金年度报告中再次被披露）。上期结转损失将冲销本期收益对应的应税所得额，所以这方面的信息对投资者非常重要。

投资者报告

重要信息的披露不会在人们购买基金份额完成时便告结束，基金必须通过每年向投资者提供报告的方式继续披露相关信息，每年的报告至少包括两份：半年报和年报。部分基金按季度向投资者报告，但这是例外。[19]这些报告向投资者提供所需的信息，以判断基金是否满足他们的期望，是否仍将该基金作为其理财计划的一部分。

事实上，投资者报告会更新募集说明书中的关键信息，以反映最新数据。它包括基金费用和基金业绩等数据，虽然它们也会在其他披露文件中以不同的形式呈现。例如，基金的历史表现通常以线形图和表格的形式呈现，非常有用，但并不能体现最新信息。

而定期报告对原始数据叙述形式的披露对基金份额持有人非常有帮助。

对投资组合的评论。投资者报告中最重要的部分就是基金投资组合经理的评论，这通常以信件或访谈的形式呈现。经理会讨论过去一段时间内与相关的市场指数和类似的共同基金相比，本基金的业绩表现。经理会重点评论对基金业绩影响最大的投资决策，无论影响是积极的还是消极的，还会评论在上一期间投资组合的重大变化。投资组合评论通常以对未来的预期结束，事实上，这在基金的信息披露文件中非常少见。经理的预测包括宏观层面上相关的市场环境，以及基金在期望的市场环境中将如何定位和获利。

领导致辞。投资者报告通常包含一份来自管理公司首席执行官的致辞，其中会提及在投资组合之外还有哪些因素可能影响投资者的利益。这份致辞可能回顾管理公司或基金董事会执行层的变化。如果基金管理公司牵涉任何并购重组，那么这份致辞也会指出其对投资者的潜在影响。此外，管理公司总裁也可能解释在前一年中基金在何种程度上满足了个人的理财计划。

这些致辞的质量差别很大。一些较差的致辞更注重宣传推广，而非信息披露。但即使这样，它仍是最新消息的重要来源。

董事会进行合同续约的信息。在年度报告最后，投资者通常能够直接听到来自基金董事会的声音——解释为何与管理公司续约。独立董事将证明支付给管理公司的费用是合理的。大多数董事对此部分的披露只是根据某个样板，每年修改一下基金名称和数字而已。[20]尽管该部分有一定的限制，但投资者仍能从该材料中了解到董事会与管理公司之间的对话（请参考适用于这些讨论的第 2 章的加藤伯格标准）。

投资者报告中还有两项内容值得注意：

控股列表。所有基金（货币市场基金除外）均需要在投资者报告中披露至少前 50 名投资者，当然这基本涵盖了所有重要的投资者。特别地，除货币市场基金以外的所有基金需列明其持股比例前 50 的股份，以及任何持股超过其净资产 1% 的股份。一份完整的股份清单同样需要按季度递交给美国证券交易委员会，尽管部分基金会更频繁地发布相关持股信息。[21]投资者报告说明了怎样评估持股数据。控股列表还须根据经济部门、地理区域或其他合适的标准进行分类。

由于控股列表可能会相当长，尤其对于大型基金而言，所以基金必须以图表的形式描述基金的定位，表现形式可能为显示股票和债券投资比例的饼图，或显示不同部门的投资比例的柱形图。

财务报表。[22]它包括利润表、资产负债表和现金流量表，但对共同基金而言，它们被称为运营表、资产和负债表，以及净资产变动表。财务报表的审计每年进行一次。年度报告中也包括一份来自会计师事务所的审计报告，描述了其对财务报告的审查过程和报告内容准确性的意见。

使用投资者指南

基金的信息披露文件确实包含了很多信息，但哪些信息是最重要的呢？在你开始研究一只基金时，下列事项必须重点关注：

- **投资目标**。首先从募集说明书或募集说明书概要中找到基金的投资目标和投资策略，以确保基金的投资策略与你的投资目标和长期计划相匹配。
- **风险**。继续阅读募集说明书中所有关于风险的描述，并评估基金的总体风险水平。这里有两种快速评估风险的方式：第一种方式，如果基金的存续期相对较长，则可查看每年收益的柱形图来考察基金的波动性；第二种方式虽然并非十分可靠，但对基金家族非常有用，即关注募集说明书中风险部分的篇幅长短。如果负责起草募集说明书的律师认为某只基金的风险相对较高，那么他通常会对其进行更加详细的披露。这两种方式结合起来将有助于你判断当前风险是否在你可承受的范围之内。

- **销售费用**。如果你仍对该基金感兴趣，那么就进一步研究费用明细表。你在投资时是否需要支付前端销售费用？当你自己进行投资决策时，这个问题无关紧要。但当你与提供有价值建议的投资顾问进行合作时，这就非常必要。这部分通常会列出很多规定，但一定要对这些规定全部进行核实，你可能会因此获得销售折扣。

- **业绩表现**。最后，查看基金历史业绩数据。总体来看，基金表现是好是差，或者只是一般？你也许想知道这是为什么……这将进入下一步。

- **业绩分析**。现在拿出年度或半年度报告，浏览对投资组合的评论部分。它对基金业绩的解释有道理吗？它与披露的业绩指标和基金份额持有情况一致吗？阅读一两年前管理层对此问题的讨论和分析——最好从业绩不太好的年份开始。你需要判断投资策略在过去的一段时间里是否保持一致。如果基金经理是新来的，那么考察以前的投资策略就非常重要（请记住，募集说明书会披露他们的任期）。

- **投资组合经理的投资**。接下来，查看附录并阅读投资组合团队资格的相关信息。确定投资经理自己是否也投资了该基金——如果是，那么这将是一个积极的信号。

接下来，你可能希望通过与其他基金对比来评估基金的业绩和费用。为此，你需要从外部获取相关信息，而这将是本书下一章的主要内容。

本章小结

共同基金必须遵守美国的信息披露准则。基金必须在证券交易委员会进行注册登记，向投资者提供募集说明书，并定期报告投资状况。基金通常准备 3 种类型的募集说明书文件：募集说明书概要、完整募集说明书和附录。不同文件信息详细程度不同，投资者可根据需要选择相应的募集说明书文件。

最关键的信息披露文件是募集说明书概要。它简要概括了基金的投资目标、风险和持有成本，并向潜在投资者提供基金管理、基金份额买卖、持有基金的纳税情况和销售基金份额时的中介费用等相关信息。

完整募集说明书涵盖了募集说明书概要的内容，另外还包括投资策略与风险、资产净值的计算方式、销售费用与购买限制等方面的信息。基金公司认为有必要向投资者披露的其他信息将在附录中列示，如与基金董事会和投资组合经理相关的信息。

基金主要通过每年向投资者发送至少两份报告的形式更新相关信息，这些报告包含基金收益与成本的最新数据，以及基金份额持有情况一览表。最重要的是，报告还包括投资组合经理对基金历史表现的评价和未来业绩的预测。

考虑进行共同基金投资的投资者可以从以上 3 类披露文件中获取所需信息。基金广告中的信息远没有这样完整，大多数广告只是一味地宣传基金的历史表现，却并不解释取得这些业绩的原因及业绩能否持续。

第4章

比较共同基金

在今天的美国，如果要从许多只可供选择的基金中选出符合你的投资偏好的类型，你还需要基金公司提供的披露信息之外的更多信息。如果想要效仿有经验的投资者，你需要遵从以下两个步骤：首先，明确投资目标以便在4个基金大类中分配你的投资规模，该过程叫作资产配置；然后，利用第三方信息对这些基金的优点进行比较，并从每个基金大类中选出具体的基金产品。

在你做出第一个关于资产配置的决策时，你将用到基于基金所持有的主要证券类型而划分的4个主要基金类型。我们将在本章后面的部分对每个大类中的不同基金品种进行详细探讨，此处将简要介绍基金的四大类型：

1. **货币市场基金**。货币市场基金提供适度的回报和高度的安全性。因此，它们是最像银行储蓄账户的共同基金。事实上，其资产净值总是稳定在每份额1美元的水平。然而，与银行储蓄账户不同，这些基金没有联邦政府担保，投资者可能会遭遇亏损。实际上，一些机构投资者确实看到他们所持货币市场基金的价值在2008年金融危机期间下降了。

2. **债券基金**。债券基金支付的利息一般高于货币市场基金，但其安全性就略逊一筹：你投资于债券基金的价值每天都在变化。事实上，这些基金持有的债券是向承诺在固定日期（即到期日）还本付息的政府或企业的贷款。这个还本付息的承诺的价值，会随着经济状况、当期利率水平和债券发行者财务状况的波动而变化。（因为货币市场基金和债券基金均支付稳定的利息，所以它们一起被称为固定收益基金。）

3. **股票基金**。股票基金不同于货币市场基金和债券基金，一般不会提供稳定收益。相反，大多数投资者之所以持有股票基金，原因在于他们相信基金的资产净值会随着相应股票价格的上涨而增值。拥有一定数量的股票意味着拥有一小部分企业股权，而这部分股权的价值会随着公司的前景变化而上下波动。这种波动幅度可能很大，也就使得股票基金投资至少在短期内通常会比债券基金投资风险更高。但是从长期看，持有权益股份的回报仍然可能极为丰厚。因此，投资者应该计划在相当长的一段时间持有股票，如此一来，他们就会经受住价格涨跌的考验，从而获得更多的长期收益。

4. **混合型基金**。混合型基金同时投资于债券和股票。正如我们所见，它们允许投资者将资产配置等许多方面的决策都委托给基金经理。

大体了解了资产配置决策之后，你可以深入研究四大基金类别，从中选择出具体的适合自己的基金产品。每个基金大类包含多个子类，而每个子类投资重点不同。你将会重视这些子类及其成份基金，因为它们能够更好地适应你的理财计划，有良好的未来绩效预期。

本章将讨论：

- 制定资产配置方案时需要权衡的因素。
- 评估基金业绩和风险的方法。
- 四大基金种类以及不同种类之间的主要差异。

确定自己的投资目标

在制订资产配置计划时，你首先要面对的挑战是评估自己的理财需求和投资偏好。你是一个二十几岁正在为购买汽车或公寓积攒首付的年轻人吗？

你是否已经 30 多岁，正在担心如何为孩子的大学教育筹集资金？你是否已经 50 多岁，正在积攒退休金？或者你已经 70 多岁，还在寻找能够补充社会保障金的收入？当然，你可能同时有多个投资目标，而每个目标都可能由不同的基金实现。

综合评估投资目标已经超出本书讨论的范围。然而，我们仍然鼓励你关注以下因素来进一步明确你的投资目标：

流动性需求。在资产配置之初就要明确你的流动性需求，即你用来购买食物和汽油、支付抵押贷款和学费所需的经常性现金支出。你可能需要将这些用于支付经常性现金支出的资金，投入到资产净值稳定且支取方便的货币市场基金。但是，如果在流动性需求之外仍有大量储蓄，你应该将一些资金投入到那些在数年内能够一路增值的基金产品中。情况若真如此，你可以在股票基金或者债券基金中根据自己的投资期来选择具体的产品。那便是接下来要认真考虑的事。

投资期。在考虑保证能够满足短期流动性需求之外，估计一下你能够将资金留置在所选择的投资中的时间。投资期越长，在投资组合中分配给股票基金及其他高风险高回报的基金的比例就越大。如果你准备存钱以便在未来几年买房或买车，可以考虑投资于高质量的能够比货币市场基金提供更多收益的债券基金，当然这会有相应亏损风险。如果你在制订计划，你的投资期很可能是 50—60 年——持续工作赚钱 30—40 年加上停止工作之后依靠储蓄度日的 20 年左右的时间。如果把巨额财产留给后代是一个重要的目标，那么你需要考虑的就不仅仅是退休问题了。

预期回报。你对于现金、债券和股票未来收益的预期，也将影响你的资产配置。为评估这些收益，你可能会首先查看各种基金过去的业绩如何。这些信息是现成的，但是正如基金广告提醒你的那样，根据过去的收益不一定能够预测未来的收益，特别是在相对较短的时期内。大多数基金的未来业绩大部分取决于经济走势，如利率和公司利润的变动方向。举例来说，利率的上升将会降低债券基金的收益，相反，利率的下降会增加它们的收益。对于股票基金而言，公司利润的上升将提升基金收益，反之，则会降低基金收益。

风险承受力。如果你和许多人一样不确定未来的经济走势，你可能希望投资一个多元化的基金组合，包括美国股票基金、国际股票基金、公司债券基金和货币市场基金。而该多元化投资组合中各类基金的比重分配，会受到你自己对风险偏好的影响。如果你愿意冒着亏损的风险以换取尽可能高的收益，那么你的资产配置将会偏向股票基金。相反，如果资产价值下跌是你最担心的事情之一，那么你应该在投资中更偏重于货币市场基金和债券基金。

总之，你对流动性的需求越低，投资期越长，对未来越乐观，承担风险的愿望越强烈，在股票基金中投入的数目就会越多。如果投资收入对你至关重要，那么就在资产配置中青睐债券基金。若想进行短期投资，货币市场基金很可能是你最好的选择。当然，你的储蓄很可能要同时服务于这 3 个不同的目标，例如，将部分资产投资于货币市场基金以支付抵押贷款的下期月供，将部分资产投资于债券基金以支付 5 年之后女儿上大学的学费，将部分资产投资于股票基金作为退休计划的一部分。

此概要简单说明了将资产配置与你的需求进行匹配是一个复杂的过程，包含许多变量，并且要进行深入思考。此外，你还需要仔细考虑资产配置方案如何实现最大程度的节税。对很多人而言，加大对退休计划的投入是投资于基金最好的节税方法。这些投资在退休后划拨到自己的账户之前，通常都是免收所得税的。当然，也有一些能够实现特定投资目标的节税工具。例如，如果你从国家预付理财计划（Section 259 Plan）中支取资金用以支付大学学费，这部分是可以免税的。

大部分基金经理会提供一些工具，以帮助投资者确定合适的资产配置方案，并选择具体的基金产品。这些工具包括各种能够帮助投资者预测不同情境下的财务状况的网络计算机模型。基金经理也会给你提供可能影响投资策略的相关的税法摘要——尽管他们不会根据你的特定情况进行税收情况分析。

利用这些工具——根据投资期和风险偏好——你可以自己进行资产配置决策，在每个基金大类中挑选合适的基金产品。但是，一些投资者可能没有时间自主完成这些工作，而其他人也认为他们能够通过接触专业人士获取这些信息，特别是当他们遇到税收之类的复杂问题时。那些希望在资产配置、基金选择和节税工具上得到指点的投资者，可以考虑雇用一位理财规划师来对其进行全程指导。当然，正如我们将在第 10 章中提到的，专家意见比自己动手要昂贵得多。

此时，我们假设你已经制订好了资产配置计划，准备好从不同的资产类别中选择具体的基金。

评估业绩

为了更好地选择具体的基金，我们需要了解如何评估共同基金，即评估基金的收益和风险。大多数人在投资时都希望在实现收益最大化的同时使得风险最小化。尽管目标很简单，但是实现起来很难，因为高收益往往意味着高风险，反之亦然。一家新上市的生物科技公司股票价格会猛涨（高收益），尽管它也可能轻易地跌落到零（高风险）。反过来，放在活期账户里的钱不会获得高利率（低收益），但也不太可能消失（低风险），这当然是在没有人开出支票的前提下。理解收益和风险两者之间的平衡关系非常重要。

当谈论共同基金的风险和收益时，我们总会用到如下定义：

- 收益。收益通常是指总收益，包括一项投资带来的所有收益，也就是：

总收益 = 利息收入 + 股利收入 + （/ −）已实现的资本利得（或损失）+（/ −）
　　未实现的资本利得（或损失）

　　共同基金总收益的计算通常也反映了年度营业费用的扣减，如管理费和 12b − 1 费用，但是此标准也有一些例外情况，在本章稍后的部分我们将会看到。

- 风险。正如我们在上一章所讨论的，不同投资者对风险的定义各不相同。但是为了评估业绩，我们把风险精确地定义为基金收益的变化。从数学意义上讲，风险即收益的标准差，用于衡量收益会在多大程度上偏离平均收益。例如，两只基金（A 基金和 B 基金）在 10 年中都能获得年均 6% 的收益，与同类基金的平均回报一致。但是 A

基金收益从来不会严重偏离平均回报率，而 B 基金前 5 年的回报率远高于均值，而后 5 年却大大低于均值。在这种假定的情境中，A 基金收益的标准差小于 B 基金。因此，依照我们的定义，A 基金的风险小于 B 基金。

基于这些关于收益和风险的定义，我们将进一步探究经验丰富的投资者经常用来评估基金业绩的 3 种重要方法：同类组比较、指数比较和风险调整后的业绩计量。我们将依次讨论每种方法，然后分析收益和费用在一些投资者评估基金过程中所扮演的特殊角色。

同类组比较。此方法是将基金的业绩与类似的基金子类的收益进行比较，该子类通常被称为同类组或竞争群体。一个同类组是一系列投资目标相似和相互之间合理竞争以赢取投资者青睐和投资的共同基金。其范围可以很宽，例如，投资于美国股票的基金；也可以很窄，例如，集中投资于明尼苏达州免税债券的基金。

一只基金的业绩可以从两个方面与同类组基金进行比较。第一，将其与同类组中所有基金多个不同时期的平均收益率进行比较；第二，将所有基金按收益率排序，排序越靠前，基金质量则越好。为此，将这些基金分为 4 类：业绩较好的基金（排名前 1/4）组成上四分位，而业绩较差的基金（排名最后的 1/4）组成下四分位。

晨星和理柏两家公司在观测同类组基金和发布基金收益率相关数据中占主导地位，两者之中，晨星公司知名度更高，而且以大多数投资者能够承担的费用提供相关信息；理柏公司则常常受到基金管理公司的青睐，因为它能够提供更加丰富的同类组基金列表和定制报告，使得管理公司有更多选择。更多信息详见两家公司的网站：www. morningstar. com 和 www. lipperweb. com。

指数比较。此方法是将其与市场指数或基准进行比较（本书第 3 章曾提到证券交易委员会甚至要求在投资者报告中对此比较结果进行披露）。[1]指数通常用于表示选定的用以代表整个证券市场或市场某一部分的假定组合的价格变化情况。与同类组一样，指数包含的证券可能很宽泛，例如涵盖全球债券市场的巴克莱全球债券指数；或者很具体，如摩根士丹利资本市场绿色建筑指数，顾名思义，它代表绿色建筑公司股票价格变化情况。

另外，与同类组类似，指数也由独立的公司负责维护，定期发布指数所包含证券的收益数据和信息。这些公司也会根据发布在其网站上的标准来筛选计入指数统计范围的证券。一些著名的指数提供者包括巴克莱资本（已收购雷曼）、摩根大通、摩根士丹利、罗素投资以及标准普尔道琼斯公司（标准普尔与道琼斯于 2012 年合并）等。

为得到公正的业绩评估结果，每只基金都需与能够体现其投资目标的指数进行比较。一只普通的美国股票基金可能与标准普尔 500 指数进行比较，而另一只高收益债券基金则可能与巴克莱高收益发展指数做比较。比较本身非常简单：如果基金的收益率高于相应指数收益率，则该基金就被认为业绩出色；反之，如果基金收益率低于相应指数收益率，则该基金便是表现不佳。但是，值得注意的是，指数收益中没有包括任何费用——指数中任何股票的交易佣金都不包括在内。因此，一旦扣除相关费用，看起来与指数收益相等的基金的实际收益必定小于指数收益。

并非所有投资者都相信与指数的对比分析有意义。相反，他们期望基金能够在任何市场环境中，在去除通货膨胀的因素后，仍然创造积极的、绝对的收益。一些投资经理已经开发出利用特定投资技巧来实现该目标的基金。这些技巧通常被用于对冲基金，尽管一些管理公司最近已经在共同基金中引进了类似的方法。

指数比较不仅用于业绩评估方面。通常，基金经理在决定持有何种证券以及持有比例时，也会将指数作为参考点。对一些基金而言，指数甚至成为其整个投资策略的全部，此类基金通常被称为指数基金或被动管理基金，通过以相同比重持有指数所包含的所有证券或者购买指数证券的代表性样本的形式，追踪指数的业绩表现（主动管理基金与之恰好相反，它通过选择前景较好的证券以便超越指数的表现）。尽管指数基金同时适用于债券基金和股票基金投资者，但它在股票市场上争议较大。第 5 章的股票基金选择部分将对此争议进行详细讨论。

风险调整后的业绩计量。这是第三种基金收益评估方法——利用风险调整后的业绩计量方法将基金的收益与相应的风险进行比较。同类组比较法和基准指数比较法在某种程度上都考虑了风险因素，因为它们均比较那些投资于相似证券的基金和指数，因而这些指数和基金在大体上都有相似的风险。因此，同类组比较法或基准指数比较法是一种对收益和风险进行粗略调整后的评估法。然而，许多投资者希望获得特定基金收益与平均值之间更加精确的差异。

风险调整后的业绩计量的一种最简单的形式，是用给定时期的基金收益除以相同时期的基金收益标准差，该计算结果就是夏普风险指标。[2]然后对该结果进行长期追踪并将之与其他基金进行比较。在做这些连续计算之前，基金经理经常用更加复杂的方法，将基金的收益和风险与基准指数的对应值相比，结果称为信息比率，它经常被基金经理和投资顾问用来帮助大型投资者评估投资组合定位和业绩。

公众主要通过晨星公司的星级评估熟悉风险调整业绩评估法，星级评估是指从一星到五星的评估体系——五星是最好的，这样的设计能够帮助投资者快速评估基金。为实现这个著名的评级，晨星公司用基金业绩除以该收益所有变化的加权平均值，而在分配权重时，业绩不佳的时段比业绩突出的时段分配更多权重（晨星公司给出的合理解释是，投资者更关心可能引起损失的价格波动）。星级评估也包含同类组比较：根据风险调整后的收益，对同一类的所有基金进行排序，排名靠前的 10% 属于五星级，接下来的 22.5% 是四星级，再下来的 35% 属于三星级，以此类推。晨星公司的星级评估体系已经相当具有影响力（详情参见"星光闪耀"专栏）。

星光闪耀

星级评估有着直觉上的吸引力。不论酒店、餐馆，还是电影院，五星级是高品质的象征，因而很容易吸引消费者的注意——以及他们的钱。

事实证明，共同基金也是如此：获得晨星公司的五星评级可能是吸引投资者投资于该基金的最有把握的方式。一项极有影响力的研究发现，初始评级为五星的基金销量比行业均值高出 53%。[3]鉴于星级评定能够创造如此高的回报，基金经理都希望公布其所管理的基金获得的最高评级。所以，基金的广告也总是以晨星公司评定的等级为宣传重点。

作为一种投资工具，星级评估却没有那么可靠。与其他类似的系统一样，晨星公司使用过去的业绩来预测未来的结果，而经济环境千变万化，今天成功的投资策略明天却未必能成功，所以采纳这种方法结果如何是很难捉摸的。

总而言之，关于这一主题的很多研究都表明，星级评估虽然具有预测能力，但是在不同市场上它们的表现并不一致。[4]晨星公司本身也谨慎地强调，投资者不应仅仅基于其星级评估选择基金。

在这个部分，我们一直在讨论总收益。正如之前所述，总收益等于基金的投资收益加上实现的和未实现的资本利得，减去营业费用。但是有些投资者仅仅关注总收益定义中的某一部分——或者是投资收益，或者是投资所产生的费用。

收益。关心收入的投资者常常瞄准基金收益，即来自利息和股利分红的那部分回报。不顾其他的投资回报而紧盯收益，可能会严重误导除有稳定资产净值的货币市场基金以外的其他基金，因为基金资产净值的波动可能是影响总收益的重大因素。例如，一只债券基金年收益率可能为5%，但是它的资产净值可能在同期下降3%，导致总收益率接近2%。

然而，许多投资者是根据收益进行基金投资决策的，所以基金管理公司在基金广告，特别是债券基金的广告中，添加了收益信息。为方便消费者比较形形色色的基金，证券交易委员会制定了详细的基金收益计算指南，要求年费必须从利息和分红收入中扣除，进而计算出最终收益。[5]

费用。对许多投资者而言，持有基金份额的成本在基金选择过程中扮演着重要角色。他们坚信："投资业绩难以预测，但费用却并非如此。所以，提高收益的最简单方法就是降低成本。"费用敏感型投资者不会购买收取销售佣金的基金，他们在考虑投资之前会首先甄选出年费较低的无须支付销售佣金的基金。许多这类节俭的投资者会因为低成本而最终选择指数基金。

我们将在下一章中讨论更多关于费用的问题，但是现在我们只需要注意，理柏公司和晨星公司在业绩计算方面处理费用的方式是不同的，具体如下：

- **仅有年费**。一些业绩计量只需要从收入中扣减年度费用，特别是年度运营费用和 12b－1 中所示的分销费用（我们将在第 5 章详细解释 12b－1 分销费用）。这是理柏公司在进行同类组基金排序时采用的一种费用计算方式。
- **年费＋销售佣金**。相反，晨星公司在计量中还包括投资者支付的销售佣金，它认为这种方法更能反映消费者投资基金的实际收益所得。例如，如果基金公司收取前台销售佣金，那么晨星公司计算 3 年的业绩，并将在 3 年期期初扣减全部销售佣金。基金经理认为，这种方法严重削减了短期收益，特别是 1 年期的收益。他们还指出，基金购买者经常因为佣金减免、断点折扣或其他因素而无须支付全部的销售佣金（再次重申，第 5 章将会详细探讨这些问题）。
- **无任何费用**。一只共同基金的董事会可能会发现调整后的业绩计量不包括任何费用。基金经理相信，这些总业绩数字——与净收入相比——更好地体现了他们在选择证券过程中取得的成就。当与不包含任何费用的基准指数进行比较时，这是非常准确的。

共同基金的分类

牢固掌握业绩评估工具后，我们将深入探究共同基金各类别的具体情况。就像一个生物学家，我们将把四大类基金分为与资产配置相关的目、科、属和种。

货币市场基金

货币市场基金，或者说货币基金，子类数量很少，是所有基金类别中最简单的一类（货币市场基金的管理是另一回事，正如第 7 章所示，它很复杂）。图 4－1 展示了货币市场的分类系统。

投资者可以在主要的两大类货币市场基金即免税基金和应税基金之间做出选择。

- **免税基金**。免税基金投资于市政府和州政府担保的证券。这些证券的利息收入不用缴纳联邦所得税，所以投资于这些证券的基金是免税的。在该子类中，投资者可以选择一个投资遍及全国的全国性基金，或集中投资某个州发行的证券的基金，后者的分销还可以免除州所得税。

  免税基金也被称为市政基金，基金经理在日常交流中经常交替使用这些术语。然而，这两者之间有些细微的差别：市政基金也可能投资于需要缴纳可替代最低税的证券，而免税基金则不会。[6]我们将在第 7 章探讨可替代最低税。

- **应税基金**。对应税基金感兴趣的投资者有两种选择：选择仅持有美国政府证券的基金（第 8 章将详细解释图 4 - 1 中两种政府货币市场基金的微妙差异）；或者选择一个一般意义上的同时持有政府证券和企业证券，且提供较高收益和具有较高风险的货币市场基金——通常被称为优质基金（Prime Fund）。

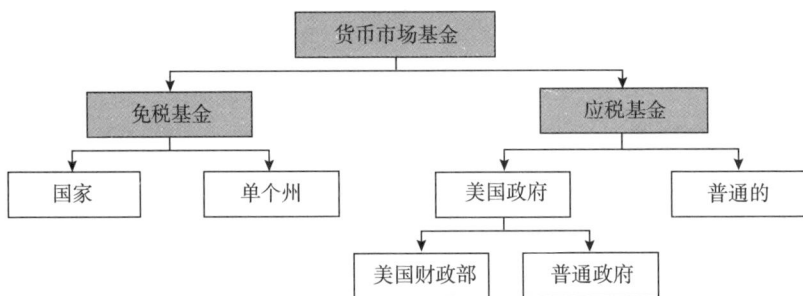

图 4 - 1　货币市场基金

对于某个特定的投资者而言，究竟哪种基金更适合，则只要考虑如"计税"专栏中所描述的计算税后收益的简单问题。一般说来，免税基金只对收入对应较高税率或居住在高税率州的投资者有吸引力。对于其他投资者而言，应税基金在大多数情况下将提供更优厚的税后收益。

计　税

为了确定哪一种基金类型更适合你——应税的、全国性免税的或者单个州的免税基金，你需要做些数学计算。你需要计算每类基金的税后收益，并比较这些结果。准备好计算这些数字了吗？要完成这个计算，你需要每类基金的收益及其所适用的联邦和州的税率，即你为最后 1 美元收入所付的税收比率，或者是你的边际税率。

理论上，我们假设有两个纳税人。杰克挣了 80 000 美元，按照联邦税率的话，处在 25% 的税阶中（2010 年）。吉尔挣得更多，所以她要按照最高的35% 的税阶支付联邦所得税（2010 年）。他们都居住在加利福尼亚州，并且向州政府支付 9.55% 的所得税。

他们考虑的 3 种基金的收益率如表 4 - 1 所示。要计算应税基金的税后收益，吉尔将从 4% 的收益中减去其中 41.21% 的税，那就等于其 35% 的联邦税阶加上 9.55% 的州税减去 9.55% 的州税中的 35%——吉尔很可能因为支付了州所得税而得到联邦所得税减免。所以，由于这个潜在的福利，计算需要做一些调整。同样，计算吉尔的国家免税基金的税后收益率时，要从收益率中减掉 6.21%（9.55% 的州税率可能因联邦税收的减免而调整）。也可以用同样的方法来计算杰克的税后收益。所有的计算结果都在表格的最后两列中。

表 4 - 1　税后收益率

基金	税收扣除	收益率	吉尔税后收益率	杰克税后收益率
一般应税基金	联邦和州	4.00%	2.35%	2.71%
国家免税基金	州	2.80%	2.63%	2.60%
单个州免税基金	都无	2.65%	2.65%	2.65%

对于吉尔来说，国家的和单个州的免税基金相较于应税基金提供了更高的税后收益。而杰克从应税基金中得到的收益有微弱的优势。但是对杰克而言，这 3 个收益率是如此接近，以至于他可以根据非税收因素来进行投资决策。例如，应税基金可能比免税基金投资更加多样化。

许多基金发起人实际上提供了两类货币市场基金：针对个体投资者的零售系列和针对大型投资者的机构系列。机构系列的货币市场基金有着较高的最小投资额标准和更低的费用，并经常提供帮助公司和政府管理现金头寸波动的特殊服务。然而，零售货币市场基金的一个普遍特点是多数基金发行者不提供活期账户支取业务。

货币市场基金的另外两个特别之处在于：晨星公司不发布任何与之有关的信息；相反，理柏公司和美国基金公司对此提供了同类组比较。[7]另外，证券交易委员会不要求基金经理发布所管理的货币市场基金的基准指数比较结果。[8]

债券基金

与简单的货币市场基金部分形成鲜明对比的是，债券基金适合于希望有多样选择的投资者（详见图 4-2）。但在最高层次上，债券基金和货币市场基金的分类非常相似，都可根据基金所持证券类别分为免税基金（市政基金）和应税基金。

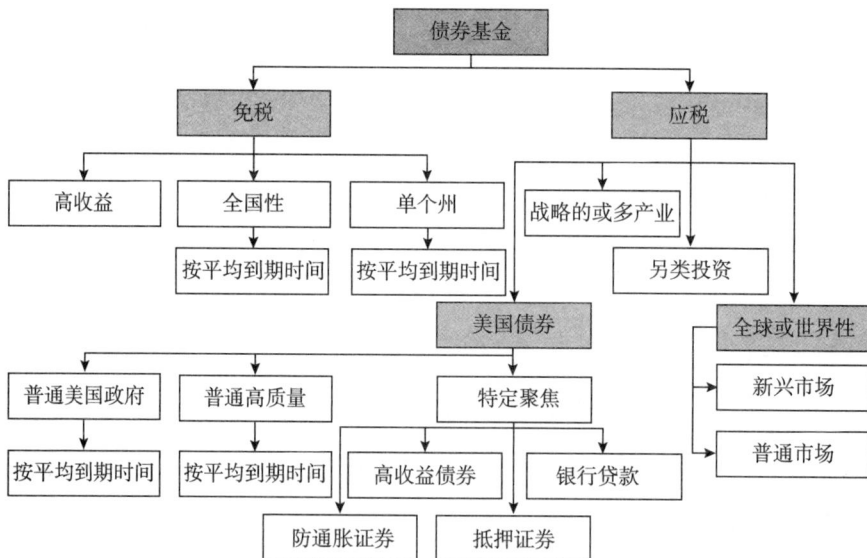

图 4-2　债券基金

在免税基金中，投资者可以选择全国性基金——免除联邦所得税，或某一个州的基金——同时免除联邦所得税和州所得税，还可以选择一种高收益的免税基金。高收益的市政基金集中投资于那些为特定的州和市批准项目融资的债券，而非州政府或地方政府的一般性债券。另外，和货币市场基金一样，免税债券基金仅对所得税适用于最高档税率的投资者有重要意义。

接下来讨论应税基金，债券基金投资者面临一种在货币市场基金中不会遇到的选择：他们必须决定是把资金留在美国国内；还是通过购买世界性的债券基金，让资金在世界范围内寻求更高回报。看好发展中国家发展前景的投资者，可以通过新兴市场债券基金最大化对这些国家进行投资。

在集中于美国本土投资的基金中，投资者必须在美国政府基金与同时投资于高质量的公司债券和政府债券的普通基金之间进行选择。尽管这里与货币市场基金中遇到的选择相似，但债券基金种类更加多样化，并提供了许多集中于特定种类证券的子类基金。这些特定投资组合的风险水平从相当冒险——如投资于高负债水平公司的高收益基金，到极为保守——如防止由利率上升引起消费品价格上涨的防通胀基金。

债券基金分类的一个独特特点是，每一个子类都可以根据基金的平均到期时间进一步分为短期、中期、长期 3 类，而到期时间是指基金的投资组合中债券到期的平均年数。长期债券基金对利率波动更敏感，所以比短期债券基金风险更高。理柏公司将平均期限分为以下类别：

- 超短期：大于 91 天而小于 365 天。
- 短期：小于 3 年。
- 中短期：大于 1 年而小于 5 年。
- 中期：大于 5 年而小于 10 年。

不属于这些到期时间范围的基金则为一般类别。

在大多数的债券基金子类中都有指数基金，我们将在第 8 章详细讨论债券指数基金及其与积极管理基金的比较。

最近转变此种想法的是另类债券基金。其调整了曾经只由对冲基金使用的投资技术，目的在于提高回报的同时限制风险。这些另类基金及其使用的技术将在第 16 章进行讨论。

还是头昏眼花？晨星公司似乎能理解，因为在 2012 年 4 月它采用了一种新的债券基金分类系统，即所谓的九宫格方法。图 4 - 3 展示了该系统的原理，并简明解释了该名称的由来。

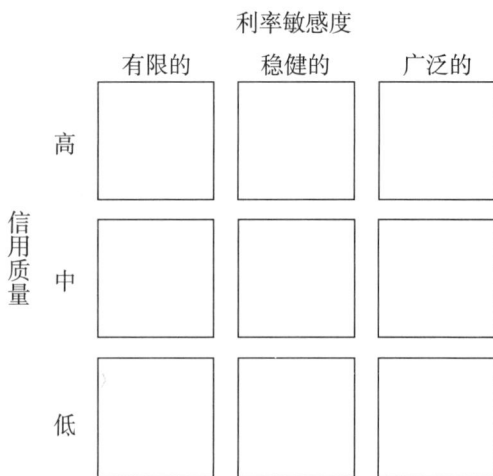

利率敏感度

	有限的	稳健的	广泛的
高			
中			
低			

（信用质量）

图 4 - 3　晨星公司固定收益基金九宫格

九宫格将网格中的基金按两个维度进行分类。第一个维度是利率敏感性，其通过平均剩余期限来衡量。（本书网站上的"债券基础"一章解释了利率敏感性和到期日之间的关系。）晨星公司使用 3 个分组：有限的（短期基金），稳健的（基金）和广泛的（长期基金）。

第二个维度是信用质量，反映债券发行人在债券到期时不能偿还债券所有人的风险分类。具有高信用质量的发行人财务状况非常优质，债券所有人不能收回资金的风险很小。然而，当信用质量低时，投资者会发现自己在到期时失望的机会很大。

现在我们来看看晨星公司九宫格方法真正有趣的地方：九宫格的分类是基于基金的实际持有情况。这与我们迄今为止考察的其他系统方法有根本的不同。那些方法是基于募集说明书中规定的目标和限制，而不考虑实际投资组合。事实上，在这些其他方法中，由于各种原因可能会使得持有资产与目标不同，但基金仍将保留在募集说明书确定的原始类别中。

在债券世界中，各方法之间没有很大的区别，因为大多数债券基金通过自身到期时间和信用风险来定位自己。我们很快就会看到，风格箱在股票世界会更有争议。

表 4-2 提供了不同种类债券基金的同类组和基准指数的样本。我们将在第 7 章深入探讨债券基金投资问题。

表 4-2　不同种类债券基金的同类组和基准指数

基金种类	同类组	基准指数
全国性市政	市政全国性长期基金	巴克莱资本市政债券指数
普通高质量	中期债券基金	巴克莱资本美国综合指数
战略性	多行业债券基金	巴克莱资本通用指数
新兴市场债券	新兴市场债券基金	摩根新兴市场债券全球指数

股票基金

乍一看，股票基金的分类比债券基金要简单得多，其中没有应税和免税的区别。正如我们所讨论的，股票基金本身就是节税的，因为几乎不存在股利形式的当期收益。相反，大多数的收益来自价格上涨——股票卖出时才会征税，而且适用于税率较低的资本利得税。股票基金的分类如图 4-4 所示。

如同应税债券基金一样，股票基金也可分为投资国内的和投资国外的，而此处将其分为 3 类：

- 美国基金。
- 国际基金或外国基金，只投资于美国以外的股票。国际基金可能聚焦某个特定区域，比如欧洲或亚洲或新兴市场。
- 全球基金或世界基金，投资对象包括美国和美国以外的股票。

投资决策是聚焦美国基金还是美国以外的基金，是非常重要的，因为许多市场观察家认为许多其他国家的市场前景和股票收益都会高于美国。我们将在第 17 章详细讨论海外投资问题。

对看好某一特定行业前景的投资者来说，产业基金很有吸引力。一个产

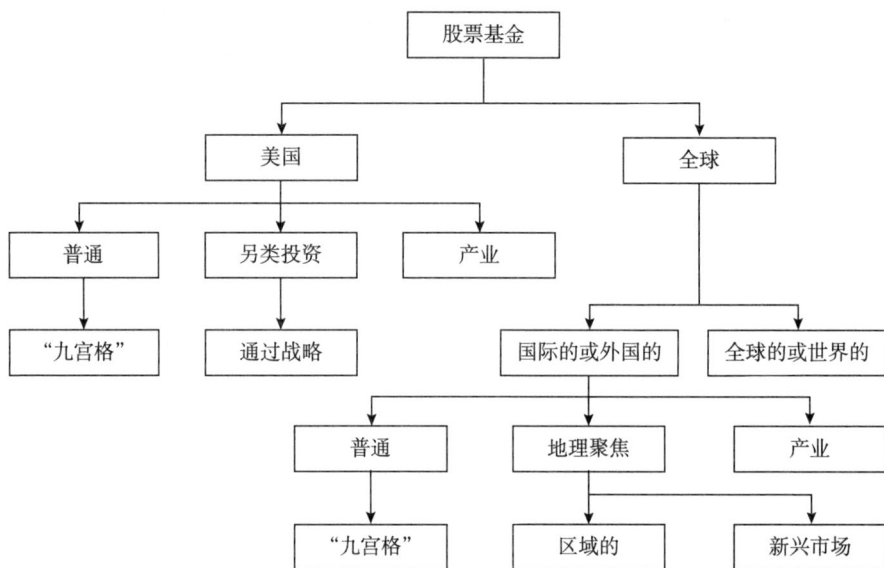

图4-4 股票基金

业是一组相关的行业，举例来说，制药和生物科技、保健器械及服务是卫生保健产业中的行业。产业基金是指专注于某一产业（如卫生保健）、某一行业（如制药和生物科技）或某一子行业（如生物科技股票）的基金。美国基金和国际基金品种中均有产业基金。

另一种股票基金类别是另类基金，它是股票基金领域不断增长的一部分。与另类债券基金一样，相对于传统共同基金而言，这些基金采取了不同的方法管理风险和回报。我们将在第16章讨论它们。

但我们的讨论还没结束。通常，美国基金和国际基金可进一步分解成为人们所熟知的九宫格。尽管该分类系统以前被长期使用，但是晨星公司在20世纪80年代才将其普及推广。如今，实际上所有的评估股票投资组合业绩的评级服务提供者，如理柏公司，都适用于它的某个版本。

与固定收益基金九宫格类似，股票基金九宫格以两个维度把基金筛到不同的方格之中。第一个维度是规模，用市场价值来计量，定义详情请见"价值问题"专栏。

第二个维度是类型，总结了基金所投资的股票的分类，常常分为3

类：价值型、增长型、核心或混合型。顾名思义，增长型基金投资于快速发展的公司股票；价值型基金偏重购买价格便宜的股票，或者一些经营遇到困难的企业的股票；核心基金——经常称为混合型基金——既不像增长型基金也不像价值型基金，它们的投资组合根据规模大小围绕基准指数展开。我们将在下一章股票基金投资部分更加详细地讨论该问题。

价值问题

当股票市场投资者谈到一个公司的规模时，他们并不是指公司雇员的数量或者收入水平；而通常谈论的是公司股票的总价值，用专业术语来说就是市场总价值或简称为市值。市值等于股票价格乘以流通在外的股票数量。

股票按市值标准一般可分为 3 类：大盘股、中盘股和小盘股（一些系统也有微型股这一类）。分界线随着市场环境的变化而变化，小盘股一般是市值 20 亿美元以下的股票，大盘股则是市值超过 100 亿美元的股票，而中盘股市值介于两者之间。

股票基金九宫格同样也是基于基金的实际控股情况进行分类的，当投资组合特点发生变化时，基金类别会在九宫格中移动。那可能是投资组合经理通过积极买卖股票而改变了基金持股情况，或者股票价格变动而导致的结果。例如，一只曾特别成功且购买业绩非常出色并拥有较高利润率的小盘股基金将会出现变化，仅仅因为股票价格的上涨，它已经成为中盘股基金了。图 4-5 说明了一只基金如何在九宫格中移动。

九宫格的支持者提出以下两点支持的理由：

1. **对等比较**。首先，准确地评估投资水平，需要将位于相同格子的基金经理相互进行比较。我们假设，一只小盘股的价值型基金经理比一只大盘股的增长型基金经理做得更为出色。那么，一个具有分析头脑的投资者可能希望知道这个出色的结果是因为通常情况下小盘股都表现

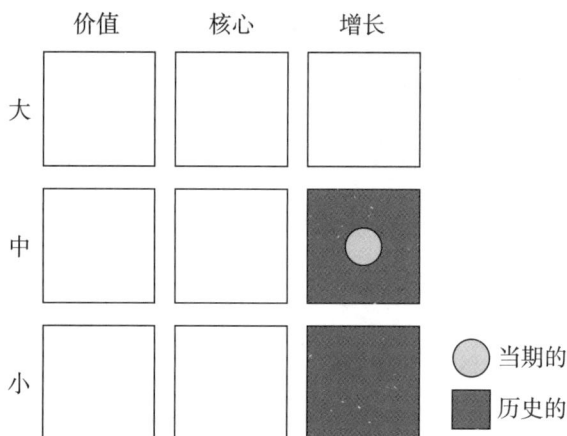

图 4-5　晨星股票基金九宫格

较好，或者是因为价值型的股票表现好，还是因为基金经理在选择股票上做得很出色。通过小盘股价值型基金经理之间的相互比较，剔除市值、类型等因素的影响，只剩下投资技能作为导致绩效差异的唯一原因。

2. **多元化**。将基金分成这些类别，有助于投资者在股票市场的不同部分实现多元化的投资组合。有了这个九宫格系统，投资者便难以贸然购买两个大盘股的价值型基金。另外，他也很容易根据不同的方法和投资技术识别基金。

九宫格的批评者表达了对基金经理所面临的将一只基金严格限定在某一个格子中的压力的担忧。基金在不同的格子间移动，可能会导致投资者的排斥，误以为基金风格飘移，这种变动还可能是基金经理发生变动。然而，基金在格子之间移动，可能是由于以下两个正当合法的理由：

1. **流动风格型**。投资风格是一个概念，是一种关于股票选择的思维方式，而非一种呆板、固定的准则。股票基金和产业基金可以根据经济环境的变化在增长型和价值型之间移动，甚至同时移动。有时整个市场看起来都是价值型，例如，互联网泡沫破灭后的情形。九宫格在 20 世纪 80—90 年代开始流行起来，当时增长型和价值型的界限划分得很清晰；在其他时期，定义是很不固定的。换句话说，对于严格限制的九宫格分类，并不能反映市场的真实状况。

2. **机会成本**。批评者指出，更重要的是，那些坚持认为基金应该保持在某个方格中的投资者会错过赚钱的机会。股票基金的最好选择常常出现在相邻格子的边界处。如果对此严格限制，基金经理发现的投资机会可能会被白白浪费。

一些投资者认为九宫格系统局限性太大，以至于他们对之全盘否定。相反，他们偏好于使用基于投资目标的更宽泛的分类来评估基金。理柏公司就经常使用这些分类系统的其中之一来区分美国基金，如图 4－6 所示。[9]在此分类框架中，专注于小盘股和中盘股的基金根据对股票规模的偏好而进行分类。标准普尔 500 指数基金也被单独分为一类。

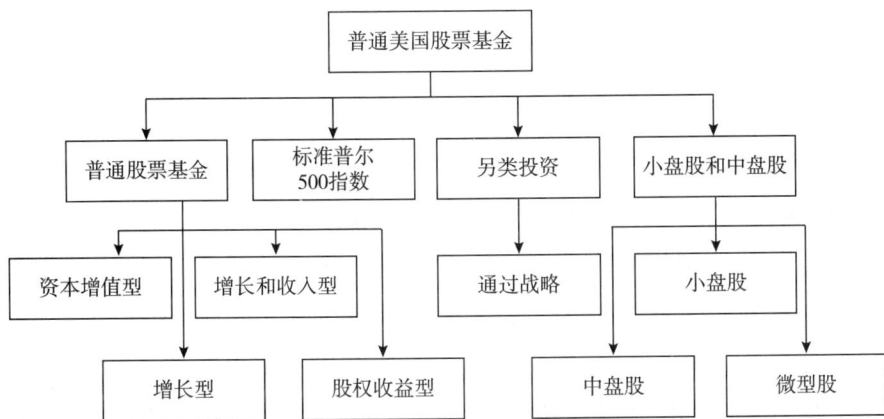

图 4－6　理柏公司关于美国基金的分类框架

其他的美国股票基金被划为普通类，分别是：

- **资本增值型**。使用积极的投资方式获取资本收益。
- **增长型**。投资目的在于获取资本收益，但积极性小于资本增值型基金。
- **增长和收入型**。在一定程度的股利分红收益基础上关注资本收益。

- **股权收益型**。强调高额的股利分红收益。

注意，这些类别都不是根据投资类型或市值来定义的（此处的术语"增长型"是指追求资本利得的目标而不是投资方式）。参见表4-3中应用九宫格和其他方式分类的基金同类组和基准指数的例子。

表4-3 股票基金的同类组和基准指数样本

基金类别	同类组	基准指数
大盘股价值型（九宫格）	大盘股价值型基金	罗素1000价值型指数
大盘股价值型（其他）	增长和收益型基金	标准普尔500指数
中盘股增长型（九宫格）	中盘股和增长型基金	罗素中盘股成长指数
中盘股增长型（其他）	中盘股基金	标准普尔中盘股400指数
新兴市场股票	新兴市场基金	摩根士丹利全球新兴市场指数

另一部分投资者为完全避免九宫格的争议，将资金投资于指数基金。在下一章，我们将讨论关于该方法的争论。

混合型基金

如图4-7所示，混合型基金的分类是很清晰的，适合于寻求简单生活的投资者。除专门投资某种特定证券的可转换证券基金外，该部分所有其他子类的投资组合中都包含债券、股票和一定数量的现金。[10]可转换证券基金投资于债券或者能够交换或转换成股票的优先股。这些证券具有债或股票的特点，应用取决于市场条件和证券的专有名词。我们将在第6章附录中讨论转换特征。投资者可能直接投资这些证券，或购买一定份额的专门投资于这些种类证券的共同基金，即一种被称为母基金的产品。在某种意义上，混合型基金负责投资者的资产配置决策。那些认为投资决策复杂或者没有时间进行资产配置的投资者，通常会倾向于选择混合型基金。

混合型基金包含快速增长的基金：目标日期基金，生命周期基金。顾名思义，这些基金在接近特定的目标或年份时会逐渐减少股票投资而增加债券投资。投资者选择某只特定日期接近计划退休时间的基金，当接近预定日期

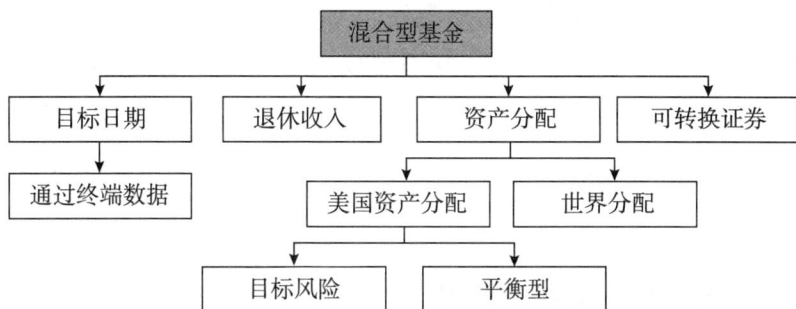

图 4-7　混合型基金

时，基金就会自动转变成更加保守的和收益导向型的资产配置型基金。目标
日期基金在雇主资助型养老计划中非常受欢迎。

如果目标日期基金的目的是帮助个人为退休做准备，退休收入基金的重
点则是帮助他们在停止工作后从其持有资产中获得稳定的收入。我们将在第
12 章和第 13 章再次讨论目标日期基金和退休收入基金。

另一方面，资产配置型基金在股票和债券上有确定的、不随时间推移
而简单变化的分配底线。尽管资产配置型基金可能为了利用投资机会或避
免损失而偏离方针，但是最终它将回到底线。例如，一只通常 70% 投资于
股票、30% 投资于债券的基金，可能因为经济前景强劲而增加股票的比例
至 80% ，也可能在经济增长放缓时将股票投资比例降回 70% ，甚至
更低。

一组具有不同基准分配的资产配置基金，可以被一起分为一系列目标风
险基金或生活方式基金，并标记为保守、平衡或激进。保守基金强调固定收
益，而激进基金在股票投资中的比例较大。以股票和债券六四分为基准线的
基金，通常被称为平衡型基金。

在这些基金中，一只基金的国际化导向（或没有）是一个关键的区别。
世界分配型基金有许多美国以外的投资，是此处一个独立的子群。美国导向
的基金可以根据其股票投资权重底线，进一步分为保守型、适中型和激进
型。股票市场最不受保守型基金青睐，却最受激进型基金青睐。当发现有机
会提高收益时，激进型基金在股票市场上的投资可能会出现大而频繁的
变动。

没有任何一种指数能够适合所有不同类型的基金，所以混合型基金对独立的资产类别指数进行整合，从而形成一个匹配分配底线的基准。例如，股票和债券六四分的平衡型基金可能公布一个股票指数占六成、债券指数占四成的基准。表4-4列举了混合型基金的同类组和基准指数的例子。

表4-4　混合型基金的同类组和基准指数样本

基金类别	同类组	基准指数
目标日期2030年	目标日期介于2026—2030年的基金	70%的罗素3000指数，15%的巴克莱资本美国综合指数，15%的摩根士丹利资本国际除美国以外其他国家全球指数
平衡型	平衡型基金	60%的标准普尔500指数，40%的巴克莱资本美国综合指数

本章小结

经验丰富的投资者在选择共同基金投资时通常采用两个步骤。首先，明确投资目标并在基金的4个主要类别中分配资产。作为第一步的一部分，他们需要根据流动性需求、投资期、预期收益和风险承受能力等因素，评估投资目标和约束条件。一旦确定了资产配置方案，他们就可以在每个类别中选择具体的基金产品。

大多数投资者通过3种不同的方法评估共同基金的收益：将基金的业绩与有着相似投资目标和方式的同类组基金的收益进行比较；将基金的业绩表现与所投资领域中的代表性的市场指数表现进行比较；计算基金风险调整后的业绩，比较收益与风险。晨星星级评价体系是风险调整后业绩评价的一个例子。一些投资者在评估基金时可能仅仅关注收益或费用。

货币市场基金是除没有政府担保外，最类似于银行储蓄账户的一类基金。有两种主要类型的货币市场基金：应税基金和免税基金。投资者必须计算税收调整后的收益,以决定哪一种基金对其最有利。

相对于货币市场基金,债券基金提供了更高的利率,但安全性水平较低。债券基金多种多样,可以按纳税情况(应税或免税)、地理聚焦点(美国和非美国)、信贷质量(投资级别和高收益),以及债券持有到期时间(短期、中期和长期)来划分。晨星公司将债券基金分为两个维度的九宫格:平均到期时间和信用质量。

购买股票基金的投资者认为基金的资产净值会上升,这些基金不提供大量收入。集中投资于某个特定产业或行业的基金需要分别评估。一般的股票基金根据地理聚集区域进行分类,接着利用九宫格的两个维度,即投资类别和市值来评估投资组合。九宫格划分方法是有争议的,一些投资者全盘否定它而支持基于募集说明书目标开发出来的系统。

混合型基金既投资于股票也投资于债券,旨在帮助投资者进行资产配置决策。当资产配置型基金在股票和债券之间的分配有一个固定的底线时,目标日期基金会随着时间推移逐渐减少股票投资的比例。

第 5 章

基金持有成本

正如我们在前几章所看到的，共同基金对投资者有很多好处。共同基金使得个人投资者享受到投资组合多样化和专业管理所带来的好处，同时投资者也知道可以随时出售其基金份额，他们的投资由独立董事仔细监控并由监管机构进行监督。

但是，所有这些优点都是有代价的。投资者需要为共同基金提供的服务支付费用。他们几乎总是为投资管理和行政服务支付费用（通常表示为占投资组合资产的百分比），他们通常还支付其他费用，其中可能包括购买基金时支付的销售费用、基金投资组合中交易股票的佣金，以及维持某些类型账户的年度费用。

在这里，我们会仔细考察投资者支付的所有费用，以及围绕他们的争议。在本章中，我们将：

- 概述基金费用并讨论其重要性，介绍投资者需要支付的费用和支付对象，以及如何向投资者披露。
- 仔细探究分销费，即向中介机构出售基金份额所产生的费用，并解释基金份额的类别结构。
- 介绍与证券交易、投资者交易和基金服务相关的基金运营费用。
- 讨论管理费水平的相关争议。
- 关注管理费争论的一个方面，即主动管理基金与指数基金的价值。

关注基金费用

我们为什么要用一整章来阐述费用呢？因为费用对投资者收益有着重要影响，特别是随着时间的推移，影响更为明显。图5-1说明了这些影响。假设投资者分别将10万美元投入3只除费用外其他均相同的基金中。其中，第一只基金年费用率为0.5%，另外两只分别为1.0%和1.5%。如果3只基金的投资组合在扣除费用前的年度平均收益率均为7%，那么扣除费用后的年度净收益率分别为6.5%、6.0%和5.5%。20年后，投资于费用最低的那只基金的10万美元价值为42.5万美元，而投资于费用最高的那只基金的10万美元价值仅为35.2美元。仅仅因为费用，基金的最高净收益和最低净收益之间相差73 000美元，超过最初投资额的70%。图5-1阐述了上述的不同之处。

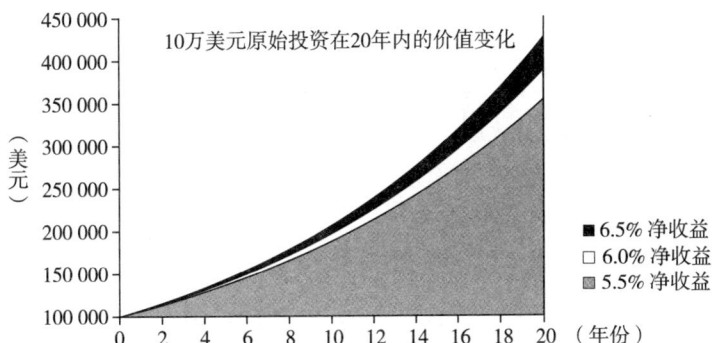

图5-1　费用的影响

金融学教授指出，费用是对业绩的拖累。他们的论点是这样的：想象一下，将股票市场的表现回报进行分配，让每个投资者获得平均回报。那么，支付更多费用的投资者将拥有最少的钱，而那些更节俭的投资者将拥有最多的回报。曾获得诺贝尔经济学奖的威廉·F. 夏普（William F. Sharpe）在1966年的一篇文章中这样说："如果其他条件相同，基金的费用率越小，其投资者的结果就越好。"[1]

但是，基金费用不仅仅在理论上对投资者收益有重要影响。晨星公司最近的一项调查发现，费用率是对基金业绩很好的预测指标。在 2010 年之前的 5 年中，平均而言，低费用基金在每个资产类别上都比高费用基金拥有更好的收益。[2]

证券交易委员会当然认为基金费用十分重要，这就是为什么在其监管议程上披露费用很高。证券交易委员会希望确保投资者能够提前了解与所买基金相关的所有费用。费用信息必须清楚地在所有呈现给投资者和潜在购买者的材料中进行披露，包括销售说明书摘要、法定章程、投资者报告及销售广告等，正如我们在第 3 章所描述的那样。[3]

基金份额持有人会支付各种费用，如表 5 – 1 所示。其中一些费用由投资者直接支付，并从个人账户的净值中扣除。例如，前端销售费用是在投资者购买基金时直接支付的。其他费用则由基金资产间接支付，从而降低所有投资者的资产净值（和绩效）。

表 5 – 1　基金投资者支付的费用

费用类型	支付人	受付人	是否计入
管理费用			
管理费用	基金	管理公司	是
分销费用（选择性）			
前端销售费用	基金份额持有人	分销商，并与其他中间商共享	否
后端销售费用、或然递延费用	基金份额持有人	分销商	否
12b – 1 费用	基金	分销商，部分与其他中间商共同分享	是
直接客户费用（包装费）	基金份额持有人	中间商	否
证券交易费用			
佣金，电子交易网络费用及证券交易委员会费用	基金	交易经纪商	否

（续表）

费用类型	支付人	受付人	是否计入
投资者交易费用（选择性）			
购买赎回费用	基金份额持有人	基金	否
服务费用（个人退休账户托管、小额账户、电汇）	基金份额持有人或基金	交易代理商	否
基金服务费用			
交易代理费用 *	基金	交易代理或次级交易代理商	是
投资者沟通费用 *（印刷、邮寄、代理委托书）	基金	服务机构	是
管理服务费用 *	基金	基金管理人	是
注册费用 *	基金	证券交易委员会、美国政府	是
专业服务费 *（审计、法律）	基金	服务机构	是
托管费用 *	基金	托管人	是
董事会费用	基金	董事	是

注：* 表示该项费用包含在整个管理费用中。

通过基金支付的大部分费用包括在了费用比率或总费用比率（TER）中。为了计算该费用率，基金首先需要将表格中的所有费用加总，然后再除以平均净资产，计算出相应的百分比。为了帮助投资者进行比较，证券交易委员会要求所有基金在其募集说明书和投资者报告中披露费用比率。因为它非常标准化，费用率是最常被引用的基金成本统计指标。

但是费用比率不包括所有与基金相关的费用，许多投资者更喜欢用美元而不是百分比表示费用。证券交易委员会以不同的形式呈现这些信息，以便投资者可以从多个不同的角度了解全部费用情况：费用以投资百分比、美元金额、业绩构成等形式呈现。具体而言，基金公司必须提供：

- 前端销售费用上限，如果有，则还需提供关于投资者如何通过获得断点折扣降低销售费用的详细信息。

- 销售费用递延上限，如果有，还包括递延申请的细节。

- 基金年度费用比率，可分为管理费用、12b－1 费用（如果有）以及其他费用。

- 在基金中投资 1 000 美元，一年中实际支付的费用。

- 如果 1 000 美元的投资产生了 5% 的收益，那么一年中应该支付的费用。

- 如果 10 000 美元的投资产生了 5% 的年度收益，那么 1、3、5、10 年应该支付的费用。

- 同时扣除前端费用和后端递延销售费用后的基金投资收益。

为了帮助投资者寻找低费用的基金，美国金融业监管局提供了一种在线基金分析工具，允许投资者根据费用率及其他标准筛选基金。如对该工具感兴趣，请登录网站：http：//apps. finra. org/fundanalyzer/1/fa. aspx。

因此，证券交易委员会明确认为较低的费用是好的，但是有支付更高费用的理由吗？换句话说，基金投资者能因为他们支付的费用而获得相应的回报吗？为了回答这个问题，我们必须对每个类别的费用进行更深入的分析。我们将先从分销费用开始，然后转向运营费用（证券交易费，基金份额持有人交易费和基金服务费），最后我们将讨论通常是费用的最大部分——管理费及其相关争论来结束本书。

分销费用

对于所有使用财务顾问服务的投资者而言，分销费用都是基金成本的重要组成部分。事实上，在 2013 年，除了公司退休计划之外还购买共同基金的人中，有高达81% 的投资者聘请了专业人士为其提供资产配置建议。[4]在基金行业中，因为这些财务顾问（以及雇用他们的公司）处于基金和投资者之间而被称为中介。他们负责向客户销售共同基金并提供建议，以 3 种方式获得报酬：由客户直接支付的费用，基金中包含的费用，以及通过基金管理公司支付的费用。我们将分别阐述它们。

共同基金包含的费用。客户向共同基金支付费用，其中就包含中介费。基金设定了 3 种类型的销售费用：申购手续费、赎回手续费，以及 12b－1 费用。这些费用因基金和股票的种类而有所不同，不是所有的基金都收取这些费用。

- **申购手续费**。通过中介购买某只基金，投资者需要支付一笔销售佣金，叫作申购手续费或者销售费用。这项费用是直接从投资者账户中扣除的。包含申购手续费的基金既有资产净值，也有反映该费用影响的发售价格。举例说明：一只包含 4% 的申购手续费和 9.6 美元资产净值的基金，其发售价格便是 10 美元。这就意味着，投资者以 10 美元购买了 9.6 美元的基金，剩下的 0.4 美元作为申购手续费支付给了中介。这 0.4 美元相当于总投资的 4%。

  2013 年，股票基金中最高的申购手续费平均达到了 5.3%。不过，许多投资者支付的要少一些，这是因为如果投资者购买的基金超过了一定的数额，中介往往会降低收费，即所谓的"折点定价"（详见"数量折扣"专栏）。他们也可能为特定类型的投资者降低收费，例如军方人员。最后，他们甚至会为一些投资产品免除一切申购手续费，如退休计划或信托账户。考虑到折点和免费等措施，投资者于 2013 年支付的平均申购手续费实际上是 1%。[5]

数量折扣

持续光顾同一家书店，你就能得到一个作为老顾客的打折卡。同理，从某一基金家族那里购买更多的份额，你就能得到申购手续费的减免。像任何一家公司一样，共同基金希望赢得顾客的忠诚度，同时扩大销售。作为鼓励重复购买的一种方法，他们会向集中在本家族购买基金的投资者提供价格优惠，这通常意味着对于超过特定折点的投资数目收取较低的申购手续费（以百分比的形式）。

例如，某只基金可能会公布如下的申购手续费表：

- 50 000 美元以下：5.75%；
- 50 000—99 999 美元：4.5%；
- 100 000—249 999 美元：3.5%；
- 250 000—499 999 美元：2.5%；
- 500 000—999 999 美元：2.0%；
- 1 000 000 美元以上，免费。

所有在基金家族中投资的钱汇总起来决定了折扣的水平，通常是逐步累积的总量。折扣费用可以提前适用，前提是投资者签署一份意向书，同意在特定的时间内（通常是 1 年）购买到一定的数量。这种方法也可以逆向适用，这叫作"累计权利"。

如果某只基金提供折点价格，销售基金的中介渠道必须向预期购买者提前告知是否有折扣。它们同时还要注意，不能为获得较高的佣金而故意将基金份额贴近折点销售。这两项特征都意味着销售收入的减少，所以有些中间商不会特别注意这些约束，此间的动机便不足为怪了。2003 年，证券监管部门对销售行为进行了一次大检查，它们发现中介渠道在处理折点上常有问题。许多证券公司支付了罚款，并且同意按照检查的结果对受到影响的投资者提供补偿。为了将此项监管措施落到实处，基金加强了对折点的披露，中介渠道和基金经理加强了有关账户信息的协调。[6]

- **赎回手续费，或称 CDSC**。投资者在认购份额的时候需要缴纳申购手续费，而在赎回的时候则需要支付赎回手续费。赎回手续费一般只有在投资者持有基金的时间低于规定的期限时才收取，而典型的情况是，这种份额持有时间越长，投资者支付的赎回手续费就会越低。例如，一位投资者可能在一年后支付 5% 的费用，两年之后支付 4% 的费用，以此类推，6 年之后就免交赎回手续费了。这种递减的赎回手续费就是所谓的 CDSC，意思是"有条件的递延销售费用"。赎回手续费的金额要低于初始投资和赎回时的份额价值，其金额要从投资者账户的价值中予以扣除。

- **12b-1 费用。** 基金可能采取向投资者收取年费的方式来支持其销售费用；在证券交易委员会批准这种收费方式之后，这项费用便被称为"12b-1费用"。[7]许多基金收取 25 个基点的 12b-1 服务费用，以获得中介提供的服务——为投资者提供持续服务，打理他们的账户，定期向他们提供最新的信息和相应的建议。作为申购手续费的替代，有些基金可能收取以资产为基础的销售费用，大约是 25—75 个基点。12b-1 年费总共不能超过资产的 1%，必须每年接受基金独立董事的批准，而且要在募集章程的费用表中分项列明。

  申购和赎回手续费是直接从基金投资者账户中支付的，而 12b-1 费用则不同，它是由基金支付的，这也成为颇受争议的一点。批评者认为，不应该允许基金使用自己的资产来增加销售，因为这类活动的受益者主要是那些管理公司。[8]相反，支持者则坚称，12b-1 费用仅仅是基金分销的一种收费方式而已，不同的是它采取了分期付款的形式，而不是一次性的提前收费。为了回应批评，证券交易委员会于 2010 年提议修改规则 12b-1。我们在"规则 12b-1：续集"专栏中总结该提案。

规则 12b-1：续篇

规则 12b-1 有许多贬低者，所以在 2010 年夏天，经过认真研究，证券交易委员会的工作人员提出用新的规则 12b-2 来取代它。[9]在后金融危机的冲击下，此新监管提议因失效而并没有被采纳，但如果规则 12b-2 得以恢复，或者其中的一些部分在未来的监管举措中重现，那请不要惊讶。

规则 12b-2 的提议包含 4 项主要规定：

1. **新名称。** 投资者不会在基金募集章程和企业年报中读到有关 12b-1 费用的内容，而会看到"营销和服务费用"以及"持续销售费用"的描述。营销和分销费用将被限制在每年 25 个基点之内，而持续销售费用每年则不能超过 75 个基点。A 类份额中会出现营销和服务费用，但没有持续销售费用。

2. **持续销售费用的终生限制**。在整个持有期间，由基金投资者支付的持续销售费用总共不得超过由 A 类份额收取的申购手续费的最大值。一旦投资者支付了最大数值，其份额必须转换为 A 类份额。假设雅芳希尔债券基金拥有带有 3% 申购手续费的 A 类份额和带有 75 个基点持续销售费用的 C 类份额，4 年后，其在基金中的位置将会从 C 类份额转换至 A 类份额。

3. **非董事核准**。在基金董事会中的独立董事无须每年审核和批准 12b－2 收费，而现在的 12b－1 费用则不同。然而，这项提议要求他们决定持续销售费用是否公平合理。

4. **非统一定价**。根据提议的 12b－2 规则，基金可以创立一种新的份额类型，允许中介来决定向其客户收取多少申购手续费，而且每家中介可以建立不同的收费标准。这便彻底背离了当前的做法——在同类基金份额中的每一位基金投资者都要根据相同的标准支付费用。

如今，大多数基金都提供多样的收费组合，允许投资者在同一只基金中根据不同的标准支付各项费用。以下是各种收费组合的详情：

- 每类份额都在基金资产中占有一定的比例。

- 每类份额如果要收费的话，都可以收取不同的申购手续费。

- 每类份额如果要收费的话，都可以收取不同的有条件的递延销售费用。

- 每类份额 12b－1 费用因类别的不同而各有差异。

- 过户代理费或基金投资者服务费通常因份额的类别而有所差别，那是因为过户代理费往往以投资者账户的数目为准，后者也因基金份额的类别而有所不同。关于这些费用的更多内容，详见第 14 章。

- 其他费用，例如管理费和托管费，其收费比例一般是一致的，不会因不同的股票类别而有所差别。

图 5-2 展示了份额分类结构的作用。不同类型的基金份额是为吸引不同的投资者而设计的。表 5-2 展示了由典型的中介渠道销售的股票基金的分类。

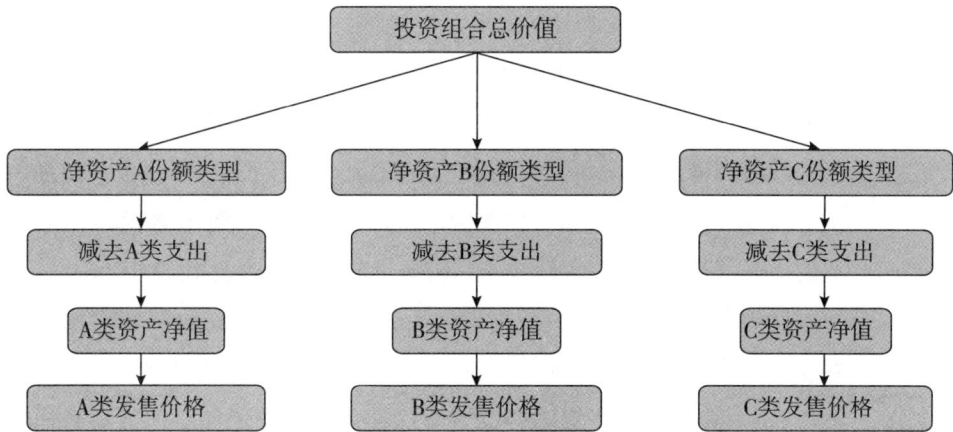

图 5-2　份额类型结构概览

表 5-2　由中介渠道销售的股票基金分类

基金份额分类	申购手续费	赎回手续费	12b-1 费用	分类名称
A 类	带有折点的 5.75%	无	0.25%	含佣股票
B 类	无	第一年 5%，之后逐年递减 1%	1.00%	分期手续费
C 类	无	两年期，每年 1%	1.00%	综合手续费
I 类	无	无	无	专业机构
R 类	无	无	0.50%	退休基金

- **A 类份额**是传统的收费基金份额，其申购手续费较高（通过折点可以减免），但 12b-1 费用较低。A 类份额一般非常适合那些有条件享受优惠或者计划长线持有基金份额的投资者，这样他们会有更多的机会以较高的投资回报来赚回付出的手续费。

- **B 类份额**省了申购手续费，但 12b–1 费用较高——至少从投资者角度来看是这样的。但是这个类别的份额比较复杂，其中介费用的收取方式和 A 类份额大同小异。换言之，只要份额一出手，中介就能拿到销售佣金，于是便等同于申购手续费。然而，依靠收取 12b–1 费用的基金分销商则需要等待若干年才能收回这笔申购手续费。在这种情况下，大部分 12b–1 费用被留存在基金分销商手中，并没有二次转移到中介渠道，因为这些中介机构已经收到了销售佣金。如果基金投资者在分销商期望得到支付之前将基金赎回，为补偿 12b–1 收益的损失，基金投资者便需要支付有条件的递延销售费用。

  另一个复杂之处是：在数年之后（相当于分销商收回销售佣金并支付给中介所用的时间），大部分 B 类份额被转化为 A 类份额。B 类份额在 20 世纪 80 年代末和 90 年代初一度广受追捧，但近年来却一路降温。有相当数目的基金已经不再提供这种份额了。[10]

- **C 类份额**有时被描述为综合费用份额，因为它将较高的 12b–1 费用和较低的赎回手续费（一年或两年期）合并到了一起。典型的 C 类份额不收取申购手续费，但基金发起人一般会给中介渠道预付一小部分佣金。

- **I 类份额**。它有时被称为 Y 或 K 份额，同时也被称为机构份额。这类份额基金完全免收手续费或者 12b–1 费用，是专门为规模较大的投资项目设计的，包括较大的退休计划和证券打包项目。

- **R 类份额**。它是在退休计划中使用的份额。这类份额仅收取少量的 12b–1 费用，主要用于支付记账的开销。

手续费和 12b–1 费用是支付给基金分销商的，它们一般属于基金公司的分支机构（较小的基金公司可能将这项功能外包给第三方）。分销商必须先注册为证券经纪公司，才有资格收取这些费用。

然而，分销商不能将其收到的资金持有很长时间。大部分手续费以及一部分 12b–1 费用又返回到了向公众销售基金份额的中介机构手中。大多数分销商会拿出 5% 甚至全部的手续费（一般为 5.5%），并且从 12b–1 费用的 50 个基点中拿出 45 个基点（或者全部）返给中介。但是，如果先前向中介预付了佣金，他们可能会从 12b - 1 费用中截留出更高的比例。这一点我们已经讨论过。

同理，中介公司会将返点的一部分转给负责向投资者提供咨询的财务顾问，顾问收到的百分比叫作"返利"。独立的证券经纪公司收取的返利比较高，因为顾问本人就是公司的所有者（我们将在第 11 章详细讨论不同类型的零售分销商）。

直接向客户收费。然而，财务顾问的费用并不总是由基金支付，投资者通常会直接在购买共同基金财务顾问向他们提供建议时支付费用。例如，经纪公司的客户可以参与包装项目，从而允许他们从一组事先预选的共同基金中进行选择。投资者在购买股票时，不是向共同基金公司支付销售费用，而是根据他们投资的金额向经纪交易商支付年费。同样，投资咨询公司的客户可以支付相当于其账户中资产一定百分比的费用，以获得包括共同基金在内的所有投资类型的建议。（只收取费用而不收取佣金的顾问只会通过这些费用为他们的服务收费。）请注意，基金和基金管理公司并不参与进来，并且不会通过这些费用获得直接收入。

虽然这些费用的数额可能会很大，但它们也能带来好处。投资者相信，他们在这些类型的费用机制下，获得的建议因为不依赖交易所以会更客观。此外，如果投资者支付的费用成为中介机构赞助投资计划的一部分，则可以获得比他们自己投资成本更低的股票类别（如 I 类），并在不同基金类别中有更多的灵活性来转移资金。

管理公司支付的费用。对于销售共同基金份额的中介来说，其唯一的收入来源是由基金管理公司支付的费用，通常采用收入分成或者账户代理费用的形式。**收入分成，**也称营销支持费用，是由基金发起人从自己的利润中划拨出的一部分费用，用于弥补中介维持其分销系统的开支。这种支付之所以叫作"收入分成"，是因为基金发起人和中介共同分担了部分的管理费用。喜欢和特定的中介进行大量交易的基金一般会与中介达成某种收入分配协议。基金必须在募集章程中披露诸如此类的收入分配安排。

在一份典型的协议中，基金发起人将会为一笔新的销售支付 25 个基点，对中介持有的基金资产支付 5 个基点。对于一笔 20 000 美元的销售，就是 50 美元的手续费和每年 10 美元的分成。此外，发起人可以在由中介主持的会议上缴纳费用，并进行路演。

中介需要确保不得因收到某家基金的资助而影响其经理人的建议。财务顾问不会接受收入分成。此外，没有签署收入分成协议的基金发起人仍然允许接触分支机构，财务顾问仍然可以向他们的客户推荐基金。中介必须向客户披露这些安排，此类信息一般公布在其网站上。[11]

净利润。虽然通过中介机构销售的基金的分销费可能很多，但它们对基金管理公司的底线并没有太大的影响。这主要是因为这些费用是支付给那些完成销售的中介的。如上所述，基金收取的大部分费用会即时交给中介；若保留，则只会用作支付销售佣金的预付款。[12]

与此同时，正如我们所讨论的，销售费用一直在下降，甚至被由中介管理的投资项目的直接客户费用所取代，基金管理公司没有参与并且不收取任何款项。事实上，管理公司甚至可以通过收入共享的形式，自掏腰包来支付中介管理这些计划的费用。

总之，销售费用并不是共同基金经理盈利能力的主要驱动力。事实上，当考虑所有的营销成本时，分销通常是基金管理公司的成本中心。它只是增加所管理的资产，并增加管理费用收益的一种手段。分销对第三方是非常有利可图的，因为他们销售来自不同的基金发起人的基金，并配套销售其他投资工具。但基金管理公司并不将其当作利润的主要来源。

营业费用

运营一只基金会花费很多资金，包括交易证券，向投资者提供服务以及保持账面成本。以下是每天为了保持基金运营而花费资金的概况。

证券交易费用

基金无论什么时候购买或销售证券，都可能要支付交易费用，包括：

- 支付给经纪人的进行证券交易的佣金（如果用到经纪人）。
- 支付给电子通信网络的费用。
- 基于每笔证券交易支付给证券交易委员会的费用。

这些费用较为适中，根据晨星公司估计，对投资大型公司股票的基金，这些费用每年只有不到 7 个基点。[13]

但如此适度的规模并没有阻止其引起争议。批评者对基金的交易成本表示了 3 个担忧：

1. **无形的**。虽然交易费用是经常性费用，但它们不包括在费用比率中，这意味着投资者会误解特定基金的持有成本。问题是交易费用并不是从会计角度看的费用；相反，它们增加了购买价格或降低了投资组合的售价。（这是这些费用的标准处理，不是基金独有的。）

2. **间接利润**。虽然这些费用由基金直接支付，但它们也可能间接地为基金管理公司带来利润。正如我们将在第 9 章所讨论的，证券经纪公司经常为那些将业务外包给它们的投资经理提供研究服务。

3. **冲击成本**。批评人士认为，这些交易费用只占投资组合交易总成本的一小部分，因为基金通常会通过买入而推动价格上涨，通过卖出而使价格下跌。至少有一项研究可以得出结论，平均基金中投资组合交易的总成本高于费用比率，尽管其他研究得出了更温和的结论。[14]

对于这些费用，从行业的反映来看交易成本根本就不是无形的，因为它们影响了资产净值，因此业绩数据会影响投资者的购买决策。如果这还不够，这些费用会在附加信息声明和与美国证券交易委员会一起提交的半年期报告中披露；它们只是没有包含在费用比率中。关于交易费用的讨论通常是主动管理和被动管理辩论的一部分，我们将在本章的后面部分进行介绍。

投资者交易费用

当投资者参与特定类型的交易时，他们可能直接向基金缴纳额外费用。

例如，无论投资者何时购买或销售份额，一些指数基金都会收取费用，这些费用可用来弥补相应证券的交易成本。其他基金在投资者购买基金份额后短期内——通常是 30 天或 90 天以内——又出售份额时收取赎回费用，阻止择时交易或频繁交易行为。因为投资者直接向基金支付这些费用，所以并不会为基金管理公司带来物质利益。

另外，许多基金会因为某种类型的账户（比如个人退休账户或者小金额账户）的维护，或提供诸如电子转账之类的特殊服务而收取费用。这些费用可能由投资者直接支付，也可能包含在基金的费用开支中。无论哪种形式，这些费用都将被用来弥补过户经纪商所提供服务的高昂成本，它们能够获得的利润很少，甚至无利可图。

基金服务费用

投资者间接支付为投资者提供服务的基金成本，并维持其法人地位所花费的成本费用。这些费用按照平均规模顺序排列，主要包括：

- 过户代理费，包括维护投资者账户记录的成本。其中一部分在记录保管或投资者服务安排下，付给了外部的过户经纪商。
- 与打印和邮递诸如基金销售说明书或投资者报告之类的文件有关的投资者通信费。如果基金持有代理选票，该费用可能还包括雇用代理公司的费用。
- 管理服务费用，与保存基金财务账簿有关。
- 注册费用，支付给证券交易委员会和州证券委员会。
- 专业服务费，包括审计费与法律服务费。
- 托管费用，包括证券保管费用。
- 与董事会相关的费用。

这些费用由基金支付给那些提供服务的组织。在有些情况下，服务供应商必须是独立的第三方。例如，基金的审计师就必须独立于基金经理。但在另外一些情况下，管理公司也可能是服务供应商，直接或通过子公司间接提供服务。例如，许多管理公司通过关联机构提供过户代理或管理服务，尽管它们也可能把这些服务中的一部分外包给非关联的专业服务公司。我们将在第14章更详细地讨论这些服务。

并非所有基金都将这些服务分开来支付费用。一些基金公司把部分服务费用置于全套管理费用中，如此便将控制整体费用的风险（或收益）从基金份额持有人那里转移到管理公司。

管理费用

虽然基金管理公司可以通过提供特定的服务赚取一些利润，但与来自管理费用中的利润相比，这部分利润就显得非常少。假设有一只通过中介渠道分销、规模达60亿美元的主动管理基金——雅芳希尔股票基金，表5－3展示了其年度费用（该表格只显示了那些包含在费用比例中的成本费用）。

表5－3　雅芳希尔股票基金年费

费用类型	总额（千美元）	占比
12b－1 分销费用	12 723	22%
交易代理费用	9 937	17%
投资者沟通费用	3 504	6%
管理服务，包括基金	1 696	3%
会计		
注册费用	183	<1%
专业费用	326	<1%
托管费用	135	<1%
董事会费用	189	<1%
总服务费用	15 970	27%
管理费用	29 722	51%
合计	58 415	100%

可以看出，管理费用通常是基金持续的费用支出中最大的部分，主要用

来支付为管理公司或外部咨询顾问公司工作的投资组合经理所提供的投资管理服务费用，还包括管理公司的商标使用、基金设立的风险承担以及基金分销的组织等服务费用。一般而言，管理费用是共同基金管理公司收入的主要来源。

管理费用以基点的形式表示，代表基金资产的一定比例。由于投资管理服务包含在管理费用中，所以费用水平会随着基金投资资产类型的不同而变化。股票基金平均费用最高，而货币市场基金费用最低。

对许多基金而言，一旦资产达到一定的水平，即分界点，费用基点就会下降。例如，对于一只最初有着 5 亿美元基金资产的股票基金，其管理费用将是 50 个基点，而高于该分界点的基金资产的管理费用可能是 45 个基点。该分界点可能仅依据该基金的资产确定，也可能根据整只基金整体的总资产确定，或者像所有股票基金一样根据基金家族中部分基金资产而定。折点定价非常普遍。

管理费水平是决定基金开支比率的唯一主要因素。因此，总费用也取决于基金的类型（相比之下，各类基金的其他费用往往相当稳定）。表 5 – 4 列出了显示不同类别开放式基金的费用比率范围（不包括最低 10% 和最高 10%）以及平均值。

表 5 – 4　各类开放式基金的费用比率（2013 年）

基金类型	范围（不包括最高 10% 和最低 10%）	平均值
股票基金	74—213 个基点	129 个基点
混合型基金	64—198 个基点	125 个基点
债券基金	49—167 个基点	88 个基点
货币市场基金	10—27 个基点	16 个基点

资料来源：投资公司协会，2014 投资公司年报

作为基金开支最大的组成部分，管理费已引起相当大的争议，这是不足为奇的。对于基金管理公司而言，管理费使其获得更高水平的盈利能力。在 2013 年之前的 10 年里，尽管受到 2008 年金融危机的影响，大型上市公募基

金的投资者在此期间内的平均年回报率仍达到20%。[15]

因此，即使基金费用一直在下降（如图5 – 3所示），但行业批评者还认为下降幅度远远不够。[16]我们可以详细了解一下批评者的观点。[17]

■ 股票基金　■ 债券基金

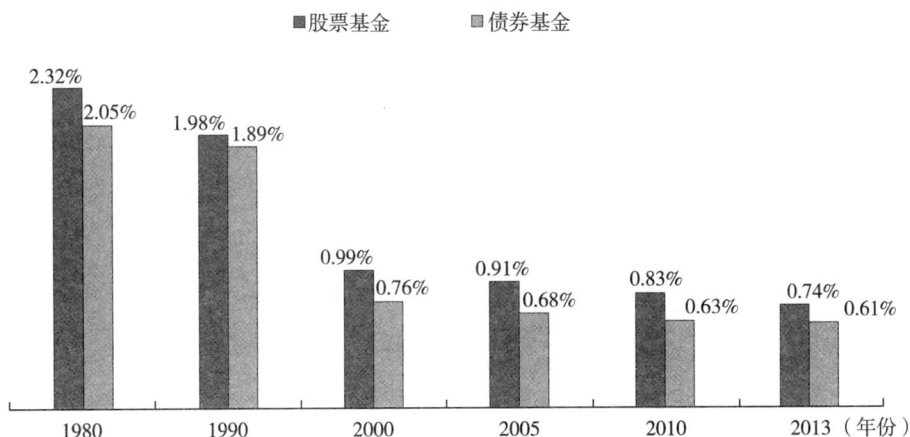

图 5 – 3　股票基金和债券基金投资者总成本
资料来源：投资公司协会，2009投资公司年报、2014投资公司年报

批评者的观点

批评者为此提出三大主要理由：

否定原因1：没有充分地从规模经济中受益。批评者认为，基金行业资产的增长本应该带来更低的费用。基金行业有着巨大的规模经济，这意味着费用增长的速度要远远慢于收益增长的速度。他们声称："管理70亿美元的基金并不会比管理10亿美元的基金花费更多，那么管理更大的基金为何需要收取7倍的费用呢？"（记住，管理费用是以资产规模为基础收取的。）

否定原因2：其他类型的投资者支付的费用较少。批评者提出："管理公司不仅没有把节省的费用转让给共同基金投资者，而且实际上对其他客户收取的费用要少得多。"（基金经理通常像管理共同基金账户一样管理其他诸如政府和企业养老基金等大型机构。）2001年的一项被广泛引用的研究发现，平均而言，管理公司对公共养老金计划收取的费用是对共同基金收取的费用的一半（以所管理资产的百分比表示）。[18]

否定原因3：无竞争的市场。这些抱怨背后最根本的问题是：共同基金市场没有竞争性。批评者认为，投资者有的没有注意到所支付的费用，有的因为需要缴纳资本利得所得税或后端费用而不能转向低成本基金。并且，批评者可以提出学术研究支持该观点。[19]

与此同时，批评者还认为，代表投资者利益的基金董事会成员在管理公司的掌控之中，并没有努力降低基金费用。他们用按图索骥的方法审核费用，并没有积极为投资者争取利益。寻找证据时，他们指出缺乏业绩费用结构。详细讨论参见"业绩费用"专栏（也可参照第2章关于基金董事会的讨论）。

根据批评者的观点，基金行业的市场集中度非常高。他们指出，2013年底，前十大基金家族管理着基金行业超过一半的资产，前25%的基金家族管理着几乎3/4的行业资产[20]，而基金公司还在快速兼并扩张。

业绩费用

人们对共同基金费用的另一种担心是：它既不符合投资者利益，也不符合管理公司的利益。的确，基金经理通常会因为没有达到投资者对投资绩效的要求而得不到绩效奖励。事实上，虽然业绩报酬越来越受欢迎，但2012年7月只有8%的基金收取了费用。[21]

如果基金业绩超过基准指标或同类基金，业绩费用就会增加管理费用；如果业绩下滑，就会相应降低管理费用。注意，证券交易委员会要求共同基金业绩费用采用对称的原则支付：业绩好予以奖励，业绩差予以同等的处罚。（在第16章我们将了解到，对冲基金有着非常与众不同的业绩费用结构。对冲基金经理除可获得基本收入外，还可享有基金收益的20%，但并不负责赔偿基金损失的20%。）

如果绩效奖励与基金经理和基金投资者的利益非常一致，为什么很少使用呢？一方面，是因为基金经理不喜欢自己的收益有额外的波动。他们认为自己的收入取决于基金的销售情况，管理费用取决于管理的资产，而资产是由基金销售决定的，基金销售情况往往与基金近期表现有关。另一方面，管理基金的成本并不会随业绩表现的变化而变化。

同时，如果使用一个指数作为基准，实际上很难赚取真正的业绩费用，因为基金业绩——费用净值——是与扣除费用前的指数业绩做对比。最后，如果基金经理做得很好，便赚取业绩费用，但具有讽刺意味的是，他们可能因为费用率较高而被注重节省成本的投资者处罚，因为业绩费用必须包含在计算过程中。

另外一个缺点是，业绩费用可以改变投资组合经理的行为。一个赚取高额业绩费用的基金经理可能变得过于保守而不能保护既得收益；而另一方面，一个身陷困境的基金经理承担巨大风险却一无所获。

反驳

共同基金费用的拥护者们对上述观点持不同意见，他们认为，事实上，基金行业竞争非常激烈，理由包括：

肯定理由 1：费用随着资产的增加而降低。首先，费用确实随着资产水平的增加而下降，管理费用合同中常见的折点临界值证实了这一点。但从整个资产类别来看，投资者由此而获得的好处并不明显，这是因为基金类别随时间发生了变化。例如，在股票基金中，近年来发行的新基金中有许多国际股票基金，管理成本更高，所以，通常比美国股票基金收取更高的费用。所以，平均而言，美国股票基金中费用的下降被国际基金费用的不断增加所抵销。由于各类基金比例不断变化，不同时期费用的相互对比就变得很复杂。

肯定理由 2：不同服务收取不同费用。基金费用拥护者认为，将共同基金支付的费用与其他机构投资者支付的费用进行对比，就像将苹果和橙子放在一起进行比较，因为两类投资者签订的是不同的服务合同。机构投资者雇用基金经理只进行投资决策，而由自己负责投资组合的管理。另一方面，共同基金管理公司包揽了所有为投资者服务的工作。甚至在最近一个案例判决中，美国最高法院认识到为不同类别客户提供的服务不具有可比性。[22]

肯定理由 3：基金市场充满竞争。更重要的是，基金行业拥护者认为，共同基金市场竞争非常激烈。有大量证据可以证明，投资者、管理公司以及董事会都会密切关注基金费用。

- 投资者希望投资费用较低的基金。我们已经了解到，投资者不情愿支付前端费用。一些研究显示，他们似乎对年度费用率也很敏感。事实上，投资管理协会研究发现，截至 2013 年的 10 年间，投资股票基金的投资者中，投资于费用率最低 1/4 区间的占 74%。[23]

- 管理公司不断采取措施以确保年度费用率不会太高，因为这已成为吸引新投资者的阻碍。为此，它们可能消减部分管理费用，有些时候甚至可能会支付或补贴其他运营费用。基金发起人经常会这么做，以扶持那些还未达到规模经济的小型股票基金，这样使得服务费用在资产中的百分比非常高。在货币市场基金和一些高质量固定收益基金中，这些行为也很常见，特别是在低利率时期。对于这些基金，管理公司会调整其费用，直到这些基金的收益变得具有竞争力。

- 基金董事会经常针对管理费用中的折点临界值进行谈判，如今许多董事会还要求对基金费用设置上限。在这些限定额下，如果年度费用超过一定界限，管理公司必须降低其费用，或者补贴一部分其他的基金费用，以便将年度费用控制在限额范围之内。

总之，基金行业还没有成为一个高度集中且缺乏竞争的行业。衡量行业结构竞争性最知名的方法之一就是赫芬达尔 – 赫希曼指数（Herfindahl-Hirschman Index），"尝试不集中"专栏对此有详细解释。2013 年 12 月，美国共同基金行业的赫芬达尔 – 赫希曼指数是 481，远在投资公司协会中等集中标准之下。[24]

为什么基金行业得分如此低呢？因为市场份额在许多不同的基金综合体中公平均匀地分配了，除 ETF 外的其他基金详细内容可参考表 5 – 5。共同基金行业不同于前四五家公司控制着绝大部分市场的石油或汽车行业。恰好相反，2013 年底，共同基金行业排名前十的基金整体控制的资产只占行业总资产的一半稍多一点儿。同年，还有 10 家公司管理的基金资产只有行业资产的 1% 多一点儿。而且，共同基金还需要与许多诸如独立管理账户、集体信托基金和对冲基金等其他类型的投资工具进行竞争。

表 5 - 5 管理资产规模最大的共同基金列表

2003 年排名	基金	份额（%）	2013 年排名	基金	份额（%）
1	富达投资（Fidelity）	11.1	1	先锋集团（Vanguard）	15.7
2	先锋集团（Vanguard）	9.8	2	富达投资（Fidelity）	10.3
3	美国基金（American Funds）	7.0	3	美国基金（American Funds）	7.2
4	黑岩基金（BlackRock）	5.2	4	黑岩基金（BlackRock）	6.8
5	摩根大通（J. P. Morgan）	3.0	5	太平洋投资管理基金（PIMCO）	3.4
6	景顺集团（Invesco）	2.9	6	摩根大通（J. P. Morgan）	3.1
7	富兰克林邓普顿（Franklin Templeton）	2.9	7	美国道富全球（State Street Global）	3.0
8	雷格美森基金/西部资产（Legg Mason/ Western Asset）	2.4	8	富兰克林邓普顿（Franklin Templeton）	2.9
9	联邦投资者（Federated）	2.3	9	普信集团（T. Rowe Price）	2.8
10	德雷弗斯（Dreyfus）	2.4	10	联邦投资者（Federated）	1.8
合计	前 10 家	48.7	合计	前 10 家	57.0
11	哥伦比亚管理集团（Columbia）	2.0	11	德雷弗斯（Dreyfus）	1.6
12	普特南基金（Putnam）	2.0	12	富国银行（Wells Fargo）	1.6
13	美国银行（Bank of America）	2.0	13	嘉信基金（Schwab）	1.6
14	嘉信基金（Schwab）	2.0	14	高盛投资（Goldman Sachs）	1.5
15	富国银行（Wells Fargo）	1.9	15	空间基金管理公司（Dimensional Fund）	1.5

（续表）

2003 年排名	基金	份额（%）	2013 年排名	基金	份额（%）
16	太平洋投资管理基金（PIMCO）	1.8	16	景顺集团（Invesco）	1.4
17	欧本海默基金（Oppenheimer Funds）	1.7	17	欧本海默基金（Oppenheimer Funds）	1.3
18	普信集团（T. Rowe Price）	1.7	18	哥伦比亚管理集团（Columbia）	1.1
19	德意志投资（DWS Investments）	1.6	19	麻省金融服务投资（MFS）	1.0
20	高盛投资（Goldman Sachs）	1.4	20	道奇考克斯（Dodge & Cox）	1.0
21	骏利资本（Janus）	1.3	21	摩根士丹利（Morgan Stanley）	0.8
22	摩根士丹利（Morgan Stanley）	1.3	22	雷格美森基金/西部资产（Legg Mason/ WesternAsset）	0.8
23	联博基金（Alliance Bernstein）	1.3	23	北方信托共同基金（Northern Trust）	0.8
24	美国道富全球（State Street Global）	1.3	24	约翰汉考克金融服务公司（John Hancock）	0.7
25	麻省金融服务投资（MFS）	1.2	25	伊顿万斯管理基金（Eaton Vance）	0.7
合计	前 25 家	73.1	合计	前 25 家	74.3

注：本表不包括可变年金中的基金，比例因四舍五入略有出入。

该表格还清晰地反映了公司的动态排名。截至 2013 年的 10 年间，3 家公司已经进入前十名的行列：太平洋投资管理基金（PIMCO）、美国道富全球（State Street Global）和普信集团（T. Rowe Price）。另有 5 家新公司已经进入前 25 位：空间基金管理公司（Dimensional Fund）、道奇考克斯（Dodge & Cox）、伊顿万斯管理基金（Eaton Vance）、约翰汉考克金融服务公司（John Hancock）以及北方信托共同基金（Northern Trust）。

尝试不集中

怎样判断一个行业是众多小公司为争夺市场份额而激烈竞争的行业，还是由少数几家公司为所有人制定规则条款的寡头垄断行业？美国司法部反垄断局经常使用赫芬达尔－赫希曼指数进行判断。

赫芬达尔－赫希曼指数的计算过程，是将一个行业内相互竞争的每家公司市场份额的平方进行加总。因此，市场份额较大的公司在计算中的权重也较大。例如，有一个 4 家公司相互竞争的行业，其中两家公司每家占有30%的市场份额，另外两家各占 20%。那么该行业的赫芬达尔－赫希曼指数等于 $30^2 + 30^2 + 20^2 + 20^2 = 900 + 900 + 400 + 400 = 2\,600$。两家较大的公司所占的权重是较小公司的两倍还要多。

大量规模相当的公司所组成的行业，其赫芬达尔－赫希曼指数最小，接近于 0。如果一个行业的赫芬达尔－赫希曼指数在 1 000 和 1 800 之间，那么它就是中等集中；如果超过 1 800，它就是高度集中。赫芬达尔－赫希曼指数在理论上的最大值——只有一个竞争对手的垄断行业，是 $100^2 = 10\,000$。美国司法部可能会密切关注能够使赫芬达尔－赫希曼指数上升 100 个基点或者更多的公司兼并交易。

简而言之，基金行业的支持者断言，这并不是一个稳定的寡头垄断市场，该行业竞争激烈，具有高度流动性。基金业绩的相应变化经常导致资产份额的巨大改变，以至于重点投资股票的基金在牛市期间获得巨大发展，而集中投资债券或货币市场基金的公司则在市场前景不确定时崭露头角。

新公司进入基金行业相当容易，投资公司协会统计显示，仅在 2009—2013 年就有 337 家新公司进入该行业，同一时期只有 234 家公司离开了此行业。[25]你想创建一只共同基金公司也相当容易，而且成本很低，需要的只是 10 万美元的创业资本和一个梦想（再加上为监管机构准备必要的文件资料）。通过与基金市场签订协议，并根据基金资产规模向运营商支付年费，你的基金就可以立即进入分销环节。另外，你只需要向另外一些公司支付一些年度费用，它们就会为你提供你所需要的管理服务。必要时会有众多服务可供你选择，所以小型基金会发现，为特定的一小拨儿投资者服务的利润非常可观。

基金经理只有在汇集大量资产时，才能进行投资决策。应该继续保持小型基金，并专注于一个特定领域？还是应该扩大规模，挤进基金家族的上层呢？为此，基金经理需要接触广泛的分销渠道，需要资金开发广泛的产品线，需要复杂的技术和专业团队保存记录以及为投资者提供其他服务。最后，大多数的顶级基金在一段时间内都开发出了知名的品牌。

面对诸多挑战，许多有兴趣持续发展的基金经理选择与其他公司合并。他们可能选择通过兼并将所有资源都放入一个类似的公司；也可能选择收购，购买另一家基金公司，或者将自己的公司出售，为另一家公司所购买。总之，所有这些活动都可以称为"兼并与收购"，简称并购。"收购两步走"专栏介绍了一些相关背景。

收购两步走

基金管理公司的收购分为两个步骤：第一步，被收购公司的大多数股东必须同意此交易，通常通过两种形式实现：股东通过委托投票批准兼并协议，或者将股份卖给收购者。第一步与其他行业里的并购没有什么区别。

第二步是基金行业里独一无二的。收购者必须获得独立董事和被收购公司管理的共同基金投资者同意。因为根据联邦证券法，一个共同基金管理公司控制权的变化，会自动终止基金和管理公司之间的管理合同。

如果收购者想继续管理这些基金，它必须通过另外两步确立新的顾问管理合同。首先，基金的大多数独立董事必须确定顾问管理合同的转换不会对投资者造成不公平的额外负担。其次，投资者们必须通过代理投票批准合同。事实上，收购方也购买了获得基金董事会和投资者批准的前管理公司提供的辅助服务。[26]

欲了解更多关于基金行业的并购活动，请访问本书的配套网站。我们已经发布了一个文章的链接，来考察历史趋势并分析公司成功的原因。

主动管理和被动管理的争论

虽然这里是关于管理费的广泛讨论，但讨论通常侧重于一个具体问题，即投资者为什么不买更多的股票指数基金？

从第 4 章可以看出，指数基金或被动管理基金（或简称被动基金）试图通过将所有包含在指数中的股票与完全相同的权重相乘，或者通过购买指数的代表性样本来跟踪市场指数的表现。相比之下，主动管理基金（或简称主动基金）希望通过精明的股票筛选来超过指数表现。

第一只指数基金起源于 1976 年，发展至今，指数基金投资有大批激情洋溢的追捧者。其中首先要提到的是先锋指数基金的创始人杰克·鲍格尔（Jack Bogle），先锋指数基金是一家因为指数基金投资而闻名于世的基金管理公司。一些指数基金甚至以模仿"鲍格尔风格"为荣。

指数基金的支持者认为，大多数投资者只要简单地力争在长期内与指数收益匹配即可，而不必通过主动的股票选择超越市场表现。为此，他们提出以下 4 点理由：

1. **费用优势**。被动投资的追随者认为，由于费用只是对业绩的拖累，将费用最小化应该是每个投资者的主要目标，而指数基金便是最好的方式。管理一只指数基金并不需要一大批分析师和训练有素的投资组合经理，去寻找下一个具有吸引力的投资，所以管理费用可以保持在低位。此外，被动基金不需要经常交易投资组合中的股票，这意味着交易成本也不是一个因素。（注意，股票指数基金的成本变化与我们之前所讨论的债权指数基金有明显不同。）主动管理基金比指数基金买卖股票更加频繁，意味着前者会产生更多的交易费用。

投资指数基金而非主动管理基金，可获得的收益可能是巨大的。2014 年 5 月，在没有销售佣金的基金中，有超过一半的美国大盘股指数基金的费用低于每年 25 个基点；只有不到 10% 的投资于同一类股票的主动管理基金有如此低的费用。[27]

2. **市场效率**。指数基金的支持者也认为，不管怎样都不值得花钱来做积极管理。因为美国股票市场非常有效，以至于在任何较长的时间内不可能超越市场表现。"行动高效"专栏为这种想法背后的理论提供了简要的解释。

3. **节税**。被动管理的另一个优势是极其节税。因为指数基金很少买卖股票，几乎没有资本利得收益。没有实现资本利得，就不会出现资本利得的分配，也就没有额外的税单。相反，指数基金投资者可以准确地选择何时通过出售基金份额来实现资本利得收益。

4. **缺乏业绩持续性**。尽管如此，即便一般的主动管理基金落后于基准指标，如果有相当数量的主动管理基金常常表现出色，那么主动管理仍可起到作用。换句话说，如果出众的业绩具有持续性，那么投资者可通过识别业绩一直超越平均值的经理人来获得更好的收益。但是在这里，偏好指数基金的人们会再一次给热衷主动管理基金的人们泼冷水，他们指出大量的学术研究结论只能为持续的卓越业绩提供有限的支持。根据这些研究，业绩的持续性如果真正存在的话，也是一个短期现象，而且很大程度上仅限于业绩表现糟糕的基金，而并非任何人都想将其纳入自己的投资组合的基金。研究人员把负面业绩的持续性归因于投资者惰性。部分投资者在亏本时也不会出售基金份额，不论这一长期结果多么持久。[28]

行动高效

　　打算花一个星期六的晚上挑选一只不错的股票吗？一群经济学家——有效市场假设的支持者——建议你不妨先去看电影，因为寻找价值被低估的股票纯粹是浪费精力。他们认为，这么多人花这么多时间研究可能的投资，而市场对任何一只公开交易的证券都是有效的。如此一来，他们的意思是证券价格已经反映了一切公众已知的证券预期收益的信息。

　　他们解释说，他们的研究表明股票价格的变动是随机的，明天股票价格的变动——上升或下降，与今天的价格没有任何可预测的联系。例如，如果温迪科纳公司的股票今天以每股 40 美元的价格卖出，明天它既可能以每股 39 美元的价格卖出，也可能以每股 41 美元卖出。那是因为今天每股 40 美元的价格包含了关于温迪科纳公司及其股票的所有公开信息。因此，股票价格的任何变化只能源于新信息的公布，投资者不能提前判断这个新信息对他是有利的还是不利的。换句话说，令那些试图在市场上发现更好交易的投资者失望的是，有效市场的支持者表明，不存在价值被低估的证券。

　　总而言之，指数基金的支持者认为，基金行业根本没有那么激烈的竞争。假设果真如此，投资者只会购买明显最适合他们的基金，即指数基金。

　　主动管理基金的支持者提出以下 5 点理由进行反驳：

1. **业绩持续性**。主动管理基金的支持者认为实际上好业绩是可以持续的，而学术研究未能发现这一点是受一些平庸经理人业绩起伏的影响。这些支持者指出，有研究表明实际上存在着一批技术水平高、经验丰富的经理人，他们的业绩一直都很出色。[29]

2. **业绩周期**。也许，更重要的是，指数基金不能在每种环境下都表现出色。相反，如图 5-4 所示，主动管理基金和被动管理基金的相对收益存在着周期性特点。当股票市场的业绩由各种市值的股票共同决定，而非小部分大盘股决定时，主动管理基金经理会做得很好。另一方面，当标准普尔 500 指数中最大的 40 或 50 只股票——决定指数的股票——引领整个市场的业绩表现时，指数基金业绩会优于主动管理基金。主动管理基金经理似乎通过从指数中的少量股票寻找机会以及投资于在基准范围以外的股票来增加价值。例如，在一个以大盘股为主的基金中配置一些中盘股。（这听起来是否与第 4 章中反对九宫格的理由类似？）

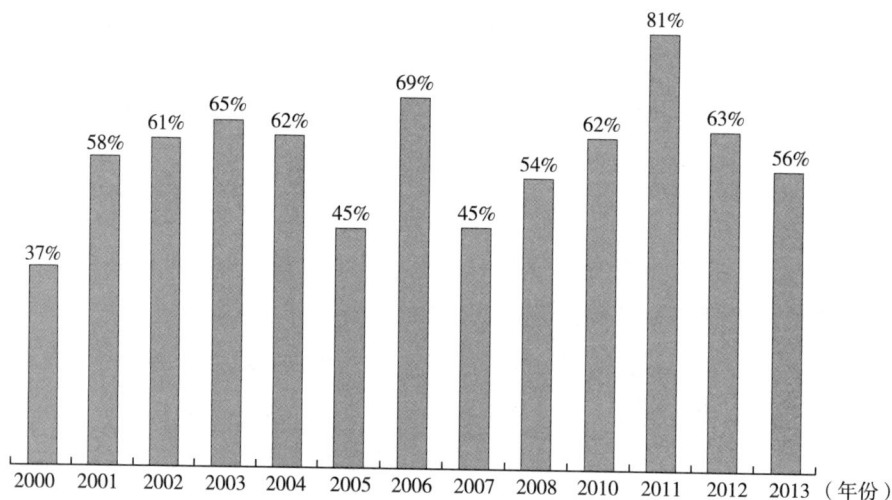

图 5-4　美国大盘股基金业绩表现超过标准普尔 500 指数表现①
资料来源：标准普尔道琼斯，标准普尔指数投资与主动管理基金业绩对比（简称 SPIVA）记分卡（2013 年底和 2009 年底）

3. **税收定时炸弹**。主动管理基金的支持者指出，指数基金中有一个潜在的定时炸弹，可能会使其在长期内并不那么具有吸引力。他们指出，指数基金此时非常节税，部分是因为这些基金的总资产在增长，以致没有来自投资者的净赎回迫使基金卖出股票获取现金。如果指数基金规模开始缩小，基金将被迫兑现投资者应得的巨额资本利得。

4. **搭便车者**。主动管理基金经理指出，正是因为他们的工作，才使得指数基金的投资成为可能。市场是有效的，正是因为有众多的分析人

---

① 原书图 5-4 中缺 2009 年数据。——编者注

士在挖掘能使其获得竞争优势的信息，正是因为有众多训练有素的眼睛盯着每只证券，错误的定价才不会持续很久。但是，如果指数基金成为投资的主导形式，那么指数基金持有的证券价值就会经常被低估或者被高估。

有些研究人员认为这远不是理论上的情况。他们将最近股票波动幅度的加大归因于指数基金的增长，认为指数基金更有可能扩大股票上涨和下跌幅度，因为他们买入和卖出会影响基金的现金流入和流出，从而使股票价格发生变化。[30]

5. **非理性市场**。最后，主动管理基金的支持者认为，市场不是像指数基金支持者所提到的那么有效。相反，它们是可预见的、非理性的，这为主动管理基金经理发现被低估的股票留下了大量空间。这个观点得到了行为经济学领域研究者的支持，更多关于他们的发现内容，请参见"金融神话破坏者"专栏。

谁赢得了这场辩论的胜利？是指数基金的支持者，还是主动管理基金的支持者呢？这很难说。如图 5-5 所示，主动管理基金仍占主导地位，在 2013 年底占到了美元股票共同基金的 4/5（除开货币市场基金）。但是指数基金的资产份额也从 20 年前的 1% 达到了如今的 20%。[31]我们将在第 15 章看到，交易所交易基金的增长一直是指数基金崛起的重要因素。

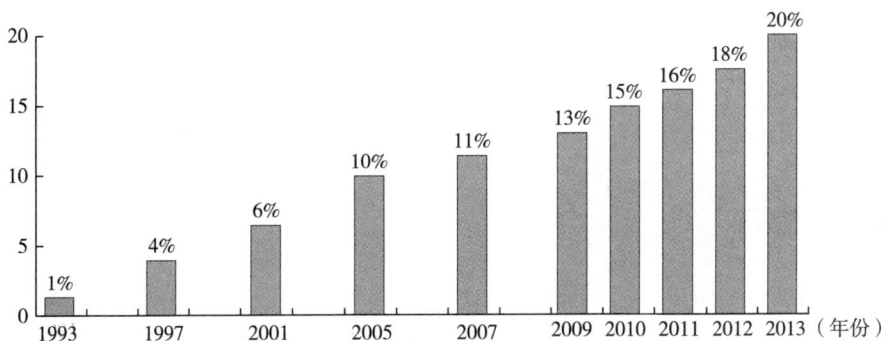

图 5-5 股票共同基金资产中指数基金所占份额

资料来源：投资公司协会，2014 投资公司年报

金融神话破坏者

关注行为金融的研究者是经济世界神话的破坏者，其研究以人们并不总是保持理性为前提。尽管该前提似乎很明显，但这个假设与经济学领域完全不同。古典经济学理论——包括有效市场假设——都基于一个基本观点：个体总是最大化自己的经济利益。

行为金融研究学者拒绝了这个观点，并且证明了人们如何以可预见的弄巧成拙的方式行动。例如，他们的研究已经表明，投资者相对更不情愿出售亏损而非盈利的投资产品，即使卖出亏损的投资产品有助于他们减少所得税。[32]他们为股票价格变化的原因提供解释，如股价为什么在晴天上涨，在世界杯比赛国家队输球后下跌；还有更重要的，为什么不被看好的市盈率低的股票比一般的股票表现要好。[33]在有效市场上，股票价格只受到新信息的影响，而不会遵循这种可预见的模式。

所以，主动管理基金经理希望通过确定这些非理性的方式，发现价值被低估的投资产品。

但是，也许在这场辩论中谈论赢家和输家是错误的。事实是，主动管理基金使得基金市场更有竞争力，股票定价更有效率。而指数基金则让活跃的经理人时刻保持警觉。这两种类型的基金在投资者的组合中都有一个合适的地方。

本章小结

共同基金费用可以对投资者回报产生重大影响，特别是随着时间推移而带来的复利。因此，美国证券交易委员会要求公司详细披露这些费用，基金费用水平已经成为讨论相当多的主题。

分销费用是支付给中介（即财务顾问及其公司）的部分，用来帮助投资者做出关于他们持有组合的投资决策。中介以 3 种方式收取基金销售费用。

第一，他们可能从基金收取的费用中获得一部分费用。基金直接向投资者收取前端销售费用和后端销售费用，并从基金资产中支付 12b－1 费用。第二，他们可能直接向客户收取基于资产的费用。第三，管理公司可能会自己掏钱支付中介收益分成费用。

营业费用是指基金提供服务的费用。它们包括证券交易费、投资者交易费和基金服务费。

管理费用通常是基金持续支出中最大的部分。它用于支付给管理公司以获得投资管理服务，包括品牌名称的使用、建立基金的风险承担以及组织费用的分配。它根据基金投资的资产类型而变化。管理费用是管理公司盈利的主要来源。

从历史来看，管理公司的盈利能力已经非常强。业内的批评者认为这是因为管理费过高所致。他们认为，投资者没有从规模经济中获得足够的利益，共同基金投资者比其他类型的投资者付出了更多，并且共同基金市场是非竞争性的。业内的支持者却认为，费用会随着资产规模增大而下降，共同基金对同类的服务支付同类的费用，而且行业竞争力很强。他们指出，根据赫芬达尔－赫希曼指数衡量，行业内的市场份额并不是特别集中，同时有很多通过创业和收购的新进入者。

管理费用的争议与关于主动管理、被动管理的争论密切相关。指数基金的支持者认为，指数基金以更低的成本提供了更高的回报，并且他们利用鲜为人知的证据证明基金行业是没有竞争力的。主动管理的支持者认为，有经验的基金经理可以跑赢指数，特别是在某些市场环境中。

第二部分
共同基金投资组合管理

人们持有共同基金的首要原因是，获取有吸引力的投资回报。该回报可能来自利息收入、分红、资本利得，或者这三种形式兼而有之。不管准确的回报来源是什么，投资者都相信，只要把钱放在基金里，他们就能够看到资产增值。

本部分集中讨论共同基金如何产生这些回报。首先了解一些术语：一只基金购买的所有投资叫作投资组合，选择这些投资的过程叫作投资组合管理，而这些投资由投资组合经理来管理。分析师研究特定投资的细节内容，而交易员通过安排购买和销售单个投资来执行投资组合经理的决策。

本部分包含以下 5 章：

第 6 章介绍股票基金投资组合的管理。该章前半部分讨论投资的不同方法，以及不仅适用于股票，还适用于其他类型投资的技术；后半部分集中讨论投资组合管理，对比主动管理基金与指数基金的管理方法，并解释基准指数在两者之中所起的作用。本章还阐述了构建投资组合过程中风险管理的重要性，以及归因分析在理解业绩结果中的重要意义。

第 7 章讨论债券基金。该章开篇即介绍了债券基金投资的证券类型，然后讨论主动管理型债券基金在投资组合管理中所采取的策略，以及债券基金经理如何实施这些策略。

第 7 章附录概述了共同基金中衍生品的使用和监管，对其更详细的讨论可在本书配套网站上查找。

第 8 章介绍货币市场基金及其独有的特征，并讨论固定资产净值的基本原理和实践中的应用方法，调查货币市场基金持有的证券，然后阐述货币市场基金的研究、交易和投资组合管理等内容。本章最后讨论货币市场基金在美国金融系统中扮演的角色，并探讨其在2008 年金融危机中引发的问题。

第 9 章阐释交易（即证券买卖的实际过程）及其对共同基金的重要性。本章集中讨论股票基金交易，回顾过去 10 年股票市场戏剧性的重构及对共同基金的影响，然后讨论交易员在确保基金符合一系列复杂交易规则的情况下进行买卖交易过程中所扮演的角色。最后简要阐述债券交易。

第 10 章讨论共同基金作为大量股票持有者的角色，以及该角色的职责。通过将共同基金与其他类型的股东进行比较，讨论与其他公司股东相比，基金份额持有人如何进行决策投票。接下来总结股东投票过程中可能遇到的问题，如基金管理层的报酬和社会变革的倡议等投票问题。本章的最后概述除美国以外基金的股东权利问题。

第6章

股票基金投资组合管理

对许多人而言，投资过程的顶峰就是股票基金的管理。这些基金的表现总是占据头版头条——利好消息出现就上涨，金融危机来临就下跌。尽管它们的平均收益通常都非常好——至少从长期来看是如此——但股票基金在任何单一的时段都可能出现重大亏损。

如果股票基金的回报不稳定，那是因为其所持有的股票本身直接处于经济的跌宕起伏之中。购买一只股票，意味着购买的是一个公司的部分股份或者是股权（股票、股份和股权通常可互相替代使用[1]）。股票也经常被称为普通股，以区别于优先股，优先股是一种更接近债券的投资工具而不像股票。像债券一样，优先股吸引以收入为导向的投资者，因为其每年支付固定数量资金，尽管以分红形式而不是利息形式。优先股投资者不能有所投资公司的投票权。然而，优先股和债券有两个关键的不同。首先，优先股红利支付是根据公司管理的判断，而不是合同承诺，不像债券利息支付；当公司有资金困难时，它会在停止支付债券利息之前暂停优先股红利。其次，优先股是永久的，意味着它们没有到期日；它们一直流通在外，直到公司采取措施赎回它们。假如一家公司发行在外的股票总数为 10 000 股，而你拥有 100 股，这就意味着你拥有该公司 1% 的财产所有权和 1% 的利润分享权。如果该公司业绩表现好，不论是因为处于经济繁荣期，还是得益于管理层决策的英明，抑或是法制环境有利，作为投资者的我们也都会因此受益。

股票所有权即投票权。股东有权选举董事会成员，接着由董事会雇用公司高级管理层并监督业务公司的运行。股东还可以投票决定其他重要的事项，如股票期权计划或者并购提议的实施等重大事宜（第 10 章将详细讨论股东投票问题）。

大多数公司在登记证券发售并向证券交易委员会提交招投说明书之后，都可在投资银行的帮助下向公众发售股票。[2]股票发售完成后，投资者便可以在彼此之间进行买卖。公司第一次发行股票叫作首次公开募股，简称 IPO。任何公司股票的后续销售的场所都被称为二级市场。[3]（第 9 章将详细讨论二级市场交易。）

股东投资股票时可以有两种赚钱方式：一种是，公司可能会把部分收益以分红的形式支付给股东。这样的支付方式是由董事会决定的，当企业经营情况恶化时可能会被取消。另外一种是，股东通常是出于资本增值潜力的考虑而持有股票，即股票价格可能会上升。这种情况通常发生在公司业务提升或者投资者看好公司发展前景的情况下。

对于美国股票投资者来说，股票价格上涨或资本收益通常是比股利更重要的回报来源，部分原因是美国公司的经理人更愿意保留公司的收入并将其再投资于企业，而不是作为股息支付。因此，资本增值潜力是投资者的一个关键考虑因素。即使是在企业运行良好的时候，公司也更倾向于保留利润进行再投资，而不是支付红利。

通常，公司股票价格就反映了公司潜在的业绩表现。但是，公司的基本情况与股票价格发展趋势会有所差异，有时差异甚至较大，并持续较长的时间。管理股票基金的关键就是识别特定股票价格与实际情况的差异何时出现，同时还要监控由许多单项投资组成的投资组合的整体风险。理论上很简单，但是实际操作起来却非常困难。

本章将阐述：

- 研究潜在投资股票的不同方法。
- 管理股票基金时所采用的技术。

股票研究

股权投资过程是从研究工作开始的：分析公司业务和股票价格之间的关系。这里有很多不同的研究技术，但大体可以分为以下 3 种：基本面分析、定量分析和技术分析。专业投资者通常专注于其中一种方法，尽管有时他们也会在分析过程中综合考虑这 3 种方法中的某些因素。注意，这些基本研究方法适用于所有类型的投资，而不仅限于股票。

- **基本面分析**。基本面分析是根据公司业务发展前景评估股票价值。通过搜集有助于评估公司未来收益的信息，进而考察企业的经营和财务状况。信息来源包括公司的财务报告和其他提交给证券交易委员会的文件，与公司管理层的访谈，以及交易记录和竞争对手报告等行业资源。直接观察也会起到一定作用。基本面分析人员会去访问他们研究的目标公司，甚至尽可能使用目标公司的产品或者服务。该过程一次可能只涉及一个行业或者仅一只股票。

- **定量分析**。与之相反，定量分析师通常研究多只股票，其工作内容就是计算概率，计算出特定的企业特征和发展趋势能在多大程度上带来超额回报。为证实他们的假设，定量分析师利用计算机分析大量诸如公司利润增长、资本回报和股票价格上涨势头等数据。

- **技术分析**。技术分析师认为股票价格波动遵循特定模式，反映了投资者可预见的非理性的投资行为。他们研究股票价格变化表和成交量，进而提出投资建议，寻找价格趋势变化，即出现拐点的信号。他们时刻关注那些向上突破压力线或者向下突破支撑线的股票，并在新趋势通道内进行交易。

例如，看到图 6 - 1 的技术分析师，可能认为 A 阶段上升趋势中交易的股票，价格涨到其原始价值的 6 倍，然后在 B 阶段震荡调整，变化不大，然后突破压力线，在 C 阶段价格上涨了 4 倍。技术分析师会解释说该变化趋势是可见的，因为在时点 1 和 2 股票成交量出现了大幅增加。[4]

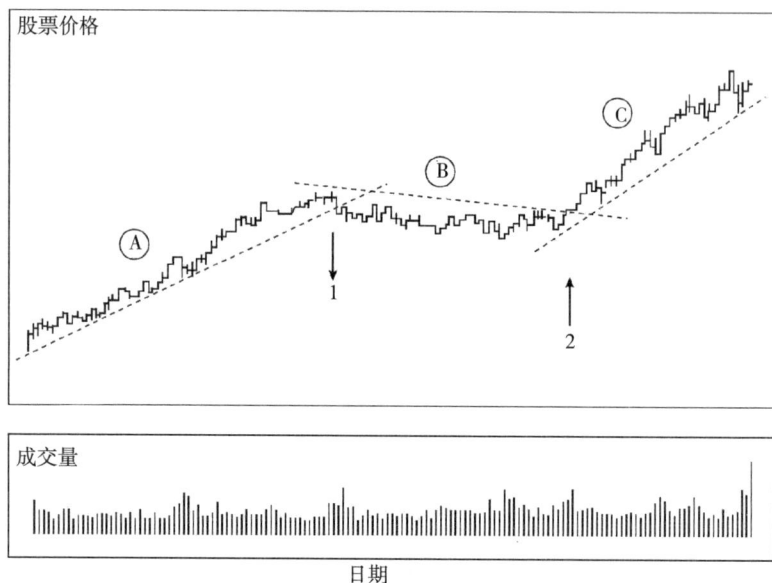

图 6-1 技术分析示例

尽管从直觉上这种说法很有吸引力，但学术界的研究人员对技术分析在股票甄选方面的价值提出了质疑。因此，许多基金经理如今都不在其研究团队中增加技术分析师，尽管个体投资者和投资组合经理仍会用技术分析法来确定买进和卖出股票的最佳时机。[5]

因此，我们只关注对大多数的共同基金经理而言最重要的证券分析方法：基本面分析和定量分析。关于股票研究分析师工作的更多详细内容，请参见"职业生涯：股票分析师"专栏。

职业生涯： 股票分析师

有兴趣成为一名股票分析师吗？你可能会直接为一家基金管理公司工作。大多数大型基金经理拥有专职分析师，进行大量专有研究以供自己所管理的基金独家使用。这也被称为买方研究，因为管理者会据此为其服务的客户基金购买股票。

或者你可以为一家独立的研究公司工作，向买方提供建议并收取费用。

或者你可以受雇于经纪公司，通常被称为卖方或者华尔街一方（简称街方）。你将向那些聘请你执行交易或提供其他服务的公司提供研究报告。

股票研究是一项长期工作。分析师通常会跟踪研究同一行业数年，积累深厚的知识经验。但对那些有志于成为投资组合经理的人，同时研究几个不同的行业会是一个不错的开始。事实上，大多数股票投资组合经理的投资生涯是从分析师开始的。

股票研究工作包含多个层面。人们对分析师的评价，不仅在于其推荐的投资建议能否成功获得较好收益，而且也在于其说服他人去购买的能力，尤其是分析师为卖方工作的时候。撰写研究报告并和基金经理讨论你的观点，将会是你工作的重要部分。

基本面研究

股票基本面研究是指评估一个公司的发展前景，考察其在行业中的竞争地位，以及行业总体的发展前景。分析师不仅寻找事实，而且寻找一些能让其鹤立鸡群的事情，如鲜为人知的关系或者对公开信息不同寻常的解释。本书前一章曾提到市场是有效的，以至于常识性知识均会反映在股票价格中。为了挑选业绩突出的股票，分析师必须勇于挑战传统观点。

分析师评估股票时所需要的信息主要有 3 种来源：公司本身、行业专家及其他分析师。接下来，我们看看分析师是如何利用来自各方的信息形成对某只股票的评价的。

源自公司本身的信息。对于共同基金而言，一家经营公司的信息主要来自证券交易委员会要求企业提交的那些文件。分析师通常是从查阅这些文件开始研究工作的。

- **10 – K 报告**。证券交易委员会要求以特定格式提供整个上市公司的概况并描述其面临的风险，通常叫作 10 – K 报告。[6]例如，共同基金的年度报告——10 – K 报告，包括一封来自管理公司过去一年内基金经营结果的介绍信，以及公司年度财务审计报告。分析师将会非常仔细地检查每个数据，寻找利润趋势，进而评判业务是在变好还是在变坏。他们也会非常仔细地阅读脚注，以确定公司报告中的盈利是否与公司的基本情况相符。此环节不容忽视，因为一些公司会利用会计准则的灵活性来夸大其短期绩效。分析师会尽量避免收益质量差的公司，因为学术研究已经表明此类公司未来的绩效相对较差。[7]

- **10 – Qs 报告**。季度报告，也被称为 10 – Qs 报告，会向分析师提供适时更新的数据。公司的 10 – Qs 报告与 10 – K 报告的结构非常相似，尽管其内容可能并没有那么详细。另外，10 – Qs 报告所呈现的财务信息也并未经过审计。公司网站或证券交易委员会的电子数据收集、分析与检索系统数据库（EDGAR）都在线提供 10 – Qs 报告和 10 – K 报告。[8]

- **委托声明书**。上市公司在股东进行年度投票之前必须准备一份委托声明书。[9]除描述呈现给股东的问题外，委托书还包括公司管理层和董事会的详细信息，当然也包括他们的薪酬。分析师利用这些信息评估管理团队的资质，并确定管理层利益是否与股东利益一致。

- **招股说明书**。当公司公开发行股票时，必须准备招股说明书。它对企业首次进行公开发行非常重要，因为它是公司首次向公众完整地描述自己。

但是分析师不会仅满足于通过公司文件来考察公司管理情况，他们希望直接与管理层进行对话。他们将通过亲自参与、电话或网络等方式出席公司报告会；如果可能，他们还将安排与公司首席执行官进行一对一的会面。他们不仅仅是听，还会询问有关近期业绩和未来战略的相关问题。自始至终，他们都在考量公司经营方式的合理性以及管理团队的能力。

在爱和披露中一切都是公平的

试想一下，大型投资者在获得关于股票的信息方面是否更有可能拥有内幕消息？再想一想！

由于证券交易委员会的监管要求，加上互联网的推动力量，即使只拥有 1 股股票的个人投资者现在也可以获得公司信息。

上述问题的监管法规是公平披露规则（通常叫作 Reg FD）[10]。它阻止公司管理人员首先将关键信息泄露给有利的投资者，而让其他股东蒙在鼓里，直到股价上涨才从新闻中知道。事实上，该规则要求，当公司披露重要信息时，管理人员必须向所有公众提供，而不仅仅是股东。

公平披露规则所带来的结果是，大多数公司现在通常在公共论坛上发布重要的公告，例如季度收入报告。[11]这通常是通过它们的网站或新闻稿，不过它们也越来越多地在脸书（Facebook）或推特（Twitter）上发布。但是公司必须告诉投资者，它们将使用哪些渠道发布重要的公告。[12]任何人都可以通过收听电话会议或网络广播获取更多的细节。

在研究过程中有来自公司的信息是非常必要的，但远远不够。那是因为分析师在与管理层交流过程中不可能获得足够的信息而使自己的分析具有竞争优势。正如"在爱和披露中一切都是公平的"专栏中所解释的，公司必须向所有投资者提供相同的重大信息，而投资者现在可以通过网络很容易地获取这些信息。与 10 年前相比，这些发生了巨大的变化，当时公司的文件是很难得到的，投资者需要经过"长途跋涉"才能与公司管理层进行交流。在那种环境下，专业投资者因为能够通过一定途径获取这些信息而表现出了更大的优势。

业内人士观点。为获取大多数公众得不到的信息，分析师必须转向行业内的其他渠道，如阅览行业出版物、咨询行业专家等。事实上，一些分析师也可能曾经在其所研究的行业工作过，因此能以内行人士的眼光来预测行业的发展趋势和前景。其他公司可以利用专家网络的服务，这将促使它们与具有技术专长的个人联系起来。这些网络已经引起了内部交易问题，我们在"使用内幕信息的错误"专栏中讨论。

使用内幕信息的错误

现在，应该清楚的是，基本面分析都是基于信息的。但这并不意味着分析师可以不加区别地收集信息。事实上，收集和使用错误的信息可能使他们遭遇严重的麻烦，甚至会有牢狱之灾。

有问题的信息通常被称为内部信息，其更正式的说法是重要的非公开信息。它是有实质性的，因为它足够重要到影响股票价格。它是非公开的，因为它没有被广泛传播。基于内幕信息进行证券交易是一种犯罪，交易者可能面临包括监禁在内的惩罚。

正如我们在"在爱与披露中一切都是公平的"专栏中所讨论的，根据Reg FD，企业高管需要在非常公开的论坛上公布重要信息。但是，如果一个知情的执行官传递重要信息给一两个分析师的过程中，会发生什么？在证券交易委员会看来，如果分析师根据该信息进行买卖，并且他们有理由相信该信息尚未公开，那么他们将犯内幕交易罪。[13]

最近，证券交易委员会对什么构成内幕交易的解释，得到了联邦法院一系列高调执法行动的支持。[14]其中一些案件涉及通过专家网络获得的信息，强调了这些第三方服务的风险。

证券交易委员会在起诉内幕交易案件方面的成功，警示了分析师必须尽可能多地关注信息来源。并且，当他们利用这些信息来换取报酬时，必须加倍努力。

只要有可能，分析师就会直接拜访一些公司产品和服务的使用者，进而评估未来销售前景。他们可能通过调查系统地开展此项工作——比如询问医生是否计划在写处方时采用新药品，或者和小部分适用人群进行趣味讨论。另外，他们也可能自己作为消费者，品尝一家公司新推出的一系列汤，或者带着家人在新装修的零售店购物。

其他分析师的研究。 但分析师搜集的信息与形成的观点真正是独一无二的吗？为回答该问题，分析师必须熟悉公众对该公司及其股票的看法，他们会阅读媒体关于其所研究公司的所有报道，同其他独立的以及卖方的分析师进行交流，并阅读这些分析师的研究报告。

基本面分析师必须把搜集来的信息转化为数据。首先，他们须利用一个模型来估算每股收益和现金流，而该模型通常是在计算机电子表格中生成的，它能够量化公司的运营情况。在模型中填入公司的收入、费用、利润和增长率及其他根据重要产品线和地域划分的关键变量数据后，分析师就可以对公司进行经营情况模拟。

一个模型服务于两个重要目的：一是能够让分析师估算公司收益和影响股票价格波动的首要因素；二是提供了评估该公司新信息的框架。假定分析师注意到欧盟正在考虑采用关于电子设备处理的严格标准。市场上流传着两种方案：一种方案是增加消费税来弥补回收成本，另一种方案是要求制造商回收其生产的所有设备。前一种方案无疑会提高产品价格，进而导致需求降低；而后一种方案会明显增加制造商成本。一名长期跟踪研究个人电脑全球制造商的分析师能够通过调整模型来估计不同方案的影响，弄清不同情况下公司运营结果会如何变化。一个构建得较好的模型，能够让分析师快速测试不同的假设条件和情境。

分析师将用自己的模型估计出的收益值与行业预期收益值——华尔街所有分析师预测值的均值——进行比较。人们可以通过汤姆森路透第一声（Thomson Reuters First Call）或者扎克斯投资研究所（Zacks Investment Research）获得后者。

如果模型计算出的预期收益与行业预期收益水平有很大差异，则可能出现未预期盈余——当估计值大于行业水平，则为正未预期盈余；反之，则为负未预期盈余。未预期盈余是股票价格波动的强大推动力。可能正是因为很少能在一家公司看到未预期盈余，因此一位华尔街分析师将其比作蟑螂。[15] 相反，公司的业绩表现一开始会连续几个季度比行业预期更好或更差。因此，当分析师认为将出现未预期盈余时，他们会认为应该购买或出售股票。

估值

然而，在许多情况下，根据模型是无法预测未预期盈余的，分析师仍需要根据股票的估值来推荐股票。接下来我们讨论衡量股票价值时用到的几种方法。因为所有方法都是股票价格与其他因素的比值，估值过程使用的方法通常被称为**比率分析**。

- **价格/收益或者市盈率（P/E 比率）**。市盈率通常也叫作市盈倍数，是每股股票的价格除以每股收益——有时收益是最近报告值，有时则是未来估测值。该比率反映的是投资者愿意支付给公司盈利能力的价格。该比率越高，股票就会越贵。

股票通常会根据市盈率进行分类。高市盈率的股票——能达到30倍或40倍甚至更高——通常来自那些年轻的或快速成长的公司，低市盈率的股票——通常在10倍以下——通常来自典型的低增长或成熟行业的公司。近期出现过问题的公司股票，其市盈率通常较低。

- **价格/现金流比率**。价格现金流比率等于每股股票的价格除以每股现金流，通常被定义为净收入加折旧和其他非现金费用，均以每股为基础。价格现金流比率通常被作为市盈率估值法的一个补充，因为现金流与收益相比受会计方法的影响较小。这对于近期在厂房和设备上有巨额投资或者折旧费用高的公司来说尤为重要。

- **价格/账面价值比率，即市净率**，通常用股票价格作为分子，但此处分母为账面价值，也就是公司的每股资产减去每股负债。如果一家公司有相对较高的市净率，投资者会认为它能够比公司报表中的实体资产更能反映公司的盈利潜力。例如，一家市净率高的软件公司，除了几台服务器之外，可能没有太多的实体资产，但是仍然有极好的前景。相反，如果一家公司市净率相对较低，则其实体资产未来可能不会创造较好的收益。典型的低市净率企业是拥有大型的工厂，但仍在生产已经丧失竞争优势产品的制造商。

- **价格/销售比率**。该比率是用每股价格除以每股销售额。价格销售比率特别适用于分析那些对经济波动极为敏感的周期性行业的股票。因为销售额很容易计算，价格销售比率比目前我们所讨论的其他所有方法对会计政策更加不敏感。

- **分红收益率**。该比率是用股票的年度分红除以其市场价格。收益表现为一只股票的现金回报，通常以分红来衡量。例如，一只以50美元每股的价格销售，年度分红为1美元的股票，其分红收益率为2%。与我们刚刚讨论的比率相反，通常，人们认为高分红收益率股票比低分红收益率股票更加便宜。一般而言，低市盈率股票比高市盈率股票有更高的分红收益率，而一些高市盈率股票甚至根本没有分红。

在评估一个公司的前景时，分析师会综合考虑上述所有方法。一方面，如果公司前景非常好，即使市盈率达到 40 倍，该公司股票也可能被低估；另一方面，如果公司业务快速退化，8 倍的市盈率也可能太高。

许多关于个股的争论实质上是围绕估值展开的。以亚马逊在线为例，该公司市盈率经常会达到 50 倍。公司支持者认可如此高的估值，并指出公司强劲、稳健的增长可能会持续，因为亚马逊在网络零售领域具有领导地位。反对者则认为市盈率可能会比较低，因为亚马逊变得越大，保持相同的增长速度就会越难。一个较大的亚马逊在面对经济下滑、竞争威胁和监管加强时，就会更加脆弱。反对者还提出，网络购物者可能在将来的某一天需要缴纳销售税。总之，怀疑者认为，亚马逊的"股价接近完美"，这意味着，一旦经济环境出现任何下滑，它的价值都会大幅度下跌。

分析师不会孤立地对一只股票进行估值。相反，他们会持续研究一只股票相对于同一行业内其他股票的价值，然后看该行业相对于整个市场的价值。这种方法被称为相对估值法。

因为整个股票市场价值水平随时间波动很大，所以相对估值法很有意义。图 6 – 2 显示出标准普尔 500 指数在过去 20 年中的价值水平在上升趋势线附近波动非常剧烈。对整个股票市场的价值水平影响最大的 3 个因素是经济实力、利息水平和投资者的情绪。

分析师甚至要评估整个市场的价值，考虑市场整体的经济实力、利率走向和投资者情绪。

经济周期。整个股票市场的价值等于所有上市公司收益现值的总和。如果投资者收益增长率预期提高，股票价格和价值同样会增长。因此，在经济繁荣时期，伴随着许多公司的增长率上升的预期，个股和市场指数的市盈率也倾向于上升。

利率。利率上升会使股票价值呈下降趋势，因为高利率会使公司借贷成本上升，它们能够延缓经济增长而使未来收益增长很不明朗。通常，高利率也预示着高通货膨胀——这是另一个可能导致低增长的情境，因为公司会发

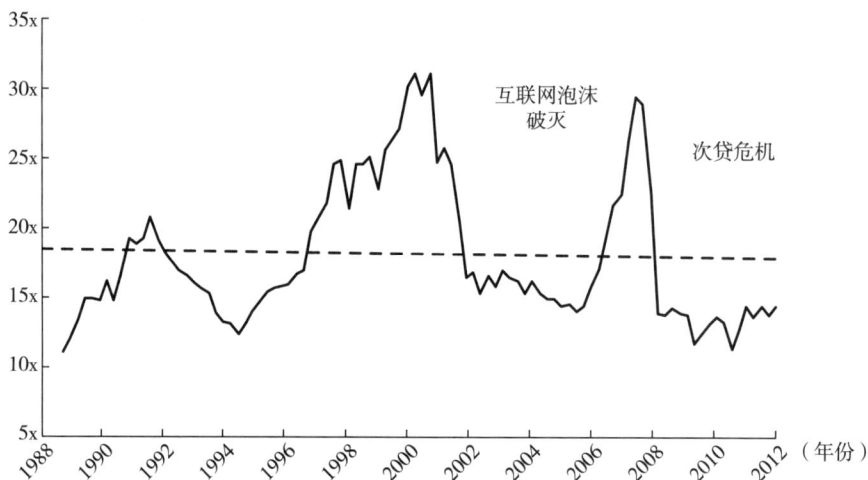

图 6 - 2　标准普尔运营收益的市盈率

资料来源：标准普尔道琼斯指数

现产品涨价的速度远远跟不上原材料涨价的速度。更加雪上加霜的是，高利率意味着银行存款和固定收益证券的收益率也高，以致这些投资方式比股票更有吸引力。相反，利率降低会导致更高的股票价值。

投资者情绪。在确定股票价值时，心理因素起着重要作用。如果经济和政治环境稳定，投资者会认为风险较低，就会购买更多股票。但是，如果恐惧情绪居于支配地位，市盈率就会迅速下降。注意，在图 6 - 2 中，当互联网泡沫破裂时，市盈率急剧下跌，从 2008 年金融危机开始的超过 29 倍，跌至仅 2 年后的 12 倍。

因为投资者情绪的非理性会对市场价值造成巨大影响，许多分析师完全拒绝使用相对价值评估法，他们更倾向于使用股利贴现模型和其他现金流贴现法。分析师运用这些方法预测未来的股利分红和现金流，并计算出股票现值。如果股票价格远低于计算出来的现值，那么就购买。尽管这些模型有许多支持者，但其他分析师会拒绝使用它们，因为其太依赖于未来收益，没有眼前可观察到的相对估值法可靠。

量化投资

基本面分析集中研究个体企业，而定量研究则试图寻找一些同时影响许多股票的模式。定量分析师——通常称为数量分析——都采用通用程序：

- **假设**。定量研究通常始于提出假设，即什么因素决定股票业绩表现的理论。一个简单的假设可能是，公司的首席执行官如果拥有博士学位，其股票表现会好于平均水平。

- **建模数据**。分析师利用来自许多公司的大量数据来证明该假设。有时候这很简单。在该假设中，美国股票收益的数据唾手可得。但其他数据却不是那么容易就能得到，如关于该公司首席执行官是否拥有博士学位的信息。理论上的定量分析需要对得到的信息进行模糊处理，筛选拥有博士头衔的首席执行官，包括医学博士和哲学博士。比较大牌的投资顾问，可能会向要求做基本面研究的分析师提供一些他们拥有的公司数据。

- **回溯测试**。该测试将股票分为两半：一半是首席执行官有博士学位的公司，而另一半则没有。然后计算过去一段时间内每一组的平均股票收益。因为测试要用到历史收益数据，所以叫作回溯测试。为了有利于下一步的分析，定量分析将检测不同的时间段，并且根据行业分解结果。

- **分析结果**。回溯测试的结果能帮助分析师判断假设是否起作用：首席执行官拥有博士学位的公司是否一定比一般的公司表现得更好？不管结果是什么，定量分析师将在结果中寻找模型。例如，如果首席执行官拥有博士学位的生物科技公司占很大比例，而且生物科技股票最近表现特别好，结果可能错误地表明购买"博士首席执行官"公司的股票肯定会赚钱。

  若事实的确如此，定量分析师将会看这个假设在整个市场上是否会和在行业内一样有效。另一种探究方法是，该假设在某些特定市场条件下是否要比在其他条件下更有效。例如，当市场增长，投资者愿意为高技术产品支付高价时，拥有博士学位的公司是否会一直处于市场领先地位？当市场下跌，投资者倾向于投资拥有许多专利的企业时，它们是否会比行业内其他公司做得更好？

- **实施**。一旦定量研究分析师得出某个假设有效的结论，他们依然会继续监视其效果，因为一个在回溯测试中有效的理论在将来可能不会继续有效。

定量分析的优势在于，这是一种理性的方法——在规律中应用测试模型，分析师就能够避免一些在金融行为学中分析得出的可预见的缺陷。

汇总起来：管理一只股票基金

一旦完成分析，个人关于股票的观点就会被整合到基金中来。这是投资组合经理的工作（详细讨论参见"职业生涯：股票投资组合经理"专栏）。投资组合管理有两种主要方法：被动管理和主动管理。在股票投资中，两者之间的差别非常明显，回报率、风险和成本方面的差别尤为突出。在第5章中我们已经讨论过哪种方法更好，此处我们将讨论两种管理方法的流程。接下来我们首先介绍被动管理或者指数基金，然后再将注意力转向主动管理投资组合。

职业生涯： 股票投资组合经理

如果你是一个股票投资组合经理，那么你的工作责任重大。你要保证就算不是上千也要上百的投资者有好的投资回报。

这是一份有压力的工作。人们会持续评估你的工作成果——如果管理的是共同基金，你的工作业绩甚至会被公开放在网络上。每个月、每一个季度、每一年，你的收入都会与竞争对手进行比较。

作为唯一的经理人，你可能要独自承担这些责任；或者你可以作为投资组合管理团队的一员，承担基金的部分责任——通常被称为"袖子"——可能会是你非常擅长的领域。例如，你可能要对一只基金的周期性敏锐地做出决策，而另外一名团队成员则负责处理顾客部分的工作，第三名团队成员则负责财务风险管理。不管是独自承担责任还是作为团队的一部分来承担责任，你将会和分析师交流公司和行业的发展趋势。

被动投资组合管理

在被动投资组合管理中，投资目标就是简单地匹配股票市场指数的收益。正如我们学到的，指数基于特定的能够代表整个或者部分市场的股票的组合。这些股票组合由独立的研究公司来管理，每天计算其价值。在美国股票市场上，主要的指数提供者包括标准普尔道琼斯、罗素投资和威尔逊协会（Wilshire Associates）等。

被动管理者尽量最小化跟踪误差，即基金收益和指数收益的偏差。[16]对许多股票指数而言，包括标准普尔 500 指数——顾名思义包含 500 只股票，通常通过在基金中按相同比例购买指数中所有的成份股来实现，这种做法通常称为同步。

但是有些指数包含太多股票，根本无法同步。例如，威尔逊 5000 指数，包含大约 4 000 只股票。在这种情况下，被动管理者只购买这个指数中具有典型代表性的一部分，通常称之为抽样。通过定量化模型，他们可以组合一揽子风险接近指数的证券，这也意味着，大多数时候，收益也与指数接近，尽管无法对其做出保证。采用抽样法进行被动管理的基金业绩可能会与指数有较大差异，尤其是当市场或者关键股票出现大幅波动时。

尽管一个指数基金经理不会对个别股票进行积极主动的投资，但大多数指数基金每天都需要通过进行交易来应对投资者活动。当投资者购买基金份额时，经理人必须购买指数中所包含的证券，而在投资者赎回份额时则必须出售指数中的证券——保持基金与指数同步。最小化投资者现金流对跟踪误差的影响的关键之一，在于拥有较准确的有关交易数量和方向的信息。大多数基金组合都有复杂精细的现金流管理系统来监控活跃的投资者的活动。

如果能掌握现金流进出方面的准确信息，基金经理就可以利用各种方法来降低投资流入或者通过出售股票来满足现金流出的成本。他们也可以买进或者卖出股票远期合约而非交易股票本身；或者进行一揽子交易，我们将在第 9 章详细讨论；他们还可以和同意交易股票以获取现金或者用现金来换取股票的投资者建立联系，这叫作跟进交换。正如我们将在第 15 章中看到的，

ETF 也采用同样的方法管理现金流。

另一个令指数基金经理头疼的问题是指数构成本身的变化。不管是由于兼并、破产，还是由于指数提供者主观希望包含具有代表性的证券，指数变动都非常普遍，比如罗素指数通常都会在每年 6 月底进行调整。每到此时，上百只股票会移出或者进入罗素 2000 指数，而该指数是衡量小盘股经营业绩最普遍的指数之一。即便是最常用的标准普尔 500 指数，每年也都会有很大的变动，如表 6 - 1 所示。

表 6 - 1　2013 年标准普尔 500 指数构成变化①

增加	删除
Allegiance Data Systems	Abercrombie & Fitch
Allegion	Advanced Micro Devices
Ametek	Apollo Group
Delta Air Lines	Big Lots
Facebook	BMC Software
General Growth Properties	Coventry Health Care
General Motors	Dean Foods
Kansas City Southern	Dell
Macerich	First Horizon National
Michael Kors	Heinz
Mohawk Industries	J. C. Penney
Nielsen Industries PVH	JDS Uniphase
Regeneron Pharmaceuticals	Metro PCS Communications
Transocean	Molex
Vertex Pharmaceuticals	NYSE Euronext
Zoetis	SAIC
	Sprint Nextel
	Teradyne

资料来源：标准普尔道琼斯指数

---

① 此表增加或删除的为标准普尔 500 指数成份股，为便于读者查找保留其原英文名称。——译者注

指数基金经理必须确定某只股票被包含在指数中之前是否购买该股票，或者是否等变化最终确定之后再行动。提前行动能够为基金节省开支，特别是一些被包含在标准普尔 500 指数中的股票，在导致其被加入指数的这段时间内一般会表现良好。这个影响在近几年没么大了。[17]但提前购买的策略也会有风险，因为在正式成为指数成份股的一部分之前，股票价格可能会因一些利空消息而下跌。

主动投资组合管理

主动管理通过明智选择证券来使基金收益超过指数。内行人士通常称其为"创造正阿尔法"（对该术语的解释，请参见"无止境地追求阿尔法"专栏）。主动管理基金经理将监控整个股票筛选过程——评判研究团队的哪些观点应该被包含在投资组合之中，并对其进行权重分配，然后确定买卖时机。

无止境地追求阿尔法

关于主动投资组合经理寻求超越市场均值收益的另一种说法是，他们寻求"创造正阿尔法"。还记得第 1 章中提到的投资收益分为阿尔法和贝塔两个部分吗？快速回想一下：贝塔是市场整体的收益，试图与市场平均一致的指数基金只有贝塔收益。阿尔法则是市场平均收益与投资组合收益之间的差值。这就是阿尔法的流行定义。从技术角度说，阿尔法是投资组合收益和贝塔调节市场收益的差额，它等于市场收益乘以投资组合的贝塔值。当投资组合收益和市场平均收益不同时，就会有阿尔法收益。换句话说，就是当基金经理主动进行投资决策时。

当然，基金经理希望基金的收益高于而非低于指数基金。换句话说，他们希望阿尔法为正值，而非负值。跑赢大盘是一个令人高兴的结果，而基金经理总是希望能避免绩效低于市场均值。

一些经理将这一概念更推进了一步，力图只给客户创造阿尔法收益（这些收益是由其投资决策产生的），而消除所有贝塔收益（这是第 4 章中我们讨论过的绝对收益策略之一）。为同时实现这两个目标，他们建立长短期结合的投资对冲组合。简单地说，就是基金经理买进长期股票投资组合，而同时卖出等值的短期股票投资组合。长期股票投资组合的正贝塔值与短期股票投资组合的负贝塔值能够相互抵消，从理论上来看，结果就只有阿尔法收益了。长短期结合的对冲组合越来越被广泛应用。

考虑监管方面的因素，这种对冲组合在对冲基金中比在共同基金中更容易实现。第 12 章讨论对冲基金时将再对其进行详细讨论。

与聚焦于特定行业或者产业的基金投资者相反，想拥有普通股票基金的投资者经常寻找那些集中于特定股票类型的投资组合。他们通常从两个维度来评估：市值或市场资本额，投资风格。正如在第 4 章中提到的，市场价值等于公司发行在外的所有股票的价值。下面我们详细探讨投资风格。

投资风格是指选择投资时的框架，它基本上能帮助投资者决定一只股票是否适合某投资组合。因为投资风格是在投资决策时的规律性方法，大多数专业投资者都会采用。最常见的风格包括增长型、价值型和合理价格下的增长型。

- **增长型经理**。他们常常寻找那些在未来预期收益高于平均收益的增长型公司，通常表现为收入或者营业额增长强劲。他们是投资界奢侈品的购买者，愿意为拥有优质产品或者品牌的公司支付高价。高增长股票通常市盈率较高，对市场衰退非常敏感。因此，当经济周期处于增长十分强劲的阶段时，此风格的基金经理就会表现最佳。
- **价值型经理**。他们则反其道而行之，意在努力搜寻廉价的商品——那些低市盈率、高分红的公司。他们知道这类商品可能会有轻微的瑕疵，但他们相信即使不属于优等品，这类公司也会产生物超所值的收益。价值型经理设法寻找那些蓄势待发的公司，即从艰难的经济环境中或者从不当的管理决策中，抑或从这两种条件的重压下开始走出低谷的公司。毫无疑问，此风格的基金经理在经济由衰退走向复苏的阶段必定表现出色。与此同时，价值型基金经理也通过研究力图避开可怕的价值陷阱——那些股票很便宜，但经营业绩每况愈下的公司。

- **合理价格下的增长型经理**。他们追寻的公司就是通常所说的 GARP （合理价格下的增长型公司），热衷这类公司的基金经理也称为相对价值经理。他们希望两者兼得，寻找那些增长前景可观但价格又不是特别昂贵的公司。

　　投资组合经理通常也会根据又一维度来划分其管理风格：自上而下和自下而上。

- **自上而下型**的经理会对经济和金融市场形成一个宽阔的或者宏观的图景，然后以此为基础辨别出具有吸引力的产业、行业或证券（第 4 章曾讲述过，产业是指一系列相关行业的集合）。例如，一位自上而下型的经理如果预期经济会增长缓慢，他可能会卖掉持有的周期性行业的股票。比如对经济起伏或周期比较敏感的汽车行业，转而买进消费领域或者保健行业的股票。因为这些经理只有在对宏观环境有整体把握后，才会开始关注个体的股票，这种方法通常与产业循环有关。很多增长型经理在其投资风格中会融入更多自上而下的因素。

- **自下而上型**的经理则恰好相反，他们先从选择具体的股票入手，而且会选择最具投资前景的股票，而对宏观经济预测几乎漠不关心。价值型经理通常采用自下而上的方法。

以上任何风格都可以在基本面分析和量化分析方法中得到应用。如今，许多投资组合经理综合运用这两种方法，他们一方面用定量法缩小进一步进行基本面研究所需考虑的备选范围，另一方面则用定量估测来跟踪误差，以监控投资组合的整体风险（稍后将分析风险控制）。

构建投资组合

假设你刚刚被任命为一只主动管理股票基金的投资组合经理。在你做出首次买卖决策之前，你需要掌握很多信息。

投资目标、风格和限制。首先，你需要阅读一下基金的募集说明书。正如我们在第 3 章中所讨论的，这些文件确定了基金的投资目标，并对其风格做出了简要描述，同时也列示了必须遵守的重要的限制。

基准指数。尤其要注意此处提到的市场指数（你将会在业绩表现信息表中看到它）。该指数就是你的基准，你的收益会与这些指数的收益进行关联评估。你所选择的特定指数也要与投资组合的目标和风格一致。例如，如果你的投资集中于小型的美国增长型股票，那你所选择的指数必须能代表那类市场。

接下来，研究指数构成。投资组合经理会仔细权衡与指数相比是增持还是减持某种证券。投资组合管理经常经过权衡决定，就像打赌。[18]经过权衡，基金可能在组合中增加某一证券的比重——以投资组合的比例表示——与组合中同一证券的比例相比。完全回避持有某只股票或者持有相对较少的股票就是减持，这与增持另一种股票的风险相同——因为如果由于缺少股票而使得基金表现更好，它可能导致基金滞后于指数。另一种决策类型就是持有不包含在指数中的股票，这种情形被称为"基准外持有"。

我们假定温迪科纳公司的股票在标准普尔 500 指数中占有最大比重（3%），再假定你对该公司前景非常乐观（预期其收益会大幅增长）。如果你的分析是正确的，你需要将 3% 的基金资产投资于温迪科纳，来获得与指数相当的回报。如果你认为温迪科纳的未来非常悲观，你将不会持有这只股票。如果你认为该股票未来前景一般，你可能决定控制相对于指数的风险，只持有 2%。而糟糕的是，一只你不太看好的股票，却仍然在你的基金中占有很大的比重。

关键的一点是，所有的权重都涉及指数中各证券的权重。自己计算一下：1% 的基准外持有的股票，将会和持有 4% 的温迪科纳股票对绩效产生同样的影响。

如同基金经理可以增持个别股票一样，他们可以增持指数中的某个产业股票。表 6－2 就显示了相对于标准普尔 500 指数中的产业权重，雅芳希尔美国股票基金在这些产业中所占权重。正如你所看到的，该基金增持了在经济强劲时表现很好的传统产业股票，包括工业、能源、材料等产业，在金融和必需消费品产业投资相对较少，而这两个产业经济反弹时往往滞后。（金融公司的收益通常会受到伴随经济恢复增长的利息的影响。) 如果经济增长强劲，这些投资组合也会有突出的表现。

表 6 - 2　雅芳希尔美国股票基金的产业权重

产业	基金权重	标准普尔 500 指数权重	相对权重
能源	13.7%	10.9%	+2.8%
自然资源	6.2%	3.5%	+2.7%
工业	14.3%	10.4%	+3.9%
非必需消费品	12.2%	10.0%	+2.2%
必需消费品	7.5%	11.3%	-3.8%
医疗保健	13.1%	12.3%	+0.8%
金融	9.5%	16.3%	-6.8%
信息技术	16.9%	18.8%	-1.9%
电信服务	4.9%	2.9%	+2.0%
公共设施	1.7%	3.6%	-1.9%
总值	100.0%	100.0%	0

基准对等组。最后，你可能想知道将与哪个竞争性对等组基金进行比较衡量（更多关于对等排序的信息，参见第 4 章）。虽然你无法获得竞争对手投资组合的最新信息，无法利用他们的持有情况来做日常的权重决策，但你可能想知道有关其投资方法的信息，以便于了解你和竞争对手有什么不同，以及你的决策如何影响你所管理基金在对等组中的排名。例如，如果你管理着一只增长型基金，你的竞争对手很可能持有很大比重的科技股。那么你就对科技股持消极态度，减少其在你投资组合中的权重，你的业绩表现很可能和竞争对手的表现有所不同。如果科技股表现低迷，你就有机会脱颖而出；而如果科技股表现良好，你的排名就会下降。对等组排名在决定应该支付给你多少报酬中起重要作用，详见"相对报酬"专栏。

相对报酬

　　基准指数和基准指数对等组将在更大程度上决定你所管理的投资组合中各证券的权重，这也是你作为投资经理的报酬的基础。和大多数基金顾问一样，你会有非常诱人的基本工资，但是如果你管理的基金比两个基准都做得好，那么你将获得更多年度奖金。好的基金业绩将使得份额销售更好，进而使得基金经理有更好的收入，所以，投资组合经理都会努力使基金获取超额收益。

如果你的基金只是昙花一现，那么你通常不会得到很高的收入。奖金的计算大部分是基于3年期的综合业绩表现，并且可能是考虑更长时间的结果。公司也可能考虑你所在部门的绩效，或者公司运作的所有基金的结果——那是鼓励你与同事共享好点子。

你的奖金在很大程度上是由数字决定的，更多主观的因素也可能在利润上起到一定的作用。如果你的工作有助于推广基金、招募培训或者辅导新的分析师，那么你的报酬也会增加。

即使你已经获得了顶级奖金，不要计划立马全部花掉。为激励你待在公司，很多基金顾问会建议延迟现金奖励的支付，将其推迟一年甚至更久才发放。事实上，如果你是一家拥有超过500亿美元资产的公司的高级管理人员，若采纳了建议，证券交易委员会可能会要求延期发放你1/3的奖金。[19]

另外，有很多原因可以解释你为什么没有考虑跳槽到竞争对手的公司。你可能会获得所在的基金管理公司的股份，或者你可能已经签署了一份竞业协议，使你很难从现在所在的公司带走客户。

如果想要了解更多投资组合经理报酬的问题，所有你需要做的，就是阅读所有共同基金的附加信息说明。证券交易委员会要求这些公司在其中描述薪酬计算方法。[20]

风险管理

到目前为止，你选择证券的决定可能已经集中于潜在收益的最大化；但在发出投资买卖指令之前，你还要明确投资组合的风险水平与投资目标是否一致。投资组合的整体风险不仅仅是各个证券的风险均值。

这是因为股票价格通常不会朝同一方向变动：一些会上升，而另一些则可能会下降。举个例子，考虑石油产品和航空业之间的关系。油价下跌将会导致石油公司股票价格下跌，但会对航空公司的股票产生正面影响，因为该行业需要消耗大量能源。专业的说法是，石油产品和航空公司负相关。一个持有这两个行业股票的投资组合几乎不会受到石油价格变化的影响。如果你只投资于石油产品和帮助企业钻油的能源服务公司，情况则并非如此。这些企业之间是正相关的，因此必须密切跟踪石油价格的变化。

你持有股票的数量将会影响整体风险。一般而言，持有的股票越少，基金风险越大。大多数投资组合经理试图限制基金持有股票的数量，因为经理对相对少量的股票十分有信心。另外，尽管大量持有股票可能通过多元化分散风险，但要确保常占优势，即使对最勤奋的经理，也是一种考验。如图 6-3 所示，2014 年 5 月，超过 1/4 的主动管理股票基金都集中于将投资组合中的股票控制在 50 只以内，超过一半的基金持有 50—200 只股票，持有超过 200 只股票的基金只有 14%。

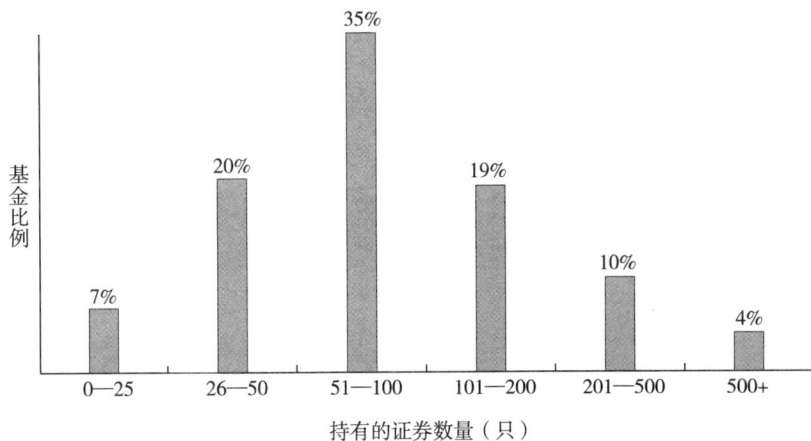

图 6-3　美国股票基金证券数量（2014 年 5 月）

资料来源：晨星公司

关于投资组合中股票数量的决策不仅仅是投资经理的个人偏好问题，实践中的因素也会起一定作用。集中投资于如小盘股的较难交易股票的基金，倾向于持有更多股票，这样它才会拥有较大的资产基础。另一个考虑是：基金的复杂性限制了持有一家公司发行在外股票的比例，一旦达到上限就强迫你寻找新的投资（这在小盘股中经常出现）。例如，许多基金公司持有一家公司股票的比例不能超过 15%。[21] 现金流也是另外一个需要着重考虑的因素。

对一只基金而言，固定的现金流入会迫使你必须迅速为其找到投资方式，最可能的就是购买更多股票。

为客观地评估风险，你很可能需要借助计算机系统来计算你期望的或预期的跟踪误差。该系统能够预测投资组合收益和指数收益之间的标准差。[22]如果你的投资组合非常分散，并且包括了与指数中的比重非常接近的大多数股票，那么投资组合的跟踪误差将会很低。但是如果你的投资组合高度集中，只持有基准指数内和基准指数外的少量股票，那么你预期的跟踪误差将会非常高。（"超贝塔"专栏提供了关于公司经常使用的风险评估工具的很多信息。）

超贝塔

20世纪70年代，研究人员利用快速发展的计算机技术来研究股票表现，他们发现了一些违背有效市场假说的模型。他们指出，市场风险——经典的贝塔——不是唯一使股票价格变动的因素。实际上，有很多常见的因素或多或少地影响股票变动。例如，规模相等或市值相同的股票在同一时间均呈上升或下降趋势，低市盈率和市净率的价值型股票也会出现同样的情况。

从这个角度出发，定量分析师开发了测定投资组合对所有因素风险敞口的模型。其中一个模型就是应用最广泛的巴拉（Barra）风险模型。

尽管具体的巴拉风险模型因素会随市场变化而变化，但它通常包括以下因素：

- **势头**：股票的近期表现。
- **波动**：股票对市场浮动的敏感程度，包括股票贝塔值的测量。
- **价值**：基于很多比率，比如市盈率、市净率、价格现金流比率。
- **规模**：等同于市值。因为当市值变大或变小时，规模效应的影响非常明显，规模的非线性因素也包括在内。
- **增长**：回顾历史数据估测收益增长。
- **流动性**：股票的交易量。
- **财务杠杆**：公司财务报表上的总负债。

对共同因素的风险敞口通常能解释大多数基金相对于指数的跟踪误差。例如，如果一只基金持有大量财务杠杆较高的公司的股票（当然是与指数相比），当市场条件偏好这类公司时，基金的业绩就会非常好。

投资组合经理希望确保因素的风险敞口与投资组合的目标和方法能保持一致，特别是风格转换是很多经理需要考虑的重要因素。例如，价值型的经理会期望获得比平均水平更高的价值敞口并且避免过快的增长。

然后，你需要评估跟踪误差估计值是否适用于你所在的基金。指数基金的跟踪误差接近于零。积极型基金预期与其基准指数的误差可能达到5%——6%。在这两种极端之间则是各种不同的基金类型，它们在进行积极决策时都会考虑基金。

绩效分析

现在在投资决策已经做出并且开始产生绩效结果。权威评级机构如理柏公司和晨星公司，以及基金份额持有人，都会对该结果进行解析——但都没有基金管理公司本身分析得透彻。投资组合经理通常也会分析其过去的表现，目的是从成功和失误中学习。作为投资组合经理，你可能会有很多失误。即使是最出色的基金经理也只有 2/3 的股票投资是成功的，其余都是失败的，当然是相对基准而言。

绩效归因。绩效分析始于绩效归因，即计算每个决策对基金收益的贡献过程，所有这些工作都是在相对于基准的情况下进行的。例如，相对于基准指数中的股票权重，你可能增持金融股票。如果在接下来的这段时间内，金融股票的表现优于指数整体表现，那么这就是一个好决策。绩效归因通过衡量增持规模、绩效突出程度二者的影响来计算利润贡献。两种因素的结合是决策对基金绩效的相对贡献，通常以基点来衡量。

特定的计算机程序会自动生成能够让我们看到单只股票对基金收益贡献的报告。例如，如果基金持有 1% 的某只基准外股票，并且该只股票超出指数表现 20%，那么该股票就贡献了 20 个基点（1% 乘以 20%）。但是如果该基金持有 1% 的股票，并且在指数中的比例也是 1%，则持有该股票对相对绩效无贡献，因为它的收益已经包含在指数收益之中了。同理，如果基金没有持有指数中表现良好的股票，该股票的贡献需要从相对绩效中剔除。表 6－3 展示了一份关于雅芳希尔美国股票基金在产业层面的假设的绩效归因报告样本。关于贡献如何计算，请参考本书的配套网站。

尽管投资组合归因试图分离出每个因素对基金业绩的贡献，但这些因素之间的联系非常复杂。投资经理可能会在产业分配上做出错误的决策，但是正确的股票选择则能够弥补这部分损失。例如，从表 6－3 可以看出，雅芳希尔基金经理减持了信息技术产业股票，而该产业表现却相对很好，这导致基金表现低于指数 9 个基点。然而，该基金持有的该产业的股票贡献了 12 个基点。正确的股票选择弥补了错误的产业板块选择决策，最后综合的结果便是该基金在信息技术产业方面仅贡献了 3 个基点。

表 6－3　雅芳希尔美国股票基金绩效归因样本

	基金权重	指数权重	相对权重	基金收益	指数收益	相对收益	贡献基点		
							股票选择	行业权重	总值
能源	13.7	10.9	2.8	18.7	17.9	0.8	10	36	47
自然资源	6.2	3.5	2.7	1.9	9.0	-7.1	-44	11	-33
工业	14.3	10.4	3.9	21.4	13.2	8.2	117	32	149
非必需消费品	12.2	10.0	2.2	18.7	11.2	7.5	92	14	105
必需消费品	7.5	11.3	-3.8	-6.0	-3.6	-2.4	-18	33	15
医疗保健	13.1	12.3	0.8	-1.3	-1.9	0.6	8	-5	2
金融	9.5	16.3	-6.8	-2.1	-6.1	4.0	38	75	113
信息技术	16.9	18.8	-1.9	10.2	9.5	0.7	12	-9	3
电信服务	4.9	2.9	2.0	1.3	2.7	-1.4	-7	-5	-11
公共设施	1.7	3.6	-1.9	2.1	-0.2	2.3	4	10	14
总值	100.0	100.0	0.0	9.0	5.0	4.0	212	192	404

你将会看到个股和产业决策的贡献，然后试图去识别它们在收益实现中各自的模式。你或许会得到这样的结论：你挑选了不错的股票，但没有在其中投入足够的基金资产。为了调整，你可能增持表现好的股票——尽管你需要小心，不要使跟踪误差过大。

风险调整后绩效。作为最后一步，你应该关注风险调整后的绩效。为此，需要用阿尔法值除以实际的跟踪误差，其结果就是信息比率。该比率越高，收益对应的风险就越高。顶级股票基金的信息比率大约为 0.5，意味着跟踪误差贡献了一半的出色业绩。[23]

本章小结

股票基金经理主要依赖两种类型的投资研究方法：基本面研究和定量研究。

基本面研究分析师主要关注个别公司或者个别行业，寻找鲜为人知的关系或者看来似乎错误的共识产生的情境。公司自身提供的信息、业内人士的观点、其他分析师的研究报告等，都有助于它们开发出预测未来收益的模型。基本面分析师一般会推荐购买预期收益出现正盈余的公司股票，或者价值极具吸引力的股票。估值的结论通常是根据市盈率或其他比率的分析得出的。分析师必须小心不要使用内部信息作为买卖决策的基础。

定量分析师通过大量股票的数据来确定绩效表现模式。他们先就决定股票业绩表现的因素提出假设，然后利用历史数据回溯来检验这些假设。

指数基金利用两种不同的投资组合管理方法中的一种。它们可能以相同的权重持有指数基金中的所有股票来复制指数，或者采用抽样法，即购买指数中具有代表性的预期与指数整体表现一致的股票。指数基金经理时时掌握每日现金流信息，并有效地处理这些信息。

主动管理基金经理在为基金选择股票时，通常会表现特定的投资风格。最流行的风格是增长型、价值型和合理价格下的增长型 3 种。增长型基金经理寻找高于平均增长收益的公司；价值型基金经理寻找低市盈率、高分红收益的公司；合理价格下的增长型基金经理则寻找有着合理增长前景但股价不是很高的股票。

主动管理基金经理往往结合基准指数来评估其股票的持有情况。他们可能增持或减持指数中的某只股票，或者持有基准外股票。风险控制工具能帮助经理们预测整个投资组合的变动情况，考虑持有的股票之间的相关关系。许多经理经常使用用于分析影响股票价格变动的常规因素敞口的模型。绩效归因分析能使基金经理准确地评估具体决策对投资组合绩效的影响。

第 7 章

债券基金投资组合管理

在这一章中，我们将介绍债券基金投资组合管理，这些基金也被称为"固定收益基金"。顾名思义，此类基金所持有的债券在收益方面是相对稳定的。因为债券发行者有义务在固定日期给投资者特定的回报，所以债券收益通常比股票收益更加稳定。

本章将介绍：

- 债券基金投资组合中证券的基本类型。
- 债券基金投资组合管理的主要方法。

注意：在你开始阅读本章内容之前，我们假定在整个讨论过程中你对债券的运作已经非常熟悉，且对固定收益这一术语非常了解。若非如此，请先阅读本书配套网站中对"债券基础知识"的介绍。

债券基金所持证券

债券基金主要分为两大类：应税债券基金和免税债券基金。应税债券基金投资于那些需要缴纳联邦所得税的各种债券，而免税债券基金投资于州政府或市政府发行的债券，可以免缴联邦所得税，有时也可免缴州所得税。下面我们将讨论各类债券基金的投资组合中经常存在的证券类型。

应税债券基金所持证券

正如我们在第 4 章看到的，应税债券基金有各种各样的投资目标。一些基金能够广泛投资于各种类型的债券，而另外一些则可能集中投资于特定类型或特定期限的债券：短期的、中期的，或者长期的。所有的投资都投资于以下一种或多种不同的债券类型：

美国国债。美国国债是由美国政府通过财政部发行并且由政府担保的债券，其到期日上限一般在 30 年左右，通常情况下没有提前赎回权（"债券基础知识"一章中有详细解释）。因为美国是个富裕的国家，美国政府有能力通过向其国民征税募集资金来偿还这些债券的利息和本金。很多投资者认为国债是没有风险的，然而它们仍然受到市场风险的影响，其价值也会随着利率的变化而发生波动，波动的幅度取决于债券存续期的长短。国债利息通常免征州和地方税，我们已在第 4 章讨论过。

2013 年底，美国国债占据美国债券市场大约 1/4 的份额，如图 7 - 1 所示。

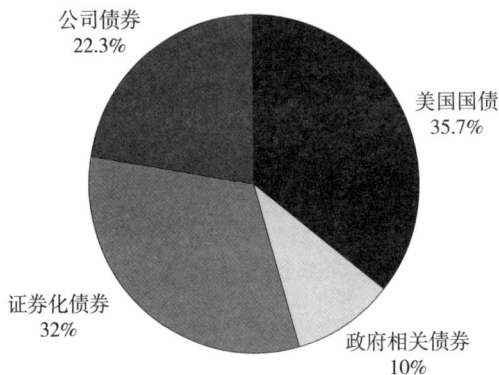

图 7 - 1　应税债券市场概况

资料来源：巴克莱资本美国综合指数，2013 年 12 月 31 日

政府相关债券。政府相关债券，通常也称为机构债券，在应税债券市场中占比 10%。一部分机构债券是由联邦政府机构发行的，例如政府全国抵押贷款协会（GNMA，即人们所熟知的吉利美 Ginnie Mae）和田纳西河谷管理局（Tennessee Valley Authority，简称 TVA）。另一部分是由政府支持企业

（通常被称为 GSEs）发行，这些企业通常是已经由国会批准可以为住房抵押贷款、学生贷款和农业部门提供融资的私营企业。政府支持企业包括联邦全国抵押贷款协会、联邦房屋抵押贷款协会、学生贷款营销协会和联邦农业抵押贷款公司，它们分别拥有丰富的绰号：房利美（Fannie Mae）、房地美（Freddie Mac）、沙利美（Sallie Mae）和砝码美（Farmer Mac）。

虽然一些机构债券由美国政府保证（特别是许多吉利美债券），但大多数机构债券并没有。因为他们承担更大的风险，机构债券的收益率高于国债。然而，机构债券的收益率溢价历来都很小，因为投资者认为一旦出现问题，联邦政府将为这些问题提供财政支持。这个假设（事实证明是真实的）促成了 2008 年的金融危机，我们将在"今日犹在，明日逝去？"专栏中讨论。

今日犹在， 明日逝去？

想平衡好公共和私营是不容易的，正如房利美和房地美在 2008 年的金融危机期间走过的艰难道路。这些政府资助的企业都是私营公司，意味着它们必须增加利润以使其投资者满意。但是它们被联邦政府授予公共目的，即通过提供抵押贷款来促进房地产交易。

多年来，这种公私合作运作良好。凭借它们与政府的关系，房利美和房地美能够以比其他金融公司更低的利率借款，它们用这笔钱为那些具有非常严格信用资质的借款人，提供适度规模的标准抵押贷款。这种安排似乎适合房主。在 2003 年，每 10 个源于美国的抵押贷款中，房利美和房地美就参与了其中的 7 个。这种安排肯定有利于这两个政府支持机构的投资者，因为可以看着他们自己所持股票的价值上升。

但随着房地产泡沫开始膨胀，公共和私营目标之间的紧张关系变得更加明显。起初，房利美和房地美坚守其立场，并继续只向似乎有能力偿还的借款人发放抵押贷款，结果它们失去了市场份额，贷款人只注重支持抵押贷款房屋的价值，并预期其会稳步上升。到 2006 年，所有新的美国抵押贷款中有 24% 是次贷的，这意味着它们是向信用记录不佳的借款人或只支付小额首付的借款人发放贷款。另外 16% 是 Alt–A（替代性 A 类）抵押贷款，不要求借款人提供他们的收入证明，并被非正式地称为"骗子贷款"。[1]

房利美和房地美的高管最终加入了抵押贷款狂热潮，但是是在房价泡沫破裂之前的高峰期。当借款人不久后停止支付抵押贷款时，房利美和房地美遭受了巨大的损失，大到联邦政府被迫控制这两家公司，以防止抵押贷款市场完全崩溃。[2]

房利美和房地美至今仍然被政府保守控制，它们的命运仍不清晰。奥巴马政府曾经建议削减两家公司，并在公共和私营之间重新建立明确的界限，限制政府在抵押贷款融资中的作用，为低收入和中等收入的美国人以及首次购房者提供信贷。无论如何决定，债券市场中的机构债券在未来可能会发生巨大变化。[3]

资产证券化类产品。大约 1/3 的债券市场是由资产证券化类产品组成的，有两种类型的资产证券化类产品：抵押担保证券（MBS，构成证券化市场的主体）和资产抵押证券（ABS）。

正如其名字所示，抵押担保证券是把相似规模和质量的住房抵押贷款集合在一起。与共同基金份额持有人类似，抵押担保证券的投资者拥有资产池中一定比例的抵押贷款，将房屋拥有人支付的抵押贷款转移到债券持有人手中。如前面讨论的，这通常由政府支持企业——吉利美、房利美或房地美，来提供担保。抵押担保证券非常受欢迎：在 2013 年，全美 80% 的新抵押贷款是通过这种形式聚合到一起的。[4]

抵押担保证券最突出的特征就是它具有相当的赎回和提前还款风险，这是因为大部分房屋所有者通常要付清全部或部分抵押贷款。如果他们的抵押贷款是资产池的一部分，这些偿付就传递给了债券持有者。遗憾的是，房主通常是在利率开始降低时才提前付清其抵押贷款——通过再融资降低成本就变得很有意义，也就意味着，抵押担保证券持有者必须把收到的现金投资于低收益证券。结果是，抵押担保证券的投资者发现他们的回报远远低于他们原来的预期。抵押担保证券持有者试图通过运用复杂的模型来管理风险，同时将提前赎回风险进行量化，以估测不同利率水平下的收益率。他们通常可以拥有更高的收益率来弥补其风险。

同抵押担保证券一样，资产抵押证券也是基于负债资产池，但是通常情况下没有政府机构的担保。不同类型的资产抵押证券有不同的名称，这取决于基础债务（IOU）的特性。下面是资产抵押证券的几种类型：

- 传统资产抵押证券，以房产贷款、汽车贷款、信用卡贷款或学生贷款为抵押。
- 房产抵押贷款债券（CMO），以房屋抵押贷款为基础。
- 商业地产抵押担保证券（CMBS），以商业地产为抵押贷给企业的抵押贷款。
- 贷款抵押债券（CLO），以贷给企业的银行贷款为基础。
- 债务抵押债券（CDO），以一系列债券（包括其他的资产担保证券）为基础，采用次级抵押担保证券的债务抵押债券是导致 2008 年金融危机的主要因素之一。[5]

这些都是人们所熟知的类型，资产抵押证券几乎能够以任何形式的负债为基础。例如，1985 年发行的第一只资产抵押证券，便是由一家电脑制造商贷给顾客以鼓励其购买自己的设备。[6]

资产抵押证券是美国金融系统的重要组成部分，它能够使银行或非银行贷款机构更好地管理风险。我们以一家银行为例，该银行在某城市拥有大量汽车贷款，而且确信在该区域内汽车行业受经济下滑的影响严重。该银行希望继续在该区域发放贷款，而不让其竞争对手在此市场上有可乘之机——但它又希望降低风险。最简单的方式，就是出售其资产负债表中已有的贷款。遗憾的是，几乎没有投资者愿意立刻购买这些贷款，因为那意味着要为收回这数以千计的汽车贷款利息和本金负责。为了解决这个问题，银行可以通过发行资产抵押证券将贷款证券化。

不同于类似的抵押担保证券，资产抵押证券不是共享利益的转手债券。相反，资产抵押证券作为结构化证券，意味着资产池中不同的投资者需要承受不同的风险和收益，这主要取决于他们所购买的证券等级（Tranche）。

Tranche 在法语里是档次、批次或类别的意思，资产抵押证券中每一类别都有不同的风险和收益。这种分类方法是导致次贷危机的重要因素，我们将对此进行详细讨论。

资产抵押证券开始于"特殊目的实体"（SPE），通常是信托或有限合伙公司，它们拥有贷款或固定收益证券的资产池。特殊目的实体发行的证券通常自上而下分为各种不同的类别（也有单一类别的资产抵押证券，但不常见）。[7]

我们来讨论 4 个类别的资产抵押证券：A 类在最上端，D 类在最下端。A 类等级最高，D 类等级最低并有时被称为股权。图 7 - 2 显示了一个假设的资产抵押证券结构。

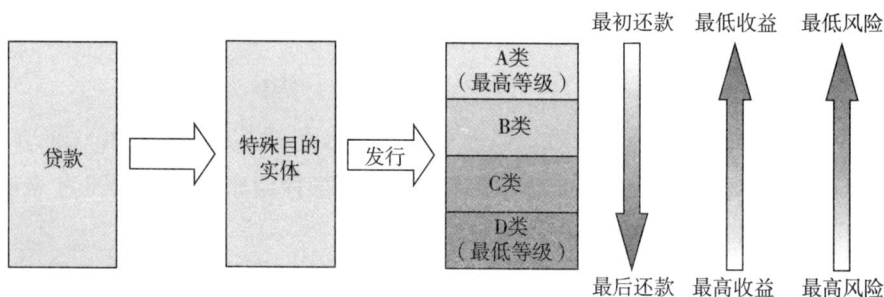

图 7 - 2　资产抵押证券结构

这个结构被称为瀑布型，因为支付的现金流从最高点流向最低点。当基础贷款的借款方付清其债务时，现金首先流向 A 类资产抵押证券，然后是 B 类，继而 C 类，依此类推。如此一来，A 类证券显然是最安全的，因为提前还款带来的现金流首先分配给它，持有这类资产抵押证券的投资者最有可能获得投资收益（另一方面，A 类证券将会面临相当大的提前还款风险，但正如我们所见，投资者会预见到此风险，将其归为对该级别资产抵押证券所要求的收益）。

D 类证券风险最高。在承担资产池损失的过程中，只有 D 类资产耗尽了，别的才开始承担损失。所以，如果基础贷款出现损失，D 类将会首先承担。[8]因为 D 类风险非常高，故而通常由发行资产抵押证券的金融机构或者期望获得高收益的对冲基金所持有。[9]

因为 A 类证券是最安全的，所以有最高的信用评级，而且分享基础负债所产生的较低收益。相反，级别 D 的信用评级最低——可能根本就没有评级——分享最高的收益份额。

然而，如果资产池的基础贷款质量太低，且有大量违约，那就不仅是级别 D 的资产将遭受损失。这就是次贷危机中所发生的事情，当时基于次级贷款的资产抵押证券中，即便是高级别的，在房价崩盘时也遭到了毁灭性的损失。

这些资产抵押证券在 2008 年金融危机中表现不佳成为立法者争论的焦点，他们为《多德－弗兰克金融改革法案》中的证券化过程制定了新的指导方针。最值得注意的是，发行人现在必须提供关于资产抵押证券中包含贷款的详细信息。根据 2014 年 10 月通过的新规则，发行人将被要求保留资产抵押证券 5% 的信用风险作为激励，以保持高信用质量。虽然这个一般规则有很多例外，最明显的是销售到准政府机构和没有最后付款的合格抵押贷款。[10]

信用评级机构通常给予这些失败证券的高评级也引起了关注。请参阅"改革信用评级机构"专栏中关于立法反应的讨论。

改革信用评级机构

2008 年金融危机期间次级抵押贷款相关证券化的糟糕表现，对许多投资者来说都很震惊。因为这些资产支持问题的许多部分被信用评级机构评级为 **AAA**。这些灾难性的误导性评级为长期改革信用评级系统的运动增加了新的紧迫性，最终通过《多德－弗兰克金融改革法案》的一部分"改进信用评级机构的监管"成为国会授权。[11]

因此，信用评级机构在政府法规中不再具有如此重要的作用。在金融危机之前，许多法规中包括一小部分由证券交易委员会认可的信用评级机构（业内被称为全国认可的统计评级机构，简称 NRSROs）的评级。例如，希望在信用质量方面描述其持有量的债券基金必须通过使用 NRSROs 中的评级来完成。现在，由于《多德－弗兰克金融改革法案》的通过，基金可能使用替代标准来评估信用质量，而且对评级的参考也已经从其他法规中删除。[12]

虽然这些监管变化相对直接，但是改革"发行者买单"的酬劳模式会更加困难，许多批评者认为这是系统问题的根本原因。在"发行者买单"的酬劳模式下，主要评级机构的报酬来自债券发行者，而非那些将其作为债券质量指标的债券投资者。因为发行人都希望自己的债券评级较高，进而吸引公众投资，这种模式就促使评级机构为了招揽发行人的此项业务，而放松了相应的评级标准。批评人士甚至声称发行人是在"购买评级"，在不同评级机构之间进行比较，从中选择可能给出最高评级的机构。评级机构自己认为事实并非如此，它们有严格的内部流程，以确保评级的公正性。不管怎样，人们都会有一种感觉，评级机构更多地服务于发行人而非投资者。

不幸的是，关于如何改变"发行人买单"的模式仍然没有共识。一些改革者建议将发行人随机分配给信用评级机构，但对机构或发行人是否将参与此类系统存在很多疑问。另一种选择是将选择委托给独立专家。最近的一项学术研究表明，"发行人买单"模式实际上效率相当高。[13]对于所有的争议，证券交易委员会只研究了这个问题，还没有提出具体的建议来消除"发行人买单"模型。[14]

在此期间，监管机构采取了其他改革措施，禁止评级机构间的利益冲突，并要求各机构披露关于其评级方法和决策的更多信息。此外，证券交易委员会还致力于通过更易获取关于发行人的信息来增加评级机构之间的竞争。[15]

公司债券。 大型公司通过发行债券为企业的持续运营和新的并购项目融资，公共事业公司、运输公司、工业公司、电信公司、银行和金融公司是典型的债券发行者。除了向银行借款之外，发行债券是它们的第二条融资渠道，这种直接面向投资者的融资方式有利于降低其利息成本。公司债券大约占美国债券市场的1/5。

所有的公司债券都有违约风险，因此谨慎的信用研究是非常必要的。特别是对被认为是独立于债券市场的低评级或垃圾债券来说，认真研究尤为重要。还有很多基金专注于投资垃圾债券，这些基金也会因为高收益而吸引很多投资者。（如欲了解通常被称为高收益的债券，请参见"垃圾债券简史"专栏。）对所有公司债券（投资等级或垃圾债券）而言，除评估其违约风险外，分析师还根据对发行人未来财务状况的预期来确定定价与实际价值的偏差，即收益过高或过低的债券。

垃圾债券简史

高收益债券市场拥有一个丰富的历史。在早期，垃圾债券成了"折翼天使"，先前投资级别的债券已风光不再。在业务出现严重下滑时，发行此类债券的企业也从信用评级的高处一落千丈。

20 世纪 80 年代，投资者开始注意到，低评级债券的多元化组合的历史收益非常具有吸引力，补偿违约造成的损失绰绰有余。人们开始大量购进垃圾债券，不久，高收益债券的需求超出了供给。这为那些评级在投资级别以下的企业打开了发行债券的窗口，而这在过去是不可能的。新发行债券大量涌入市场，其中德崇投资银行（Drexel Burnham Lamber）的迈克尔·米尔顿还成为债券发行冠军。遗憾的是，"垃圾"成为对这段繁荣时期发行的很多债券特征的准确描述，高收益市场在 20 世纪 80 年代末许多此类债券违约时轰然崩塌。[16]

但高收益市场在低谷中生存下来了，不久便又开始复苏。尽管收益持续波动，但长期的整体收益仍然不俗，更接近股票而非投资级别的债券的收益。图 7-3 展示了 1985 年以来高收益债券年度发行量的起伏变化。

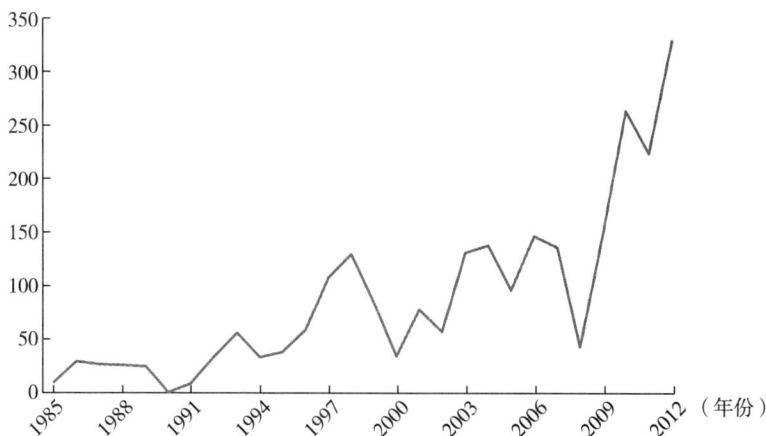

图 7-3 高收益债券发行（10 亿美元）
资料来源：证券业与金融市场协会，2013 经济情况手册

非美国债券。正如我们已经看到的，许多债券基金能够在美国以外的其他国家进行投资。如此一来，它们就会有更广泛的选择，如外国政府、国际机构和其他国家公司发行的债券。在某些情况下，这些债券是以美元计价。不过在分析方法上，这些通常被称为欧洲美元债券或者扬基债券的产品与美国债券极为类似。[17]

然而，大多数在美国之外发行的债券并非以美元计价。对这些债券而言，汇率风险（外币对美元的价值下跌）可能非常高。因此，持有外币债券可能显著提高组合的波动性。我们将在第 17 章更详细地讨论跨国投资问题。

衍生品。衍生品是一些由基础债券或债券组合衍生而来的合同。我们将在本章的附录部分详细讨论衍生品在基金中的运用。

免税债券基金所持债券

免税或市政债券基金市场没有应税基金市场那么复杂多样，仅有两种基本的债券类型：普通债务债券和收益债券。提前偿还债券和保险债券也是基于普通债务债券和收益债券的。图 7 - 4 显示了美国市政债券基金市场的构成。

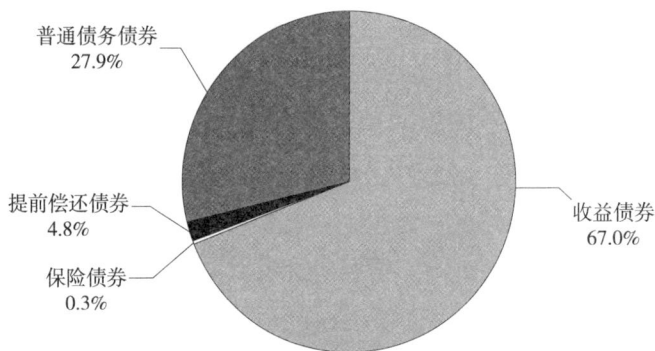

普通债务债券
27.9%

提前偿还债券
4.8%

保险债券
0.3%

收益债券
67.0%

图 7 - 4　免税债券市场概况

资料来源：巴克莱资本美国市政债券指数，2013 年 12 月 31 日

州和市政府普通债务债券。普通债务债券（GO）是由州和地方政府发行的债券（后者被称为市政债券），政府以其征税权作为担保向投资者支付利息和本金。这是一项重大的承诺，普通债务债券因此成为免税债券中风险

最低的一种。然而，不同于国债的是，人们不认为此类债券没有信贷风险，地方政府偶尔也可能出现违约的情况。因此，投资者也会对免税债券发行者区别对待，对财政状况较差的地方政府债券要求较高的收益率。2013 年，普通债务债券大约占到市政债券市场的 1/4。

收益债券。相反，收益债券不要求以政府的税权作为担保。此类债券的发行是为特定项目融资，只有与该项目相关的收益才能用于支付投资者的本金和利息。收益债券可能是为支持水利、管道设施、收费公路、医院、电厂等项目的建设而融资。2013 年，它们占到整个市场的 2/3 以上。

收益债券有两个子类：

1. **可替代最低税债券**。收益债券的收益受可替代最低税的影响，这类债券即人们所熟知的可替代最低税（AMT）债券。可替代最低税债券设计初衷是防止那些纳税大户利用税法中的免除、抵扣、减免条款，降低其纳税金额。并非所有收益债券都受可替代最低税的影响，只有那些被认为是为诸如支持机场、体育馆及其他没有明确的公共目的的私用设施建设活动融资的债券，才受此影响。可替代最低税债券的收益率通常比其他收益债券更高，因为它们既受税收的影响，也受那些对经济波动非常敏感的项目的影响。

2. **高收益市政债券**。与应税债券一样，高收益市政债券也是指那些信誉评级较低的债券。其中大部分都是项目收益远低于预期的债券，其他的则通过高收益债券来发行。

提前偿还债券。提前偿还债券（Pre-res）以美国国债为基础。一般情况下，发行人通常不会在到期日前赎回市政债券，但是为了利用更低的利息，发行人通常会购买足量的国债，将其放入第三方账户，并从中提取资金来支付其目前发行的债券所需偿还的剩余的本金和利息。购买国债的现金来自另外一种远低于先前发行的债券利率的新债券。如此一来，旧债券得以废止，从发行人的资产负债表中移除。这也非常合理，因为国债账户的收入能够抵销偿还旧债的支出，而需要偿还的只是低成本的新债券。提前偿还债券的税后收益略高于国债的税后收益。截至 2013 年底，提前偿还债券占到了整个市场的 5%。

保险债券。最后一类市政债券：保险债券。尽管大部分市政债券被认为是非常安全的，但很多州或当地政府都选择通过购买债券保险来增加债券对投资者的吸引力。这些保单由特定公司出具，保证按期偿还利息和本金。保险债券对于有意降低风险的保守购买者具有吸引力。

保险也可以对债券发行人有意义，因为它允许他们降低借款成本。我们可以举一个 A 级债券发行人从 AA 级保险公司购买保单的例子。购买保险会使得债券的信用评级从单一 A 提高到 AA，进而降低发行人必须支付给投资者的利率。如果利息储蓄大于为保单支付的保险费，发行人则通过购买保险进行储蓄。保险也可以使债券更容易进行交易，这也有利于降低利率。

2013 年，保险债券占整个市场不到 1%，远远低于 2005 年保险债券占新发行量 57% 的市场份额。这主要是因为保险公司在金融危机期间遭遇了严重的困难。截至 2014 年 5 月，只剩下两个活跃的市政债券保险公司：保险担保公司（Assured Guaranty）和相互保险公司（Build America），虽然金融危机的受害者市政债券保险联合会（MBIA）预计将借助最近的评级升级重新进入市场。[18]

集中起来：管理债券基金

到此为止，我们已经讨论了投资者在购买个别债券时需要考虑的许多因素。在本部分，我们将讨论选择债券投资组合，以及实现基金目标时所遇到的挑战，这就是债券投资组合经理的任务了。

投资策略

债券基金投资组合经理采用各种不同的策略，以获取极具竞争力的总体收益。一些人强调宏观图景，或自上而下的方式，如久期管理、收益曲线定位或产业选择等；而其他人则选择自下而上的路径，集中分析贷款信誉或者预测赎回或提前偿付。此时，我们关注的是主动管理经理，即那些期望超越基准指数收益且在同类组中排名靠前的基金经理，如何运用这些策略。相反，债券指数基金经理在复制指数中债券组合时，只应用这些方法中的极小部分，"并非完全被动"专栏部分对此有详细解释。

并非完全被动

对投资者而言，虽然股票指数基金已经抢尽风头，但债券指数基金也同样重要，即便它没有那么具有投资指导作用。正如第 4 章所讨论的，被动管理基金将力求匹配基准指数收益率。为此，有时候基金经理只是简单复制购买基准指数，以相同比例投资购买相应的债券。

虽然这在理论上很简单，但有时在实践中却几乎不可能，至少对债券指数而言是如此，因为它包含数量极为庞大的债券。应税型债券指数包含数千种债券，而各类免税型基准指数则有上百万种。

因此，债券指数基金经理通常只采用抽样法来持有部分债券，以匹配指数的收益。一开始，他们可能考虑剔除发行量最小的债券，然后应用计算机模型来确定哪些债券可能有相似或相同的收益，从中选出一小部分具有代表性的债券。随后，他们可能用到一些主动管理经理常用的技术方法。例如，他们可能尝试去除赎回风险高的债券。最后，综合考虑所选择的投资组合，确保能够匹配所选指数的久期、收益率变动曲线、总体信用质量及其他关键特征。

主动管理债券投资组合的策略包括：

- **久期管理**。基金经理通过调整债券投资组合对预期利率变动的敏感性影响其收益率，这种行为通常被称为久期管理或者利率预期。该策略是根据宏观经济状况评估预测利率变化趋势，进而改变基金的平均久期。如果预期利率下降，基金经理则购买能够从利率下降中获益的久期较长的债券，卖掉久期较短的债券；相反，如果预期利率上升，则会降低或缩短基金的平均久期。他们经常运用衍生品进行久期转换，我们将在本章的附录中对此进行详细阐述。

久期管理是很强大的绩效管理工具。如果基金经理能准确预测利率水平，并做出合适的投资组合调整，那么其管理的基金会很容易超越市场平均表现。可惜，实践中要正确预测利率变化方向非常困难。

- **收益率曲线定位。**基金投资组合经理同样也会预测收益率曲线形状的变化。收益率曲线经常上下波动，反映出不同的利率水平。有时，在整个存续期内，收益率会随利率不同而以相同的幅度上下波动，这叫作收益率曲线的平行移动。而在其他时间，不同到期时间的债券利率会以不同的幅度波动。例如，如果 30 年期的国债需求旺盛，其收益率可能比 10 年期的国债收益率受利率的影响更小。换句话说，30 年期国债收益率增长速度慢于 10 年期国债。在这种情况下，则称收益率曲线平坦。当短期利率相对于长期利率来说下降或上升得更慢时，收益率曲线则变得更加陡峭。

  基金经理能够调整投资组合定位来匹配预期收益率曲线的变动。如果预计长期利率或短期利率变动都不会影响收益率曲线的平衡，他们可能选择采用聚焦策略，将持有的债券集中于到期时间较小的范围之内。如果他们认为收益率曲线将会变陡，则可能采用哑铃型策略，分别持有久期较长的和较短的债券。图 7 - 5 显示了聚焦策略和哑铃策略下的债券投资组合。

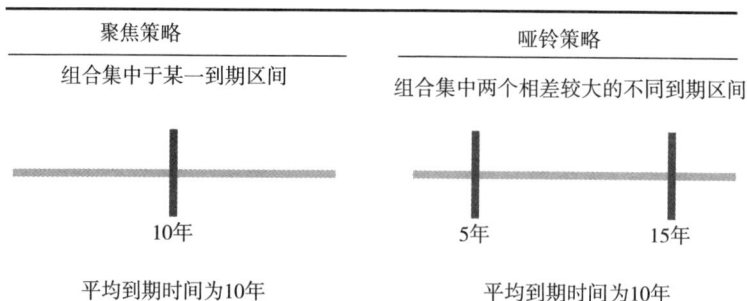

聚焦策略	哑铃策略
组合集中于某一到期区间	组合集中两个相差较大的不同到期区间
10年	5年　　　　　15年
平均到期时间为10年	平均到期时间为10年

图 7 - 5　两种收益率曲线策略

- **产业选择。**在产业选择策略中，基金经理希望能够利用不同产业债券市场的业绩表现差异。例如，一位应税债券基金的经理预期经济发展将会更加强劲，则他可能重点投资公司债券而非国债，而免税债券基金经理可能会选择经济条件较差的州的低利率或低收益债券。（为什么呢？因为更加强劲的经济可能会提高大多数公司和州、市政府的财务状况——降低信贷风险，进而导致更低的收益以及更高的债券价格。）

所有自上而下的策略，包括久期管理、收益率曲线定位和产业选择，对一只债券基金的相对表现都会有显著影响。但这些策略的成功通常是很难实现的，因为这取决于对经济发展趋势的准确预测。因此，许多经理在证券选择中偏爱使用自下而上的策略，使久期和产业分配更加接近基准指数。

- **信誉选择**。一个非常重要的自下而上策略就是信誉选择，即选择那些信誉前景好的发行人发行的债券。为利用该方法获取成功，基金经理必须能够领先市场一步，提前捕捉其他投资者尚未发现的公司财务状况的变化。

- **预测赎回或提前偿付**。预测赎回或提前偿付风险水平是另一种自下而上的方法，它对提前赎回风险很高的抵押担保证券尤为重要。为评估该风险，基金经理常利用数学模型来估计预期的提前赎回情况，并根据估计值计算该赎回权的价值。然后，基金经理将模型计算出的债券价值与市场价格相比较，以决定是否买卖该债券。

投资组合结构

在这一节中，我们将为你提供一个具有挑战性的管理大型债券基金的机会。我们上面讨论的所有投资策略都可以单独或综合使用。作为基金经理，你可以独自或者作为管理团队的一员来负责实施。你对基金份额持有人应负的职责是认真管理风险，同时尽可能提供具有竞争力的收益。更多关于基金经理工作的信息，请参见"债券基金投资组合经理的职业展望"专栏。

债券基金投资组合经理的职业展望

想过债券基金经理是什么样的吗？下面是在某一天中你将遇到的情境。

你的投资组合中有很大比例是一家极为出色的公司的债券，所以不经常进行交易。你已经花了一年中最好的时间，通过少量购买构建了此投资组合。一位经验丰富的信用分析师走过来和你讨论他们最新的关于此债券发行人的研究报告。此分析师说该公司可能会遭遇一场可能对公司造成毁灭性影响的法律诉讼。

你开始权衡可能的选择：

第一种选择：全部卖掉。尝试出售你所持有的所有债券可能会对市场造成重大影响，导致价格急剧下跌，因为这与正常交易行为相比规模太大。在与分析师的进一步讨论中，你发现如果该诉讼案出现负面结果，将会严重影响公司的财务状况，而且这种影响可能是长期的，而非暂时的。如果该诉讼并没有发生，则此公司预期会有持续的良好表现。

第二种选择：什么都不做。你可以什么都不做，只期望有最好的结果。如此一来，价格是稳定的，但市场似乎并不关心。

第三种选择：降低风险。或许你可以考虑使用信用违约互换合约来对冲该债券的大幅下跌（我们将在本书的附录和配套网站中有关"衍生品"的章节对该策略进行详细的解释）。如果该债券发行人的法律问题并不广为大众所知，则保险费用会比较低。

为确定哪种选择最有意义，你需要考虑法律诉讼成功的概率、对债券价格的潜在影响，以及每种方案的执行成本等因素，最后定量估计每种选择的后果。你需要在其他投资者注意到相同的问题前尽快做出决定。

假设你负责一只拥有数十亿美元、投资于各种类型投资级债券的应税基金。让我们讨论一下你在确定为该基金购买一只债券前应该考虑的因素：

募集说明书目标和限制。在购买任何债券前首先要考虑的关键因素是，你必须确定选择与募集说明书中的指导原则一致。例如，如果募集说明书要求基金将至少 80% 的资产投资于评级为 BBB 及以上的高质量债券，你的职责就是要确保实际购买的债券符合此项限制标准。关于募集说明书及其通常所包含的限制类型更详细的讨论，请参见第 3 章相关内容。

指数。接下来，你需要知道你的基金采用的是哪一个基准指数。在此例中，你的基准指数为巴克莱资本综合债券指数，它和你的基金一样，几乎涵盖了应税债券市场的所有产业。你需要研究该指数的各项细节，包括产业权重、成份债券及其平均收益和久期。

这是因为你的定位需要相对于指数进行评估，而该指数的表现则相当于你定位的中性状态。如果你对某个产业或某只债券的前景非常乐观，你需要参照指数增持此类债券，即使其在债券投资组合中的比例高于指数中的比例。类似地，你将减持那些你认为前景不太乐观的产业和债券。但是，你不可能每时每刻都有这种增值的观念。因此，当没有太多此类想法时，你需要知道如何使基金保持在指数的中性水平。

我们假定你已经研究了指数，并且知道如何使基金风险中性化。那么，非常好，因为那通常要花费基金经理数月甚至数年时间。

同类组。你也应该关注一下与自己的基金竞争的同类组基金，看能否从他们的策略中学到什么（参见第 4 章关于同类组的讨论）。同类组和基准指数都非常重要的另外一个原因是，它们都是你计算奖金时的参考标准。

久期管理。现在的任务是指出哪种策略能够与你所在公司的优势及你的经验相匹配。你面临的最大问题是应该在多大程度上重视自上而下的策略。大多数大型债券基金的经理都认为，完全利用利率预期或择时交易策略并不是一个长期制胜的法宝。所有债券基金经理在大幅调整与投资组合和基金份额持有人相关的债券投资组合久期时，都能谈论一段时间，但他们还有同等数量（没有公开的）关于久期改变收益的故事可以讲。但是，如果你不重视适用于债券基金经理的最重要的工具，那么你如何才能集中全部精力呢？

收益率曲线定位。你可以向拥有电脑模型的分析团队寻求帮助，请他们帮你区分与收益率曲线形状相关的决策。你需要指出在收益率曲线的时间轴的哪个部分应该持有债券。你希望自己的投资组合更加集中还是更倾向于哑铃型？在你确定了自己的理想定位之后，实际情况中的实施会非常复杂，产业和信用选择具有较大的内部关联性。特定债券对应收益率曲线上的不同位置。例如，抵押贷款一般会有中等水平的久期，因为它提前赎回的可能性很高；而公共事业债券则具有较长的久期，因为从债券销售到投资建厂是一个长期过程。因此，如何根据收益率曲线进行投资，将会影响到投资组合中的债券类型。

产业。认识到收益率曲线的影响后，你需要对那些对投资组合最具影响的产业多加考虑。抵押贷款有用吗？市场价格是否反映了你在模型中预期的提前赎回水平？你应该增持还是减持公司债券？经济是在增长还是在恶化，它们如何影响公司债券价格？哪个行业的公司市场表现最好？你有许多问题需要一一回答，以便投资于适当的产业或行业。例如，如果整个保险行业都面临巨大压力，那么选择一家保险公司发行的最好的债券是没有太大意义的。如果一只保险债券定价足够便宜，你仍然可以买进，但是你必须意识到整个行业可能会有下滑的风险。

信用。与此同时，你需要与信用分析师一起确定哪些证券能够代表收益率曲线上的最好价值，以及代表你希望重点投资的产业。信用分析师将会让你明白哪些债券最具吸引力，可能是因为发行公司稳定的甚至是不断提高的财务状况，或者是因为即使发行人的发展前景可能略有下降，但定价仍然合理。一旦开始缩减列表，你需要确定哪只特定债券表现最佳。在大多数情况下，大公司会有大量的跟发债券。在同一个发行人发行的 4 年期和 5 年期债券中选择，当能获得更高的利率时，就会附加赎回权。此时需要运用投资团队的所有技能来估计交易情况，以形成最终的决定。

流动性和交易。一旦做出债券选择的决定，你仍需要考虑在投资组合中实际购买这些债券的能力。遗憾的是，许多公司债券只进行小额交易，而且买卖成本很高。你还要时刻与交易所密切合作以实施你的决策。他们将会向你展示整个市场的总体概况，从而帮助你以合适的价格寻找适当的债券，并确定对投资组合中持有的、已经没有任何意义的债券具有吸引力的竞价。

你需要一直保持与交易员、分析师之间的交流。这是一个动态过程，特别是我们已经假定你正管理着包含数百种债券，涉及金额高达数 10 亿美元的基金，而且每天它都会因为基金份额的购买或赎回而有大量现金的流入或流出。

本章小结

应税债券基金投资于由美国财政部、美国政府相关机构、美国企业、非美国政府和企业发行的债券，这些发行机构的信用等级各不相同。美国国债被认为不存在信用风险，但高收益的或垃圾债券却有着极高的违约风险。

应税债券基金可能投资于抵押担保证券或者资产抵押证券，二者都是由贷款或其他固定收益证券池作为担保的。抵押担保证券的操作更像是共同基金，将利息和本金都转付给债券持有者。相反，资产抵押证券或结构化证券可分为一系列不同的级别，每一级别都因其背后的证券池而享受不同的收益并承担不同损失。

免税债券市场由两种类型的债券组成：普通债务债券和收益债券。普通债务债券是由州或当地政府发行的，由政府征税权力来保证偿还。普通债务债券通常被认为有很高的信用质量。收益债券风险稍大，因为它只能依靠特定公共项目的收益来偿还，如利用债券筹集资金建设的水利或污水处理设施。特定收益债券可能会适用最低税率。普通债务债券和收益债券都可能得到保险或提前还款。

债券基金投资组合经理会采用各种不同的策略为基金选择债券。债券指数基金管理包含一些积极成分，那是因为大部分债券指数包含众多的债券，这意味着被动管理基金经理需要采用抽样法来匹配指数表现。主动管理型基金经理采用范围更广的债券选择策略，他们可能采用自上而下的策略，并试图预测利率或者不同类型债券相对收益的变化。尽管这些宏观策略对基金收益有显著影响，但它们很难一直保持正确。因此，许多债券基金经理采用自下而上的策略，集中利用信用选择具体的债券。

基金经理通过与交易员密切合作来执行买卖决策，他们通常利用诸如信用违约互换的衍生品交易来降低执行这些决策的交易成本。

附录　基金和衍生品

如果没有讨论衍生品的作用，我们对基金投资策略的讨论就不完整。具体来说，衍生品是双方之间，根据担保或商品的价格、指数的估值或者某些其他市场或经济措施的水平，同意相互支付的合同。

共同基金经常使用衍生品来帮助其实现投资目标。除了货币市场基金以外，大多数基金至少偶尔使用衍生品，但是也有一些基金每天都在运用衍生品，并将其作为投资策略的重要组成部分。衍生品对投资债券基金来说往往是最为关键的，尽管它们也是许多股票基金的重要工具。

本附录介绍了衍生品在共同基金中的使用。它将考察：

- 资金如何使用衍生品。
- 关于基金使用衍生品的规定。

请注意，在继续阅读之前，我们假设您熟悉在本讨论中衍生工具及其术语。如果不是这样，您可能想阅读本书配套网站上提供的衍生产品介绍。它包含 3 篇文章：

1. 衍生品：基础知识。
2. 衍生品：期货，远期和掉期。
3. 衍生品：期权和信用违约互换。

衍生品在基金中的使用

共同基金使用衍生品的原因与其他投资者相同：投资现金，降低成本，对冲头寸，增加风险，获得额外回报，以及匹配资产和负债。这些目标不是相互排斥的，许多交易也不止为了一个目标。我们将简要考察这些目标，提供可能涉及每个目标的衍生品策略的示例。

投资现金。共同基金可以使用衍生品作为投资现金的快捷方式——通常通过购买期货合约。

示例：投资小盘股投资组合的基金管理团队了解到，小盘股流动性不足，短期很难消耗现金。因此，投资组合中的现金现在高于目标水平。该团队决定以等于超额现金的名义金额购买罗素 2000 指数期货。由于期货合约每天有大量的交易，因此几乎可以立即建立仓位。

购买个股比购买期货合约需要更多的时间。投资组合团队须给交易中心一个购买股票的程序指令。由于股票在几天内被买入，交易柜台会减少期货的头寸。

降低成本。交易衍生品可以比买卖个人股票和债券便宜，因此基金经常使用它们来保持较低的交易成本。

示例：债券基金投资组合团队的成员对他们构建的投资组合非常满意；他们认为他们已经通过有吸引力的价格购买了坚固的信用。只有一个问题：基金投资组合的久期略高于基准指数的久期，而基准指数是基金的目标久期。因此，如果利率上升，基金价值的下降幅度可能会超过基准指数。

为了减少投资组合的久期，团队可以出售其持有的一些资产，并购买较短期限的债券。但是这样基金将承担交易成本，并且从信用风险角度来看可能最终拥有吸引力较小的债券。

因此，团队决定通过卖出国库券期货，减少基金平均久期到目标水平来减少久期。因为这些期货是世界上交易最为活跃的金融工具之一，交易成本也是最低的——但是基金仍然能够将其久期保持在基准的目标水平。

对冲头寸。衍生品通常用于对冲投资组合头寸。在套期保值中，基金建立了一个新的头寸，抵消了已经在投资组合中头寸的风险。[1]

示例：一只基金中公司债券占有较大的比重。这种债券的交易量相对较低，因此通过一系列小额交易已经花费了很长时间来积累该基金的头寸。

负责该投资组合的信用分析师担心债券的发行人可能被提起诉讼。这种诉讼虽然不太可能成功，但是公司则可能会遭遇巨大的损失，并带来毁灭性的财务影响。投资组合团队讨论将卖出该头寸，但这样的尝试可能会大幅降低债券价格。

为了对冲风险，团队最终决定购买信用违约互换。如果公司败诉并因此被迫破产，则互换的收益将抵销债券头寸的损失。该团队得出结论，鉴于公司胜诉概率很低，购买互换将比卖出头寸便宜，不需要重新构建投资组合。

增加风险。虽然到目前为止，我们已经讨论了衍生品如何降低成本和风险，但这些工具也可以完全相反的方式使用，即用于提高投资组合中的风险水平。

示例：正如我们将在第 15 章讨论的，杠杆式 ETF 为投资者提供了一个机会，使他们无论在上涨还是下跌的环境中都能增加他们的收益或损失。基金通过购买或出售期货合约来实现这一效果。

对于一个提供相当于标准普尔 500 指数收益 3 倍的 ETF，可以购买额度为资产净值的 3 倍标准普尔 500 指数期货。另一方面，具有 3 倍杠杆反向暴露于指数的 ETF（意味着其将随着指数下降而显著地获利）将会以相同的量卖出期货，而不是购买期货。

赚取额外的回报。基金可以使用衍生品作为赚取额外回报的方式，而不会显著增加风险。当然，风险和回报是相关的，但这里的重点是增加回报，而不是暴露在外的风险。

示例：股票基金投资组合的管理团队降低了对基金主要成份股的预期。虽然最近的持有者的利润增长显著，并推高了股票价格，但至少在短期内对该股票的热情似乎正在减退。该公司一直在开发新产品，与此同时，跟踪该股票的分析师认为他们将非常成功，但他们不会再在市场上持续走强一年。在那之前，股票的表现可能只是处于平均水平。

虽然该团队担心如果其一个顶部位置只是一个表现平平的业绩，那么基金的表现将落后。该团队不希望产生出售股票然后回购股票带来的交易成本。为了赚取一些额外收入，其决定针对该头寸出售虚值看涨期权。如果股票价格持平或下降，基金将保持收到卖出看涨期权的溢价，这就提高了回报。如果股票价格上涨，股票也可能会被买入，这是一种低成本销售部分头寸的方式。

匹配资产和负债。衍生品可以帮助调整资产和负债的时间安排。这种使用衍生品对共同基金（其负债很少）的效用有限；对于固定收益退休计划的管理者来说，更重要的是必须将组合资产与大型的、长期的养老金的负债相匹配。

示例：基金若通过首次公开发行在非美国市场（以外币计价）购买股票，该购买将不会再安排 7 天。基金有义务支付股票，这意味着它已承担责任。如果外币在当前到结算日之间非预期升值，股票的成本和负债将以美元计算其增加值。为了消除这种风险，基金使用等于购买价格的外汇远期合约，以锁定当前汇率。远期的到期日为股票交易的结算日，以便在需要支付负债时，基金可以提供外币资产。

共同基金中的衍生品有一个最终用途，即它们可以使用互换来合成一个投资组合。实际上，互换的双方处理所有基金外的投资，而基金只拥有互换本身。出于监管和税务原因，合成组合方法在美国共同基金中是罕见的，但经常被欧洲基金，特别是 ETF 使用。[2]我们将在第 18 章更多地讨论欧洲的监管框架。

共同基金中衍生品的监管

毫不奇怪，基金对衍生品的投资受制于一系列法规——尽管衍生品的监管不如基金操作的其他方面那样明确。这是因为管理共同基金的规则很少专门讨论衍生品；相反，基金必须解释这些一般规则（如对杠杆的限制）是如何适用于他们在衍生品上的投资。虽然证券交易委员会的工作人员对这些问题提供了一些指导，但几乎没有确定的答案。[3]

使用衍生品的共同基金必须考虑以下监管要点：

披露。基金必须披露它们对投资者使用衍生品的意图。如果衍生工具是基金主要投资策略的一部分，披露必须包括在募集说明书概要和募集说明书中，否则披露内容将放在附加信息声明中（关于基金披露文件的描述，请参阅第 3 章）。当然，基金对衍生品的实际使用情况必须符合其募集说明书的披露内容。

合格收入。正如我们在第 2 章讨论的，至少 90% 的基金收入必须来自证券和货币投资。某些衍生品（特别是商品期货合约）的收入，不是本测试下的合格收入。

杠杆。同样，如第 2 章所述，基金对于它们可以承担的杠杆额度是有限的；基金的借款不能超过资产的 1/3。虽然对衍生品的投资不涉及借款本身，但它们具有同等的经济效应。因此，证券交易委员会要求基金分离资产，以支付它们通过投资衍生品而承担的义务。这种独立的资产方法要求基金指定可以清算的投资组合头寸，以便在需要时进行支付。证券交易委员会工作人员提供了指导，如果基金搁置的流动证券价值等于其可能有义务支付的任何合同的名义金额，则满足此要求。

但是，工作人员的解释已经引起了争论，许多人认为，一些措施，如风险价值法（value at risk）或逐日盯市制度（daily mark to market）是比名义金额更好的衍生品风险度量指标。例如，风险价值法的计算允许头寸彼此抵销，而更简单的名义金额法则不能抵销。基于风险方法的倡导者注意到，欧洲监管机构采用了更复杂的方法，我们将在第 18 章进行讨论。

托管。基金往往需要对衍生品提供保证金，以确保它们支付衍生品合约要求的款项。如果基金不受《1940 年投资公司法》管辖，它们只需将保证金临时转给证券经纪人。但是，所有基金资产须托管给独立第三方。因此，为了进行衍生品交易，基金必须与其托管人建立特别账户，并受基金、托管人和经纪人之间三方协议的约束。该协议明确了托管人可以将保证金交给经纪人并且支付给交易对手的情况；它允许基金维持其资产的控制权，同时让经纪人和交易对手对基金的衍生品头寸的履约能力放心，因为基金将持续持有直至交易结束。为了消除对多个协议的需要，基金通常使用主要经纪人来整合所有衍生品交易的保证金要求。

多样化。正如我们在第 2 章讨论的那样，希望被视为多元化的基金必须限制其在单一发行人的证券中持有的规模。但为了达到多元化测试的目的，谁是衍生品的相关发行人？是相关资产的交易对手还是其发行人？当交易对手破产并且相关资产的价格走错方向时，基金可能会亏损。虽然交易对手违约是几乎不可能的，特别是现在许多衍生品采用集中清算制度，但这样的失败一旦发生将会有灾难性的影响。不幸的是，基金最有可能需要衍生品提供套期保值的时间是，在经济和市场出现压力的时期。另一方面，基础证券的变动对资产净值有日常影响。换句话说，交易对手的身份和基础证券都与基金投资者相关。

同样，如何在多元化计算中对衍生品进行估值？基金应该使用名义金额还是其他方法？同样的不确定性也适用于其他重要的基金规则，例如使用某些基金名称的80%测试，以及披露行业集中度的要求。

换句话说，当涉及在共同基金中使用衍生品时，会有更多的问题而不是答案。随着基金中衍生品使用的增加，证券交易委员会已经开始考虑是否需要更精确的规则。2011 年，它发布了一个概念，启动了对监管框架的一般评估，虽然还尚未对监管结果进行任何更改。[4]但是在 2014 年，证券交易委员会已经对那些经常使用衍生品的流动性另类投资基金进行了一次筛选检查，这些测试可能会带来额外的指导。

在衍生品的监管中还有一个复杂性。它涉及两个监管机构：商品期货交易委员会（CFTC）和证券交易委员会。"期货的监管"专栏讨论了这两个监管机构职责之间的分工合作。

期货的监管

有一段时间，共同基金不必考虑 CFTC 的监管。是的，监管机构很重要，因为它监管期货交易，在《多德－弗兰克金融改革法案》通过后，还监管某些互换交易。但共同基金没有直接与 CFTC 接触，因为根据规则 4－5，它们免于注册为商品运营商（CPO）。因此，证券交易委员会独自监控了基金对衍生品的投资。

然而，在 2012 年，CFTC 认为，如果豁免设置更多限制，投资者将得到更好的保护，并修改了规则 4－5。根据修订后的规则，如果共同基金在期货中有大量头寸，并且没有用于对冲其持有的风险，则共同基金必须注册为 CPO。[5]除了此注册要求外，如果基金遵守证券交易委员会的规则，它们则被视为符合所有 CFTC 监管要求。[6]

因此，截至 2014 年，两个监管机构的分工如下：

- CFTC 负责交易期货和互换（包括远期）以及相关期权，除非这些期货和互换是基于单一股票、债券或窄幅指数。这些证券的期货和基于证券的互换，正如它们的名字那样，由证券交易委员会监管，所有其他类型的衍生品也是如此。[7]

- 使用期货和互换而不是套期保值的共同基金必须向监管机构注册，但只需遵守证券交易委员会的法规。

第8章

货币市场基金投资组合管理

货币市场基金是最保守的共同基金类型，所以它们作为争议的中心似乎是违反直觉的。但货币市场基金有一个独特的功能，引起了相当大的关注：即它们保持每股1美元的稳定或恒定的净资产价值。尽管其他类型的共同基金净资产价值每天都在变动，但货币市场基金的净资产价值通常都十分稳定。

由于净资产价值稳定，货币市场基金自20世纪70年代创建以来，已成为机构和个人进行现金管理的重要工具。截至2013年底，货币市场基金资产超过27亿美元，占行业总额的15%以上。[1]

货币市场基金已经成为银行账户的替代品，这使得对这些基金的批评变得紧张。批评者认为，稳定的净资产值隐藏了基金固有的风险，并强调货币市场基金份额价值确实会下降。事实上，货币市场基金的投资者看到它们的份额价值在金融危机期间已经下降。虽然净资产价值下降的损失不多，但事件的总成本却很高，因为投资者在基金被清算的一段时间内遭受了损失。一般来说，监管机构担心货币市场基金是影子银行系统的一部分，这会加大金融领域的系统性风险，因此它们需要更严格地加以控制。

为了解决这些问题，证券交易委员会于2014年7月批准了关于货币市场基金规定的重大变化。最重要的条款将在2016年夏季生效，而新的披露和多元化要求将更快生效。[2]由于过渡期较长，我们先考察货币市场基金的现有监管制度，然后再考察在2015年和2016年生效的新规则。

本章将阐述：

- 货币市场基金在美国金融系统、特别是在 2008 年次贷危机中的角色，以及关于支持和反对监管规则改变的争论。
- 准则 2a - 7，即关于货币市场基金运作的主要监管规定，包括在最近修改之前和之后的内容。
- 货币市场基金所持有的证券类型。
- 管理货币市场基金所应用的投资程序。

注意：在你阅读下文之前，我们假设你通过前面的讨论，已经熟知固定收益的相关术语。若非如此，你需要阅读本书配套网站上关于"债券基础知识"的章节。债券和货币市场工具都是固定收益投资工具，具有相同的基本特征。

货币市场基金和金融系统

许多投资者通过货币市场基金与储蓄账户交换替代使用。投资者甚至可能难以区分两者，因为银行储蓄账户可被称为货币市场存款账户（MMDA），并且与货币市场基金一起提供给投资者。事实上，今天许多经纪账户中缺失的现金管理工具便是 MMDA。

货币市场基金和货币市场存款账户都为投资者提供收益，尽管它们使用完全不同的机制来确定这些收益。货币市场基金的收益率由其投资组合中证券的收益率决定。相比之下，MMDA 的利率由银行设定，除了市场利率水平之外，银行还会考虑其对资金的需求。

两种类型的工具通常都容易给基金提供渠道。例如，它们通常有给账户开支票的便利功能。[3]然而，基金和银行在某些情况下都可以延迟赎回，尽管这种权利几乎从未被使用过。[4]

然而，虽然货币市场基金和货币市场存款账户提供类似的好处，但它们在本质上有很大的差异，因此也有不同的风险。货币市场基金的投资者拥有证券组合的份额，并承担这些证券的价值将下降的风险。相比之下，银行对存款没有所有权；它们必须按承诺付款。联邦存款保险公司（FDIC）保证银行存款的本金和利息上限为 250 000 美元，但如果银行破产，存款人可能会损失超过该限额的金额。

虽然货币市场基金和银行存款之间的竞争对投资者有利，但金融体系的监管机构却有所担心。在它们看来，货币市场基金是影子银行系统的一部分。影子银行系统是类似银行业务的一个广义术语，比如由非银行机构接受存款业务。它们担心影子银行正在产生系统性风险，使整个金融系统陷入危险。

为了证明货币市场基金带来的系统性风险，倡导加强监管的人士指出了 2008 年的金融危机。当时历史最悠久的基金——主要储备基金（Reserve Primary Fund），虽然拥有 600 亿美元的资产，由于在雷曼兄弟的投资上遭受损失，而被迫降低其每股净资产到 1 美元以下。[这被称为"跌破面值"（breaking the buck），我们将在后面介绍准则 2a – 7 时，解释为什么会发生这种情况。]

在接下来的几个星期，投资者从货币市场基金中的一个类别——优先基金（即可投资公司证券的基金）中提取了超过 4 000 亿美元。为了阻止外流，美国财政部创立了货币市场基金临时担保计划。这个计划保证货币市场基金截至 2008 年 9 月 17 日的价值，当然是收费的。虽然该方案是自愿的，但大多数基金都参加了。

一些人认为这一系列事件都表明了货币市场基金的弹性。他们指出，在金融危机期间，来自主要货币市场基金的资金在很大程度上进入了投资于政府证券的货币市场基金，而不是完全脱离了货币市场基金。此外，支持者强调，财政部的援助只是暂时的，而且是非常赚钱的；临时担保计划为财政部赚取了 12 亿美元的费用，并没有支付单一的索赔。除此之外，金融危机并不是由货币市场基金造成的，包括投资公司研究所在内的现状的支持者说，绝对没有必要对监管进行大刀阔斧的改动。[5]相反，证券交易委员会在 2010 年通过的准则 2a – 7 支持了行业发展的改变，要求增加基金持有的流动性和质量，以及减少投资组合的平均期限。[6]

但其他人，包括所有的银行监管机构，在现金流出中看到了系统性风险。他们认为，另一个货币市场基金迟早会"跌破面值"，导致一个新的"基金挤兑"。在他们看来，只有更巨大的监管结构变化才能阻止不可避免的风险。

倡导增加监管的人们在 2014 年 7 月 23 日这一天获得了胜利，因为证券交易委员会批准了对货币市场基金监管规定做出重大改变，虽然只有 3 个委员支持该修正案而两个投了反对票。[7]最重要的变化是，某些货币市场基金的资产净值以及费用和门槛的要求，将在联邦公报正式公布两年后生效，而一些条款将会尽快生效。

2a – 7 准则

货币市场基金运作的主要准则是第 2a – 7 条。正如我们所讨论的，证券交易委员会对此规定进行了重大修改，将于 2016 年夏季生效。在本节中，我们将考察那些会继续监管货币市场基金业务直到那时为止的旧规则，以及将在 2015 年和 2016 年生效的新要求。[8]

与其他共同基金一样，在每一个交易日结束时，货币市场基金必须计算并公布资产净值，资产净值等于基金所持总资产价值与总负债之差。对货币市场基金以外的其他基金而言，资产净值反映了基金所持有债券的市场价值。

但货币市场基金资产净值则有所不同。如果满足了如证券交易委员会 2a – 7 准则中规定的特定标准，它们就可以利用以下方法中的一种或两种来计算其资产净值。

1. 摊余成本计量法。在这种方法下，货币市场基金可以以成本来评估其资产净值，即用购买债券所支付的价格，而不是像其他共同基金那样用当前的市场价值。[9]大多数货币市场基金使用摊余成本法计算其资产净值。

2. 一分钱舍入法。货币市场基金可以将其净资产值四舍五入到最接近的 1 分钱。[10]由于货币市场基金的资产净值为 1 美元，这意味着证券在投资组合中的价值变化到 0.5% 不会影响资产净值，这等于每股 0.005 美元除以 1 美元舍入后的最大值。

为什么这种处理方法是公正的呢？为什么货币市场基金不需要报告以市场价值计量的资产净值呢？因为货币市场基金所持债券的质量很高，且到期日较短。因此，当这些债券到期时，摊余成本会十分接近市场价值，投资者收回资金的概率很高。那意味着基金资产净值的变化幅度很小，通常小于每股 0.005 美元。事实上，这些波动的影响甚微，以至于基金能够合理地将资产净值保持在 1 美元，为投资者带来极大的便利。但只有在基金集中于高质量短期投资的情况下，上述结论才能成立。

事实上，证券交易委员会最近强调，只有当其认为基金接近公允价值时，才能使用摊余成本法来估值。[11]（我们将在第 14 章更深入地讨论公允价值）。换句话说，不能使用摊余成本法来记录基金持有量价值的永久下降。对于一些货币市场基金，这些规则将很快发生巨大变化，我们将在"2016年新增：机构优先基金的浮动资产净值"专栏中讨论。

2016 年新增： 机构优先基金的浮动资产净值

从 2016 年开始，只有以下类型的货币市场基金将被允许维持稳定的资产净值：

- **政府货币市场基金**几乎将其所有资产投资于美国政府证券[12]（我们将在本章后面部分更详细地讨论政府货币市场基金的定义）。
- **零售货币市场基金**，只提供给个人投资者，而不是公司和其他机构投资者。正如在条例中被提及的，这些基金可能需要投资者拥有社会保障号码作为自然人的证明。[13]

投资于公司证券的机构投资者的基金（简称"机构优先基金"）必须具有浮动资产净值，这意味着他们不能使用摊余成本法（期限超过 60 天的持股）或一分钱舍入法。[14]这些基金必须计算其净资产值至小数点后第四位或万分之一。例如，如果机构优先基金的资产净值每股正好是 1 美元，那么它将表示为 1.0000 美元。因此，机构优先基金的资产净值更有可能每天发生变化。然而，为了继续被称为货币市场基金，机构优先基金必须遵守准则 2a - 7 的所有规定。

那么，为什么机构优先基金会选择成为货币市场基金？为什么不只是成为短期债券基金，而不担心准则 2a - 7？

因为货币市场基金具有税收优势：他们可以使用简化的计算损益方法，而不必担心洗售规则。2014 年 7 月 23 日，美国税务局提出了新的法规，将这些优势运用到具有浮动资产净值的货币市场基金中。[15]

这正是准则 2a - 7 起作用的地方，它通过为货币市场基金投资组合设立详尽的规则（旨在减少资产净值的波动），以确保其合规地运行。但是，我们还需要注意的是，不仅仅是准则 2a - 7 让货币市场基金管理方式趋于保守，基金担保人也希望确保他们能够满足基金持有人的期望。并且，他们的确不希望在净资产价值大幅下跌时，不得不为货币市场基金提供资金支持。（稍后我们会详细解释何时发生这种情况。）

准则 2a - 7 对货币市场基金的要求体现在 5 个方面：存续期、信用质量、多样性、流动性以及货币类型。

1. 存续期。货币市场基金所持证券的加权平均存续期不得超过 60 天，而加权平均寿命期不得超过 120 天。这两个计算之间的差异具有相当的技术性，涉及可调利率证券的处理。加权平均存续期的计算，允许基金将可调整利率证券的利率重置日期视为到期日，而加权平均寿命的计算不允许此调整。如果基金持有存续期较长的投资工具，则必须通过持有存续期较短或寿命较短的证券进行平衡。

所有的货币市场基金所持债券的最长存续期被限定为 1 年。（严格地讲，根据发行的 1 年期债券市场行为表现，初始存续期可略微长于 1 年，最高限为 397 天。）[16]这看起来似乎不是一个很长的时间，但在利率大幅波动的情况下，1 年期投资工具常常会经历价格的剧烈波动。

2. 信用质量。正如我们将要看到的那样，债券违约将会带来灾难性的后果，信用质量对货币市场基金而言至关重要。准则 2a - 7 要求货币市场基金

必须投资于具有高质量、意味着"最小信用风险"的债券。具体而言，至少
97%的基金资产必须投资于信用评级排名最靠前的两类短期债券；剩下3%
的资产可以投资于信用评级排名第二的货币市场债券。表8-1显示了主要
评级机构所评出的短期应税证券最高的3个等级。[17]

表 8-1　主要应税货币市场债券的评级分类

惠誉	穆迪	标准普尔	相应的长期评级
F1	P-1	A-1	A 或更高
F2	P-2	A-2	BBB+ 或 A
F3	P-3	A-3	BBB

3. 多样性。准则2a-7也对基金所投资的非政府机构发行的证券数
量进行了限制。具体而言，货币市场基金投资于信用等级最高的发行人
的基金资产不能超过5%。如果发行人的信用评级位于第二等级，那么
该限制就变为投资于每个发行人的资产不得超过0.5%。此外，如果基
金拥有由金融机构支持的证券（如许多免税货币市场基金所做的那样，
我们将在下一节讨论），那么对于单一机构支持的证券的投资额度会有
所限制。[18]虽然准则2a-7规定了较高的上限，但大多数管理公司实际上
拥有更加严格的内部限制规则。而且，多样性的要求将变得更加严格，
我们在"2016年新增：更严格的多样性要求"专栏中有所阐述。

2016 年新增：　更严格的多样性要求

　　新的证券交易委员会准则对多元化提出了更严格的要求，特别是对于由
金融机构担保的证券尤其严格。最值得注意的是，对单一担保人的上限将大
幅降低，特别是对于应税基金。修正内容还对担保人和单一发行人的定义进
行了技术变更。[19]

4. 流动性。货币基金必须准备在不亏本出售证券的情况下，满足所有投

资者的赎回请求。（如果一只基金常常因为销售债券而陷入亏损状态，那么它便违反了一条重要的运营假设，即它通常能够收回持有证券所支付出去的资金。）为确保货币市场基金拥有足够可用的现金，准则 2a – 7 规定，至少10% 的基金资产应该投资于能够当天变现的流动性工具，至少 30% 的基金资产应该投资于能够一周内变现的流动性工具。[20] 该准则详细定义了每日和每周可用的工具，但基本上它们是可以在一天或一周内轻易变现的证券。[21]

在该流动性范围的另一边，准则 2a – 7 规定，投资于非流动性债券，即需要超过一个星期时间才能以接近于现价的价格出售的债券，其基金资产不得超过 5%。而 5% 的限制远远低于应用于股票基金及债券基金所持有非流动债券 15% 的限制。[22]

5. 货币类型。最后，货币市场基金的所有类型必须以美元计价，这意味着基金的市场价值不会随外汇汇率波动而变化。[23]

所有达到这些测试标准的基金便可以使用摊余成本计量法或（和）一分钱舍入法，向投资者报告其稳定在 1 美元的资产净值。[24] 只有基金组合符合准则 2a – 7 的要求，才能称自己是货币市场基金。[25]

然而，准则 2a – 7 还有另一个条款。在该条款的规定下，基金必须使用市场价格而非摊余成本来评估证券，进而计算每日的资产净值。基于市场价格的资产净值被称为影子价格。基金必须定期将影子价格与 1 美元的资产净值进行比较，并向董事会汇报差异。[26] 许多共同基金管理公司在其网站上公布此信息。虽然该披露内容目前还是自愿可选的，但很快将被要求必须披露，请参阅"2015 年和 2016 年新增：增强的投资组合披露"专栏了解更多内容。

2015 年和 2016 年新增： 增强的投资组合披露

公开披露影子价格的资产净值在过去是可选的，但从 2016 年初开始基金将被要求必须在其网站上提供这些信息。基金除了必须将投资组合的每月持有情况发布在它们的网站上，以及目前向证券交易委员会提交详细报告，还必须提供流动性和每日投资者动态的信息。[27] 流动性较大基金（非注册基金，与货币市场基金非常相似）的基金管理人必须每季度提供私募基金表单（Form PF）的详细信息。（第 16 章将更深入地讨论私募基金及其申请要求。）

证券交易委员会还创建了一个新的表单，用于报告货币市场基金的重大事件。从 2015 年开始，如果投资组合中的成份股发生违约，以致基金提供财务支持，若基金破产，或者董事会收取流动性费用或设立门槛，则基金必须在一个工作日内向证券交易委员会提交 N – CR 表单。（我们将在稍后更详细地讨论这些情况。）

如果影子价格与 1 美元的资产净值的差异大于或等于 0.005 美元，董事会便需要采取行动。

- 如果影子资产净值等于或大于 1.005 美元，董事会不必采取任何激烈的行动。他们会要求基金经理出售部分证券以实现资本利得，然后将这些盈利作为每日股利的一部分，分发给基金份额持有人。然而，由于货币市场基金持有的证券几乎不会产生资本利得，所以这种情形发生的可能性很小。货币市场基金每天都会宣告发放股利，部分原因就是为了防止利息收入的积累，避免其将资产净值推高至 1 美元以上。
- 如果影子净资产价值降低至 0.995 美元以下，董事会可能要求停止使用摊余成本法，转而应用市场价值计算资产净值。在这种情况下，基金所报告的资产净值会跌至每股 1 美元以下，即跌破了面值。

为什么会采取这一激烈的行动呢？因为基金董事希望保证所有基金份额持有人得到公平的对待。如果他们不降低资产净值，赎回的基金份额持有人将会获得一笔由没有赎回的持有人所支付的意外之财——获得每股 1 美元的收入，但它们实际上并不值那么多。定价歧视甚至会鼓励基金份额持有人进行赎回，并最终形成对该基金的巨大冲击。为了防止这种情况的发生，董事会将暂停基金赎回，以使得基金以一种有序的方式进行清偿。这是在不需要证券交易委员会批准的情况下，共同基金能够暂停赎回的唯一情形。[28]

基金管理公司能够通过承担基金价值下跌损失的方法，阻止基金跌破面值。[29]值得说明的是，基金管理公司并没有被要求提供此类帮助，它们这么做完全是出于自愿。基金行业也会在需要时提供此类帮助，因为它希望投资者能够继续将货币市场基金视为安全的投资工具。但是如果损失很大并且是永久性的，那么基金担保人可能并不想——或者甚至不能——帮助一只基金渡过难关。正如"2016 年新增：基金担保人支持的公开披露"专栏中所解释的有关此类支持的信息很快就会披露出来。

2016 年新增：基金担保人支持的公开披露

从 2016 年开始，基金必须在附加信息声明中公开披露所有担保人的支持。[30]在此之前，他们只需要通过电子邮件通知证券交易委员会。[31]

来自基金管理公司的财务支持，以及保守的货币市场基金投资组合管理政策，使得基金跌破面值的情况非常罕见。事实上，它只出现过两次，"第二次不幸"专栏解释了这两次事件。

第二次不幸

货币市场基金第一次跌破面值是在 1994 年，当时丹佛社区银行的美国政府货币市场基金报告其资产净值跌至 0.96 美元。该基金的不幸之处在于，当年利率迅速增长，其所持有的多只债券价格急剧下跌。作为一只由少量的机构持有的小基金，其影响固然有限。

快进到 2008 年的金融危机：又一只基金急剧跌破面值。该基金就是美国第一只货币市场基金——基本储备基金（the Reserve Primary Fund）。基本储备基金是一只价值 600 亿美元的机构货币基金，仅向大型投资者开放。

一些基金份额持有人密切关注该基金所持有的债券，并且注意到它持有证券经纪公司雷曼兄弟的大量债券。这些投资者意识到这家证券经纪公司可能陷入困境，随即决定从该基金中撤出投资。为满足其赎回请求，该基金出售了一些其他的证券，于是导致了不幸的结果，即雷曼兄弟问题证券占据了剩余资产的较大份额。

因此，当雷曼兄弟在 2008 年 9 月 15 日宣告破产时，该基金遭到重创，紧接着第二天，基本储备基金董事会就将其资产净值降为每股 0.97 美元。当时，该基金获得了暂停赎回的许可。[32]最终，基本储备基金将所有资产偿还给剩余的投资者，而同时它也将被大量法律诉讼包围。

美国第一只货币市场基金就这样"香消玉殒"了。该事件加速了次贷危机的发生，并且促使联邦政府为所有的货币市场基金提供帮助。我们将会在本章的最后部分更加详细地讨论基本储备基金崩溃带来的严重后果。

董事会对货币市场基金负有特殊的职责，这种职责只适用于货币市场基金，而非其他类型的共同基金。除审查投资组合的影子定价，以及在影子价格显著下降时采取行动外，董事会还必须：

- 监控信用质量，督促基金经理认真研究。[33]
- 审查基金经理所使用的策略及程序是否遵守准则 2a - 7。[34]
- 监督压力测试评估，在利率上升、收益率价差扩大、投资者争相赎回，或发行者违约等情况下，力保基金维持在 1 美元资产净值。[35]

此外，货币市场基金董事的职责会在不久进一步增加，正如我们在"2016 年新增：费用和门槛"专栏中解释的那样。

2016 年新增：费用和门槛

当准则 2a - 7 的变化在 2016 年生效时，货币市场基金董事将有额外的责任：确定在动荡期间需要收费和设立门槛。[36]

首先是一些定义：

- 流动性费用即赎回费用占赎回金额的一部分，最高不超过 2%，用于支付给基金。[37]
- 设立门槛是暂时停止赎回，这是其在法规中的技术名称。基金不得在 90 天内设立超过 10 天的门槛。

费用和门槛旨在减缓赎回，以保护留在基金中的股东利益和整个金融系统稳定。

如果基金的每周流动性低于资产的30%，基金董事会可以征收费用和设立门槛，此时董事会得出结论，基金的费用和门槛符合基金的最佳利益。[38]然而，如果每周流动性减少到资产的10%，费用不再是可选的，虽然新规则有一些例外。首先，强制性费用不适用于政府货币市场基金。其次，董事会得出结论，此时费用不符合基金的最佳利益，而决定不执行。[39]

货币市场基金持有的资产

货币市场基金可分为两种主要类型：应税型和免税型。尽管两类货币市场基金均投资于高质量的短期投资工具，但它们所持有的债券类型仍存在显著差异。图 8–1 展示了自 1984 年以来的两种货币市场基金资产（将应税基金细分为国债基金、政府基金和优先基金）。应税基金占资产的90%。

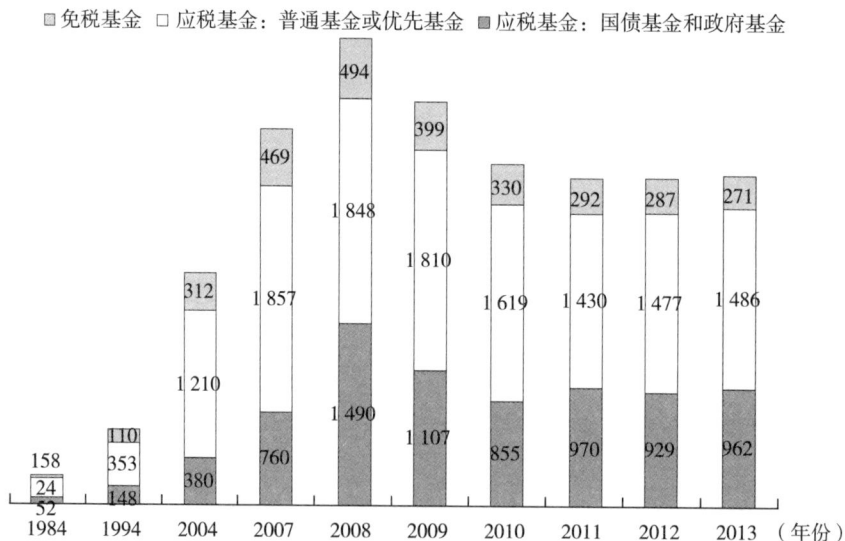

图 8–1 货币市场基金资产

资料来源：投资公司协会，2014 投资公司年报

应税基金持有的资产

正如我们在第 4 章所讨论的，应税货币市场基金中存在着 3 种子类，各自拥有一系列不同的可投资工具：

1. **美国国债基金**，仅投资于美国国债。

2. **美国政府基金**，投资于除美国国债外的联邦机构债券。[40]（关于代理证券更完整的讨论，详见第 7 章。）

3. **普通基金**，也称为**优先基金**，可持有多种类型的债券，包括所有的主要应税债券类型，最主要的持有资产为商业票据以及银行或公司发行的存款凭证。

图 8 - 1 还展示了国债基金和美国政府基金与普通基金资产的对比情况（仅考虑机构货币基金）。普通基金由于具有更高的收益率而更受欢迎，尽管在市场不确定时期（如 2008 年的金融危机时期）国债及美国政府基金资产有较大的涨幅。

应税货币市场基金投资于以下几种类型的债券：

国库券。美国财政部已经成为货币市场债券的最大发行者。它通过出售国债为政府财政赤字提供资金，以解决现金收入与支出的短期不均衡问题。虽然美国国库券具有长达 30 年的存续期，但对货币市场基金具有吸引力的是为人们所熟知的短期国债。通常，发行的短期国债存续期为 13 周、26 周和 52 周，它们并不通过票息支付的方式支付利息；相反，短期国债都是零息债券，折价出售，其价值在到期日恢复到面值。

由于对美国政府的信心及对其信用保证较为相信，大多数投资者认为短期国债没有信用风险。但它们的价值也会随利率变化而波动。例如，当利率变化 1% 时，一种存续期为 52 周的短期国债的价值变化幅度也近似为 1%。（值得注意的是，对短期债券而言，存续期和久期几乎是相等的。）

机构债券。机构债券是联邦政府机构或政府支持企业发行的债券。一般而言，机构债券提供的收益率略高于短期国债。

商业票据。商业票据（CP）是企业（包括银行）为满足短期现金的融资需求而发行的债券。虽然规模较小的公司通常依靠银行贷款进行短期融资，但信用评级良好的大型企业可以直接进入商业票据市场，并通过发行商业票据进行融资。这些企业直接从投资者而非银行那里获取资金，降低了其融资成本。

虽然大多数商业票据的存续期为 90 天或更短，但是它们通常在发行时的存续期为等于或小于 270 天。商业票据的收益率会因存续期及信用质量的不同而不同，但其提供的收益率通常要高于国债或机构债券。因为商业票据存续期较短，企业通常会通过不断发行新的商业票据从市场上融资，以转换或替换已经到期的商业票据，这成为商业票据项目的一部分。

存款凭证。货币市场基金同样也通过存款凭证在银行存款。顾名思义，存款凭证就是一个关于在某个银行机构进行存款，注明存款到期日及利率的证明。[41]美国以外的银行机构的存款凭证（但以美元计价）中，比较知名的有欧洲美元存款凭证，或简称欧洲美元存款。

回购协议。回购协议使经纪商能够利用它们所持有的大量证券进行融资，这也是它们业务的一部分。这些债券被用作回购贷款的抵押品。

尽管几乎任何类型的债券都可用于回购，但是基金偏好于将美国国库券或其他政府债券作为大多数交易中的抵押品。对于增加的债券而言，抵押品价值必须至少为贷款总额的 102%。[42]

该交易之所以被称为回购协议，是因为在贷款的初始阶段，债券已经出售给贷款人或投资者；借款人通常同意在贷款到期时以相同的价格重新购回债券。（这就是回购协议与典型担保贷款的不同之处；对于典型担保贷款而言，抵押品被简单地置于一个独立的账户中，仅当借款人不能履行借款合约中的还款义务时，抵押品的所有权才能转移给贷款人。）为了绝对精确，借款人（债券的出售者）事实上进行的是回购，而购买者——例如货币市场基金——参与的是反向回购。然而，我们通常用回购来描述双方的交易。

在回购中，购买者对拥有债券的时间长度并不感兴趣，因此大多数回购协议都有非常短的存续期，一般不超过 7 天，有的甚至只有一个晚上。这使得回购协议对于任何类型的共同基金来说都是完美的选择，对于货币市场基金尤其如此，因为其持有的现金只有一天或一个星期的投资时间。

免税基金持有的资产

免税货币市场基金比应税货币市场基金更加复杂，这在很大程度上是由短期市政债券的供求不均衡所致。市政债券的需求强劲——大部分需求来自希望通过将资金投资于免税货币市场共同基金而减少应缴税金的个人。但是供给是有限的。州政府与市政府通常倾向于发行存续期较长的债券，因为筹集的资金一般会用于支持如公路、建筑或包括公务员工资在内的持续性义务等长期项目。为了在贷方和借方之间建立沟通的桥梁，能够创造短期免税投资工具的大型衍生市场出现了。

免税货币市场基金主要投资以下几种类型的债券：

市政票据。市政票据是由各州及地方政府发行的存续期为 1 年或小于 1 年的债券。在某些情况下，这些票据用于为特定项目融资，而预期会得到一些类型的收入的情况下，它们也可以提供短期现金流。例如，一个急需资金支付道路建设费用，同时需要更多时间去筹备债券发行的地方政府，便会发行预期债券票据（BAN）。当债券最终发行时，筹集到的资金便用于偿还预期债券票据。类似地，税收预期票据（TAN）在政府等待获取税收时，为其提供短期资金。同样，RAN——R 表示收益——是当一个特定项目（如下水道设施建设）期待在未来创造收益时所发行的票据。在所有情况下，获得收益时，票据就能得到偿还。

商业票据。与应税市场中的情况一样，免税商业票据的存续期一般短于 270 天——大多数为 90 天或更短。然而，在市政债券市场中，商业票据项目一般有来自高信用级别的银行或保险公司所提供的信用证作为支持，这些机构能够保证在发行人违约的情况下偿还本金。因此，商业票据对寻求信用风险最小化的货币市场基金更具吸引力。

可变利率需求票据。可变利率需求票据（VRDN）——也称为可变利率需求债券或可选择偿还债券——代表应税货币市场基金应用的众多债券。可变利率需求票据由两部分构成：

1. 长期的免税债券，有信用保险公司的担保或银行出具的信用证。[43] 虽然它是长期债券，但可以短期债券的利率支付利息（该利率通常低于长期债券的利率）。

2. 短期看跌期权，或需求特征，该特征赋予投资者在需要时以面值将债券出售给发行人的权利。该看跌期权由银行或其他金融机构支持。[44]

需求特征在借款人与贷款人之间搭建了一座桥梁，使得政府能够发行它们比较青睐的长期债券，同时又让债券能够销售给必须投资于短期债券的货币市场基金。

集中起来：管理货币市场基金

我们已经学习了货币市场基金的基础知识，现在该运用所学的内容了。想象你刚接到一份管理一只数十亿美元货币市场基金的任务，你将要做什么呢？让我们尝试一下。我们假设这只基金是普通的应税货币市场共同基金。

你对于投资者的责任，意味着你将需要尽一切努力保持稳定的 1 美元资产净值，并确保基金的流动性，以防投资者随时赎回投资，同时提供一个有竞争力的收益率。你不得不同时注意多个目标。

研究

你将从与分析师的交谈以及阅读他们的报告开始。（如欲进一步了解货币市场基金信用分析师的工作，请参阅"职业生涯：货币市场信用分析师"专栏。）如果你管理的基金所持资产不仅仅局限于美国国债，那么你应该仔细研究，以确定哪些债券提供了最低的信用风险。你需要在其中投入 3—6 个月甚至更长的时间，并且确定它们能够在到期日偿还所有资金。如果未能如此，基金就会被迫跌破面值并退出业务，这也是你、你的雇员以及投资者均在竭力避免的结果。

同时，你将会和分析师一起工作，以提高基金的收益。也就是说，你将会关注提供更高收益率的商业票据和存款凭证发行人的信用水平。你有可能尝试购买尽可能多的债券——假设分析师确认这些投资都是高质量的。你的基金拥有投资于各种类型债券的灵活性，那么你的竞争对手也会这么做，以获取更高的回报。

为了使风险保持可控，你将会进行广泛的分散型投资，那就是将持有各种资产的比例降为 1% 或更低。事实上，为了使分散投资的程度更高，许多投资组合经理会努力将每一种资产的头寸保持在 1% 以下。你或许会做同样的事情，尽管你意识到，努力维持多样化投资和分散研究两者平衡可能会导致分析师不能进行彻底详尽的研究，但你必须这样做。

但需要牢记，其他市场参与者也会做相同的工作，并可能得出相同的结论。因此，你会常常发现市场中信用最好的债券通常也是最贵的。分析师应该寻找那些未被确认的价值，你需要关注其价格走势。来自分析师的信用评级观念不会迅速发生改变，但是价格变化就在转瞬之间，有可能在某天为你创造购买机会。

职业生涯： 货币市场信用分析师

你有兴趣成为一名货币市场信用分析师吗？你的工作将是确认那些给基金带来最小信用风险的发行人，即当债券到期时，他们最有可能如期偿还所有债务。但在一群高信用质量的公司中，你需要进行区分，评估哪些债券将会比其他债券提供更高的收益率，以及其收益率溢价应该是多少。

为了完成这项工作，你必须查看发行人的资产负债表、利润表、商业计划、股票价格及其他能够表明其财务实力的指标，并着重了解公司的短期资产和负债。你需要查阅评级机构的意见，以及其他第三方的研究。简而言之，货币市场基金领域的信用分析师需要完成与债券分析师相同类型的研究。在许多公司中，你将同时研究债券及货币市场基金的发行人，但在一些大型公司，信用分析师则专注于研究货币市场基金的需求。

你将会与投资组合经理及交易员密切合作。与其他类型的共同基金不同，货币基金投资组合管理是一项团队工作。

交易

了解你想要购买的债券的发行人，这仅完成了工作的一半，你还必须在市场上找到这个债券。这并不是件容易的事，就像债券一样，货币市场债券交易是场外交易，所以你需要深入挖掘才能发现可购买的债券。因为在基金中几乎每天都有债券到期，事实上，所有的交易活动都发生在购买一方。很少会出现货币市场基金出售债券的情况，通常只在研究结果表明情况将明显变得消极时才会发生，在一个通常不回购债券的市场中进行交易并不是一件容易的事。你需要自己时刻关注市场，尽管在一些规模较大的公司中，你能够依靠货币基金公开市场交易台的协助。

交易台交易员会联系证券经纪公司，以了解它们的债券库存，并让其获悉自己基金的需求。这些交易员也会接触有兴趣直接向投资者发行商业票据的公司，而不用经纪商作为中介。

此外，交易台交易员还会帮助监控基金每日的资金需求。他们会格外关注即将到期的债券，然后增加或减少净投资者的流入或流出。（关于交易的更多信息，请参见第9章相关内容。）

投资组合管理

你已经从信用分析师那里获得了一份具有吸引力的债券列表，从交易员那里获得了一份可交易债券的列表，现在你需要将两者结合起来，形成一个投资组合。

你的第一个决策将是关于你希望购买的债券的存续期。记住，准则2a－7将货币市场基金可投资的债券存续期限定在等于或小于397天的范围内。如果你将基金全部投资于存续期为397天的债券，那么你将必然拥有市场中收益率最好的基金，但是这么做你便违反了准则2a－7。（记住，平均存续期须限定在60天以内！）将所有的持有资产变为存续期为60天的债券，将会满足证券交易委员会平均存续期的要求，但也增加了处理投资者赎回请求的难度。

以下就是难度增加的原因：如果基金将所有资金投资于存续期为60天的票据，并且明天你的基金份额持有人想要赎回部分份额，提取部分资金，你就可能会被迫在一个比较差的市场条件下出售只差1天就到期的票据。为防止这种现象发生，并且遵守准则2a－7，你需要至少持有10%的现金头寸。为确保一直遵守准则2a－7，你需要错开基金持有资产的到期日，以便在保证稳定现金流的前提下，每天仍可以清偿一些债券。

但还有更多与存续期有关的决策。在管理基金过程中，你的部分职责是确定合适的持有更短期投资组合的时间——其平均存续期为 30 天，以及何时延长投资组合的存续期——达到 45 或 50 天。这听起来似乎并不是一个大的变动，但是有成百上千只基金在争抢这些债券，你的决策将会严重影响同类基金的排名。

关于存续期的决策，将会反映你对接下来的几周或几个月内短期利率变动方向的判断。当利率下降时，你会希望投资组合有一个较长的平均存续期或久期；当利率上升时，你会想要一个更短的久期。有关经济运行的知识，将帮助你区分决定利率变动方向的市场驱动因素。

一旦做出了存续期的相关决策，你还必须决定美国国库券、机构债券、商业票据、存款凭证以及回购协议的最优组合。如果信用风险是最需要考虑的因素，那么你可以通过将普通基金全部投资于美国短期国债来完全避开信用风险。如此一来，你就拥有了一只非常安全的基金，但是因为它的收益率不具有竞争力，此类投资不能持续很长时间。你需要不断与研究分析师及交易员沟通，以选择具有更高收益率的债券，并且这些债券的发行人具有健康的财务状况，以保证债务的偿付。综合考虑各项因素将有助于基金满足所有的目标。

在你制定出一个好的战略以及资产组合后，你还需要重新开始，因为你持有的资产中每一天都有接近到期日的债券。换言之，你的平均存续期为 45 天的债券组合，在短暂的一周后离其到期日仅剩 38 天。货币市场基金的投资组合结构将迅速变化，并且由于持有资产的到期期限较短，其结构变化的速度超过了其他类型的任何基金。管理一只货币市场基金是一项劳神耗力的工作，它要求你拥有在瞬息万变的环境中不断平衡相互竞争的优先任务的能力。

本章小结

许多企业和个人都将货币市场基金与银行存款交互使用。关于货币市场基金在金融体系的整体风险中的作用存在争论。证券交易委员会最近批准了旨在降低风险的新基金管理规定。

如果遵从证券交易委员会准则 2a - 7 的所有条款，货币市场基金便能够报告一个稳定的每股 1 美元的资产净值。该准则将倾向货币市场基金的投资限制于高质量的短期固定收益投资工具，它还对存续期、信用质量、多样性以及货币基金持有资产的流动性等方面予以限制。从 2016 年开始，只有政府和零售货币市场基金可能有稳定的 1 美元资产净值。

如果投资资产的价值猛跌，货币市场基金可能被迫停止使用 1 美元的资产净值，即所谓的跌破面值，这种情况在货币市场基金历史上仅出现过两次。在其他情况下，当货币市场基金面临跌破面值的威胁时，基金担保人就会提供资金支持，以使基金保持 1 美元的资产净值。根据 2016 年生效的新规则，货币市场基金可能有义务使用流动性费用和临时赎回暂停（称为门槛）来限制流出。

应税货币市场基金投资于短期国债、联邦机构债券、商业票据及银行和其他机构发行的存款凭证。它们也参与和经纪商的回购协议。基金销售文件决定了适用于特定基金的债券类型。

大多数免税基金的主要持有资产是可变利率需求票据，它是由长期免税债券与允许发行人在需要时购回这些债券的看跌期权组合而成。免税货币市场基金也投资于市政短期债券及商业票据，尽管这些债券的供应数量有限。

信用分析师在货币市场投资组合管理中扮演了重要角色，对投资于商业票据及存款凭证的基金而言尤为重要。投资组合经理必须谨慎地管理基金持有资产的存续期结构，以保证当投资者赎回基金时有足够的现金，另外，还需要基金拥有一个具有竞争力的收益率。

第9章

执行投资组合决策：交易

对于共同基金而言，交易或买卖证券是以研究为起点、投资组合建设为终点的整个投资过程中关键的最后一步。下面，我们将要讨论如何在交易的过程中执行我们在整个投资过程中前两步所制定的决策，我们讨论的焦点在于股票交易，但也会在本章结尾部分概述固定收益交易与股票交易的差异。

交易员的职责是执行订单的买卖。大多数大型基金的投资经理都有一个与投资组合管理分离的交易部门或交易台（在一些小型公司，投资组合经理可能需要自己处理交易）。这样的分工使投资组合经理将精力集中在选择证券、构建投资组合等主要任务上，而这些投资组合的时间跨度通常是数月或数年。相应地，分工也促使交易员关注市场动态，选择合适的日期、时点，甚至能够精确到分钟来完成交易。将交易与投资组合管理职能区分开来还有另外一个好处：每笔交易都包含另一种看问题的角度，有助于保证基金遵守所有的规则要求。

交易执行并不是一个机械的过程，需要投资组合经理与交易员之间密切协作。发出交易方式、地点、时间相关指令的决策，需要谨慎判断、长期的经验，以及对交易市场知识的熟练掌握。计划周详的交易决策能够为基金带来丰厚的投资回报。[1]

本章将阐述：

- 交易职能对投资回报的重要性。
- 美国股票交易的演变。
- 共同基金交易员的角色。
- 债券基金交易。

交易的重要性

通过增加购买成本和减少销售收益，交易对基金业绩有直接影响。与交易相关的成本有 3 种类型。首先，基金可能支付与交易有关的某些费用，具体而言如下：

- 委托证券经纪公司执行某些股票交易的佣金。
- 支付一些特定产品市场的费用。
- 交易所收取的证券交易委员会的相关费用。

这些费用一般都不太多。根据晨星公司的估计，对于投资大公司股票的基金，这些费用每年少于 7 个基点。[2]

然而，由于基金常常需要大量的买卖证券活动，它们可能会面临其他两种类型的交易成本：

1. **冲击成本**。基金的大规模购买和出售行为也会对所购买的股票价格造成冲击——抬高共同基金希望购买的股票的价格，或者压低共同基金试图出售的股票的价格。如此的市场影响，对中小盘股票以及其他交易量较小的，交易冷清市场中的股票，都特别显著。如果其他市场参与者了解基金的意图，并试图通过交易获利，那么市场影响可能特别大，这通常被称为**抢先交易**。[3]

2. **机会成本**。还存在另一种补偿性风险：动作缓慢的基金可能导致机会成本。例如，它很可能开始购买了股票，但不愿意支付一个稍高的价格来获得一个大的仓位，而错过了价格大涨的机会。

这两个成本合在一起通常被称为执行落差。

为了把执行落差降到最低，基金交易台必须权衡下列情况的相对重要性：

- 获得最合适的价格。
- 保护基金的匿名性。
- 得以迅速执行。
- 最低的交易成本。

交易决策始终需要判断各因素相对于其他因素的权重，当必须牺牲一个目标以实现另一个更重要的目标时，就需要进行重大的权衡。例如，一位基金经理可能会试图在交易冷清的中小盘股票或一只不太知名的债券中增加头寸。意识到各种情况下对市场的潜在影响，交易台可能会分解整个交易指令，在一个或多个交易日耐心地逐步买进证券。交易员在与投资组合经理磋商之后，可能会得出这样的结论——对匿名性的需求超过了迅速执行的需要。

另外一种情况，考虑到公司在接下来的一个季度收入将会大幅减少，一个正在处理从投资研究分析师处所获信息的基金经理，希望快速出售一只股票的大量头寸。在这样的情况下，交易台会决定采取快速行动，并且为尽快出售此股票而接受一个吸引力较差的价格。交易人员此时更注重速度，而忽略能够在几个交易日内以更好的价格出售股票的尝试。

为理解交易人员如何做出这些类型的决策，我们需要从研究证券市场开始。接下来，我们将重点阐述美国股票市场，并在本章的最后介绍债券交易。

美国股票市场

近年来的技术进步从根本上改变了美国的股票交易。计算机系统的创新以及高速数据交换，彻底改变了大型投资者买卖股票的方式。由于这些新技术的发展，证券市场变得更加电子化，交易从传统的如纽约证券交易所之类的交易场所延伸到各种交易中心。

在本节中，我们将进一步了解美国股票市场是如何演变的。我们将首先对创造了当前美国股票市场结构而相互作用的趋势和法规进行介绍。然后，我们将探讨当今的市场及其优劣势。

简要历史

想要了解当今股市的结构，最好先了解其演变的过程。美国股市的历史是从纽约证券交易所开始的。

纽约证券交易所。近一个世纪以来，纽约证券交易所（简称"纽交所"）等同于金融市场，它坐落在华尔街，而华尔街成为美国整个证券市场的代名词。美国主要的企业都在纽交所挂牌上市，这意味着其股票能够在这里进行交易。为使自己的股票包含在交易所名册中，它们同意遵守交易所关于公司财务状况及内部政策的特定标准。纽约证券交易所是会员制，由在交易所拥有席位的会员来经营。

直到最近，纽交所的交易仍然发生在场内，以面对面的形式交易。一位代表购买股票顾客利益的经纪人会寻找另一位代表出售相同股票顾客利益的经纪人。经纪人提供此项服务，并按每股收取服务费用，即所谓的佣金。

买方经纪人与卖方经纪人会在交易所的交易专员处会面。所有股票交易都由交易专员执行，其作为纽约证券交易所的"交通警察"，负责维持交易秩序。他们跟踪要价和出价，匹配买家和卖家，并利用自有资本消减买卖利益的不均衡。（"最好的报价"专栏将解释交易术语。）但是，因为交易专员控制交易所分配给他们的所有股票，批评家通常将他们比作收费员，利用他们的职位对每次交易收取一小笔费用。

最好的报价

当一个证券交易员打算购买一套房屋时，他将会出价，而非要价。那是因为交易员非常熟悉进行一次买卖交易时应该使用的术语。当交易员想要购买股票时，他首先出价，即以特定价格购买一定份额的提议。类似地，当打算以一定价格卖出股票时，他会要价。

不同交易员有不同的出价和要价。让我们来看看，在理想的市场中，尼日斐股票的要价和出价是如何操作的。市场中有 3 名有兴趣买卖的交易员。表 9 – 1 显示了他们的出价和要价。

表 9 – 1 尼日斐股票交易

交易员	出价（购买 100 股时每股价格）	要价（出售 100 股时每股价格）
伊丽莎白	23.00 美元	24.50 美元
简	23.50 美元	24.25 美元
查尔斯	23.25 美元	23.75 美元

简愿意支付最高的价格购买尼日斐股票。因此，她出的 23.50 美元是最好的出价。另一方面，查尔斯制定的最低的卖出价 23.75 美元，是最好的要价。

最佳出价和最佳要价之间的差额称为价差，它是即时交易的成本。例如，如果简决定立即购买 100 股股票，那么她将需要支付每股 23.75 美元，每股高于要价 25 美分。这个价差就代表了交易专员或者做市商的利润，他们为使简完成交易提供了流动性。风险较高或流动性较差的股票，通常差价也会较大；而交易频繁或价格稳定的股票，价差较小。

以最佳出价买入或最佳要价卖出的订单，通常称为市价订单。当决定以 23.75 美元的价格购买股票时，简就制定了一个市价订单。限价订单通常会偏离最佳要价和出价。例如，当伊丽莎白发出一个以每股 24.25 美元的价格出售 100 股的限价订单时，则高于最佳出价（23.75 美元）。

纳斯达克。 从 20 世纪 70 年代开始，美国第二个主要的证券交易所成立，这就是纳斯达克。[4] 与纽约证券交易所相比，纳斯达克主要有两点不同。第一，与授权单一公司作为交易专员不同，纳斯达克允许所有满足特定要求的做市经纪商，通过出价或要价对在交易所挂牌的所有股票进行交易。想要在纳斯达克交易股票的顾客，通过这些做市商进行股票的买卖。以这种方式进行的交易被称为场外交易（OTC）。

第二，纳斯达克没有实物交易；它是一个虚拟市场，在那里买家、卖家和做市商通过电话和数据线进行连接。纳斯达克基于计算机系统的特性吸引了众多高科技公司，这些公司决定在纳斯达克而非纽交所上市。一些世界上的超大型公司如谷歌和微软，都在纳斯达克挂牌交易。

国家市场系统。 国家市场系统将纽约证券交易所与纳斯达克以及其他小型股票交易所联系在一起，也将两个大型交易所连接到更小型的波士顿、芝加哥、费城和美国证券交易所（也称 Amex）。[5]一些地区交易所，例如波士顿和费城股票交易所，几乎为纽约证券交易所的附属机构。国家市场系统是由国会于 1975 年建立的，以提升股票市场的效率、公平性和开放性。[6]

国家市场系统的两个核心成分是合并交易报告及合并报价规则。前者也常被称为合并磁带规则，因为在电报时代，人们需要用磁带记录股票价格。[7]类似地，合并报价规则要求股票出价和要价的价格水平及数量都要录入到一个电子数据处理系统中，且所有市场参与者都能够获知这些报价。事实上，这一规定仅适用于股票的交易量超过全国交易量 1% 的做市商。这些信息被进一步合并，以获得每只股票在全国范围内的最佳要价和出价。[8]两个规则都要求诸如经纪商、交易专员、做市商、投资者等证券市场上的每个人都能接触到所收集的数据，能够让所有的市场参与者做出准确的投资决策，虽然这些渠道通常会涉及支付费用。证券信息处理器（SIP）则是收集交易和报价信息的技术。

电子交易网络。 在 20 世纪 90 年代，纽约证券交易所和纳斯达克开始互相竞争。使用最新技术的新服务使机构投资者可以直接互相交易，而不需要交易专员、做市商甚至经纪人；相反，系统自动配比输入价格相同的买卖订单。这些包括因斯汀网络（Instinet）和 POSIT（珀斯缇）交易系统在内的新贵被称为电子交易网络或电子交叉网络（ECN）。它们被注册为经纪人，但不像交易所那样向公众开放而只向订阅用户开放。到 1998 年，它们处理的纳斯达克上市证券数量占比达 20%，在纽约证券交易所和小型交易所的上市证券数量占比为 4%。[9]

替代性交易系统。证券交易委员会很快意识到电子交易网络需要一个新的监管框架。因此，在 1998 年，证券交易委员会通过了替代性交易系统规则（Regulation ATS），来对替代性交易系统进行监督管理。这是场外交易场所官方名称。[10]这一新规则允许电子平台保持排他性，并继续注册为经纪人；换句话说，它们不必成为公共交易所，并且适用于交易所的所有规定。然而，该法规明确表明，替代性交易系统越大，其监管就会越多。替代性交易系统的监管详细规定如下：

- 只要替代性交易平台上股票交易量不超过整体交易量的5%，那么此系统在很大程度上不受该规则的限制。

- 一旦替代性交易系统交易量超过 5%，它将必须遵守合并磁带规则；但只有在该系统显示出价和要价信息时，它才需要遵守合并报价规则。（我们会简要探讨一下部分替代性交易系统是如何规避这些规定的约束。）

- 如果一只股票的交易超过整个交易总量的 20% 或者更多，那么替代性交易系统将必须遵守额外规则，其中包括创建公共访问平台等要求。

所有替代性交易系统必须向 FINRA 提供每周成交量报告，以允许其监测它们对这些规则的遵守情况。[11]

国家市场系统规则。虽然替代交易系统规则成功地促进了交易所和替代交易系统等交易场所之间的竞争。但证券交易委员会很快得出结论，它需要做更多的工作来促进个人买卖订单的竞争并保障他们获得公平待遇。

为此，它在 2005 年通过了针对国家市场系统的监管。[12]最有争议的是，这项新法规包括一个订单保护准则，要求经纪人将客户订单发送到最高出价或最低要价的场地，而不管订单的规模大小。在行业条款中，该法规禁止交易保护，这些交易的执行价格比最佳出价和要价要差。新的要求只适用于速动市场。在实践中，速动市场意味着可以采取电子交易模式，故所有的交易所在这个方向上快速发展。

此外，另外还有一个法规显著地改变了市场，我们在"数硬币"专栏进行了阐述。

数硬币

塑造股票交易市场的另一个因素是股票的小数化定价的变化。历史上，出价和要价都必须是 1/8 美元的倍数，即等于 1/8 美元或 12.5 美分。[13]（增量被称为价格尺度，因为它表示当股票上升和下跌时价格变动多少。）例如，一只股票全国最佳出价和要价分别为买入价的 $10\frac{1}{8}$ 和卖出价的 $10\frac{1}{8}$，并且它们之间的价差为 1/4。换一种方式可表示为要价为 10.125 美元，出价为 10.375 美元，价差为 25 美分。新交易员必须学习的第一件事就是这些分数的价值。

但是，技术的发展使股票市场更加高效，12.5 美分的价差——当以 1/8 美元的倍数定价时可能的最小价差——就显得非常大。所以，1997 年部分股票的定价单位便降低到 1 美元的 1/16 或 6.25 美分。[14]

最后，从 2000 年开始，证券交易委员会规定，股票必须以美元及美分报价，所以，如今一只热门股票的报价为出价 20.43 美元，要价 20.44 美元，只有仅仅 1 美分的价差。[15]

尽管对于大多数股票来说，十分位计数已经非常成功，但是行业观察家担心，它通常会减少小型公司的股票交易活动，尤其是会减少首次公开发行的股票交易。在 2014 年 6 月，证券交易委员会宣布，它正在创建一个试验计划，针对市值较小而交易量较低的股票使用 5 美分的计量单位。[16]

当今的股票市场

在替代性交易系统规则所鼓励的快速技术和新进入者的复合影响以及十分位计数的背景下，国家市场系统的监管对美国股市产生了爆炸性影响。由于订单保护规则限制，经纪人不能再自动将订单发送到纽约证券交易所，其在上市股票中的交易份额从 2005 年的 79% 下降至 2013 年 5 月的 21%。[17]竞争随着交易中心数量的扩大而急剧增加。（交易中心包括交易所和替代性交易系统在内。)

截至 2014 年 6 月，共有 11 家证券交易所：[18]

- 3 家与纽约证券交易所相关的交易所，包括前美国证券交易所、洲际交易所集团的所有成员。
- 3 家与纳斯达克相关的交易所，包括波士顿交易所和费城交易所等。
- 4 家与 BATS（即更好的替代性交易系统，Better Alternative Trading System）相关的交易所。[19]
- 芝加哥证券交易所。

除了芝加哥证券交易所仍然是一个成员所有的组织，其他交易所都是上市公司的一部分。

包括纽约证券交易所在内的所有交易所主要都是电子交易。那些著名的交易大厅现在基本上都成了历史遗迹，再也没有那么多的交易专员在大厅里。成立于 2005 年的 BATS，是一个向相反的方向发展的替代性交易系统，其定位是与纽约证券交易所正面的竞争对手。所有交易所都必须被"点亮"，这意味着它们需要根据国家市场系统规则提供完整的报价和交易报告。[20]

除了交易所，还有 44 个由经纪人经营的替代性交易系统。一些替代性交易系统是电子交易网络，这意味着它们是透明的，并且像交易所一样向其用户提供报价和交易信息，尽管该信息不是通过国家市场系统公开的。在 2014 年中期，最大的电子交易网络平台是 LavaFlow。[21]

然而，大多数替代性交易系统是黑池交易，不提供报价信息，甚至对它们的用户也是如此。（记住，根据替代性交易系统规则，只要不显示出价和要价，它们就可以用最高达到股票存量的 20% 进行交易，而不受国家市场制度的约束。）这些黑池交易通常由经纪人为了他们客户的使用而建立。

黑池交易用于匹配已提交给它们的买卖订单，但每个黑池都有自己的一组操作规则，用于定义如何处理订单。仅仅作为一个例子，POSIT 交易系统不断地寻找其成员提交的买入和卖出的对冲订单。[22]当找到匹配的订单时，它通常"交叉"它们，即将根据合并报价系统中所报告的全国最佳出价和要价的折中价格匹配买卖订单（NBBO）来完成交易。然而，如果买方或卖方已将该订单标记为"消极的"或"激进的"，则交易可以在出价或要价阶段完成。

交易完成不会报告到 POSIT 交易系统或任何其他黑池交易中的合并磁带中，这有助于防止抢先交易。黑池交易使共同基金和其他机构投资者更容易通过完成一系列较少的交易来完成大额订单。

然而，交易不需要通过交易中心来执行：经纪人可以通过将客户买入订单和卖出订单相匹配，或与他们的库存相匹配来内部消化订单。这些场外交易市场必须以至少与 NBBO 一样好的价格来完成，所产生的交易必须报告给 FINRA 以纳入合并磁带中。[23]

如今，如图 9 - 1 所示，交易已经相当均匀地分布在所有场所中。该图中的场外交易类别主要是内在化交易，但它包括经纪人和其他金融公司之间的其他场外交易。此数据不包括在替代性交易系统上完成的交易，通常不需要报告。根据最近的证券交易委员会研究报告称，有 10% —15% 的交易量是在替代性交易系统中完成的。[24]

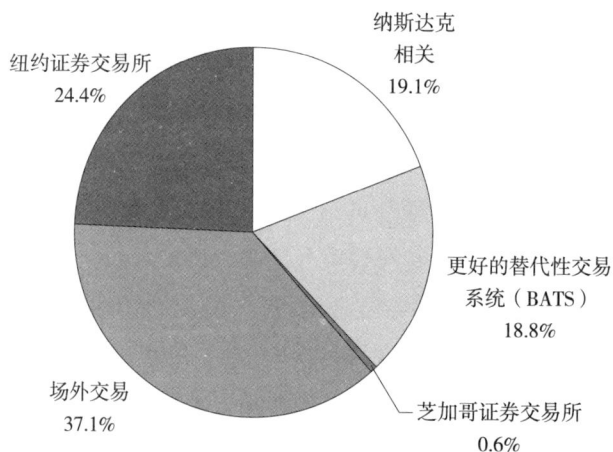

图 9 - 1　美国股票交易市场结构（2014 年 6 月）

资料来源：BATS 市场交易量总结

交易分布如此均匀，以至于批评家声称市场已经碎片化而对投资者有害。在我们考察他们的论点之前，让我们先来看看市场参与者的另一个重大变化。如前所述，纽约证券交易所交易专员和纳斯达克做市商的日子已经一去不复返了。新来的人是高频交易者（HFTs），他们使用计算机技术快速、频繁地买卖，通常持有仓位的时间只有几微秒。但他们的活动有很大的争议，我们将在后续部分讨论。

当今市场的优缺点

新的市场结构有很多追随者，但它也有激烈的抵抗者。对许多共同基金管理公司来说，也许最常见的观点是市场效率比过去高得多，但是系统还较初级，并且有很多空间可以微调。然而，这一结论还远远没有达成一致。

这里我们快速浏览一下最常提到的优缺点：

优点：降低成本。新市场结构的支持者强调，它大大降低了所有类型投资者的交易成本：

- 出价和要价之间的差距已经缩小。20 世纪 90 年代初，当股票仍然以 1/8 分位进行交易（trade in eighths），它们每股价格则为 12.5 美分或更多；到 2009 年，有效利差已跌至每股 3 美分以下。[25]
- 由于交易已转移到电子场所，佣金也大幅下降；机构投资者现在通常支付每股 1—5 美分的佣金，平均每股超过 2 美分，具体金额取决于交易的类型。
- 同时，共同基金和其他机构投资者已经能够减少执行冲击成本，因为新场地使他们更容易完成市场影响较小的订单。[26]电子交易网络和黑池交易中的匿名性是降低这些成本的主要因素，因为它允许大型投资者将其订单的规模隐藏起来，并防止在前台运行。

缺点：高频交易。但是，新结构的批评者认为其成本仍然高于应有的水平，因为市场规则不公平地偏重以牺牲其他人为代价的高频交易者。高频交易寻找系统内的低效率，低效率意味着他们赚钱的机会。

也许今天最大的低效率来自证券信息处理器（SIP），这是从所有交易中心收集信息以创建全国最佳出价和要价（NBBO）的技术。证券信息处理器的问题在于它总是比从市场直接地接收传送稍微晚一些。[27]

举例来说，假设证券信息处理器显示诺桑觉（Northanger）的股票在全国的最佳出价和要价分别是30.12美元和30.14美元。然后，在温特沃斯证券交易所的报价变成了30.13美元至30.15美元之间。温特沃斯证券交易所通过直接传送将该信息发送到证券信息处理器，并由证券信息处理器更新全国的最佳出价和要价信息。但是，通过温特沃斯证券交易所直接传送的信息不只是去往证券信息处理器；它也被发送到其他交易所和其他用户。高频交易用户将看到，在证券信息处理器调整全国的最佳出价和要价之前，报价就已经改变；他们从接收证券信息处理器数据的新老卖家那里以30.14美元的价格购买股票，然后将股票以30.15美元卖给在温特沃斯证券交易所出现的新买家，从而赚取1美分的利润。

虽然这个利润很小，但在交易中的风险也非常小。这个交易是一种套利，意味着它的利润甚至在交易开始之前就几乎被锁定。用1美分的利润和数百万的股票数以及数百万的交易量相乘，就很容易看出为什么有那么多的高频交易，以及为什么它们吸引了这么多的负面关注。

然而，这种交易的风险虽然很低，但是所需投入的资本非常高，因为这种从概念到执行的套利只发生在几微秒内，也就是证券信息处理器更新所需的时间。为了利用这个机会，高频交易必须能够以非常低的延迟（用于描述极限速度的行业术语）进行交易。高频交易使用最快的硬件和最简化的软件，并将它们的服务器放置在尽可能靠近交易所的位置，以最小化通信所必须经过的距离，这在以微秒计算时是至关重要的。对于费用，交易所可以允许高频交易者将其设备共同定位在交易所的数据中心中。它们开发计算机算法，来完成所有的交易决定，而不需要人类慢慢输入。然后，除了所有这些技术支出之外，高频交易必须支付所有直接传送到交易所的渠道费用。

高频交易不仅仅只是在追随证券信息处理器的步伐，他们目前正在互相竞争。在股票市场的军备竞赛中，高频交易公司不断调整其算法并升级其技术，以求更加智能和快速。总之，如果它们想要操作高频交易，就必须做好花费大量金钱的准备。

然而，高频交易的商业模式存在更大的威胁，许多行业观察家希望看到套利机会完全消除。为实现这一目标建议如下：

- 消除证券信息处理器传送过程中的时滞，可通过稍微延迟直接传送的发生来实现。
- 在交易中心执行交易可以中和高频交易的优势。由迈克尔·刘易斯所著的《快闪小子》（*Flash Boys*）一书的核心部分为投资交易所（IEX exchange），专门用于消除证券信息处理器与直接传送之间的套利，但尚未吸引足够的交易量使其成为主要交易场所。

缺点：利益冲突。 虽然行业中很多人想要挤走高频交易者，但是有些人认为高频交易是收入的主要来源，因为其交易量非常大，并且愿意花费精力获得竞争优势。当前制度的批评者指出，交易所和其他交易中心肯定会从高频交易中获利，这使得它们很难牺牲高频交易而去实施有利于长期投资者的政策。

与此同时，批评者指出，交易中心因为向经纪人支付经营权，已经发展出一种充满利益冲突的商业模式。这些付款可能采取以下两种方式：

- 经纪人可能会收到一系列订单的付款，只是为了发送交易信息到特定地点或为了内部交易。
- 或者，他们可能收到做市商的费用，也称为流动性折扣或费用，用于执行某些类型的订单。经纪人在向交易场地提供流动性时，通常会通过帮助另一个交易者完成订单来收取做市商费用。相反，从流动性中获益的交易者必须支付接收费。[28]

这些付款会带来相同的结果：鼓励经纪人发送订单以最大化自己的利润，而不是为客户获得最好的交易价格。所以，改革者敦促他们废除这些就并不显得奇怪了。

缺点：非公开市场。 离岸交易对新结构的批评者而言是一个痛点；他们认为替代性交易系统和内部化，与全国市场系统的目的（为所有投资者提供平等进入市场的途径）并不一致。在他们看来，个人投资者现在处于不利地位，因为他们看不到所有的市场报价，而且不允许参与只有订阅客户才能拥有的报价。

捍卫这些变化的支持者注意到，新系统能够非常好地处理较小的订单，并且保持非常低的成本，这有利于个人投资者。机构投资者总是需要专门的设施来处理大量的交易；在旧系统下，他们能够执行大宗交易，而在新系统里，他们能够使用黑池交易。同时，这些设施间接地惠及个人投资者，因为他们通过机构进行投资。我们将在第 11 章看到，共同基金中几乎所有的投资者都是个人。

为了给该争论提供一些相关的数据，证券交易委员会在 2014 年 6 月宣布，它将创建一个试点计划，来鼓励建立一组小盘股的可视化交易委托账本交易场所。该计划将为测试中的股票建立交易规则，这意味着这些股票的交易必须在显示全国最佳出价和要价的场所中执行，除非另一个场地可以为相似规模的订单提供显著更好的价格。该规则将限制可以被引导至黑池交易的数量，而不显示出价和要价，它与全国市场系统规则中的交易规则明显不同，这使得黑池交易可以简单地匹配交易所的报价。[29]

缺点：市场脆弱。监管机构对新的市场结构有另一个担忧，即它很容易崩盘。例如：

- 在 2010 年 5 月的闪电崩盘（Flash Crash）期间，道琼斯工业平均指数在没有明显理由的情况下数分钟内下跌了 1 000 点，然后迅速反弹。

- 2010 年晚些时候，骑士资本（Knight Capital）的交易软件出了问题，导致其向纽约证券交易所提交了错误的买单，使得 150 只股票的价格大幅上涨，而当 Knight Capital 之后再以更实际的估值出售该仓位时，已给自己造成了 4.6 亿美元的损失。

- 2012 年 5 月，纳斯达克系统无法应对 Facebook 股票上市交易第一天的交易量。

- 2013 年 8 月，纳斯达克停止交易 3 小时来解决其技术问题。由于同样的原因，纽约证券交易所在 2014 年初经历了半小时的交易停止。

这些交易中断事件的频繁发生，以及这些问题可能导致相关公司遭受重大损失的事实，使人们担心当前分散的市场结构对金融系统构成系统性风险。监管机构的应变方法是加强熔断机制，当市场变得特别不稳定时立即暂停交易，使人们有时间判断并纠正技术错误。[30]证券交易委员会还提出了一项新的规定——系统合规和完整要求（Regulation Systems Compliance and Integrity，Reg SCI），以确保其技术是正常运行的。[31]但是，只要交易继续保持高速和大规模电子化，市场就会有失控的风险。

共同基金交易员的角色

在瞬息万变的环境中，共同基金交易员都在寻求以最佳的可能价格完成基金的买卖订单。交易台通常围绕其所服务的基金类型组建，所以一个基金经理一般使用一个债券交易台、一个货币市场交易台及一个股票交易台。在各类交易台，交易员常常被指定给特定的投资组合经理，并发展针对某特定类型的证券专业知识和技能，无论是市政债券还是小型企业股票。图 9 - 2 显示了交易员如何在投资组合经理与交易中心间搭建桥梁。

我们将在本节讨论执行买卖指令的交易员的责任：

- 确保基金遵守所有相关规定。
- 选择寻求实现最佳执行的交易策略。
- 选择券商以完成交易。
- 在不同的基金中管理交易。

在一笔交易完成后，交易部门也会与中后台运营部门相互协作，以确保清算顺利进行。当买卖双方真正交换现金和证券时，这就是交易的后台工作（第 14 章将具体描述该过程）。

基金合规

交易员要设法确保买卖订单遵循适用于该特定基金的所有规则，包括基

```
                    ┌──────────────┐
                    │  投资组合经理  │
                    └──────┬───────┘
                           │
                    ┌──────┴───────┐
                    │  交易前合规系统 │
                    └──────┬───────┘
                           │
                    ┌──────┴───────┐
                    │ 交易订单管理系统 │
                    └──────┬───────┘
                           │
                    ┌──────┴───────┐
                    │    交易员     │
                    └──────┬───────┘
                           │
              ┌────────────┴─────────┐
              │              ┌───────┴──────┐
              │              │     经纪人     │
              │              └───────┬──────┘
              │          ┌───────────┼───────────┐
       ┌──────┴───┐  ┌───┴──────┐         ┌──────┴───┐
       │ 替代性交   │  │ 替代性交   │         │   交易所   │
       │ 易系统    │  │ 易系统    │         └──────────┘
       └──────────┘  └──────────┘
```

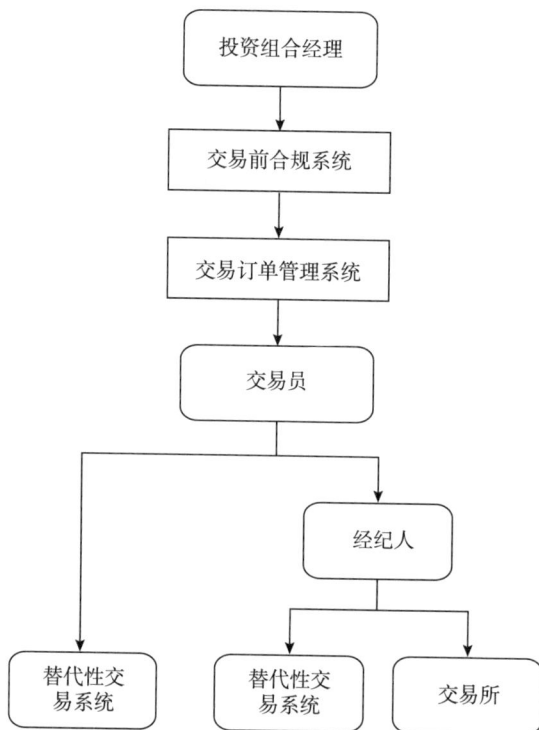

图9-2 交易者的角色

金销售文件、政府规章制度，以及基金内部政策中规定的所有限制。限制可以是直截了当的，如保证基金不会偶然出售比自己持有量更多的股票。（听起来很简单，但是当基金持有证券非常复杂，拥有成千上万不同证券时，这个问题就可能产生。）特殊规则对基金能够购买的任何单一公司的股票数量进行了限制。[32]一般而言，一只基金能够购买的单一公司的股票数量必须少于该公司拥有投票权的股票数量的10%。许多比较复杂的基金对所拥有的一家公司证券的资产总额有极其严格的限制，如不超过基金资产总额的15%。基金交易员在帮助监督这些或其他的限制规则的遵循情况过程中扮演着非常重要的角色。如果出现错误，需要基金出售它本不应购买的份额，那么，基金管理公司可能会被要求补偿基金因此而遭受的损失。

较大的基金经理拥有交易前合规系统，用于检查拟进行的交易，以确认其符合所有规则。交易在进入交易订单管理系统之前必须通过这些合规系统，并被引入到交易台。但即使拥有这些工具，基金交易者仍必须保持警惕，特别是在处理涉及不寻常或特别复杂交易的情况。

交易策略

一旦交易员收到基金经理发出的购买或者出售建议，那么我们就需要选择一种交易策略。目标很简单：交易者总是尽可能寻找最有利于基金的执行方式，尽管他们并不能保证此目标一定会实现。"竭尽所能"专栏对定义该术语过程中存在的困难进行了讨论。

竭尽所能

虽然最佳执行概念很简单，但是我们很难在实践中对其进行定义。证券交易委员会对该术语的最精确定义是"使客户在每次交易中的总成本和收益最有利的情况下，为客户执行证券交易"。[33]

最佳执行不仅是获得最佳价格及发生最低的交易佣金和费用，尽管这两者都是非常重要的。当价格和成本是唯一的考虑因素时，它也要求我们考虑不执行交易的风险。保持匿名性也是在评估最佳执行时需要考虑的因素，因为当基金意图众所周知时，它就可能得到一个更差的价格，甚至不能完全完成交易。寻求最佳执行需要平衡许多因素。它需要在一段时间内、不同交易之间，不只是对逐笔交易进行评估。

如果定义最佳执行是困难的，衡量它就会更难。最通常的做法是实施差额的技术，根据股票的交易模式估计交易的期望成本，然后比较实际结果与估计值之间的差异（波动更大、流动性更低的股票估计成本会更高）。基金交易台通常聘请专业咨询公司来进行分析。

交易决策是复杂的，因为它首先涉及交易地点的选择，其次是确定在交易中心提交订单的方法。下面介绍一些比较常见的交易策略：

低接触交易。交易者通常在经纪人或替代性交易系统（通常是电子交易网络）处将较小的订单输入到电子订单系统中。完全电子化的交易被称为低接触交易。这些交易的佣金可能为每股 1 美分。

高接触交易。对于较大的订单，特别是小盘股的股票，基金的交易者将经常联系经纪人的交易者共同开发交易策略。他们可以决定一天中的工作顺序，当股票可交易时买入或当买家出现时卖出，以便订单通过碎片化方式完成。或者，经纪人可以承诺垫资以完成交易。这些高接触交易的佣金可能是每股 3—5 美分。

程序交易。另一种策略是程序交易，也称为一揽子交易。当交易员拥有很多小订单时，通常采用此类交易方式；基金因申购式赎回需要调整其投资组合的一部分时，也有可能进行这种类型的交易。交易员会对一小部分希望获得此业务且相互竞争的券商发布所有的订单明细。因为整个股票组合的风险要小于任何单只股票，所以出售一揽子股票，而非一只一只地出售。该列表可能仅提供描述性信息，例如股票的市值和股价的波动性，而不提供股票名称，或者交易者可能要求一小部分经纪人提供竞争性报价。

无论什么策略，交易几乎肯定将使用**算法**完成，该算法通常由经纪人或替代性交易系统提供。这些模型会自动向电子网络提交一系列交易订单；精确的结果取决于股票价格及其他因素的变化。算法交易使交易台能够轻易将大额订单分割为众多小额订单，能够让基金在交易中保持匿名性，并能够减少对市场的影响。（图 9–3 提供了一个非常简单的例子。）

在整个交易中，交易台将与投资组合管理团队沟通，让他们了解市场状况和订单进度。

证券经纪人的选择

选择交易策略通常涉及使用经纪人，而不是直接向替代性交易系统提交订单。然后，交易者必须决定选择保留哪一个证券经纪人，来寻求最佳执行。交易员可能选择熟悉特定行业或者对某只股票积极主动，或者在过去处理类似订单时表现出非凡能力的经纪人。一旦交易者识别出能够提供最佳执行的经纪人，他们需要考虑两个因素：提供软美元服务以及经纪人是否是关联公司。

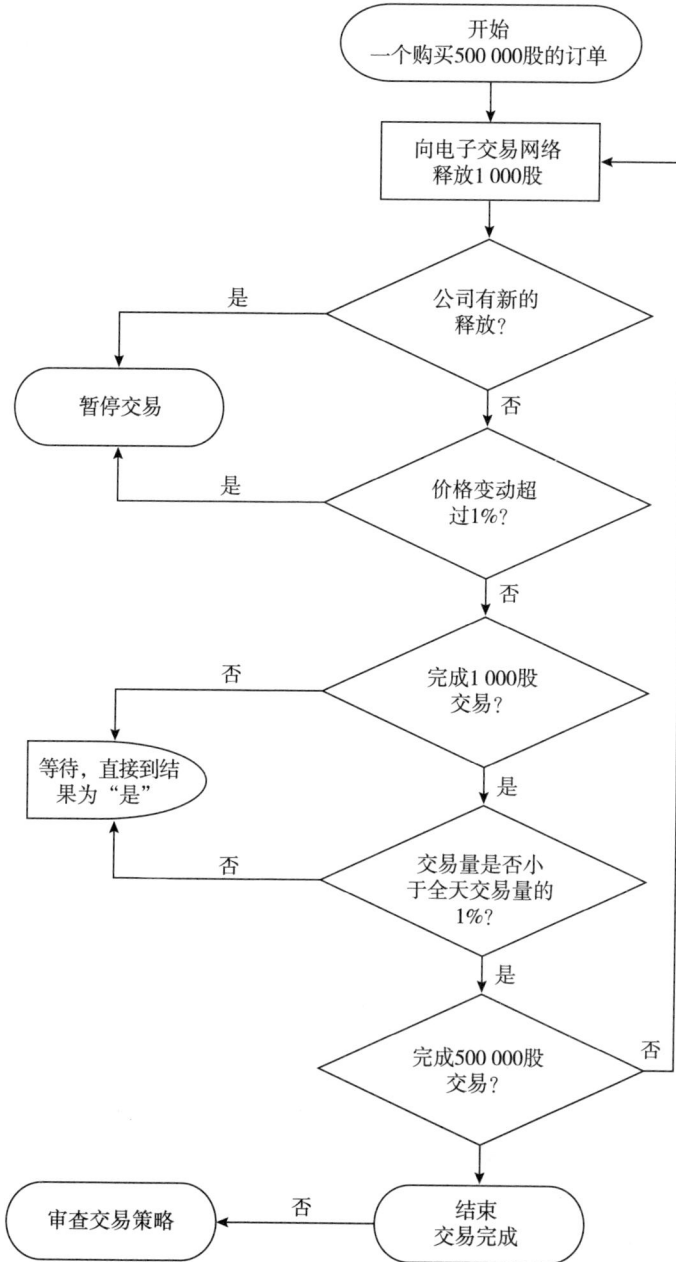

图 9-3　简化的算法交易

软美元服务。挑选经纪人时，法律允许交易员不仅考虑经纪人执行交易的好坏，而且也要关注经纪人所提供的有助于投资组合经理做出成功投资决策的研究服务。研究通常包括来自经纪公司自身团队的投资建议，我们称之为"现场研究"（Street research）。平时，这类研究也可能来自经纪人雇用的第三方机构，他们会以电子数据及报价服务的形式呈现，例如路透社或彭博资讯，而不是传统的投资分析。这些第三方服务通常被称为软美元研究，虽然该术语也可以用于指任何经纪商提供的研究。

经纪人通常不以直接支付费用（硬美元）的方式收取任何研究服务费。而且，他们希望从基金那里获得特定水平的交易数量（或软美元）来作为回报。在行业内，支付给执行交易及研究服务的费用都包含在佣金中。通过法律，基金被允许向提供研究服务的经纪人支付相比仅执行交易的经纪人更高的佣金，然而，证券交易委员会已经定义了可以用这种方式支付的研究类型以及可以参与的交易安排。[34]

软美元付款是非常有争议的。在实践中，批评者认为，基金经理应该用管理费来支付研究服务，而不是用投资者的钱。他们注意到，系统鼓励投资组合经理进行更多的交易，以便获得更多佣金。软美元的支持者则指出，国会已经明确认可了此操作。他们认为，禁止软美元将有可能减少基金行业中的竞争，因为与大型基金经理相比，小型基金经理更依赖软美元。

关联经纪人。交易员还必须小心限制属于同金融控股公司的关联经纪人的使用。（大型金融服务公司可以拥有基金管理公司和经纪人，这些公司是关联公司。）关联经纪人只能作为基金的代理人，帮助基金与其他未关联的买家和卖家安排交易；它不能直接从基金中买入或卖出证券。[35]如果关联经纪人参与公开发售证券，基金只能在该发售中购买有限数量的股票。[36]

基金董事会的独立董事负责监督与关联经纪人有关的交易。"独立监督者"专栏概述了董事会在监督交易中的所起到的作用。

独立监督者

正如你所见到的，在一些交易条件下，基金及基金管理者的利益可能相互矛盾。为确保基金得到公平的对待，证券交易委员会赋予基金董事会中的独立董事监督交易政策及执行这一特别责任的权利。例如，基金董事会必须监督由同一经理或包含关联经纪人所推荐的基金发生的所有交易。[37]

董事也需要看到交易的整体情况。他们可能审查关于交易成本的第三方报告，以了解与其同业相比，该交易台在佣金支付和执行中的不足。或者他们可能要求审查软美元服务。

多种基金间的交易

一位共同基金经理能够同时管理几只基金，这些基金可能都需要买特定的证券。交易员负责确保每一只基金都能得到公平对待。他们以 3 种方式投入到多种基金的交易中：基金克隆、交易分配、基金间交易。

基金克隆。在许多复杂的基金中，一位投资组合经理可能负责同一投资组合的不同版本。例如，他可能管理一只仅对美国投资者开放的共同基金，一只销售给非美国投资者的共同基金，以及一个大型客户的账户——所有这些基金都使用相同的投资方法。为了公平有效地管理不同客户的账户，基金投资组合可以克隆，那意味着不同账户持有的证券的权重比例都是尽可能紧密相连的。

对于一些货币市场基金经理而言，交易台负责实施克隆。投资组合经理经常亲自管理手中最大的基金；然后交易员将这只基金中的所有改变复制到一些较小账户。

交易分配。当为多种基金执行交易时，交易台通常将相同股票的交易订单捆绑在一起，并在同一时间执行交易。该方法能确保所有基金都得到公平对待，并消除了任何有关偏袒的指控。当交易台在同一天完成交易时，该作用尤其明显。

但是如果当交易日结束时仅完成了部分交易结果又会怎样呢？怎样在参与

订单的基金中进行股票分配呢？一般而言，交易员会按初始订单的比例分配股票。但如果一个投资组合经理已经提供了略微不同的指令，交易台可能需要就这一偏差对最终执行结果的影响进行判断，并根据具体情况调整分配。[38]

基金间交易。交易员还必须关注一只基金正在购买而另一只基金正在出售的情形。这种情况很可能发生，因为基金拥有不同的现金流，或者两个投资组合经理对于同一特定投资的发展前景持相反观点。交易员必须决定是否在两只基金间进行交叉交易，而不在市场中投放订单。这可以节约两只基金的交易成本，但是交易员必须确定交易符合两只基金的最佳利益。基金间相互交易的价格须依据证券交易委员会的规章制度，通常是股票的最终销售价格以及其他证券买入价及卖出价的均值。所有这些交易都需接受董事会的审查。[39]

债券基金交易

虽然我们已经集中介绍了股票基金的交易，但是债券基金中的交易更加重要。因为债券收益通常低于股票收益，成本——包括与交易相关的成本——在决定基金排名过程中起着更重要作用。

债券发行的数量之大，将会给交易带来巨大挑战。因为一年内债券发行的数量要远多于债券交易的数量，追踪特定债券交易的另一方可能非常困难。例如，债券基金经理可能无法找到他们感兴趣的债券卖家。相反，他们可能会被提供另一种类似的债券作为替代，而且他们还需决定该替代债券是否与基金的投资组合策略一致。换言之，债券基金中交易员和投资组合经理间的界限更加模糊——有时，这两个角色甚至结合在一起，尤其是在一些较小的公司中。

债券种类繁多，意味着交易员必须熟悉各种不同的子市场。例如：

- 美国国库券流动性极强且具有非常小的价差波动，所以当需要交易巨大数量的证券时（价值数十亿美元），买卖国库券是唯一的选择。
- 高收益债券流动性较低，它们的交易相当复杂。价格可能受到对发行人收益前景预期、股票价格变化的影响，债券价差变化范围很大，取决于债券发行的规模和其信用质量。一种规模较小的、低质量、高收益债券的发行，或许只能进行预约交易（使用一个中意的交易台术语）；与之相比，一个较大型的 BB 级债券可能随处可见。然而，当他们做交易时，交易规模可能非常大。事实上，债券的平均交易规模远远大于股票的平均交易规模。[40]

- 处理结构化债券的交易员需要熟悉这些债券的复杂特点，以了解它们怎样受到包括经济新闻在内的市场因素的影响。

不存在一个可以交易所有不同类型债券的地方，也不存在像纳斯达克及纽约证券交易所这样的债券交易所——尽管这些交易所的市场交易份额逐年下滑，但它们仍是股票交易的重要场所。但是，债券交易随处可见。

债券以下列两种方式进行买卖：

1. **新发债券**。债券可以在企业或政府发行时的初级市场上购买。仅仅是替代每年到期的债券，就会有一个稳定的新债发行流。新债市场在市政债券中尤为重要。交易员必须密切注意新发债券的上市进程，并确保投资组合经理知晓债券交易时点。

   在新债券发行市场上，不同类型的债券处理方式不同。投资者能够通过所谓的财政直接账户直接购买，或是通过一级交易商间接购买美国国债。其他类型的债券一般通过券商出售。

2. **交易商市场**。债券发行后，可以通过二级市场进行买卖。债券市场是一个场外市场或者交易商市场，意味着投资者要与作为委托方或者代理人的券商进行交易。如果投资者要出售债券，并且券商作为委托方，经纪人便会购买这些债券作为他们的存货。当证券经纪公司拥有一个客户作为交易的买方时，它将起到代理人的作用，并简单地将债券从一方转到另一方，而纪纪自营商则从价差中获取小部分以作为服务佣金。

近些年，技术的发展逐渐为债券市场带来了更多的合作机会。长期以来，债券基金交易员仅能得到关于政府债券的定价信息。如今，市场上存在两个提供合并交易价格报告的独立系统。就公司债券交易而言，该系统被称为交易报告及执行引擎（TRACE），由美国金融业监管局运行。在市政债券中，相应的系统被称为市政债券立法实时交易报告系统。但是与几乎能同时自动报告的股票交易不同，债券交易存在一定的延迟：交易商需要在交易执行后的 15 分钟内报告交易。[41]

电子交易在债券世界中比在股票世界中要慢得多。根据麦肯锡公司和格林威治联合公司的一项研究，在 2013 年，仅有 30% 的国债交易、15%—20% 的投资级公司债券交易和 10% 的高收益债券交易是电子处理的。[42] 相比之下，70%—80% 的股票交易都是电子处理的。

优选的电子债券交易平台是请求询价系统（RFQ），其允许基金向多个经纪人询问交易价格。2013 年公司债券和国债的顶级平台分别是市场安克斯（MarketAxess）和交易网（Tradeweb）。[43]

事实上，债券交易的统一技术是彭博资讯服务。（的确，它是由前纽约市市长创立的公司。）几乎所有专业的债券交易者都可以在电脑桌面上访问彭博并且使用它。彭博还经营欧洲和亚洲最大的债券交易平台。[44]

本章小结

交易对于基金绩效有着重要影响。因为一只基金大规模买卖证券，会对市场产生影响，即推高其试图购买的证券价格，或压低其尝试出售的证券价格。其他投资者也可能会试图预测基金的行动，并通过提前行动赚取利益。许多共同基金管理公司拥有专门交易员——在交易台工作，他们将精力集中在最小化买卖投资证券的成本上。

由于更先进技术的出现、替代性交易系统的进入、股票价格的十分位计数以及旨在增加竞争的新法规出台，美国股票市场的结构在过去 20 年中发生了巨大变化。如今，美国股票的交易主要是电子化的，并且广泛分散在许多交易中心。新结构的倡导者认为它大大降低了交易成本；批评者则表达了对套利机会的关注、以牺牲大多数利益为代价的一些投资者、系统内的利益冲突、缺乏公众访问某些场所以及系统的脆弱性。

共同基金的交易员负责尽可能寻求最佳执行。交易员选择交易策略，包括低接触、高接触和程序交易。作为这一过程的一部分，交易员通常会选择一家经纪公司，根据经纪人的能力来提供最佳执行。当分配交易时，交易员也可以考虑经纪人提供的研究服务。交易台还帮助基金遵守所有相关规则，包括与关联公司交易、交易分配和基金间交易等方面。基金的董事会监督其交易。

由于发行的债券数量庞大，固定收益基金交易甚至比股票基金交易还要复杂。因为不存在针对债券的交易中心，所以债券交易是广泛分散的。投资者可以在初级市场中从发行人处购买债券，或者在二级市场中通过电子网络从交易商处购买。然而，与股票投资者不同，债券投资者之间很少相互进行交易。最近推出了债券交易的电子报告，电子交易平台仍然仅处理有限的一小部分债券交易。

第 10 章

作为股东的共同基金

由于拥有相当比例的上市公司股票，共同基金对上市公司经营管理有相当重要的影响。尽管共同基金也是公司债券的实际所有者，债券持有人通常对于公司发行债券没有投票权。因此，本章中没有说明共同基金在企业债券中作为金融机构投资者的角色。共同基金在公司是否实施一个并购提议，或者董事会人选等问题上，拥有重要的发言权。共同基金是否有效发挥这些潜在影响力，是监管者、学者、公司管理层及基金经理争论的焦点。

在本章中，我们将重点关注共同基金对伴随着权利和义务的其他公司股票的投资。正如我们在第 2 章中所讨论的，共同基金本身也有股东——基金的投资者（份额持有人）。虽然这些投资者享有对基金的所有权，但是他们并不是本章讨论的重点。本章中所使用的股东一词，特指经营公司股票的所有人，而非共同基金份额的持有人。

本章将讨论：

- 股东在公司治理中的权利。
- 共同基金怎样行使这些权利。
- 股东积极的作用。
- 社会问题在共同基金投资和代理投票决策中的作用。
- 共同基金在美国以外的其他国家行使其股东权利所面临的挑战。

共同基金和代理投票过程

美国市场上共同基金是股票的主要投资者。根据机构投资公司的计算，共同基金在 2014 年底持有 29% 的美国股票。[1]与此同时，个人共同基金的管理公司几乎总是在美国主要公司股票持有人排名中位列前十。由于基金拥有相当大的股票所有权，所以其在公司政策制定过程中有着巨大影响力。

股东的角色

共同基金通常在公司治理中发挥作用。从法律上看，股东是公司的所有者，他们选举董事会以代表自己的利益。典型的公司董事会由 7—14 人组成。[2]股东及董事会都不直接管理公司。相反，董事会任命一名首席执行官负责管理公司的日常运营。董事会扮演极其重要的角色，负责监督管理团队的工作，并在战略层面帮助指导公司的发展。

除了选举董事会外，股东还会就其他影响公司发展方向的问题进行投票。例如，重要并购或股权激励薪酬计划，通常都需要得到股东的批准。图 10 - 1 显示了股东、董事会、首席执行官之间的相互关系。

公司管理团队、董事会及股东之间的权力平衡，很大程度上是由各州法规、证券交易准则、联邦法规、公司章程及细则等相互作用决定的。

- 历史上，各州法规是公司治理问题的首要监管者，确立了本州上市公司股东权利的最低标准。

- 股票市场（如纽约证券交易所）对上市公司有额外要求，它们可能授权股东对股票增发或股权激励计划进行审批。[3]

- 特定联邦法律也影响了股东的权利，尤其是在什么样的信息需要向所有股东公开披露方面。[4]

- 最后，在所有州、联邦、股票市场规章制度的运行框架下，公司章程列明了其管理团队、董事及股东的特殊权利。正如"实施控制"专栏中所讨论的，章程比其他的规定使股东权利更加平等。

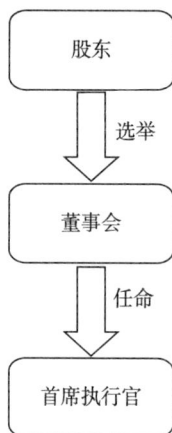

图 10 – 1　股东的间接控制机制

实施控制

股东民主并不总是"一股一票"。事实上，一些公司有一个真正的类别结构，将股票所有权分成不同类别的股份，每个人都有不同的投票权。

例如，谷歌有 3 种类别的股票：

- A 类股票每股通常有一票投票权。这些股票由谷歌于 2004 年首次公开发行。

- B 类股票每股有 10 票的投票权。这些具有超级投票权的股票有时被称为控股股票，因为它们允许一小部分股东（在这种情况下则是谷歌的创始人）即使只持有少数股份，也可以持续控制公司。

- C 类股票。它于 2014 年 3 月创建，根本没有投票权。其允许谷歌在不降低 A 类股东影响的情况下发行新股。

许多其他公司的创始人使用更简单的方法来保持控制：他们始终持有大部分股权。对于这些控股公司而言，大众股东通常对公司的管理方式没有太多的意见。

在这些纷繁复杂的规定下，有时我们很难清楚判断出特定公司中股东所拥有的权利。

代理投票过程：股东大会

美国公司法规定，公司每年必须至少召开一次股东大会。[5]会议期间，股东需要就可能对公司现有或未来财务价值产生影响的各项提议进行投票。实际上，哪些问题需要投票表决，是由州、联邦法律法规及证券交易规则共同决定的。

除年度股东会议外，如果在年内发生某些事件，公司必须举行特别股东会议。最有可能发生的情况是，公司的执行管理团队和董事会已经商定了与另一家公司合并的协议，并且该交易需要股东批准。

联邦证券法规定，公司必须告知股东每个需要进行投票表决的提议的详细信息[6]，这些信息包含在被称为代理委托书的文件之中。公司必须在会议召开前将代理委托书交予股东，给他们留出充足的时间以研究这些信息并进行投票。大多数公司会在会议开始前四五周寄出这些委托书。很少有股东会为了投票而出席会议。相反，他们更愿意将自己支持或反对提议的意见写在委托书中，许多大型投资者通常通过电子方式进行投票，我们将这一过程称为代理投票。[7]

委托书中的大部分建议是由公司的管理层提出的。最常见的管理建议方案是董事候选人名单，他们必须由股东选出。另外一些管理层提出的建议包括选聘公司审计师以及管理层的股权激励计划的批准等。

根据提议的类型及适用的公司治理准则，管理层必须在实施前获得一定数量股东的支持。虽然通常情况下获得简单多数通过就已经足够了，但是在一些情况下，一个提议需要获得公司章程所规定的绝大多数投票通过，例如，获得发行在外的 2/3 股票持有者的通过。因为大多数管理建议都是例行的，他们通常是批准的；基本上来说，95% 的建议都可以通过。

股东也可以在公司委托书中提交意见，让其他股东代为投票表决。这些提议必须遵守证券交易委员会的相关规定。[8]例如，一名想要在委托书中提交提议的股东必须首先提供证据，证明其持有该公司股票的时间在一年以上，并且持有股票的价值不少于 2 000 美元，或占公司股份的比例在 1% 以上。证券交易委员会也对提议的长度及提交的截止期进行了详细规定。关于内容，提议不得建议公司违犯任何法律，或者处理与公司正常业务不相关的问题，即缺乏明确定义且备受争议的话题。管理层经常辩称，他们不需要在代理中放置某些股东提议，因为它们不符合这些要求。

股东提议代理委托声明的通过率比管理层提议通过率确实会低很多。在 2013 年的代理季（上半年的最高投票时间），股东提议平均只得到 1/3 的投票，而只有 1/5 获得通过。[9]然而，我们将看到，某些类型的股东提议倾向于收到高于平均水平的支持。

即使股东提议获得批准，它们仍然可能没有任何影响。因为大多数州法律法规都授予董事（而非股东）管理公司的自由裁量权。[10]股东有权修订对公司具有约束力的细则，但是对于利用细则修订权剥夺董事管理公司的自由裁量权存在争议。[11]因此，即使提议获得了大多数股东的支持，公司也没有义务去落实这些股东的提议。而且，虽然管理层越来越有可能响应获得多数支持的股东提议，但是他们可以完全或部分地忽略它们。[12]

尽管有很多挑战，许多股东提交提议，还是被写入代理委托声明，并在年度股东大会上进行投票。股东提议通常分为 3 种类型，如表 10-1 所示。

表 10-1 典型的股东提议

类　别	典型提议
公司治理	董事选举实施不同的投票程序
管理层薪酬	限制对任期结束的高管的报酬
环境及社会	增加关于温室气体排放信息的披露

共同基金代理投票

在共同基金运营的很多方面，基金的代理投票都受到监督。证券交易委员会已明确表示，所有基金管理公司都负有受托人的义务，以促进客户以最大利益的方式来代理投票。此外，他们必须公开披露其代理投票政策和程序以及全年的实际投票情况。[13]大多数基金管理公司都在自己网站上提供此信息，通常会放在公司治理的部分。

该披露是代理投票版本的阳光法案。通过开放基金的代理投票，证券交易委员会希望确保投票表决代表基金投资者的最佳利益，而不代表基金管理公司。因为基金管理公司可能被吸引而去支持管理层建议，以获得上市公司的投资管理业务。

需要注意的是，这些披露要求仅适用于共同基金，而不适用于其他机构投资者的代理投票过程。只有一个例外[14]——《多德－弗兰克金融改革法案》规定，所有机构投资管理者每年需披露针对管理层薪酬问题的投票，尽管证券交易委员会尚未提出实施该法律规定的条例。[15]（我们将在本章后面部分更加详细具体地讨论管理层薪酬问题。）

代理投票政策

虽然共同基金在制定代理投票政策方面有相当大的灵活性，大多数共同基金的代理投票政策包含了相同的关键要素，以原则声明开始：事实上，所有基金的投票都基于能否给基金投资者带来最佳的长期利益而进行。这也通常被认为是增加公司利益或提升股东价值——许多投资者认为公司的长期股价水平是衡量股东价值的最佳方法。因为对具体何种活动会给投资者带来最佳利益存在较大争议，不同的共同基金及其他股东——所有按照相同原则行事的投资者——可能对同一问题投出不同的选票。

然后，代理政策将概述基金如何对上市公司提议进行投票，即董事选举和股权激励薪酬计划。

- **董事选举**是在代理委托书中最常见的提议。毫无疑问，该提议也是最重要的，因为董事会对公司的管理有重大影响。共同基金的代理投票政策会阐释什么情况下基金将支持特定的董事候选人。例如，一只基金可能仅将票投给那些至少出席之前的 75% 以上股东大会的董事候选人。如果董事是董事会的关键成员，他们就必须是独立的。独立董事不会直接或间接地接受公司支付的除作为董事的服务费以外的任何报酬。[16]

- **股权激励薪酬计划的批准**是另一个经常出现在代理委托书中的问题，所以它也经常出现在代理投票政策中。公司管理层经常会提议给予管理者股权奖励，以作为薪酬计划的一部分。由于这些奖励减少或稀释了基金对公司的所有权，代理投票政策一般会对计划规模予以限制。例如，基金可能不会通过一个奖励数额超过公司发行在外股票 10% 以上的股权激励计划。

尽管代理投票政策会详细阐述普通提议的投票方法，但是它解释其他待投票问题时需要视具体情况逐一确定，并且还描述了评价特定类型的提议时所适用的一般原则。例如，在提议并购的情况下，政策可能说明，如果投资团队得出并购将会产生增量收益或降低成本的重要机遇，那么共同基金将会支持该提议。

代理决策的制定

正如我们注意到的那样，共同基金和其他机构投资者可能在何为基金投资者的最佳长期利益问题上存在着分歧。代理投票常常是一个投资者需要具体分析的问题，但基金经理可以利用各种资源，帮助他们做出投票决策。

学术研究。公司治理是法学院和商学院学术研究的热点话题。该项研究能够提供证据，证明特定的公司治理行为会增加股东价值或提高公司绩效。例如，一项研究试图在特定的反兼并措施与股票收益率之间建立反向关系。[17]（稍后，我们将会讨论反兼并措施）。

代理咨询公司。大多数共同基金都订购了能为所有代理提议提供报告或建议的代理咨询服务。这些代理咨询公司会对问题进行深入的调查和分析，并且就投资者如何投票提供建议，进而会对投票结果产生重大影响——它们并不总是受公司管理层欢迎。（"过多的建议是坏事吗?"专栏阐述了其利与弊。）

过多的建议是坏事吗？

在美国，顶级代理咨询公司包括机构股东服务公司（Institutional Shareholders Services，简称 ISS）和格拉斯·刘易斯（Glass Lewis），大多数机构投资者在决定如何投票时，至少会考虑它们的投票建议。[18]虽然对投票结果的影响程度仍备受争议，但很明显，它们在代理投票过程中的确起到了十分重要的作用，而且并不总是与公司管理者的意见一致。一些管理者认为这些公司：

- 当需要深入考虑、逐一分析案例时，它们采用的却是照本宣科的方法。
- 不具独立性，因为一些咨询公司可能被公司聘为顾问，以帮助它们设计能够得到正面建议的提议。其他的咨询公司也可能受到其母公司的不当影响。
- 不完全具有客观性和独立性。批评者认为，ISS 提供的咨询服务会产生潜在的利益冲突，正如 Glass Lewis 对两个公共养老金计划的拥有权也是如此。[19]（我们将在后面讨论，公共计划对代理投票问题通常有很强烈的意见。）
- 通常包含事实错误和重大虚假陈述。

代理咨询公司声称，它们向投资者提供了针对代理投票问题的有价值的、独立的、考虑周全的研究。其拥护者迅速指出，咨询公司常提出不同于管理层提议的建议，而这正是它们不受公司管理层欢迎的原因。

股东参与。共同基金也可从递交提议的公司管理层那里获取关于代理问题的信息和意见。上市公司经常聘用投资者关系专家及投票征询专业公司作为顾问。这些顾问为大股东提供与提议相关的信息，并游说他们提供支持。众所周知，此类股东参与的方式在过去几年中越来越受欢迎，并且常在公司收到代理咨询公司不利的建议时使用。

基金董事会。共同基金董事会在代理投票中也起了重要作用。所有董事批准基金的投票政策，并且根据近期已出现或者未来可能出现的问题，对这些政策进行年度审核。[20]虽然大多数情况下，他们会将代理投票权委托给投资顾问，但是一些董事也会参与特殊提议（如包含有争议的并购提议）的讨论。

代理投票结果

掌握所有这些信息后，共同基金一般会怎样对普通代理问题进行投票呢？基金做了大量代理问题的投票，根据投资公司协会 2007 年的调查，基金家族平均每年评估 5 000 多个独特的问题。与其他股东一样，他们倾向于对管理建议进行投票；在 2010 年，超过 85% 的提案都会支持管理层。[21]

股东与管理层之间高度一致并不令人惊讶——至少对于主动管理的共同基金而言，情况是如此。那是因为拥有一家公司的股票，通常就表示对该公司管理层能力的信任。因此，主动投资组合经理倾向于支持管理者的提议。此外，如果主动投资组合经理对公司的管理层不满意，他们便会出售该公司的股票，此类行为通常被称作"华尔街之逃"。这是一种有效、低成本的方法，向管理者传递了股东不满意这一信息。[22]因为大量出售股票会导致股价下跌，这是公司管理者不能忽视的信号，因为下跌的股价会削弱公司筹集额外资金、实施并购及通过赠股留住高端人才的能力。

然而，基金越来越可能支持股东提案；在 2010 年，在许多情况下，即使代理咨询服务给出"否定"的投票建议，它们也支持了近 1/3 股东提案。[23]而且，在共同基金的支持帮助下，特定类型的股东提议至少也能获得多数其他股东的投票支持，如表 10 - 2 所示。例如，2010 年，废除分类董事会的股东提议平均获得了 80% 的支持，减少多数通过投票规定的提议平均获得了近 70% 的支持。（我们将在下一节讨论这两个提议。）

表 10-2　2013 年委托书季度：已选股东的平均支持率（2013 年 6 月 30 日）

	平均支持率
股东的提议——薪酬相关	
按比例归属股权奖励	33.4%
股票库存量/持有期	24.2%
股东的提议——管理相关	
董事会解除机密	80.1%
避免超级多数投票通过	71.7%
董事选举多数投票通过	58.1%
召开临时大会的权利	41.9%
代理渠道	32.2%
独立的董事会主席	31.1%

行动主义与共同基金

对特定股东提议的强烈支持，反映出机构投资者积极使用代理投票权来增加股东价值的愿望越发强烈。这代表着行事方式的急剧改变，因为在 20 世纪的大部分时间里，公司年度股东大会都是死气沉沉的，股东按照惯例通过所有管理层提议，很少提出批评或不同的意见。

然而，20 世纪 80 年代，像卡尔·伊坎之类的企业狙击手和杠杆收购专家，展示了股东如何在没有与管理层达成一致的情况下，应用股东权利接管公司。他们大量买入自己认为价值被低估的公司的股票，然后提议重组董事会。在其他投资者的帮助下，他们通过溢价购买股东所持股票，获得了更多的股份，进而推举自己的候选人——这些候选人会迅速赶走管理者并完成接管。

虽然企业狙击手在喜欢赚取更多收益的投资者中很受欢迎，但是公司管理层却不喜欢他们，反对他们采用激进的战术，以及在并购后缩减成本对公司造成损害。企业狙击手则反驳道，管理者更关心自己的工作而非公司。

为了保护自己不受兼并者的侵害，并且阻止这些恶意收购，许多公司在公司章程及其细则中添加了反收购条款。其中最常见的有：

- **股东权利计划**。如果一个投资者所购买的公司股票超过了一定的数量——通常为15%或20%，股东权利计划（通常也称为毒丸计划）就会被激活。在这样的情况下，公司的其他股东会获得以非常低廉的价格购买大量公司股份的权利，例如每股1美分。现有股东会按照这样低廉的价格购买公司股票，潜在买主的权益将会遭到严重稀释，这意味着，其所持股份将只是公司发行在外股票的一小部分。在该过程中，潜在收购者并不只是损失了大量的经济价值（因为所持股票的价格下跌），他还很难获得股东多数投票支持以完成收购。公司管理层可以在没有股东批准的情况下建立毒丸计划。

- **分类董事会**。一些公司并不是每年都换届选举所有董事。相反，它们选举不同任期的董事并且使其任期相互错开，因此每年仅有一部分董事需要换届选举，这就形成了所谓的分类董事会。恶意收购在拥有分类董事会和毒丸计划的公司中执行起来难度更大，因为潜在买主不能一次性提议选举成立全新的董事会。相反，买主将不得不在两届年度董事会选举中获胜，以赢得多数董事席位，去除毒丸。

- **绝对多数投票**。公司可能规定，任何收购或兼并的相关提议都必须获得极高比例的在外发行股份的股东投票通过，该比例非常之高，任何潜在收购者都可能失去信心。有时，一部分控股股东会拥有足够的投票权，阻止任何他们不认同的收购提议。

- **控制股份条款**。控制股份条款是指州法律规定一旦股票所有者获得的股票超过一定比例，超过部分的股票的投票权将会被取消，除非股票的购买行为得到了公司董事会的批准。许多州将该比例门槛设定为15%或20%。这也是一种在未通过董事会批准的情况下的收购者无法完成并购的一种工具。

- **利益相关者团体条款**。一些州已经正式通过了利益相关者团体条款，以此作为对20世纪80年代发生的恶意并购的政治回应，因为恶意并购导致工厂纷纷关闭、大量工人失业。这些条款允许——但不要求——董事会在评估是否接受兼并提议时，将公司股东以外的团体，如雇员、顾客、地方社区等，纳入考虑范围。换言之，这些法律为想要拒绝兼并者提议的董事会提供了责任保护，即使该提议会给股东带来巨大利益。

股东行动主义

对反收购方法的重视，催生了一种新型的股东——行动主义者。作为行动主义投资者，股东不仅要仔细阅读委托书，还需要定期投票。行动主义者会提出另一个董事会名单，公开在媒体上表达对管理层的不满，提交股东提议，或就代理问题游说其他股东抵制管理层的提议。

如今，对冲基金也表示愿意通过行动主义增大股东的价值，它们常常被作为代理竞争及其他公司控制权争斗的催化剂。对冲基金仓买入上市公司的股票，但这些股票占上市公司股票的比例较小，然后通过争取其他投资者表决权的方式来实现自己对上市公司治理结构的诉求。为了取得成功，他们必须赢得共同基金和其他机构股东的支持，例如卖掉不利的部门或支付更高的股息。批评者同样认为，对冲基金长期内并不能增加股东价值，它们仅仅通过将公司出售给出价最高的买主而快速攫取利益。[24]不管目的如何，对冲基金是倡导企业变革的重要声音。（我们将在第 16 章详细讨论对冲基金。）

一些州和工会养老基金也积极参与政府治理问题，最著名的行动主义者是加州公务员养老基金（California Public Employees' Retirement System, CalPERS）。这些基金中的大多数都将大部分资产投资于股票指数基金。这意味着，当它们对公司管理层不满时，便不能简单地出售股票，因为一只被动管理基金必须持有指数中所有的股票。如果指数基金投资者想要表达对一家公司的不满，他们必须采取一些更直接的措施。在这里，他们的活动也同样饱受争议，批评者表示他们并不推动所有股东的利益，而只是关注自己的利益。[25]

但是行动主义者也可以是积极的个人。今天最有效的行动主义者之一是哈佛大学的教授卢西恩·别布丘克（Lucian Bebchuk），他的股东权利项目领导了一个非常成功的行动。[26]

主动管理的共同基金和行动主义

主动管理的共同基金通常不会参与股东的行动，几乎从不发动代理战争、提交股东提议，或是向媒体公开任何与管理者有关的问题。那么，主动管理共同基金会因此而让其持有的股票缺乏妥善的管理吗？

许多行动主义投资者的答案是肯定的。他们认为，作为负责任的股票所有者，共同基金在使公司管理层更负责的问题上过于消极。基金对管理者投反对票的数量远远少于对行动主义投资者。此外，即使共同基金投票支持一些股东提议，但它们通常不会花费资源去提交自己的提议。一些行业批评家认为，基金经理避免行动主义，是因为他们不想破坏任何与公司管理层的业务关系。例如，一只共同基金可能由于管理一家公司的 401（k）计划赚取了大量咨询顾问费，所以它不大愿意对管理层提出的代理问题投反对票。

作为回应，共同基金经理认为，他们对表现不佳的管理层的第一道防线就是出售股票。他们还认为，准备股东提议以及发动昂贵的代理权之争的成本远远大于基金所能得到的潜在收益，而这些基金持有某一公司发行股票的比例很少小于 10%。相反，行动主义者采取行动所带来的利益大部分会属于其他搭便车的投资者。所以，共同基金经理若与管理层之间存在分歧，通常倾向于私下表达他们的顾虑，并相信这种私下的做法比通过媒体发表公开声明更有效。共同基金经理对公司决策施加重要影响的例子有很多，"你站在哪一边？"专栏就描述了其中一个。

你站在哪一边？

2007 年美国罗瑞特教育集团（Laureate Education）提出了变更股权的交易，该交易之争是反映管理层、董事会、股东怎样利用各自权利试图影响公司发展方向的经典案例。[27]

收购交易。2007 年 1 月，美国罗瑞特教育集团董事会宣布了一笔将公司从上市公司转变为私有公司的交易（此类交易即人们所熟知的杠杆收购或私有化）。罗瑞特，即之前的西尔万学习系统（Sylvan Learning Systems），拥有并经营着一个基于校园的网络大学。一个买主联盟已经同意以每股 60.50 美元的价格买下公司所有的股票，该价格高出当时股票市价的 11%。该买主联盟主要由私募公司组成，并由罗瑞特集团现任主席及首席执行官所领导。

股东的加入。多数股东不得不在 2007 年底召开的临时股东大会上同意了这笔交易。但在公司分发代理投票材料之前，以及在与公司管理者进行私下谈判的尝试失败之后，共同基金经理 T. 洛威·普莱斯（T. Rowe Price）公开表示反对这笔交易。他认为罗瑞特集团的价值要远远高于提议的价格，而且作为第二大股东（拥有 8% 的在外发行股票），他的意见是非常有分量的。

冲突。T. 洛威·普莱斯指出，这笔交易不仅低估了公司的价值，而且包含一个巨大的利益冲突。具体来说，就是集团主席及首席执行官在忠诚方面存在冲突。作为买方团体的领导者，为潜在买主获得最低价格能够让其获得巨大利益，因为这能增加他们——以及他自己——在这笔交易中的未来利益。但作为公司的首席执行官，他有责任为公司股东争取最高的价格。虽然公司迅速指出这笔交易已经获得整个董事会的批准——不仅仅是主席及首席执行官，但这种认识上的偏见仍然存在。

代理咨询公司的角色。T. 洛威·普莱斯鼓励代理咨询服务公司——机构股东服务公司（随后与风险衡量集团合并）——建议股东投票反对这笔交易。对于那些持观望态度的股东来说，消极的投票建议会动摇他们的想法。

股东的胜利？2007 年 6 月，在进行投票之前，买主联盟同意将每股价格提高 1.50 美元，比最初的出价高了 2.5%。但出乎意料的是，董事会将这笔交易的方式改为股份认购，即无须召开股东大会及投票。在股份认购中，股东将他们的股份出售给买主。如果以这种方式交易的份额超过 50%，那么就意味着交易完成。由于机构股东服务公司不会为股份认购提供建议，该变化将代理咨询服务公司剔除出局。最终，买方认购了 59% 的份额，交易得以完成。

共同基金及社会变化

虽然行动主义投资者使用其投票权提升股票价格，但另一些投资者认为代理投票流程是倡导环境保护、社会公正与公司治理（ESG）的平台。对于一些以 ESG 为重点的投资者，赚钱不是重点；对他们来说重要的是，从道德的角度做正确的事情。然而，越来越多的投资者已经得出结论，认为在社会和环境问题上采取立场是财务成功的先决条件。

在共同基金领域，ESG 的关注点主要分为两大类：社会责任投资和可持续投资。

社会责任投资（SRI）。社会责任投资吸引了大量既追求财务回报又希望推动社会变化的投资者。它们在至 2012 年过去的 5 年内迅速增长了 5 倍，资产规模达到了 1 万亿美元。[28]基金家族可以在自身产品中设立一些社会责任投资基金，或者一个基金管理公司专注于社会责任投资。专注于社会责任投资的基金管理公司包括卡尔弗特投资（Calvert），盖德斯通投资（Guide Stone），帕纳萨斯投资（Parnassus），柏斯全球基金（Pax World）以及施利文金融（Thrivent）。社会责任投资有时被称为影响力投资。

社会责任投资基金只投资于符合基金销售文件中所列标准的公司——这些标准与其投资者的环境、宗教信仰及社会观念相一致。例如，如果一只关注环境的社会责任投资基金认为某公司在限制温室气体排放方面做得不够好，那么它就会放弃对这家最为出色的石油公司的投资。同样，一只有宗教信仰或社会倾向的基金，可能不会选择投资一个在苏丹开展业务或与苏丹有业务往来的公司。社会责任投资基金不仅会排除它们认为采用不可接受的政策和程序的公司，还会积极寻找采用了其鼓励政策的公司，如成功地将多元化融入董事会的公司。

社会责任投资基金常常使用它们作为股东的权利来影响其投资的公司的政策。例如，它们可能提交股东提议，要求公司在一定时间内减少一定比例的温室气体排放；[29]或者要求公司对招聘行为进行更为广泛的披露。由于寻求财务回报和社会回报的双重目标，社会责任投资基金提交提议、进行投票的比率比传统的共同基金要高。

可持续投资。因为社会责任投资基金寻求更广泛的影响力，其经验引发人们对传统基金的投资方式更多的质疑。一直以来，共同基金都认为社会问题最好由监管部门或法律机关来解决，而不是股东应该发表其观点的合适的主题。

然而，对社会责任投资的争论已经从道德层面的关注发展到对财务影响的考虑。例如，由于政府对碳排放加强了最高限制，温室气体的排放是否给公司带来了潜在的财务风险？跟与苏丹政府有关系的公司进行业务往来，是否会使其暴露在重大的公共关系风险中？这些问题的提出，已经导致传统共同基金越来越关注社会问题所带来的潜在财务影响。

因此，许多投资经理都将 ESG 问题纳入投资分析的考虑范围，评估各种非财务及财务因素如何影响一只股票未来的价格变动。可持续投资将 ESG 问题与传统的股票分析联系起来，将其纳入可持续投资及责任投资的方法之中。

为了强调对这种方法的支持，越来越多的经理签署了 ESG 原则。关于一系列影响重大的原则信息，可参见"联合国责任投资原则"专栏，以了解一套有影响力的规范。自从 2006 年这些原则出台以来，1 200 多家机构和人士已签署了该原则，其中包括 800 多名来自社会责任投资基金和传统共同基金的投资经理。

联合国责任投资原则

《联合国责任投资原则》签约人同意：

1. 将 ESG 问题纳入投资分析及决策。
2. 成为积极的公司所有者，将 ESG 问题纳入所有权政策和实践。
3. 寻找适当途径披露 ESG 问题。
4. 在投资行业内促进联合国责任投资原则的接受及执行。
5. 与其他签约人合作，增强联合国责任投资原则的效果。
6. 报告联合国责任投资原则的执行活动及进程。

更多关于原则的信息，请登录网站 www.unpri.org。

代理投票当前存在的问题

那么如今，什么代理问题是最有争议的？[30]

高管薪酬。薪酬实践正在受到越来越多的关注。目前薪酬实践情况的批评者认为，高额奖金激励的薪酬方式在某种程度上将鼓励高管追求更好的短期绩效，而这些短期绩效是以牺牲长期价值为代价的。在 2008 年金融危机期间，一些为获取天价薪酬的行为甚至会削减长期价值，在少数情况下甚至可能摧毁整个公司。

考虑到这些问题的严重后果，行动主义投资者建议股东更多地参与制订高管薪酬计划。过去，高管的薪酬由董事会确定，股东并不参与其中。董事会在事后会告知股东全部薪酬计划，并提供薪资最高的 5 位高管的详细薪酬信息及董事会用于决定薪资数额的原则。股东仅被要求就公司整体的股权激励计划进行决议，但不能决定任何现金薪酬或分配给特定个人的激励股权数量。

2010 年推行《多德 – 弗兰克金融改革法案》的结果是，股东每 3 年至少有一次机会通过被称为"薪酬发言权"的投票方式参与到公司的薪酬决策。尽管投票只起到建议而非约束作用，但是在其他国家，相似的建议性投票已经有效地遏制了高管薪酬过高的情况。[31]股东有机会对高管解雇补偿条款（通常被称为金色降落伞）进行建议性投票，这些由兼并和收购催生的条款已经成为股东投票的主要对象。全球范围内关于"薪酬发言权"的研究发现，这些条款在增加行政薪酬的同时增加了公司价值。[32]

多数票制。虽然股东可以选举董事，但是他们却不能轻易地罢免董事。在大多数公司的选举中，股东要么将票投给他们支持的董事，要么就弃权。后者在法律上就等同于根本没有进行投票，因为弃权票的数量对选举结果没有任何影响。极端情况下一位董事只要至少获得一票，他就可以是被合法选举出的董事。该制度被称为多数票制，在许多州的公司法中是一个默认的标准，其中包括特拉华州，该州许多大型的美国公司都受此标准的制约。许多股东认为，这个投票结构并没有提供明确的罢免他们认为表现不佳的董事的权利。公司大多都支持此标准，因为它可以避免因选举失败而使公司处于缺乏足够董事监督的状态。

越来越多的大型上市公司已经采用了一种程序，要求在选举中没有获得多数投票支持的董事自行提交辞呈，其他公司也开始回应对投弃权票的股东的不满。最近的一项研究表明，许多弃权票——常常是行动主义股东努力的结果——能够促使董事会采取行动，以增加股东价值，如解雇表现不佳的首席执行官。[33]

代理参与。 在面对董事会候选人时，股东一般来说一直都没有太多选择。通常，只有被当前董事会提名的候选人才会出现在选票上。尽管在《多德－弗兰克金融改革法案》的支持下，证券交易委员会采用了一些规则，允许股东将他们的提名置于公司的代理委托书中进行投票，此项新权利被称为"代理参与"。[34]

披露政治活动。 日益普遍的股东提案寻求增加了公司的政治捐款和游说活动。该项披露的倡导者认为，它将允许股东评估公司资金是否被用于促进公司利益，尽管批评者抱怨这些建议更多是扼杀一些股东不同意的观点。[35]

环境可持续性。 第二个最受欢迎的非政府建议要求公司及其供应商报告它们如何解决排放、节水、废物最小化、能源效率和其他环境问题。可持续性建议的数量一直在增加，而要求提出关于气候变化影响报告的提案数量一直在下降。

美国之外其他国家的代理投票问题

在过去的几十年中，美国共同基金增加了对非美国股票的投资。2013 年，拥有国际或全球授权的股票基金资产超过了 2.4 万亿美元，接近所有类型股票基金资产的 1/3。[36]在美国以外的国家和地区进行投资的基金经理必须应对不同公司治理方式所带来的挑战。接下来我们将重点解释一些来自其他国家的案例。我们将在第 17 章讨论与国际投资有关的其他挑战。

控股股东。 控股股东可能会利用特殊的投票结构来抑制少数股东行使权利，以此保持他们的影响力，这种现象在世界各地都十分普遍，包括美国在内。我们之前已经了解到一个公司的创始人如何建立具有"超级投票权"的股份，以保持对公司的控制权。

亚洲公司经常寻求批准出售新股而不给予现有股东优先权，这是首次拒绝购买额外股份的权利。优先权是重要的，因为它们允许大股东保持其在公司中的所有权；没有这项权利，新股份发行将削弱他们的地位，这意味着它将降低他们的所有权占比。如果公司没有要求现有股东行使优先购买权，它们可以向那些可能会支持管理层政策而精心挑选的买家出售股票。[37]

在日本，控股股东群体以大财团的形式扮演着极其重要的角色，这些大财团通常由内部相互关联的包括商业银行或保险公司在内的公司群体组成。在一个交叉持股的系统中，大财团成员通常相互持有大量对方的股份。虽然现在这种系统正处在衰退期，许多日本公司都在出售其交叉持有的股份，并且正朝着一个更加开放的公司治理系统迈进。

在一些国家，不同之处在于控股股东通常是政府。例如，法国拥有悠久的政府参与经济活动的传统。在许多政府已经部分私有化的行业（如能源、电信及银行部门），国家保留了"黄金股份"，在公司中拥有大于占股比例的投票权。[38]

公司董事会与股东间的关系。外国公司的董事会与股东间的法律关系限制了少数股东的权利。在美国公司法中，公司董事会通常对所有股东及公司负有信托责任。相反，在非美国法律系统中，董事会可能必须考虑公司中其他利益相关者的利益，其中包括公司工会、供应商、社区团体及当地政府等。偶尔，这些团体的利益可能会与少数股东的利益发生冲突。

举例来说，在德国，管理委员会负责促进公司的利益实现，同时也会考虑员工和其他利益相关者以及股东的利益。[39]类似地，日本法律不要求公司董事会代表股东利益。日本法院规定，股东是公司的最终所有者，董事会对其仅负有间接责任。然而，日本的股票交易所在上市公司如何对待少数股东的权益方面仅提供了有限的监管。[40]

非美国公司的董事会结构和构成，可能进一步削弱了董事保护少数股东利益的能力。例如，欧洲的许多国家要求员工在董事会上有代表。[41]在日本，董事会的规模非常庞大，而且大多数董事都属于公司的内部人员。[42]

披露。世界上大多数国家公司提供给股东的代理信息的全面性远远低于美国。那些公司可能仅向股东提供关于提案的最基本的信息，对执行人员的薪酬很少或根本不会提供。提案可以捆绑在一起，使股东更难对其评估，并且不可能仅对单个部分进行投票。

操作挑战。持有外国股票的美国股东还面临着诸多操作上的挑战，阻碍了他们行使权利。例如，在一些市场上，比如日本市场，代理投票必须采用书面的形式提交，而不能进行电子投票。还有一些市场要求在进行电子投票时必须出具带有签名的委托书，而获得这样一份带有签名的委托书可能是一个非常复杂且耗时的过程。

在一些国家，包括瑞士在内，还会实行"股份交易阻隔"，也就是从代理投票开始直到股东大会结束这段时间内禁止股份销售。基金经理被迫在出售股票的能力和投票能力之间进行抉择，他们常认为保留出售的灵活性更加重要。[43]

本章小结

共同基金是股票的大型持有者，因而在上市公司管理过程中扮演着重要角色。其与其他股东一起选举出公司董事会成员。在公司管理层采取具体行动之前，例如启动一项基于股权的薪酬激励项目，须经股东批准。公司每年至少召开一次股东大会，如有重大突发事件，股东大会召开会更频繁。在进行投票前，公司需准备一份描述待投票项目的委托书。虽然大多数项目都是管理层主动提出的，但还有一些提议是由股东提出的。

共同基金的独立董事批准基金代理投票的相关政策。这些政策一般规定，基金应按照实现基金投资者最佳利益的原则进行投票，包含一些对常见的代理提议——包括董事选举、高管薪酬以及反收购等——进行投票的具体指导准则。基金根据问题的不同，利用来自代理咨询服务公司提供的学术研究和建议，决定投票的方式。证券交易委员会要求，基金必须披露代理投票政策及一年中实际所投出的选票。

一些被称为行动主义者的投资者利用代理投票程序推动公司改革，如提名备选董事会成员名单，公开表达对管理层决策的不满，或是在委托书中提交股东提议等。共同基金通常不是行动主义投资者，即使它们对委托书中的管理层提议经常投反对票。与行动主义者不同，基金经理通常以出售所持股票的方式来表达对公司的不满。

其他投资者鼓励公司更加关注社会问题，因为忽视社会问题会给公司的未来带来负面的财务影响。如今，越来越多的共同基金开始考虑环境、社会、治理等因素对股价的影响。

目前受到关注的代理投票问题包括高管薪酬或支付薪酬、对董事的多重投票、股东候选人的代理访问、政治捐款和游说活动的披露以及关于企业行为的环境可持续性的报告。

持有非美国股票的共同基金在行使股东权利时可能面临其他方面的挑战。决策可能由控股股东做出，并且在制定政策时，依据法律要求公司还须考虑社会影响，而非股东的利益；在非美国基金的委托书中，股东很难获取提议的相关信息。在委托投票期间，投资者也可能被禁止出售公司股份。

第三部分
共同基金的销售和运营

到目前为止，我们一直在关注共同基金本身，包括它们的结构、管理它们的规则以及它们的投资方式。在本部分，我们将研究共同基金业务的另外两个关键方面：共同基金向投资者的销售或分销以及共同基金的运营，包括客户服务和投资组合记录。

共同基金通过 3 个主要的渠道进行分销：

1. 中介渠道。投资者通过证券公司、银行、保险公司或注册投资顾问购买基金。这些公司在基金发起人和投资者之间发挥着桥梁作用。

2. 直接渠道。投资者直接从基金公司购买基金份额。

3. 退休计划渠道。包括 401（k）计划和其他由雇主提供的退休计划，即所谓的"固定缴款计划"。

基金管理公司通常会投入大量财力来制定销售策略并建立销售团队，以通过这些渠道中的一个或多个来分销基金。

基金的运营可能不如基金分销那样明显，但它们也是行业中同样重要的组成部分。其运营由代表基金工作的一系列服务机构执行。其中一些服务机构是基金管理公司的一部分，其他则是使用第三方的服务。基金运营岗位在行业总岗位中占了很大比重。根据投资公司协会的数据，在 2013 年，10 个工作岗位中有 4 个是关于投资服务和基金行政运营的。

本部分包含 4 章：

第 11 章将讨论共同基金份额分销给个人或零售投资者。它首先概述了基金销售的驱动因素，然后细致考察了中介渠道和直接渠道。接下来，本章对平台进行了探讨；这些计划包括基金超市和打包项目，使投资者能够方便地访问来自各种基金家族的一组共同基金。此章最后概述了基金管理公司分销战略的关键组成部分。

第 12 章将集中研究退休计划渠道。首先综述以税收延付为特征的退休计划投资及其收益。接下来此章将继续讨论最常见的养老金固定缴款计划——401（k）计划的历史和运作。它将考察 401（k）计划的参与者的投资选择机会，重点会关注目标日期基金，目前它已成为越来越受欢迎的选择。最后，将以退休计划的行政管理来结束此章的讨论。

第 13 章将讨论其他退休计划的选择。它首先概述了个人退休账户，现在已是美国退休储蓄制度中最重要的组成部分。可变年金作为退休规划工具的价值将随后讨论。最后将讨论有关退休计划行业整体的问题：对分销计划的更大需求，确保所有退休计划安全的措施，以及社会保障制度面临的挑战。

第 14 章将考察共同基金的运营，通常称为共同基金的后台管理。此章首先讨论转移代理在处理基金份额交易、向股东报告和回应客户查询中的作用。然后，此章讨论了各种转移代理的商业模式和越来越多的综合账户管理的使用。随后，此章概述了基金管理以及它对净资产值和投资组合证券估值的影响。最后阐述了投资运营所扮演的多种角色，以及这些角色在前台和后台之间的关键环节。

第 11 章

零售分销

到目前为止，个人投资者或零售投资者依然是共同基金最大的主顾。根据美国投资公司协会的报告，到 2013 年底，90% 以上的开放式共同基金是由个人购买的。[1]在本章中，我们开始研究共同基金份额如何通过行业的零售或分销系统进入这些账户。

投资者可以通过以下途径购买基金份额：

1. 通过中介进行投资，即委托专业顾问与基金管理公司打交道。除了协助完成交易过程之外，这些顾问通常还提供个性化的投资建议。这就是中介渠道。
2. 直接从基金发起人手中购买基金份额。
3. 最后，可以在退休计划渠道中参与雇主提供的退休计划，例如 401（k）计划。
4. 在共同基金超市开立一个证券账户，通过该账户购买基金份额。

个人可以寻找特定的基金或基金家族，或者他们可以从基金分销平台中多个发起人的一组基金中进行选择。

本章将集中讨论下列问题：

- 销售共同基金份额的驱动因素。
- 中介渠道的特征和直接渠道。

- 共同基金平台，包括基金超市、共同基金打包项目、捐献者指示基金和大学储蓄账户。
- 基金管理公司在制定分销战略时的考虑。

我们将在下一章探讨退休计划渠道时，再继续讨论零售分销。

销售共同基金的驱动因素

在进一步分析分销渠道之前，我们需要回答一个非常基础的问题：是哪些因素推动了共同基金的销售？

基金资产之所以不断增长，根本原因在于其丰厚的投资回报。[2]虽然每一则基金的广告都会警告说"过去的表现不是未来结果的保证"，但投资者仍然热衷于追求短期表现良好的基金。在20世纪90年代末的网络泡沫时期，以信息科技为主题的基金炙手可热，收益也着实令人目眩，投资者们几乎倾囊而出，将所有的资产都转移到这些领域中。与之类似，在2005—2006年，当发展中国家经济增长强劲的时候，新兴市场的股权基金又成了投资者追捧的对象，结果导致新兴市场的股市一路飙升。随后，由于股市在2008年金融危机受到重挫，而固定收益基金却提供了不错的回报，投资者开始偏好固定收益基金。

遗憾的是，如若仅凭过去优异的表现来购买基金，此种策略鲜有成功。[3]举个例子来说，倾注于科技股和新兴市场股的投资者，便在之后的市场崩溃中遭受了惨痛的损失。但是对某些投资者来说，此种策略的教训并没有削弱他们对那些热门股票的追捧。

正如我们在第4章所描述的，许多潜在的购买者倾向于追求回报最高的基金，而另一些人则关注具有某些特定表现的基金。例如，很多投资者密切跟踪晨星公司的评级，继而跟进那些风险调整后表现尚佳的基金。一项研究表明，一个初始得到五星评级的基金，其销量要高出平均水平53％。[4]有些人喜欢可以在利息收入中获得高回报的基金，尤其是在考虑债券基金的时候。另有些人期望寻找具有较低持有成本的基金。最显而易见的是，大多数投资者在购买基金份额时不会先付手续费。相对于年费比率，投资者似乎对销售费用更敏感。[5]

广告同样会影响销售。一项研究表明，一只在全国性报纸或杂志上登过广告的基金，将比那些不进行广告宣传的基金获得更多的收益。该研究没有考虑增量销售利润是否超过广告成本。[6]于是，基金广告无疑也成为一个数百万美元的商机。通过中介渠道和直接渠道进行销售，基金发起人均运用电视、广播、网络和纸媒等形式进行广告宣传，以树立其品牌形象并推动特定的基金销售。

但是，还有第三个因素在发挥作用：投资者往往依赖财务顾问的建议购买某只特定的基金。在那些购买时咨询过财务顾问的投资者中，大约4/5的最终决策接受了顾问提供的线索，而其中一半认为他们和财务顾问共同做出了决定。[7]2006 年投资公司协会所做的一项调查发现，接近3/4 的基金投资者在购买基金之前都会咨询财务顾问；在这些人当中，60%认为分析师是他们最终拥有某只基金最重要信息的来源（相比之下，只有34%的投资者在做投资前参阅募集章程）。[8]

分销渠道

在我们对驱动基金销售的因素进行了概述之后，我们将更加接近两个非退休计划的分销渠道：中介渠道和直接渠道。截至 2013 年底，对于长期的开放式基金资产来说，中介渠道占比超过一半，直接渠道占比约12%，雇主提供的退休计划约占剩余的1/3。[9]

中介渠道

基金管理公司与其投资者之间的中介机构作为第三方，构成中介渠道。中介作用既体现在财务顾问与客户之间，也体现在财务顾问与其被聘用的公司之间。

专家指出这个渠道最主要的卖点是：中介公司通过帮助客户选择投资来增加价值。正如我们在第 5 章所讨论的，它们通常通过直接给客户提供建议获得报酬，或者如果交易涉及共同基金，则可能由基金或基金管理公司支付报酬。由于支付关于共同基金咨询建议的费用传统上是采取事先收取的形式，所以通过这个渠道分销的基金通常被称为负载基金。

中介销售模式通常基于个人关系，使用财务顾问（FA）来与客户进行一对一的工作。在它的经典形式中，销售过程始于客户和财务顾问之间的会议，主旨在于讨论客户的财务状况和投资目标。财务顾问利用收集到的信息，辅以一些由公司提供的软件分析，来开发适合客户的投资建议，他们一般会借助证券公司的服务。这类建议除了涉及共同基金之外，可能还涉及许多其他类型的投资和服务。财务顾问和客户保持着持续的联系，监控他们已有的投资，并在适当的时候提出调整的建议。[10]

财务顾问通常能够利用"开放结构"系统，推荐来自许多不同基金家族的共同基金。换句话说，他们不仅仅局限于本证券公司发起的基金，即所谓的"自营基金"。30年前，这些自营基金在这个产业中占有重要的地位，主要是因为财务顾问销售自营基金能获得经济奖励，而销售竞争对手的基金是得不到的。但是到目前为止，这种偏向已被明文禁止，所以除了货币市场基金之外，各类自营基金的重要性显著下降。[11]结果，一些证券经纪商已彻底退出了基金管理业务。最著名的案例之一是，美林证券在2005年出售了其自营基金业务给黑岩基金管理公司。另外一些通过关联基金管理公司继续开展自营业务的分销商允许其相对独立地运营。

中介公司的服务范围很广。它们可能专注于咨询业务或更多样化的广泛业务；它们使用不同的方法向客户收取服务费用，而且似乎这些财务顾问费用的每项都有一个自己专属的名称。它们甚至都不受同一条例的约束，正如我们在"建议的阴影"专栏中的讨论。

建议的阴影

对于寻求投资帮助的个人，所有财务顾问可能看起来都一样。但从监管机构的角度看，经纪人和注册投资顾问之间存在明显的分歧。

证券经纪人受《1934年证券交易法》条款的管理，通常必须在证券交易委员会登记并成为金融业监管局（FINRA）的成员。他们的销售人员需要通过 FINRA 管理的系列 7（"注册证券代表"）考试或系列 6（"投资公司和可变合同代表"）考试。[12]

注册投资顾问（RIA）接受《1940 年投资顾问法》条款的管理。有少数客户通常需要向国家证券监管机构注册成为注册投资顾问，通过向最大型的注册机构证券交易委员会提交对冲基金档案（ADV 表格）。[13]他们的销售人员通过参加系列 65 的考试成为注册投资顾问代表，该考试由 FINRA 代表北美证券业管理协会（NASAA）来管理。[14]

证券经纪人和注册投资顾问之间有 3 个关键的差别。[15]

费用结构。只有财务顾问才有资格从证券交易过程中收取佣金，而只有注册投资顾问才有资格按照账户资产收取费用。[16]

用户手册。只有注册投资顾问，而不是财务顾问，才有义务向客户提供详细描述其服务的手册（这项要求一般被称为"手册规则"），包括：公司介绍、提供的服务和费用收取情况。这些项目都包含在 ADV 表格的第二部分中，是注册投资顾问在美国证券交易委员会注册时必须提供的文件。[17]

相比之下，证券经纪人的披露规则更加明确。他们不用提供客户对其业务的一般描述，而是提供有关特定问题的信息，包括信用条款、隐私政策和订单的付款流程。[18]（我们在第 9 章已经讨论了最后一个项目。）

责任的标准。注册投资顾问对客户负有信托性质的责任，正如我们在第 2 章中所讨论的，这是一种高标准的责任，普遍要求他们将客户的利益放在自身利益之上。相比之下，财务顾问一定要理解客户的财务状况，然后在此基础上提供适度的但不一定是最好的投资建议。这便是通常所说的适度性标准。在责任标准上的差异是这两种顾问最重要的不同，但这种不同也在很快缩小。[19]《多德－弗兰克金融改革法案》要求美国证券交易委员会研究这个问题，并找出一个切实的方法，将信托性质的责任应用到财务顾问的标准上去。财务顾问和注册投资顾问之间还存在一个区别：只有财务顾问能与客户从事主要交易。[20]

然而，尽管经纪人与注册投资顾问之间的区别从监管机构的角度看是明确的，但是在实际运用中很难区分这两种类型的实体。这是因为许多咨询公司被双重注册为经纪商和注册投资顾问，许多财务顾问会参加两个考试。（注册了两种类型的小型公司有时被称为混合型。）因此，它们可以接受佣金和基于资产的费用作为其提供服务的收入。[21]

中介可以分为 5 个部分：电讯化经纪公司、独立企业、注册投资顾问、银行机构和线上折扣经纪商。图 11－1 显示了 2013 年底归属于各个部分的共同基金资产。

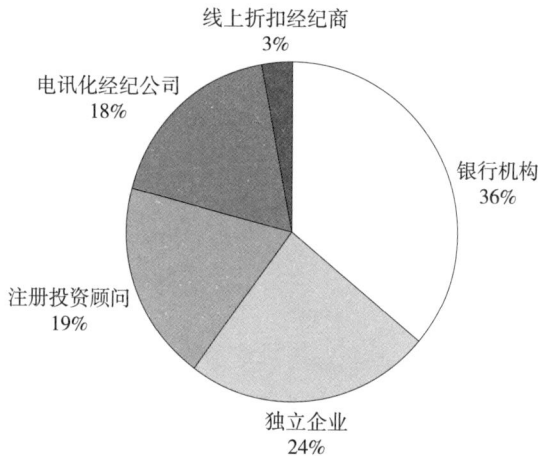

图 11－1　共同基金资产的中介类型（2013 年 12 月）

- **电讯化经纪公司**（18%）。这个名字是历史性的，指的是早期采用电报作为通信手段的公司，它们将分支机构联系在一起，创建一个全国性的组织。最初有许多电讯化经纪公司，但是通过合并其数量已经减少到只有 4 个：美林（美国银行的一部分）、摩根士丹利、瑞银财富和富国顾问。这些大型经纪交易商除了拥有零售业务外，一般还为大量的机构客户群体提供投资银行服务。

- **独立企业**（24%）。独立企业是指专注于零售分销的证券经纪人，但其不是电讯化经纪公司或折扣经纪人。独立企业一直在迅速增长，一般以牺牲电讯化经纪公司为代价。

这个部分的公司范围广泛：从主要的分销商到独立的从业人员。前者可以与电讯化经纪公司在顾问数量上相提并论，例如爱德华琼斯。后者则主要为较大的经纪公司寻求更大的自主权和更大的利润份额。此外，在这两种类型公司之间还有一种通常称为区域性公司，即使它们通常有遍布全美国的办公室。这个部分中的公司通常也可通过是否自我清算来区分类别。

独立企业的商业模式也有所不同。一些独立企业像电讯化经纪公司一样，具有统一的品牌和强大的中央控制系统。其他一些则通常允许自己的顾问在家族办公室支持帮助下，以顾问选择的名义独立运作。最大的独立企业LPL 就使用了第二种模式。

- **注册投资顾问**（19%）。与独立企业一样，注册投资顾问的数量也迅速增长，同样也主要以牺牲电讯化经纪公司为代价。他们之所以有吸引力主要是由于其费用结构：作为投资顾问，他们通过计算在账户中资产的百分比，而不是交易产生的佣金来向客户收取费用。这意味着注册投资顾问没有必要为了提高收入操纵客户账户买卖。相反，他们的账户收入只有当客户资产增加时才会上升。

注册投资顾问是基于资产计算费用的创新者。我们很快看到，此方法已经被证明是非常受欢迎的，因为经纪人已经通过注重股票交易并开发基于费用的投资计划来效仿。

注册投资顾问通常都相当小。典型的公司只有 4 个财务顾问，管理 1 亿美元以下的资产。[22] 与较小的独立企业类似，许多注册投资顾问参与提供集中支持服务的网络。同样，与较小的独立企业一样，注册投资顾问的创始人和员工通常都是之前的电讯化经纪公司财务顾问。

为了明确这个术语，"注册投资顾问"一词用于作为基金零售分销系统一部分的公司以及与个人投资者合作的财务顾问。但是，正如我们在第 2 章所讨论的，共同基金的经理也必须是注册投资顾问，因此该术语可以适用于没有基金分销的资产管理者。注册投资顾问到底是指分销渠道，还是资产管理者，需要根据具体内容来确定。

- **银行机构**（36%）。银行在中介渠道中分销了超过 1/3 的资产。这一部分有 3 种类型的银行：国有银行、私人银行和信托银行。许多国有银行除了支票和储蓄账户外，还为客户提供投资（包括共同基金）。私人银行专注于资产管理，经常在客户投资组合中使用共同基金。同样，信托银行通常在管理信托基金资产时使用基金。[23]

- **线上折扣经纪商**（3%）。线上折扣经纪商为自由投资者提供服务，他们愿意放弃个性化服务以换取低费用。著名的折扣经纪商包括亿创理财（E*Trade）、嘉信理财（Schwab）和美国交易控股公司（TD Ameritrade）。在共同基金领域，这些自助服务客户通常使用直接渠道或基金超市，但有一些则通过折扣经纪商购买基金份额。

除线上折扣经纪商这一部分外，其他所有这些部门的财务顾问通常都提供关于购买共同基金的建议，作为综合财务规划服务的一部分。他们是众多财务规划咨询提供者的一部分，我们将在"每个人都是理财师"专栏讨论。

每个人都是理财师

理财师到底是干什么的？这很难说。一般来说，理财师的职责是为了帮助客户实现长远的财务目标而为其制定资产配置策略。他们的眼界不局限于特定的投资项目，而要通盘考虑影响客户财务状况的所有因素，包括收入水平、存款利率、税收状态、退休目标以及地产计划。

除此之外，我们很难找到概括理财师这一概念的确切定义。某位理财师可能是一名财务顾问，一名注册投资顾问，或者是一名会计师或律师，或者以上都不是。

一些理财师已经获得注册理财师的资质，或者得到了注册理财师的授权。提供这种资质认证的单位是一个叫作"注册理财师标准委员会"的机构。注册理财师必须符合规定的教育背景，通过严格的考试，拥有行业经验，并同意遵守该委员会的道德准则。（如欲获得更多的信息，请访问网站

www.cfp.net。) 但是，也有一些所谓的理财师根本没有取得执业资格。

事实上，任何人都可以称自己为理财师，因为这个术语没有法律的定义。一些州禁止使用该词进行欺诈。例如，如果一些保险代理真正做的其实是销售昂贵的人寿保险，就不能称自己是理财师。但是这需要具体问题具体分析。[24]

然而，理财师获得报酬是受限制的。的确，任何人都可以按准备的规划收取固定费用或按小时收取咨询服务费。但是，如果他们想获得佣金或基于资产的费用，他们通常就需要成为证券经纪人或注册投资顾问。

直接渠道

但是，并非所有投资者都希望与财务顾问建立个人关系，那么直接渠道则是为他们准备的。在这种分销模式中，投资者直接从基金购买份额，而不需要中介机构的帮助。虽然大多数共同基金，甚至那些专注于中介渠道的基金，都拥有至少几个直接投资者，但大多数直接购买都是通过免佣基金进行的。顾名思义，这些基金通常不收取申购手续费，因为它们不需要为自己提供的服务支付中介费。实际上，投资者通过使用直接渠道而获得了自助服务的折扣。"免除任何手续费"专栏探讨了免佣基金的费用。

免除任何手续费

美国金融业监管局规定，宣称"免除任何手续费"的基金必须满足两个条件：

1. 它不能在任何销售环节收取手续费，其中包括申购手续费和赎回手续费；
2. 它收取的 12b–1 费用不得高于 25 个基点。

当前，许多直销基金有两种类型的份额：

1. I 类份额，彻底不含任何费用，即丝毫不收取手续费或者 12b–1 费用。这个类型投资门槛通常较高，但是也有一种基金类型对那些持有份额时间达到 10 年以上的小额投资者给予了这样的优待。

2. N 类份额，没有手续费，但收取 12b – 1 费用（不能超过 25 个基点）。与 I 类份额相比，这个类别对投资额的要求要低得多。

可回到第 5 章，回顾费用类型和份额结构。

直接分销模式在货币市场基金出现的 20 世纪 70 年代开始盛行，广告大肆宣传，在不收取任何佣金的前提下直接销售给投资者。当货币市场基金蔚然成风的时候，直销基金的市场份额一路飙升。[25] 1980 年，其市场份额超过了基金资产的 1/4。当 20 世纪 80 年代股票和债券开始牛市冲天的时候，这些直销机构又开始推出其他类型的基金，再一次一反当时共同基金传统的特征，免收申购手续费。

免佣基金吸引了那些自力更生的投资者，他们不需要收取手续费的财务顾问提供什么建议。为了更加吸引这个细分市场，免佣基金组合广泛宣传其低廉的费用和便利的服务。在那时，这就意味着保持它们的电话服务中心全天畅通。如今，它们仍然努力走在客户服务前沿，这在今天意味着提供快捷的网络信息和在线交易以及社交媒体服务。

现如今，3 家最大的直销机构是：先锋基金集团（Vanguard）、富达基金（Fidelity）和普莱斯地产基金。它们在行业中占有重要地位，在美国最大的共同基金中名列前茅，正如我们已在第 5 章中所看到的。

然而，如今的直接渠道在行业中的地位不能与其全盛时期相提并论，只占到长期资产（不包括货币市场基金）的 12%。这些下降的部分原因来自越来越多的投资者寻求选择投资的建议，而该服务传统上并不能够由免佣基金发起人提供。直接营销人员以两种方式响应消费者需求。第一，他们已经开始提供更多的理财服务。除了在他们的网站上展示教育材料之外，他们还提供通过电子邮件、电话或视频聊天获得财务顾问收入。第二，一些免佣基金现在通过中介机构和直接渠道出售份额。

同时，投资者开始通过共同基金超市购买免佣基金的份额，而不是直接通过基金管理公司本身。我们将在下一节详细探讨基金超市及其对基金行业的变革性影响。

第三方基金销售平台

基金平台为投资者提供了接触各种基金类型中任一组共同基金的便利渠道，与此同时，无论是在便利性、专业建议还是税收优势等方面，都满足了投资者的需求。在帮助投资者的过程中，平台已经大大改变了基金的零售分销。在本节中，我们将研究 4 个最受欢迎的平台：基金超市、共同基金打包项目、捐赠者指示基金和大学储蓄计划。这些平台被认为是中介渠道的一部分。

基金超市

基金超市，就像综合超市一样，从不同供货商那里采购多种多样的产品再分门别类地放到货架上。希望通过基金超市投资的投资者，首先在基金超市运作者那里开立一个证券账户，然后投资者就可以在基金超市里购买任何基金的份额了。[26]

基金超市很大的一个优势是便利性，尤其当与投资者交易免佣基金份额相比时。由于免佣基金的账户只能用于在基金家族内购买基金，在免佣基金管理者之间转移投资的过程极其烦琐。例如，一位免佣投资者若希望出售雅芳希尔股票基金（Avon Hill Stock Fund）份额，转而购买拱门街债券基金（Arch Street Bond Fund），他首先必须联系雅芳希尔基金来完成销售，等待资金到账，然后才能联系拱门街基金进行购买。基金超市使得通过账户持有多家公司的股票和债券成为可能。

但基金超市试图保持低成本，以吸引自力更生的投资者购买免佣基金。基金管理公司通常会为了将其基金纳入平台而付费，方式是基于在超市持有的基金规模按比例支付年费。另外，投资者购买和出售基金份额不用支付交易费，而在基金超市的早期，所有基金更是都不用支付销售手续费，但是我们将看到现在这种情况已经改变。

为了降低成本，基金超市让投资者与其进行电子化交流变得更加容易。

投资者可以在几分钟内在线打开账户，通过网络输入交易信息并以无纸格式接收账户报表和基金披露文件。因此，投资者通常可以全天候访问超市，非常方便。

然而，基金超市也提供了一个增值服务部分：投资者通常可以在其网站上找到基金筛选帮助服务。基金超市通常提供筛选工具，让投资者对数千种可投资基金产品进行分类，或者会发布其分析师选择后的推荐基金列表。

事实证明，低成本、便利性和增值服务的结合是非常具有吸引力的，并且自从第一家基金超市——嘉信理财单一来源证券账户（Charles Schwab One Source）在 1992 年建立以来，基金超市获得了巨大的成功。

如今，虽然大多数折扣经纪商都相继建立了基金超市，但最大的两个平台始终主宰了这一领域：嘉信理财和富达基金平台（Fidelity Fund Network），后者和富达共同基金家族是两回事。

但是，基金超市的增长会有一些意想不到的来源。基金超市可能已经开始为自力更生的投资者提供方便的免佣基金交易渠道，许多业内观察家认为它们是直接渠道的一部分，但基金超市已经成为中介渠道的关键平台，尤其是：

- 中介。注册投资顾问很快发现，基金超市与他们的商业模式完美契合。毫不夸张地说，基金超市可以对这个细分市场的增长负责。注册投资顾问使他们的客户在基金超市开立账户，然后将客户资产投资在平台上的可投基金中，通过所提供的服务收取基于资产的费用。如今，接受专业建议的账户是基金超市资产中很重要的一部分，基金超市同时也为独立的经纪人和注册投资顾问提供全方位的支持服务，积极鼓励他们利用基金超市的网络。（请参阅网站 www. advisorservices. schwab. com 的示例。）

- 通过中介渠道销售的基金。当中介开始使用基金超市时，通过中介渠道销售的基金也同样开始使用。有时，基金超市用户在购买这些基金时必须支付销售手续费，但基金发起人通常会通过列出一类没有佣金的份额来获得投资。其结果是，基金超市模糊了中介渠道和直接渠道之间的区别。

基金超市还以另一种方式影响了行业结构：它们为小型基金管理人（通常称为精品小公司）创造了条件，使其能够以低成本的方式向特定的顾客群体开展营销。依靠基金超市广泛的分销渠道（包括销售支持和客户服务），这些公司无须为自行建设销售和服务设施耗费大笔的前期投资。

共同基金打包项目

非折扣经纪人并没有花太长的时间，来根据自身的需求适应基金超市的模式。今天，大多数电讯化公司和大型独立企业向客户提供共同基金打包项目。与最初的基金超市一样，打包项目允许投资者购买和出售参与项目的基金份额，而不需要支付交易费用或佣金。

但打包项目与基金超市有两个主要的差别：

1. 打包项目是有选择性的，这意味着经纪人选择包含在项目中的基金。经纪人的专业团队使用严格的程序（尽职调查流程）来识别他们认为最能为客户服务的基金。分析师将对基金过去的业绩和风险数据进行分析，甚至可以与投资组合团队进行面对面的会议沟通，以获取详细的投资方法。他们还需要确保所选基金涵盖广泛的资产类别、投资目标和投资组合策略。

2. 投资者通过付费参加打包项目，该年费通常是等于账户中资产的一定百分比。这笔费用由财务顾问收取，以向投资者提供一对一基金选择和投资组合监测的服务。通过该项目购买共同基金的打包项目费用是对年费的补充，但它替代了销售手续费。

基金管理公司努力将其基金纳入到这些项目中，一个简单的理由是：打包账户在中介渠道中已经成为一个重要的因素。到 2013 年底，这些项目的资产据估计已达到了 8 380 亿美元，规模在 6 年间增长了 4 倍多。[27]

经纪人一直鼓励打包以及其他项目向投资者收取基于资产的费用，这主要有两个原因。首先，与交易佣金相比，选择基于资产的费用被认为减少了利息冲突，因此对投资者会更好。其次，它们为经纪人创造了更稳定的收入。

基于资产的费用项目通常被称为顾问代表或组合经理代表项目（rep 表示代表，是财务顾问的另一个术语）。在顾问代表（rep as adviser）的模式中，财务顾问向客户提出建议，并且仍然必须授权每个交易。在投资组合经理代表（rep as PM）的模型中，财务顾问有权在账户中进行买卖，而无须事先获得客户对交易的批准。

请注意，这些共同基金的打包项目和个别的托管账户有明显的不同，后者通常被称为"打包账户"。（如果你需要复习一下独立管理账户项目，请回顾第 2 章。）

捐赠者指示基金

虽然基金超市和打包项目帮助投资者实现了广泛的投资目标，但也有其他平台开始专注投资者非常具体的需求。捐赠者指示基金，也经常被称为"慈善捐赠信托"，就属于后一类。

捐赠者指示基金允许个人长期管理他们的慈善捐赠。多年来它们一直由社区基金会、宗教组织和教育机构来托管。在这种结构中，捐赠者可以随时地向基金捐款，在捐赠当年享受慈善捐赠税收减免。（税收扣除可以立即获得，因为捐赠是不可撤销的，这意味着捐赠不能收回。）在任何以后的时间，捐赠者可以指示全部或部分捐赠支付给合格的公益组织。捐赠者指示基金使得个人收入即使是可变的，也容易保持稳定的慈善活动。它们是私人基金会的一种更经济的替代方案，同时也被高净值个人用于类似的目的。

共同基金行业参与捐赠者指示基金始于 1991 年，当时富达推出了慈善捐赠基金，这一创新很快被其他基金管理公司复制。捐赠者指示基金现在也可以从许多证券经纪人那里获得。

这种新型捐赠者指示基金的出现适应了传统的方式。基金管理公司建立了一个独立的公益慈善机构并使用其品牌名称，给慈善机构的捐赠有资格享受税收减免。慈善机构与创始公司签订合同从而让公司为捐赠者指示基金提供行政服务。然后，只要托管方符合特定的标准，就需要应捐赠者的要求提供捐款。相比之下，捐赠者指示基金的传统提供者，例如社区基金会，通常有自己的使命。[28]

新基金相比传统模式有两个优点：

1. 较低的最小额度。共同基金和经纪人发起基金的最小额度通常为 5 000美元，这通常远低于传统提供商（尽管许多人降低了他们的最小额度，以应对新的竞争）。

2. 投资灵活性。新的基金允许捐赠者在投资支付之前有选择地投资他们的捐款。捐赠者可以投资一系列共同基金，或者，如果他们的账户余额为25万美元或更多，他们就可以选择由顾问管理的经纪类型账户。相比之下，捐赠者指示基金的传统提供者可能只提供一个投资组合。

这些优势，加上它们的创始人的营销能力，使得品牌捐赠者指示基金在很短的时间内成为慈善事业的一个重要部分。截至 2013 年 6 月 30 日，富达慈善捐赠基金（Fidelity Charitable Gift Fund）、嘉信理财慈善基金（Schwab Charitable Fund）和先锋慈善（Vanguard Charitable）仅仅这 3 家项目的合并资产就达 187 亿美元。从这个角度来看，截至 2012 年底，所有捐赠者指示基金的资产（包括这 3 家）只有 454 亿美元。[29]

它们的慈善足迹是一个更重要的方面——为重要的项目提供了主要的支持。例如，富达基金自成立以来已经通过捐赠者账户向超过 17 万个非营利组织捐赠了超过 160 亿美元的捐款。

大学储蓄计划（"529 计划"）

共同基金平台也帮助家庭节省大学学费。虽然官方名称是"合格的学费项目"，它因规范账户管理的《国内税收法》中相应的条款而得名，但每个人都称之为"529 计划"，[30]具体工作如下：

- "529 计划"享受当地州政府的资助，这些州政府聘请管理者（多为共同基金管理公司）来管理计划。各州可以有一个以上的计划（除了本文讨论的储蓄计划之外，还可能包括预付学费计划）。储户可以

参与由任何州资助的计划，不过我们将看到，参与本州的计划可能
会有税收优势。

- 家庭以潜在学生的名义开设一个账户，并向账户缴款。这些缴款不
  能从联邦纳税申报表中扣除。然而，他们可以凭借州所得税抵扣政
  策进行扣除，但只有本州居民把钱放在本州资助的计划里才生效。
  它在缴款额度方面没有限制，虽然大额缴款可能需要缴纳赠予税。

- 之后，账户中的资产被投资，并且投资的收益将在账户中累积起来
  免税。在一些计划中，储户可以从一组共同基金中选择。其他计划
  根据潜在学生的年龄分配基金到账户。这些计划中的基金投资对象
  是股票和债券的组合，它随着潜在学生进入大学时期会变得更保守。

- 如果账户中的钱用于支付学费或其他与上大学有关的费用（包括宿
  舍和、书籍和电脑设备），则可以免税。但是，如果由于其他任何原
  因而撤回了投资，投资收益则需要缴税，并加上 10% 的罚款。然而，
  该账户若转移给另一个潜在学生，就不用履行纳税义务。

相对于其他大学储蓄方案而言，"529 计划"具有相当大的优势，具体
如下：

- **UTMA/UGMA 账户**。大学储蓄的传统工具是根据《统一转账未成年
  人法案》（UTMA）或《统一赠予未成年人法案》（UGMA）设立的保
  管账户[31]。赠予者以孩子的名义开立一个统一转账账户或者统一赠予账
  户，指定一个监护人（通常是孩子的双亲之一）为此账户的资产管理
  付费，而子女是该账户的实际所有者。当这个孩子年满 18 周岁或 21
  周岁时（年龄规定各州不同），即可全权控制管理这一账户。这些账户
  的收入须缴税，如果孩子有特别大额的收入，可按父母的税率征税。
  总之，统一转账或者统一赠予账户很方便，但因为它们税收待遇上的
  不利，所以只适合小额储蓄。这些账户可以在共同基金公司中使用。

- **卡佛戴尔账户**。大学储蓄的另一种选择就是卡佛戴尔教育储蓄账户
  （Coverdell Educational Savings Accounts）。这种账户也是以孩子的名
  义开立的，共同基金公司可以提供。同样地，共同基金家族也提供

这种账户。卡佛戴尔账户的税务处理类似于"529 计划"的税务处理，但是卡佛戴尔账户的缴款上限低得多，它只能由收入低于指定水平的纳税人来支付。[32]

- **个人退休账户。** 许多储蓄者使用个人退休账户（IRA）进行大学储蓄，因为如果用于高等教育花费，那么个人退休账户中的资金就可以被顺利取出，而不会产生 10% 的惩罚税。与卡佛戴尔教育储蓄账户相比，个人退休账户具有更高额的缴款限制和更大的灵活性。（我们将在第 12 章详细讨论个人退休账户。）然而，如果个人退休账户已经用于大学教育，它显然不能再用于退休储蓄。

由于个人退休账户具有灵活性并且是退休储蓄的补充，"529 计划"很快成为大学储蓄工具的首选，并且正在稳步增长。图 11-2 显示了"529 计划"项下资产增长情况。

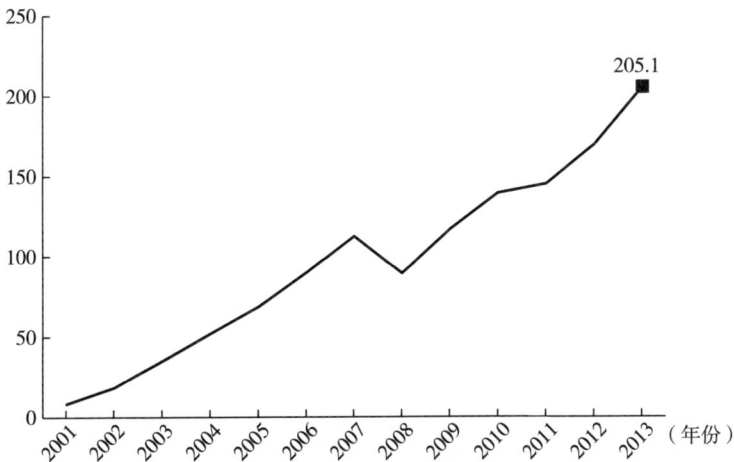

图 11-2　"529 计划"项下的资产（10 亿美元）

资料来源：投资公司协会，2014 投资公司年报

分销策略

现在我们对基金销售渠道和平台有了一个大概的了解，可以开始探讨共

同基金管理公司是如何将它们组合成一个分销策略的。成功运用这一策略是至关重要的：管理公司花费了大量的资金进行分销，让这些支出成为生产力是企业成功的关键。分销策略有 4 个组成部分：产品、国民账户、批发、广告和品牌。我们会逐个对其进行详细探讨。

产品策略

制定分销策略首先是关于公司将提供的产品的决策。一个较小的基金管理公司可能在单一资产类别或投资风格中只提供少量基金，通常是投资在已经获得显著成功的领域中。在另一范畴，一个大型的资产管理者可能会决定在每个潜在类别中都提供一个基金，以确保他们拥有能吸引每个投资者的产品，并且他们总是有一个热销的产品。

最艰难的决定来自变化时期，即当一家公司正在考虑增加或减少一组产品的时候。例如，许多管理公司正在讨论是否在它们的基金阵容中添加流动性另类投资产品，正如我们会在第 16 章中讨论的。建立一组新的基金不仅会增加费用，因为需要更多的组合管理、分销和运营支持。它还可以改变企业的文化和投资者对它的看法。更积极的另类投资基金可能是一个对于公司来说具有深度价值的方法延伸，但也可能是一个对于以交易为导向的管理人的逻辑延伸。

基金管理公司不断地评估它们的产品线是否需要改变，许多公司都有专门的产品审查人员。关注这个问题是至关重要的，根据麦肯锡咨询公司在其 2014 年的行业研究中的发现，产品决策是驱动资产管理者成功的唯一最重要的因素。[33]

基金管理公司还必须决定内部投资组合管理团队是否直接进行投资，或者是否应聘请第三方次级顾问来进行买卖决策。基金管理公司特别容易获得分销渠道，也许是因为它们隶属于一个财务顾问网络（通常雇用次级顾问）。它们可能由于内部投资组合的管理团队没有专业技术来进行管理，而正在寻找特定产品类型的帮助。在这种情况下，它们就可以利用次级顾问来获得一个完整的基金分销渠道。然而，一些基金发起人没有内部投资组合的管理能力，而完全依赖于次级顾问。他们认为，这种方法使他们能够专注于客户的需求，而不是筹集资产来支持投资。

国民收入策略

在到达一个产品线后，共同基金管理公司必须决定它们将在哪儿销售它们的基金。首先，它们必须选择一个渠道：中介渠道、直接渠道、退休计划渠道或它们的组合。然后，国民账户组的工作是确定适合该公司基金的具体分销商和平台，然后再安排在这些场合出售基金。这是一个具有挑战性的任务，主要有 3 个原因：

1. **合同**。国民账户必须协调与销售公司基金的所有第三方签署销售协议。虽然这些看起来只是文书工作，但它们对责任认定至关重要，特别是在合规问题上。

2. **成本**。货架空间不是免费的。基金管理公司必须为某些平台（如基金超市）付款，或者创造机会将其产品推广给财务顾问。国民核算团队必须决定哪些营销投资可能获得最大的回报。

3. **筛选**。并不是所有的平台都向所有的客户开放；有些平台（如打包项目）就需要筛选，通过开展尽职调查来识别那些可能带来增值的基金，从而为客户赚钱。国民账户将努力确保它们公司的基金被包括在所有筛选名单中并有机会展示，这个过程有时被称为"选美大赛"。

更普遍来说，国民账户团队会维护好与中介渠道高级销售人员之间的关系，试图预测新趋势，以便他们在下一个机会中取得领先。

国民核算团队的规模各不相同：从小型基金发起人的 2 名工作人员到最大型公司的 50 多名员工。然而，国民核算团队已经普遍增长，员工的角色也变得越来越专业化，有时会侧重于单一的产品类型。[34]

批发策略

基金管理公司通过中介渠道销售，需要制定批发策略。这意味着需要一个策略来销售它们的产品，给那些可以推荐产品给客户的财务顾问。

　　基金批发商是直接与财务顾问交流的销售人员。他们可以在特定基金上推销自己，分享投资组合管理团队关于市场前景的预测，并通过最新技术给予提示，或为顾问组织一个客户研讨会。如欲了解更多关于批发商的工作，请参阅"职业生涯：共同基金批发商"专栏。

　　大多数基金经理相信批发小组的规模和销售总量之间有着直接的联系。于是，大多数准备进行市场推广计划的公司便开始大量雇用批发商。这是一个巨大的投资，因为一个团队平均有 45 个外部批发商、45 个内部批发商和 4 个混合批发商，范围从总共十几个到一组 200 多个。[35]

　　其结果是，公司试图让它们的批发商尽可能多地销售产品。如今，它们希望通过重点关注 3 个方面来增加销售：

1. **区域**。基金管理公司经常调整批发商负责的区域以增加销量，而且它们不光是简单改变地理边界。一些销售团队是渠道化的，这意味着不同的批发商负责不同的经纪人和注册投资顾问，而其他公司则可能让单一的批发团队与这两种类型的顾问合作。公司可以在特定的渠道中调整顾问的组合方式以提高销量。

2. **技术**。基金发起人还可以通过确保其批发团队拥有最新技术来提高生产力。例如，批发商在很早的时候就使用平板电脑，他们利用平板电脑与顾问分享基金理念，就可以立即满足顾问对材料的要求，并及时提交联系报告。

3. **数据**。批发商与顾问的联系越来越受数据驱动。公司通常会分析顾问最近的活动并形成报告，以帮助它们的批发商，获取购买它们基金的潜在客户顾问。它们甚至可以推荐主题与特定的顾问进行讨论。

职业生涯：　共同基金批发商

　　作为一个共同基金的批发商，你要向财务顾问推销你公司的基金，目的是增加财务顾问向其客户推荐该基金的可能性。

　　外部批发商。如果你是一个外部批发商，你将会和财务顾问面对面交谈，在其办公室做演示，甚至可能在客户的研讨会上发言，这就意味着你在这个职位上必须具备出色的人际交往能力和表达能力。你也同样需要良好的耐力，因为你时常会在某个特定的地理区域内奔走于各类证券公司的网点之间（可能 5 天中有 4 天在出差）。

内部批发商。作为一个内部批发商，你会待在总部的办公室里，通过电话和财务顾问联系，偶尔出行一趟。你很可能被指派去访问一些证券公司和财务顾问，了解他们为什么销量较低；那些较大的基金公司更希望与外部的批发商进行面谈。你和外部批发商可能会划分一个地理区域。

混合批发商。或者你可以成为一个混合批发商，在办公室和道路之间分配你的时间。

无论你是什么类型的批发商，你都会努力工作，因为你的薪酬与公司在你所负责区域的基金销量息息相关。

为了排除销售覆盖面上的死角，公司通常会将一个外部的批发商和内部的批发商组合在一起，形成所谓的混合批发模式。两者在某个销售区域内共同协作，以便按照成本效益的原则，与所有的财务顾问维持稳定而良好的关系。

广告和品牌策略

分销策略的第四个要素是广告和品牌。基金管理公司使用广告来接触投资者，以加深财务顾问对它们的了解，并吸引潜在的员工。品牌有助于公司脱颖而出，并使广告更为有效。

基金经理是纸质媒体和电子媒体的主要广告客户，尽管有严格的适用于基金广告的规定。（有关这些规定的概述，请参阅第 3 章。）基金广告通常分为以下类别：

- **投资机会。**广告可能突出与投资者的利益相关的投资机会，以及基金家族中具有专长的投资机会。例如，一家公司可以针对一系列股利导向型股票基金进行促销。
- **个人财务规划。**基金管理公司会在广告中描述帮助个人实现其财务目标的工具。投资者可能被鼓励在 "529 计划" 中开始大学储蓄，或在 4 月 15 日前为个人退休账户提供资金，以符合扣税的资格。当然，基金公司可以通过适当的账户提供帮助，也可以提供一些个性化的建议。

- **教育性**。第三种类别是关于市场和证券的一般信息。例如，富兰克林邓普顿基金最近的一个系列视频讨论了行为金融主题，包括本国的偏差（我们将在第 17 章对此进行讨论）。

- **业绩表现**。当然，广告也可能会关注基金过去的表现。令人惊讶的是，由于业绩表现对销售有非常大的影响，业绩的信息只显示在一小部分的基金广告中。事实上，根据政府责任办公室 2010 年的一项研究发现，只有 9% 的广告会包含业绩表现的数据。[36]

- **公司和产品优势**。相反，公司倾向于在广告中描述它们基金的低成本，或它们提供的在线交易和账户访问的便利性。另外，它们可以发布其投资组合管理和研究团队的深度分析文章，也许还会给投资者提供直接与团队成员对话的机会。

为潜在买家创建这些优势的愿景是品牌的精髓之所在。到目前为止，基金管理公司已经专注于创造一个吸引所有类型客户的坚定形象，如图 11 – 3 所示。这个单词云图捕捉了财务顾问在 2014 年卡西纳调查中，用来描述特定基金品牌的术语。

但是，对于基金品牌的思考正在延伸。营销人员开始不再强调这些通用特质，而侧重于差异化和市场细分。

图 11 – 3　财务顾问对特定共同基金品牌的描述

本章小结

个人、零售商以及投资者是共同基金份额最大的购买者。共同基金发起人通过中介渠道、直接渠道和退休计划渠道向个人销售。

投资者通常有兴趣购买过去业绩突出的股票，尽管这种方法并不一定能够产生好的未来收益。基金组合的广告影响着销售。投资者在专家建议的基础上决定基金份额的购买。

处于中介渠道中的公司位于基金管理公司和其投资者之间。作为中介的财务顾问通过向客户提供投资建议收费。这些顾问通常可以在被称为开放式架构的系统中，推荐来自多于一个基金家族的基金。中介渠道有 5 个部分：电讯化经纪公司、独立企业、注册投资顾问、银行机构（包括国家、私人和信托银行）和线上折扣经纪商。顾问可以向客户推荐共同基金，作为全面财务计划的一部分。

基金直接向直接渠道的投资者出售。专注于这个渠道的基金家族通常被称为免佣基金，因为它们不会事先或事后收取销售手续费。直接渠道强调低成本和便利性。

如今，基金通常通过平台允许投资者从多个基金管理公司的一组基金中来选择分配。基金超市的设计初衷是让免佣基金更容易被投资，但今天它们也涵盖了负载基金。基金超市在注册投资顾问和小型独立企业的发展中发挥了重要作用。共同基金套餐计划可从许多经纪人处购买。捐赠者指示基金和"529 计划"分别帮助投资者管理其慈善捐款和大学储蓄需求。

基金管理公司的分销策略有 4 个部分。公司必须首先决定产品策略，然后必须制定国民账户策略，再选择分销渠道，与中介机构签订销售协议，并将其基金置于适当的平台。中介渠道中的公司必须有批发策略，这意味着它们必须有计划将其基金推广给财务顾问。批发商就是做这项工作的销售人员。最后，公司还需要广告和品牌策略。

第12章

通过401（k）计划的退休储蓄

雇主发起的养老金计划，即通过工作单位提供给个人的退休储蓄计划，是除间接渠道和直接渠道之外的第三大基金分销渠道。这些退休计划在2013年底占整个行业资产的1/3以上。同时，共同基金在这些计划中发挥了关键作用。例如，401（k）退休计划中60%的资产都投资于共同基金。[1]

通过雇主发起的养老金计划来销售基金，需要经过以下多个步骤：

- 首先，计划管理者（通常为基金经理）与雇主一起为员工设计方案。
- 在计划管理者、理财顾问、独立顾问的帮助下，雇主选择作为计划投资策略的基金。
- 计划管理者向员工讲解关于养老金计划的好处，并鼓励员工参与。
- 只有已经参与计划的员工，才能在计划范围内选择一只或多只基金或者其他投资方式。

因此，一个雇主发起养老金计划需要向至少两个主体进行销售：雇主和员工，有时甚至需要向第三方顾问，如项目管理者、理财顾问和咨询师等销售。

本章将深入分析最受欢迎的雇主发起401（k）养老金计划的结构，以及基金在其运营中发挥的重要作用。

具体而言，本章包括以下方面：

- 递延纳税退休储蓄计划的税收优惠。
- 401（k）计划的历史和发展。
- 关于缴款的规则。
- 退休计划中的投资选择。
- 使用目标日期基金作为投资选择。
- 401（k）计划的管理。

递延纳税退休储蓄计划的税收优惠

暂且将基金放在一边，我们从总体上来看看退休计划的价值，其优势主要在于在税收减免方面的优惠。《国内税收法》中包含鼓励公司和个人为退休生活储蓄投资的税收优惠条款。为了有资格享受这些税收优惠，人们需要把储蓄存放在一个遵守一定限制的特殊退休账户。

若一个雇主发起的养老金计划满足了美国税务局的某些要求，它就会成为一个合格计划，享受税收方面的一些优惠。[2]关于限制条款我们将在稍后进行讨论，首先看看传统401（k）计划的税收优惠：

- 雇主缴纳的养老金计划部分可以抵扣所得税。
- 参与雇主发起养老金计划的员工（即计划参与者）在雇主以其名义代为缴纳养老金时，无须针对此部分收入缴纳个人所得税。
- 参与者利用个人薪酬的一部分缴纳计划养老金时，此部分薪酬不计入该计划前的应税所得。
- 参与养老金计划的雇主和参与者从计划中所获得的累积收益无须缴纳所得税。[3]

简而言之，雇员和雇主同时享受税收优惠。雇主在为雇员缴纳合格计划养老金时立即享受税收抵扣优惠；同时，雇员对缴纳的养老金及其产生的累积收益部分的所得税，都可以推迟到从退休账户中支取现金时缴纳。

不合格的退休储蓄账户不能享受这些优惠政策。[4]雇主向不合格的养老金计划所缴纳的养老金，只有在员工缴纳所得税时才可以享受税收抵扣优惠，通常是在员工获得从养老金计划中提取现金的权利时。不合格养老金计划的另一个劣势是：雇主每年要为员工未提取的养老金所获得的投资收益缴税，不能获得累计税收减免。简单地说，不合格计划所产生的税收必须根据现在的实际情况缴纳，几乎不能进行递延。

递延纳税的好处会随着时间的推移而累计。由于退休计划一般都持续数十年，税收优惠的累计价值就非常大。如图 12-1 所示，该例子假定向年收益率为 6% 的退休计划账户缴纳 3 000 美元。如果该账户属于应税账户，投资者每年要为所缴纳的养老金和投资收益缴纳 28% 的所得税；而如果该账户属于递延纳税账户，其间则无须纳税，只需在最后对账户累积金额缴纳 28% 的税款。递延纳税的好处对 10 年期的账户就已经非常明显，对期限为 30 年或者 40 年的账户就更加显著了。众所周知，30 年或 40 年对于退休计划来说并不是一个很长的期限。

■ 应税账户　■ 延期纳税账户

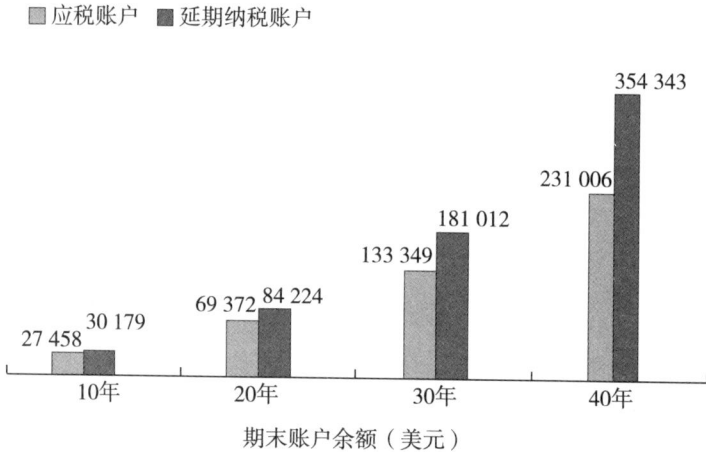

期末账户余额（美元）

图 12-1　递延纳税对雇员的价值

但合格计划的税收优惠也伴随着诸多限制。国会坚持认为合格计划应该覆盖尽可能广的受益群体，而且收益应该公正地进行分配。具体而言，合格计划应该符合以下条件：

- 覆盖所有达到最低年龄及工作年限的员工。对在公司工作至少一年的所有 21 岁以上的员工开放（虽然对于那些无法获得该计划的集体

　　谈判协议员工来说，这并不是必需的）。

- 提供的养老金收益不得偏向高收入员工。
- 对每个员工可以获得的养老金或收益设定上限。
- 授予员工特定时期提取收益的权利。
- 在一些特定情况下，为员工的配偶提供保障。

　　换言之，税收优惠不适用于仅仅为一小部分有特权的管理层设计的计划，优惠必须覆盖更大范围的员工，以便使合格计划成为更大的社会保障体系中的一部分，帮助大多数美国人满足退休时的收入需求。

401（k）计划的历史和发展

　　根据以上的背景介绍，让我们来更加仔细地研究一种由雇主发起的养老金计划——401（k）计划。该计划是由《国内税收法》中的相关内容派生而来的，并且以其条款的序号命名。[5]

　　401（k）计划在 1982 年之前并不存在，但它现在已经成为雇主发起养老金缴款计划中最大的部分。美国投资公司协会的数据表明，401（k）计划总资产在不到 30 年时间内的增长已经超过 4.2 万亿美元，占全美所有退休计划总资产的 18%。图 12-2 显示了其增长轨迹。该图还包括 403（b）计划、457 计划和其他养老金固定缴款计划的资产，我们之后将讨论，这些与401（k）计划都非常相似。

　　当 401（k）计划章节的内容加入《国内税收法》的时候，没有人预想到它将改变美国的整个退休体系。它原本只是一项技术性条款，用以规范新兴的递延奖金计划的税收问题。但是聪明的雇主及其税务顾问很快就发现，401（k）计划章节中的内容允许雇员对自己的常规收入——而不仅仅是奖金——进行延期纳税，并且享受延期过程中的税收优惠。起初，401（k）计划被认为是传统退休金计划的适度补充。但是从 20 世纪 80 年代后期开始，401（k）计划开始完全替代养老金计划，成为员工最主要的退休储蓄工具。[6]

　　为了理解这种趋势，我们需要仔细考察传统退休金计划，即固定收益

■ 其他养老金固定缴款计划　□ 403（b）和457计划　401（k）计划

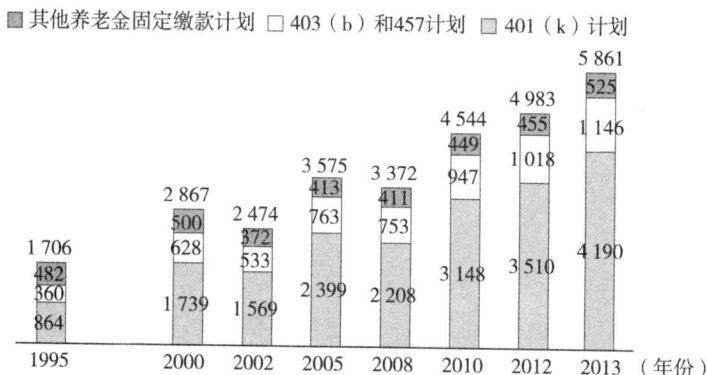

图 12 − 2　养老金固定缴款计划资产（10 亿美元）

资料来源：投资公司协会，2014 投资公司年报

（DB）计划和包括 401（k）计划在内的固定缴款（DC）计划的区别。其他类型的固定缴款计划包括适用于教育机构雇员的 403（b）计划，以及适用于国家和州公务员的 457 计划。这两种类型的计划如今与 401（k）计划十分相似，更多内容可以参考本书配套网站上的相关内容[7]。本章将主要介绍 401（k）计划。

在传统养老金计划中，退休收益通常由计划参与者的工龄和退休之前各年的平均工资决定。收益金额是固定的，通过计算公式确定，因此使用固定收益这个术语。退休收益的资金来源于雇主向固定收益计划账户定期缴纳的费用。有时，雇员也为固定收益计划做贡献，尽管这种情况很少见。[8]雇主（或者更可能是其投资经理）为计划中的资产选择投资方式，而员工对于这些资产如何进行投资并没有任何发言权。对于员工而言，此计划有利有弊。

- **雇主承担固定收益计划的风险**。对雇员有利的方面在于，固定收益计划由雇主承担所有责任，来保证有足够资金向退休人员支付收益。如果固定收益计划所收缴的款项不足以支付固定的退休金支出，雇主必须通过增加缴纳的款项来弥补差额。另一方面，如果投资表现优于预期，同时退休金支出保持不变，雇主未来需缴纳的退休金计划金额就会降低。

因此，计划参与者高度依赖雇主持续缴纳退休计划款项的能力。这就会引发一项担忧：如果发起固定收益计划的雇主破产，而该计划还有资金缺口，即计划中的资产余额不足以支付员工的养老金——这种情况在公司破产时时有发生——计划参与者就很可能无法获得预期的退休收入。[9]虽然通过《员工退休收入保障法》（ERISA）设立的养老金担保公司（the Pension Benefit Guaranty Corporation）能为这些员工的退休收益从政府层面提供一定的保障，但是这种退休收入很可能远远低于雇主计划承诺的金额。（"标志性立法"专栏简要概述了员工退休收益保障法。）

标志性立法

关于退休计划最重要的立法是《员工退休收入保障法》，或者叫 ERISA。它也适用于许多其他的员工利益项目，包括医疗保健计划。它于 1974 年获得通过并实施，旨在扩大雇主发起退休计划的覆盖范围，并确保利益在计划参与人之间公正地进行分配，并且保护计划参与人及其受益人享受这些利益的权利。美国劳工部负责《员工退休收入保障法》实施细则的制定和执行。

《员工退休收入保障法》要求税收优惠的养老金平等地适用于公司的所有员工，而不仅仅是高级管理人员；它制定了归属福利的标准；并为工人的配偶提供保护。正是因为《员工退休收入保障法》，大多数对管理和操作养老金计划负有重大责任的个人以及雇用他们的公司，都成了受托人，这意味着他们必须以实现计划参与者的最大利益为原则来行事。[10]

如上所述，《员工退休收入保障法》设立了养老金福利担保公司，该公司为无法支付福利金的计划提供保险。它还创建了个人退休账户（IRA），这是一个重要的发展，我们将在第 13 章进一步讨论。

- **固定收益计划缺乏可转移性**。固定收益计划的另一个缺点是：变换工作的雇员不能把原来单位的固定收益计划带到新入职的公司。相反，员工必须等到 65 岁以后，才能从自己的固定收益计划中获得收益。而且即使新雇主也提供自己的固定收益计划，雇员可能会发现从两个公司固定收益计划中获得的收益总和，仍然少于始终在一个单位工作，从一个固定收益计划中获得的收益。这是因为固定收益计划的养老金计算受到工龄和退休前工资两个因素的影响。如今的美国工人平均每4.6 年更换一次工作，而鉴于固定收益养老金计划缺乏可转移性的特点，通过此类计划积累足够的退休收入是非常困难的。[11]

这样就让我们转向 401（k）计划和其他固定缴款计划：由雇主发起的401（k）计划并非要提供一个固定水平的退休金金额。事实上，雇主除了为员工提供参与计划的途径外，并无其他义务。雇员自行决定是否参与计划，通过薪酬抵扣项目将工资的一部分缴纳给养老金计划。雇主可能会（或不会）配套缴纳与雇员自行缴纳部分或全部金额相当的款项，或者缴纳其他非可选性的款项。在 401（k）计划中，雇主选定适用于该计划的一系列投资方案，而雇员从这些投资方案列表中为自己的账户选择投资方式。

退休金收益是由缴纳的金额和参与人自己选择的投资产品组合的收益率决定的，因此此类退休计划被称为"固定缴款计划"。它们有两个关键的特征：

1. **雇员承担固定缴款计划的风险**。注意，与固定收益计划形成鲜明对比的是，雇员承担了固定缴款计划的风险。若因为缴款过少或者计划的投资表现不佳，导致雇员的退休金低于预期，那么雇员就必须勉强接受该退休金收益水平，或者提高缴款水平。与此同时，如果投资计划表现优于预期，也是雇员自己获得更好的收益。

2. **固定缴款计划可转移性**。对于频繁更换工作的员工而言，固定缴款计划优于传统的养老金计划。雇员可以将其账户余额轻松地转移到新雇主的缴款计划，或者个人退休账户中去；如果他们愿意缴纳相应的税款，也可以一次性将账户余额全部提出。

固定缴款计划现在非常流行。在过去 40 年中，固定缴款计划的数量增加了两倍，而固定收益计划的数量减少了一半，如图 12 - 3 所示。截至 2011

年底，固定缴款计划的员工人数已经超过固定收益计划的 14 倍。[12] 同时，相当多的固定收益计划现在纳入了固定缴款计划的要素，我们将在"第三种方式"专栏中讨论。

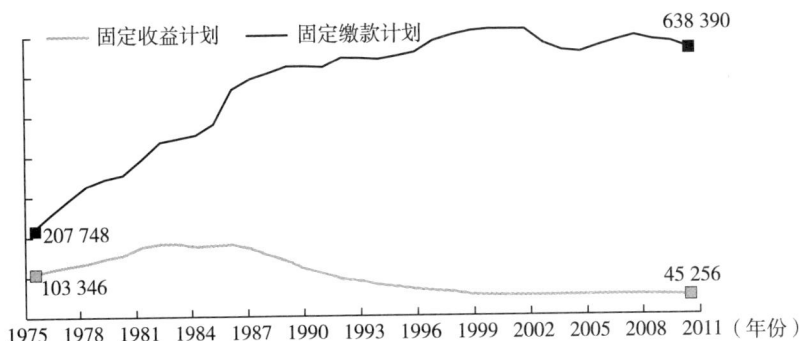

图 12 - 3　养老金计划数量（按类别，10 亿美元）
资料来源：美国劳工部，员工福利安全管理，私人退休金计划项目的历史数据图表

第三种方式

在固定收益计划和固定缴款计划的中间还有一种计划——现金余额计划，目前提供固定收益计划的雇主正越来越多地选择这种中间方式。这种计划也被称为混合计划。

虽然现金余额计划是固定收益计划，但它们不能保证终身的收入。相反，雇主将工资纳入个人账户；他们不仅存放薪酬信用额，即通常等于薪酬的一定百分比，也存放利息信用额，即在账户中的资产赚取的假设回报。[13] 账户余额是退休福利，当员工退休时，可以将它作为一笔资金全部转入个人退休账户，或选择作为年金来支取。（我们将在下一章中详细讨论这两种选择。）

虽然这听起来很像固定缴款计划，但它们之间有一个重要的区别：在现金余额计划中，账户纯粹是假设的或名义上的。雇主继续管理该计划的资产，员工必须在雇主那里留下至少 3 年的时间来绑定应计的福利。而且，即使是完成了绑定，员工也可能无法在他们达到退休年龄之前提取其账户余额。[14]

尽管有限制，但是许多员工都喜欢现金余额计划，因为它们很容易理解。而雇主肯定更喜欢传统的固定收益计划，因为它们减少了他们的投资风险，因此，他们一直在稳步地将固定收益计划转换为现金余额计划。2011年，18%的固定收益计划转换为现金余额计划，仅仅4年之后该比例几乎翻了一番，变为30%。[15]

然而，有一个群体强烈反对转换为现金余额计划：老年员工。他们经常发现，他们在新的现金余额计划下的最终退休福利远远低于他们在旧计划中所得到的福利。这个问题突出表现在最早的转换中，其结构使员工无法预测额外的福利。直到新计划条款下的假设现金余额赶上了先前计划的福利，才可以确定值得转换。对于老年员工来说，这通常意味着即使他们的工资上涨，他们在退休前也没有得到任何进一步的福利增加。在2010年，美国税务局通过了新的法规，以保护老年员工免受这个问题困扰，这个问题也被称为"消耗殆尽"。[16]

之所以发生从固定收益计划到固定缴款计划这一转变，背后有三大主要原因。我们已经讨论过其中的两个：雇主不愿意承担固定收益计划中包含的投资风险，雇员更喜欢固定缴款计划的可转移性。另外，还有一个实际操作上的原因。从实施《员工退休收入保障法》开始，联邦法律法规的变化增加了固定收益计划的发起成本和复杂性。公司必须向养老金担保公司支付高额保险金，为企业破产情况下工人的退休金安全提供保护。[17]雇主还面临着为其计划融资的压力，拿出足够的资产以支付预期的养老金收益。如果不这样做的话，严格的会计准则规定，养老金账户的资金缺口必须以负债的形式呈现在公司的资产负债表上，而该信息的披露会对公司股价产生不利影响。[18]

最后一个值得注意的地方是：从固定收益计划到固定缴款计划的转变，不仅在私人单位中的表现特别明显，而且国家和地方政府也未能幸免。虽然公共部门的养老金计划大体上还是固定收益计划占据主导地位，但是也有部分转向固定缴款计划，尤其是在政府面临巨额财政赤字的情况下。如欲了解更多信息，请参见"公共部门的退休问题"专栏。

公共部门的退休问题

国家和地方政府维持的退休体系仍然由固定收益计划占据主导地位，但是这些计划却面临着潜在的危机，因为一个广为人知的报告声称，这些计划中的现有资产相对于承诺支付给公共部门员工的退休金，存在"万亿美元资金缺口"。[19]

为了缩小差距，一些州和地方政府正在考虑放弃固定收益计划，并且使用固定缴款计划的情况已有所增加。截至 2014 年 4 月，有两个州已完全切换为固定缴款计划，有 3 个州将固定收益计划转换为现金余额计划，还有 7 个州实行强制性的混合计划，其中包括固定缴款计划和固定收益计划。[20]

毫不奇怪，公共部门的员工正在抗拒这种趋势。在他们看来，公务员因换取更好的退休福利而接受了太低的工薪。

401（k）计划的缴款

我们已经概述了 401（k）计划的利弊，接下来就看看该计划是如何进行日常运作的。首先从向该计划缴纳的款项开始，其中包括 3 种主要类型：

1. **选择性**。员工自己缴纳，通常直接从工资中扣除。
2. **匹配性**。雇主缴纳与雇员选择性缴款相匹配的费用，最多不超过某一个定额或者工资固定的百分比（通常是年工资的 3%）。
3. **非选择性**。雇主为所有参与计划的雇员缴纳的养老金，有可能包含利润分享的部分。

国会对每年缴款额度做出了限制。[21]参与者选择性缴款上限是每年 17 500 美元（此为 2014 年的数据，为了反映生活成本的变化，本节中的所有金额数据每年调整一次）。年龄在 50 岁以上的员工可以在此限制的基础上增加 5 500 美元。这些被称为补充缴款的部分是为了让年纪大的员工弥补过去的储蓄缺口，他们之前留出的收入可能都用在房屋首付或者孩子的教育上了，而非退休上。加上雇主的配套缴款和非选择性缴款后，每个雇员的年缴款上限为 52 000 美元，比个人退休账户的缴款上限高很多。但是正如"默认选择"专栏中讨论的，很多员工都没有有效地利用最高上限的灵活性。

默认选择

退休储蓄为经济学家进行行为金融研究提供了肥沃的土壤。研究已经确认了许多基金从业者怀疑的问题：许多员工在实施退休储蓄计划时是非理性的。经济学家发现：

- 有些即使能够参与 401（k）计划的人也没有参加。
- 许多参与者缴纳的养老金不足，不能有效利用雇主匹配缴纳的养老金，实质上就是拒绝免费收入。
- 年轻的员工经常把主要资金投资于货币市场基金和其他保守投资工具中，尽管从长远利益角度看，投资潜在收益更高的股票对他们来说更适合。
- 许多 401（k）计划参与者在收入增加后没有增加缴纳养老金。

众多非理性决策的直接结果是：许多员工发现自己的退休金不够用。

问题在于惰性。在 401（k）计划的早期，员工必须主动参与计划，提高他们的贡献水平或投资他们的资产。

为了帮助员工实现他们的退休收入目标，行为经济学家建议在 401（k）计划中把理性选择都设置为默认决策。例如，他们建议，一旦员工达到参与计划的资格，就自动加入到计划中，而无须事先提交表格申请。只有那些不想缴款的员工需要填写文件。换句话说，员工需要选择退出而非选择加入。

研究表明，自动加入显著提高了 401（k）计划的参与率，特别是在低收入员工中尤其明显。[22] 因此，到 2013 年，超过 1/3 的计划采用了自动加入，其中 2/3 采用自动升级，每当收入增加时，就提高员工的缴款率。[23] 此外，我们将很快看到，大多数计划将引导参与者走向合理的投资选择。[24]

这些缴款上的限制仅适用于员工广泛参与公司的 401（k）计划。为了防止年收入超过 115 000 美元的高收入员工（HCE）比其他员工向养老金账户缴纳更高比例的款项，美国税务局制定了复杂的反歧视政策。[25] 此政策的目的在于确保 401（k）计划服务于广大社会群众目标的实现，帮助所有的雇员为退休储蓄，而不仅仅是高级管理人员规避所得税的一种方式。

如果一个 401（k）计划在某一年份未通过反歧视审查，HCE 缴纳的超额部分必须在该年末退还。假如未能通过审查，无论从管理层还是从员工关系的角度看，代价都非常高昂。为此，计划发起人通过配套雇主缴款和公关项目，竭尽全力鼓励所有雇员尽可能多地缴款。

401（k）计划中的投资选择

401（k）计划的普及是刺激基金行业迅猛增长的重要因素。在 401（k）计划问世之前，银行和保险公司控制了绝大多数管理退休计划资产的业务——大多数为固定收益计划。但在 20 世纪 90 年代，基金迅速占领了市场份额，计划发起人寻求基金经理的帮助来建立新的 401（k）计划。2013 年底，大约 60% 的 401（k）计划资产都投资于共同基金。（基金市场份额的持续增长，请参见图 12 - 4。）近些年来，银行正在努力夺回其失去的市场份额。如欲了解更多相关内容，请参见"回到未来"专栏。

401（k）计划发起人为何选择基金来管理计划呢？主要有四大原因：

1. 基金行业在处理 401（k）计划零散问题时准备更充分，可以对数以千万计的个人账户记录进行维护，并与之讨论个人的投资选择。免佣基金组织为了应对这一挑战已经全副武装，这使得它们中的一部分已成为计划服务机构中的领跑者。

2. 共同基金管理公司对于计算退休计划发起人想要向给参与者提供的每日净资产值也有相关经验。

3. 20 世纪 80 年代早期，基金发起人对个人退休账户的广泛营销也起到相当大的作用。正如在下面部分将要介绍的，投资管理公司大力宣传向个人退休账户缴费能够享受税收减免的好处，并通过这种途径，把许多投资者介绍给了基金公司。因此，当人们对 401（k）计划的兴趣在接下来的 10 年中高涨时，计划发起人和参与者都已经习惯了使用基金服务。

4. 基金比传统的退休计划管理公司能够提供更多的投资选择，同时 401（k）计划的发起人又必须提供一系列的投资选择。让我们来仔细看看适用于参与者的投资选择方案。

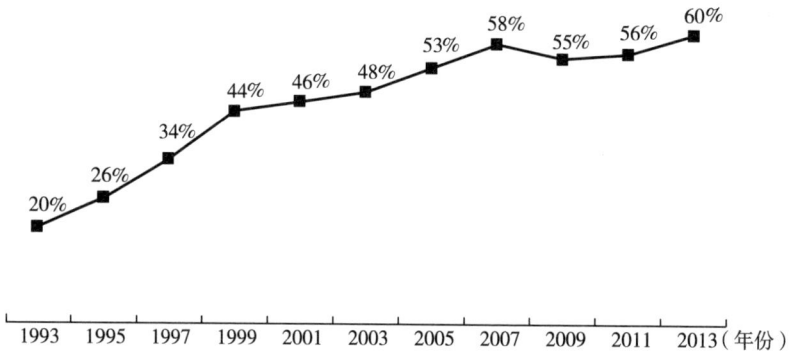

图 12 - 4　401（k）计划资产中投资基金比例
资料来源：美国投资公司协会，2014 投资公司年报

回到未来

在与基金争夺国内的退休金市场中失利之后，银行仍在不停地努力夺回失地。它们使用一种古老的武器：银行集合信托基金（collective trust fund，CTF）。集合信托基金与共同基金一样，允许多个投资者将资金集合在一起，投资于多元化的资产池。[26]它也被称为集体投资信托（collective investment-trusts，CIT）。

那么，集合信托基金与共同基金的区别是什么呢？只要它们只对包括 401（k）计划在内的雇主发起退休计划开放，就不用在美国证券交易委员会注册登记。因此，集合信托基金不需准备发售说明书、成立董事会、向每一位投资者收取相同的费用，或者每天进行估值和赎回（虽然大多数人都这样做）。因为集合信托基金的要求比共同基金少，所以它们的运营成本通常更低。

集合信托基金也遵循一定的规范，而不仅仅遵循证券交易委员会的法律法规。提供集合信托基金的银行是实现雇员退休收益保障法案目的的受托人，必须遵守该法案的各项复杂条款。共同基金经理被排除在这些要求之外。[27] 集合信托基金还要接受相关的银行业监管机构的审核。

集合信托基金的最大用户是大型退休计划发起人，他们想要的基金是他们的独家计划。也许他们想通过不对可能参与公共共同基金的小投资者进行补贴，来实现规模经济。或者他们可能有兴趣定制一只基金，以满足其员工的特殊需求。

无论什么原因，集合信托基金已经越来越受欢迎。根据 SEI 的估计，它占 2011 年固定缴款计划资产的 20%，比在 2006 年时的份额翻了一番。[28]

正如我们已经提到的，雇主为 401（k）计划选择适当的投资。几乎所有雇主都在其计划中选择至少 3 种投资，以便其能够进入《员工退休收入保障法》第 404（c）节所设定的避风港——无论雇员所选择的投资决策结果怎样，雇主都无须对此负责。[29] 为了进入该避风港，享受免责条款保护，3 种候选投资必须在实质上有不同的风险收益特征，典型的是一个货币市场基金或其他低风险投资选择；一个收益型投资选择，如政府或者公司债券基金；再加一个范围广阔的股票基金。每一种投资选择的资产类型都必须充分多元化，而且计划发起人还必须向参与者提供关于投资选择的足够信息。

但是绝大多数计划都有 3 种以上的投资选择，通常包括：

- **各种共同基金**：比如数只股票基金，一只或多只债券基金和货币市场基金，以及一系列目标日期基金。（目标日期基金非常重要，我们将在下一节讨论这种基金。）可供选择的通常包括国际基金、指数基金和一些特定行业基金。在大多数情况下，计划都将提供多个基金家族的基金，我们在第 11 章中已经阐述了另一个开放型架构的例子。

401（k）计划中持有的基金股票通常为 R 等级，该等级是没有销售费用、仅有微薄的 12b – 1 费用的退休计划设立的专门基金份额级别。超大型退休计划甚至可以归属到 I 等级，或者称为机构等级，此类份额会更加便宜，因为根本没有分销费用——既没有销售费用，也没有 12b – 1 费用。无论什么等级的份额，退休计划一般不付佣金。（可参见第 5 章回顾关于费用和份额等级的讨论。）

- 由银行或保险公司提供的稳定价值基金。它们通常被当作保守的选择来代替货币市场基金。稳定价值基金的利率预先公布，并由供应商在一段时间内保证不变，此利率一般高于货币市场基金的收益率。[30]

- **公司股票**，如果计划发起人是上市公司。一些计划可能支付匹配雇主的公司股票，虽然这种做法相比以前越来越少见。许多公司在令人瞩目的倒闭事件——著名的 2001 年安然倒闭——之后取消了该规定，公司倒闭后一大部分员工的退休储蓄全部损失了，尤其是那些账户中几乎都是公司股票的员工。

- **经纪人窗口**，是 401（k）计划中的经纪账户。参与者使用它来投资个人股票和债券。在少数计划中，它可能是唯一的投资选择。劳工部对经纪窗口表示关切，并正在考虑是否增加管理这些选择的保障措施。[31]

总的来说，在过去 10 年的大部分时间里，计划平均提供了 18 或 19 个投资选择。[32]

可以看出，计划提供了相当多的选择，参与者经常需要被指导哪些选项是最适合他们的。不幸的是，雇主和计划提供者都不愿提供个性化的投资建议。雇主担心潜在的责任，即如果他们提出的建议最终是失败的。因此，他们通常通过提供一个独立的财务顾问来帮助参与者。根据《员工退休收入保障法》，如果该建议可能对所支付的费用有任何影响，计划提供者不能对自己的投资产品发表意见。然而，计算机模型是一个例外，因此许多提供者以计算机工具的形式提出自己的建议。[33]总体而言，超过一半的计划是通过独立公司或计算机工具来提供咨询的。[34]

　　鉴于咨询所涉及的风险，雇主和计划提供者可能更愿意通过提供合格的默认投资替代方案（qualified default investment alternative，简称 QDIA）来满足大部分投资需求，从而帮助参与者。合格的默认投资替代方案是计划的默认选择，如果参与者没有主动选择投资选项（也许是因为他们已经自动加入计划），他们的资产将被导入合格的默认投资替代方案。[35]退休计划很快就已经采用了合格的默认投资替代方案，因为它们早在 2007 年就首次通过了国会授权。如今，超过 2/3 的计划有合格的默认投资替代方案，其中 91% 的计划指定了目标日期基金作为默认选择。[36]

　　更改默认选择似乎对资产配置有重大影响，如表 12－1 所示。该表详细说明了两个年龄组的退休计划资产配置，即 20 岁左右的计划参与者和 60 岁左右的计划参与者平均资产配置状况。年轻组最有可能投资于目标日期基金，股票基金是这个计划的第二选择。相比之下，股票基金是老年组的首选，其次是稳定价值基金和债券基金。然而，风险偏好可能在这些权重中发挥作用，即老年人喜欢更保守的资产类别，因此可能会选默认选择。当年长的参与者开始储蓄计划时，默认投资可能是货币市场基金；相比之下，年轻投资者很可能转向目标日期基金。让我们来仔细看看这些非常重要的选项。

表 12－1　401（k）计划资产的平均分配情况（2012 年）

投资选择	20 岁左右的参与者（%）	60 岁左右的参与者（%）
股票基金	31	32
稳定价值基金	3	15
债券基金	6	15
目标日期基金	34	13
平衡型基金	12	7
公司股票	6	7
货币市场基金	2	6
其他基金	6	5

资料来源：员工福利研究所，2012 年 401（k）计划资产配置，账户余额和贷款活动

目标日期基金

目标日期基金已经处处可见，成为今天退休计划的一个主要部分。实际上在 15 年前它还并不存在，但在 2012 年底已经拥有近 5 000 亿美元的资产。图 12 - 5 显示了它的成长轨迹。

图 12 - 5　目标日期基金（10 亿美元）

资料来源：晨星公司，目标日期基金系列研究论文：2013 年调查

目标日期基金是投资于一系列资产类别的资产组合基金——从现金到激进的股票——通常是通过购买其他基金的份额来实现的，即基金中的基金。这些基础基金可以是主动或被动管理；活跃基金最初是最常见的，但基于指数的基金最近占据销售的主导地位。基金可以由发起人的内部投资团队或外部顾问来管理，尤其是对于特定的资产类别。

目标日期基金名称中的"目标日期"是指投资者的目标退休日期。比如，一个专为 2015 年 35 岁，计划 30 年后退休的工人设计的账户的目标日期年份是 2045 年。基金组合为覆盖所有年龄段员工的目标期限设立了一系列目标期限不同的基金。基金系列中的目标期限差额一般为 10 年，以满足整个年龄段的员工。雇主通常将完整的系列包括在计划的产品中。因为需要如此多的目标日期基金，除了最大的计划之外，所有的计划都将通过一个单一的发起人来提供系列计划（开放架构的除外）。

目标日期基金的显著特征是其通常在达到一个具体目标日期之后，就会改变账户资产在不同类型投资方式中的资产配置。因为绝大多数投资者越接近退休就对投资损失越敏感，所以目标日期基金的资产配置随着时间的推移变得越来越保守。图 12 - 6 显示了一种可能的资产配置组合。资产组合中的股票份额逐渐变少——是因为投资者希望其退休资产投资平稳着陆，这种目标日期基金的资产组合方式被称为下滑通道。

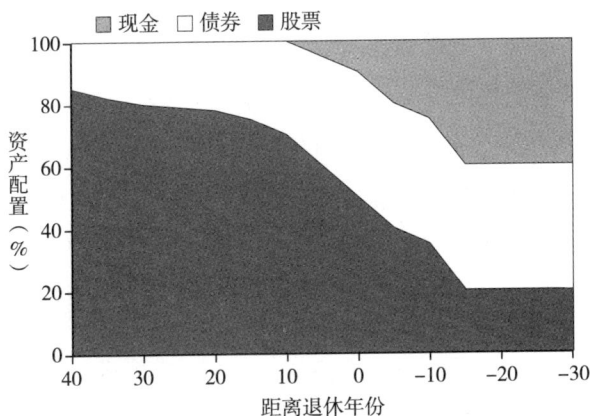

图 12 - 6　目标日期基金下滑通道示例

然而，这只是一个假设的下滑通道。实际上，不同基金组合提供的拥有相同目标日期基金的资产配置会大相径庭。因此其投资表现也会相去甚远，这一点在 2008 年金融风暴中表现得尤为明显。次贷危机中，股票市场投资较多的目标期限基金，比那些投资更加保守的目标日期基金损失更加惨重。在那一年，目标日期年份为 2010 年（仅仅是未来两年的基金）的基金损失范围从 9% —41% 不等。这些基金随后在 2009 年反弹，涨幅从 7% —31% 。[37]

总的来说，金融危机清晰地表明，目标日期基金的目标和方法存在混乱。这种混乱一部分来自投资者这一方。一些投资者并没有意识到这些基金对股票市场的影响很大。另一些人错误地相信目标日期基金会把他们退休之前 5 年的储蓄保护得十分完好。

但是，基金行业专业人士对于适当的下滑通道仍然有争议，特别是对于目标日期基金是"直接型"还是"穿透型"来管理退休计划的。"直接型"管理退休金是为计划在目标日期从基金提取所有资金的投资者而设计的；相比之下，"穿透型"基金的投资者预计将在退休计划中保留资金。"直接型"基金的管理会更保守，他们在退休日的债券和现金中所占的比例较大。他们在达到目标日期后还持有固定资产。图12-6中的下滑通道适用于"穿透型"基金，即投资者继续调整退休计划中的资产配置。

证券交易委员会和劳工部都认识到，投资者需要更多有效的信息，以了解这些基金如何适合个人财务计划。为此，他们为目标日期基金提出了新的披露规则，要求他们提供有关下滑通道信息的图表。虽然这些规则正在被考虑，但监管机构已经公布了参与者和雇主的目标日期基金概况。[38]

无论如何，目标日期基金解决了投资者需要的一个简单退休投资方法，并且预计它们将继续稳步增长。

计划管理

在结束对401（k）计划的讨论的最后，让我们简单看看这些计划所需的管理服务。概括而言，与401（k）计划相关的运营非常复杂——很大程度上归咎于控制合格计划的税务准则错综复杂。固定缴款计划的管理者必须能够：

- 接受大量雇员3种类型的缴款——选择性、匹配性和非选择性缴款，并且分别记录3类缴款情况。管理者一般通过工资单的自动链接来处理这些缴款情况。
- 如有必要，跟踪遵守反歧视规则和缴款的过程回报。处理不同类型的收益分配。有些可能是可以免税的，而有些不能。例如，在59.5岁之前主动从401（k）账户提取收益通常是需要缴税的，除非所提资金用于被美国税务局认可的特殊用途，如首次购房。计划管理人必须提供准确的税务报告。

- 计算规定最低提款额（RMD）。税务规则要求参与人在达到 70.5 岁之后就必须开始从账户提款。最低提款额根据账户余额、参与人年龄及"华盛顿政治气候"的不同而不同。为了应对次贷危机，国会于 2009 年取消了当年的最低提款额。[39]

- 处理贷款。许多计划允许参与者从其账户中借款。管理者需要记录这些贷款和偿还情况。

- 允许非开放式共同基金类的投资选择，如公司股票、稳定价值基金和 ETF。为此，计划须把这些投资品单元化，一起列为小型共同基金。

- 记录受益人，即在参与人死亡后继承计划账户的人。

- 为计划发起人提供报告。计划发起人对计划水平的资产余额很有兴趣，另外，管理人通常需要提供其他诸如出具税收报告、反歧视测试等服务。

- 提供年度报表，向计划参与者详细说明计划中的投资选项和计划本身所收取的所有费用。[40]

- 向美国税务局准备关于计划的年度报告。

除以上所有服务外，基金还需为所有投资者提供基础服务：每日计算净资产值，定期向计划参与人汇报账户余额情况，以及提供回答并解决问题等客户服务。

计划管理人还需要建立与计划参与者交流的系统，并针对计划的条款和可能的投资选择与之进行交流。显然，这样的交流系统有两方面的重要意义：鼓励收入不高的雇员缴款，以帮助计划满足反歧视规定；在 404（c）节条款的保护下，为雇主提供免除责任的安全港。计划发起人越来越需要利用最先进的技术来实现这些交流。事实上，如今每个 401（k）计划的提供者都为参与者提供大量的网站，包含视频及其他多种交流方式。

这些管理工作由谁来负责呢？有些基金管理公司是 401（k）计划的完整提供商，处理与投资管理相关的各种工作，并收取单独的管理服务费。尽管一些计划发起人承担部分或全部的此类费用，但该费用通常是由计划参与者通过账户缴费的形式支付的。其他纯投资型基金集团只管理计划中的投资选择，将管理工作留给其他的基金公司或者第三方管理者（TPA）。这种方式有时也被称为纯固定收益投资管理（defined contribution investment only, DCIO）。这两种方式并非相互排斥，全服务机构经常在其不参与管理的计划中，以纯固定收益投资管理选择的方式推销其基金产品。

本章小结

合格退休计划给希望为退休储蓄的投资者提供了明显的税收优惠。对于多数计划而言，缴纳的养老金都是免税的，同时投资收益留存计划内的部分也免税；而当从计划中提款时则全部要缴税。

现在最流行的雇主发起的合格计划就是 401（k）计划。过去，最流行的是传统退休金计划，即人们所熟知的固定收益计划，承诺根据雇员工作时的工资水平来支付退休金，雇主承担固定收益计划的投资风险。而 401（k）计划是一种固定缴款计划，雇员承担投资风险。退休金收入由个人账户资产的资产水平决定，而该资产水平是由参与人缴纳的养老金和其账户资产的投资表现决定的。

参与 401（k）计划的雇员向其个人账户缴纳养老金，发行计划的雇主也能够为雇员缴纳养老金，尽管这不是必须的。员工可以自动加入计划。

参与人决定其账户中的资产如何进行投资，它们从雇主已经选择好的投资中选择自己的投资组合。基金是 401（k）计划最普遍的投资选择，尽管计划中还包含诸如集合信托基金和公司股票等其他选择。

目标日期基金在 401（k）计划中越来越受欢迎，并且现在已经经常成为默认投资。目标日期基金在接近目标日期，即基金投资者预计退休时间时，就会逐渐减少资产组合中投资股票的比例。关于最佳资产配置下滑通道有很多的争论。

关于 401（k）计划的运营非常复杂。计划管理人必须能够跟踪不同类型的缴款和提款，处理多种类型的投资选择，并向计划发起人、参与者和美国税务局提供报告。

第 13 章

其他退休计划选择

　　虽然雇主提供的计划是美国退休储蓄制度的一个关键组成部分，但它们不是投资者可以利用的唯一税收优惠选择。在本章中，我们将讨论另外两种退休储蓄工具：个人退休账户（IRA）和可变年金。由于两者都销售给个人，与 401（k）和其他雇主赞助的计划不同，它们被认为是中介渠道或直接分销渠道的一部分。（分销渠道的定义请参见第 11 章）。

　　讨论了这些选择后，我们再回头看看影响整个退休储蓄制度的一些更宏观的全局性问题。

　　具体来说，本章将探讨：

- 个人退休账户，包括其税收优惠、历史发展和最近趋势。
- 可变年金及其在退休储蓄中的使用。
- 美国退休储蓄计划的未来，重点关注退休的分销阶段，确保所有人的退休保障以及社会保障的作用。

　　请注意，在阅读下文之前，我们假设你已经熟悉在本章中将要讨论的退休计划术语。如果不是这样，你可以先阅读第 12 章中关于 401（k）计划的内容。

个人退休账户

　　如果固定缴款计划的增长令人惊讶，那么个人退休账户的增长就更让人瞠目结舌了。截至 2013 年底，个人退休账户资产总额达到 6.5 万亿美元，使它们成为美国退休储蓄制度中最大的一个部分，高于固定缴款计划、固定收益计划，政府退休计划和年金。正如图 13 – 1 所示，拥有个人退休账户的美国家庭有 4 600 万，超过美国全部家庭的 1/3。[1]

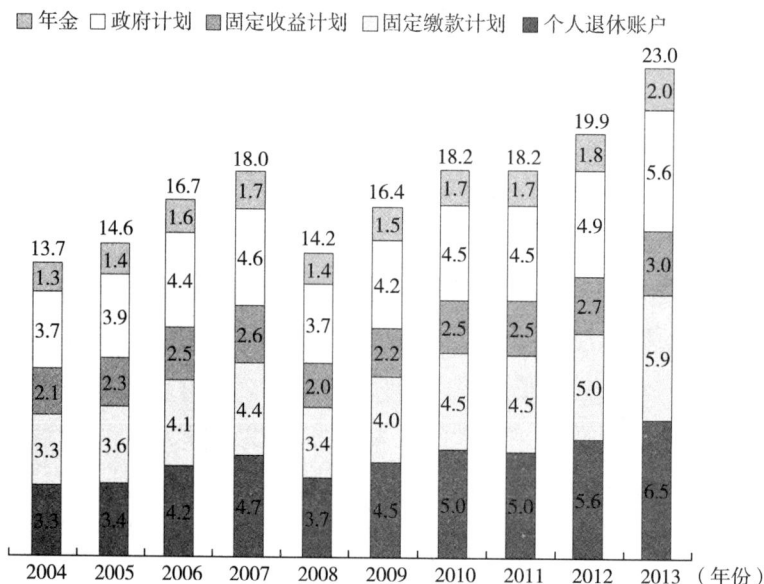

图例：☐ 年金　☐ 政府计划　☐ 固定收益计划　☐ 固定缴款计划　■ 个人退休账户

图 13 – 1　退休资产（万亿美元，2013 年 12 月）

资料来源：投资公司协会，美国退休市场，2013 年第 4 季度

税收优惠

个人退休账户的吸引力从它们的税收优惠开始，这与 401（k）计划非常相似，即：

- 如果对个人退休账户的缴款符合美国税务局制定的要求，个人就能够在其应缴税的一年内从其应纳税所得中扣除这些缴款。
- 对个人退休账户缴款的收入累积免税。
- 个人只有在实际领取退休金时才缴税。在 401（k）计划中，个人退休账户投资者必须在年龄达到 70.5 岁时开始从账户中获取其所需的最低分配。[2]

上述是传统个人退休账户的税收优惠政策。还有一种运作方式略有不同的新型个人退休账户，即"罗斯个人退休账户"，该账户以一名美国国会议员的名字命名，因为正是他提议的法案创造了这种新型的个人退休账户。[3]

- 个人在向罗斯个人退休账户缴纳养老金的当年不能获得税收抵扣。
- 和传统个人退休账户一样，投资收益在累计留存账户期间免税。

最大的不同在于：

- 投资在罗斯个人退休账户的收益总是免税的。
- 如果账户所有人年龄达到 59.5 岁，而且持有账户超过 5 年以上，罗斯个人退休账户的收益，包括投资收益部分，完全免税。
- 罗斯个人退休账户没有设定必需的最低收益。
- 来自罗斯个人退休账户的收益不影响社会保障福利的税收。相比之下，传统个人退休账户的收益包括在美国税务局计算的调整后总收入（AGI）中，如果调整后总收入高于指定的金额，部分社会保障福利将需要缴税。

总之，传统抵税型个人退休账户缴纳养老金时无须缴税，但从账户提款时则需要缴税；而罗斯个人退休账户情况恰好相反。哪一种更好呢？答案取决于收益累计年份、投资回报率，以及缴款和提款时的税率等。例如，罗斯个人退休账户更适合于预期退休时所得税率高于现在税率的员工。这可能更适合于那些年收入未达到顶峰的年轻员工。传统个人退休账户可转换为罗斯个人退休账户，对此"可转换选择"专栏中有所解释。

可转换选择

对罗斯个人退休账户感兴趣，但仍然有大部分资产用于传统个人退休账户怎么办？其实想要转换你的传统个人退休账户是很容易的。你需要做的就是基于账户的全部价值来支付所得税。[4]

当国会通过立法，创建罗斯个人退休账户时，其包含一项条款，允许账户所有人将传统个人退休账户转换成罗斯个人退休账户。实现这样的转换，需要个人退休账户所有人基于账户全部资产价值在当期缴纳税款。

这听起来可能很疯狂，但是罗斯个人退休账户的长期税收优惠可能值得持有者承受短期的痛苦。要知道，罗斯个人退休账户最大的好处就是从账户提款时不需要缴税。即使在一个人去世之后，其继承人提款时也是不需要缴税的，这使得罗斯个人退休账户成为绝佳的遗产规划工具。另外，罗斯个人退休账户也没有最低提款额的限制，这意味着不需要额外收益的个人退休账户所有人可以持续让投资收益在免税账户中积累。

转换的细节非常复杂。例如，你应该通过罗斯个人退休账户缴纳税款，还是从其他的应税账户中提交呢？为了充分利用递延纳税的好处，咨询师建议把个人退休账户的资产留在一边，从其他收入中缴税，当然这只在你拥有足够支付美国税务局账单的可支配现金的情况下才适用。并且，如果你认为你的资产将会被征收遗产税，那么出于遗产规划的目的向罗斯个人退休账户的转换就没有什么意义了。这就是理财规划师建议考虑转换为罗斯个人退休账户的人要仔细地分析需要花费多长时间才能使此项转换达到盈亏平衡的原因。

计算错误？不用担心。美国税务局允许你在下一年填写税单之前把罗斯个人退休账户转换回来，该撤销行动被称为还原修正。

国会对获取个人退休账户的税收优惠设置了严格限制。对两种类型的个人退休账户的缴款仅限于收入低于指定金额的员工。此外，对于工资低于某一限制额的员工，可以扣除对传统个人退休账户的缴款，但是对于不在工作退休计划范围内的员工（及其配偶）而言，这一限制额更高。

高收入员工对个人退休账户的缴款可以不扣除。其优点是，缴款的收入是免税的，虽然在取款时会征税。然而，即使有这个缺点，因为税收递延带来的积累收益，不可扣除的缴款也是有经济效益的。

总额限制。2014年，对罗斯个人退休账户、传统个人退休账户的免税部分和非免税部分的养老金缴纳总额限制是，年轻员工不能超过5 000美元，年龄在 50 岁及以上的员工不能超过 6 000 美元。[与 401 (k) 计划一样, 缴款限额会每年进行调整。] 正如我们在第 12 章看到的, 该总额限制比雇主发起养老金计划年度缴款限制低很多。该限制是有意鼓励雇主为自己的员工建立并维护退休计划, 而非让雇员在自己的个人退休账户中储蓄。

从操作的角度来看, 所有这些规则使得个人退休账户变得相当复杂。个人退休账户的管理者, 也称托管人 (custodian), 必须记录缴存金额、计算最低规定提款额、确定提款的纳税情况, 并遵守所有使个人退休账户能够享受递延纳税的其他规定。[5]许多托管人为这些服务向个人退休账户所有人收取年费。

历史

个人退休账户于 1974 年作为《员工退休收入保障法》的一部分而出现, 其历史比 401 (k) 计划稍长一些, 初衷在于帮助没有加入传统退休金计划的纳税人为退休而储蓄。但是直到 1981 年, 个人退休账户一度备受冷落。这一年, 国会允许所有纳税人 (包括已经加入雇主发起计划的) 可以通过向个人退休账户缴款实现税收递延, 其吸引力自此一路激增。另外, 基金公司和其他金融机构也积极地宣传通用的个人退休账户的价值, 人们利用个人退休账户缴纳养老金的热情于是空前高涨。只是在 1986 年国会再次收紧税务减免的资格条件之后, 投资个人退休账户的趋势趋缓。(个人退休账户税务减免政策反复变动的现象经常出现, 因为国会一直力图在鼓励退休储蓄与财政赤字之间取得平衡, 所以该政策在数年间一直处于剧烈的变化之中。)

国会经常通过调整个人退休账户来鼓励退休储蓄。例如, 1996 年, 国会为鼓励小企业提供退休计划, 创建了雇员储蓄激励配套计划 (Savings Incentive Match Plan for Employees, 简称 SIMPLE)。尽管大企业通常都已经为员工提供了一些类型的退休计划, 但是小型雇主一般都因这些计划的高成本和管理压力大望而却步。可以这样说, SIMPLE 个人退休账户是为了方便员工少于 100 人的小公司发起退休计划而设立的。[6]

雇员储蓄激励配套计划个人退休账户 (SIMPLE IRA) 取代了降薪裁员计划 (Salary Reduction Simplified Employee Plans, 简称 SAR – SEP); 尽管现

有的计划可能继续使用，雇主可能不再建立新的降薪裁员计划。雇员储蓄激励配套计划个人退休账户补充了简化员工退休金（Simplified Employee Pension）的个人退休账户（SEP – IRA），并且只涉及雇主缴款。[7]简化员工退休金的个人退休账户通常是供个体经营者使用。

在2014年，雇员储蓄激励配套计划的参与者每年向账户缴纳的养老金的上限是12 000美元，比401（k）计划的上限要低。年龄较长的员工可以额外缴纳2 500美元。

计划发起人必须以员工的名义缴纳养老金：他们配套缴纳的选择性养老金不超过员工年薪的3%，或者为每一名员工缴纳其工资的2%作为非选择性养老金。作为较低的缴款上限和强制性雇主缴款的交换，雇员储蓄激励配套计划个人退休账户计划不受401（k）计划中的反歧视条款的限制。

我们之前讨论过的罗斯个人退休账户是在1997年推出的。虽然它们起步很晚，但是最近它们开始迅速增长。在2010—2012年期间，罗斯个人退休账户的资产增长超过了25%，是传统个人退休账户增长速度的两倍多。它们特别受年轻投资者的欢迎。[8]

尽管有这种增长，传统的个人退休账户仍然是最受欢迎的。2012年，3/4的个人退休账户拥有者都有传统的个人退休账户，平均余额超过118 000美元。罗斯个人退休账户在渗透率和平均余额方面是落后的。与就业相关的雇员储蓄激励配套计划和简化员工退休金个人退休账户仍然相对不常见，但是像罗斯个人退休账户一样，它们正在快速增长。它们的余额也相对较高，这并不奇怪，因为它们的资金来源于工资扣除和雇主缴款。图13 – 2显示了个人退休账户的类型与平均余额的分布状况。

最近趋势

虽然新版本的个人退休账户促进了个人退休账户整体的增长，但是一个更大的因素是滚动。滚动是从一个税收优惠的退休账户免税转移到另一个账户。[9]大多数滚动是自愿的：一个投资者也许有多个个人退休账户，并希望将它们合并为一个账户。但有些是非自愿的：如果公司终止401（k）计划，在此计划中有余额的员工必须将余额移动到另一个账户。在这两种情况下，

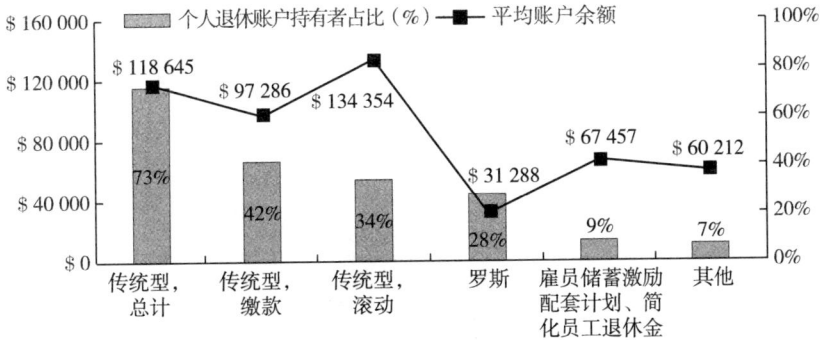

图 13 – 2　个人退休账户类型与平均余额的分布状况（2012 年）

资料来源：员工福利研究所，个人退休账户余额、缴款和滚动增长，2012 年；纵向对比结果
2010—2012：EBRI IRA 数据库

接收转存的账户最有可能是个人退休账户。

滚动正在推动个人退休账户的增长。2012 年，个人从其他退休账户中累积了超过 920 亿美元的个人退休账户，这是其直接贡献的 10 倍以上。[10] 如图 13 – 2 所示，超过 1/3 的个人开通了传统的个人退休账户，而且这些账户具有所有个人退休账户类型的最高余额，2012 年平均资产为 134 354 美元。

随着婴儿潮一代陆续退休，以及他们所拥有的从其退休账户中提取可观退休储蓄的权利，人们预期滚动账户会持续增长，该事实已经引起了共同基金管理公司的注意。基金经理积极地对即将退休的员工进行公关，希望获得他们退休时的滚动资金。这对管理 401（k）计划的基金公司来说是一项至关重要的战略，他们能够接触计划参与者，并有能力承担资产减值的风险。

开放式共同基金长期以来一直是个人退休账户最欢迎的投资选择。2013 年，45% 的个人退休账户资产投资于共同基金。经纪类资产是第二个最常见的投资，包括交易所交易基金以及个人股票和债券。在过去 20 年里，银行存款在开放式基金和经纪类资产中的份额都减少了（关于细分内容，请参见图 13 – 3）。

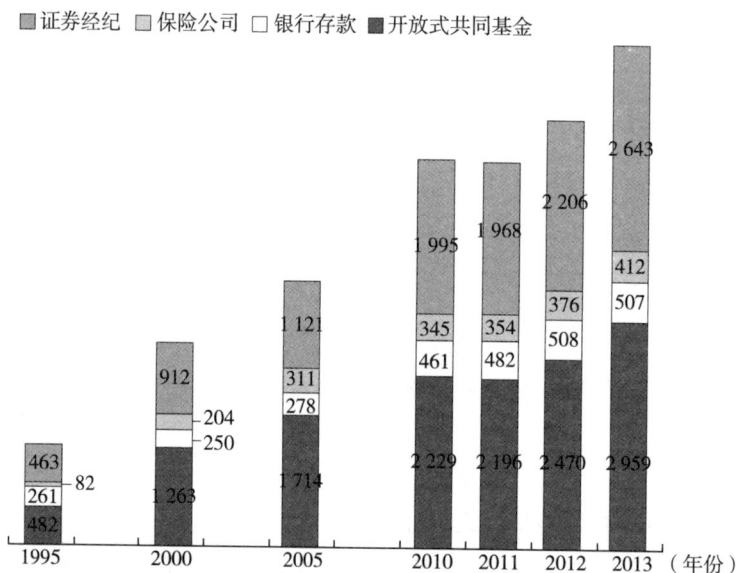

图 13-3　按投资类型划分的个人退休账户资产（10 亿美元）
资料来源：投资公司协会，2014 投资公司年报

可变年金

退休账户不是个人可以在税收递延的基础上进行储蓄的唯一方式，可变年金是另一个流行的退休计划选择。

投资者从保险公司购买可变年金合同。作为收取保险费的交换，保险公司同意定期向投资者付款。这些付款通常在投资者选择的未来某个时间开始。在行业的术语中，可变年金通常指的是递延年金。[11]在此期间，保费被用于投资来赚取报酬。可变年金是可变的，因为付款金额主要由保费的投资回报决定，这是不可预测的。（相比之下，固定年金的支付由保险公司设定；在本章结尾，我们将讨论固定年金在退休账户回报中的作用。）

可变年金拥有者对其保费如何投资具有相当大的控制权，并且通常能够从合同范围内的各种投资选择中进行选择。选择的数量一直在稳步上升，如图 13-4 所示，在 2012 年，可变年金平均提供了 63 个投资选择，称为子账户。由于这种高度的灵活性，可变年金往往被称为具有保险包装的投资。投资选择几乎总是开放式共同基金，由于税务原因，这些基金是专门用于可变年金的（尽管它们通常是公众可投基金的副本）。[12]

可变年金提供重要的税收优惠。年金内的资产在分配之前免税，并且没有个人退休账户对缴款的限制。[13]相比退休计划和其他递延税收的工具会受到缴款规模或缴款人收入的法律限制，这是一个很大的优势。为了符合这些税收优惠，可变年金的投资必须多样化，这就是为什么共同基金通常作为投资选择，以及为什么合约提供了多种投资选择。[14]此外，年金必须包括人寿保险的一些要素，我们将在以后讨论通常会提供的保险类功能。[15]

可变年金不利之处在于缴款必须使用税后收入。而从可变年金中提取利润是按普通所得税税率来缴税，但是如果实现了资本利得，则可以按更低的税率缴税。［澄清：这是在退休计划之外持有的非合格年金的税务处理。在合格退休计划中持有的合格年金，如 401（k）或 403（b）计划，享受与退休计划相同的税收优惠待遇。］

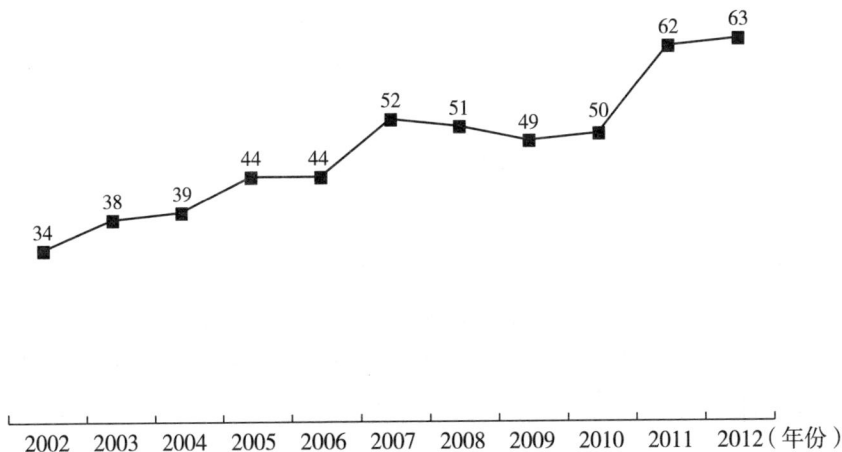

图 13-4　可变年金投资选择的平均数

资料来源：保险退休金协会，年金概况（2013）

此外，可变年金投资者通常需要支付大量费用，一般包括：

- 共同基金管理费，由基金收取用于进行投资管理服务。

- 行政管理费，支付给保险公司以维持年金合同。
- 分销费，偿付给销售人员以分销年金。这些费用的结构各不相同。最常见的是 B 类份额结构，因为它类似于开放式基金中的 B 类份额。（有关份额类别的评论，请参阅第 5 章。）B 类份额年金没有初始销售费用，相反，如果投资者在一段时间内兑现年金，则需支付投资费。与 B 类份额一样，这些费用会逐渐下降。
- 死亡率和全残保障，这是合同附带的保险功能。也许这些特征中最重要的是年金所有者可以选择将资产转换为由保险公司支付的终身收入。合同可能提供的其他类似保险的选择包括：保证最低终身收入，向受益人支付死亡抚恤金，以及在无法交出长期护理费用退保费的情况下从年金中提款的权利。这些选项可能需要支付额外费用才能以点选的方式提供。
- 销售税。个别州对年金保费会征收销售税。

在 2013 年之前的 10 年中，可变年金的销售额保持稳定，每年在 1 250 亿至 1 800 亿美元之间。几乎所有这些销售都是通过中介渠道完成的（在 2013 年占比达 98%）。这种复杂的产品通常通过专业顾问的帮助来出售。

然而，销售的很大一部分是从一个可变年金转移到另一个，导致该行业的资产没有净收益。这些交易非常普遍，在 2013 年之前的 5 年间，净销售额只占总销售额的 12%，这种趋势可能会持续下去。[16]其中许多交易是 1035 型交易（Section 1035 exchanges），该名称来自美国税务局的规定，它允许投资者在不产生所得税负债的情况下进行这些互换。[17]年金持有人经常兑换以锁定更高的最低收入保证，尽管他们也可能寻求更高的死亡收益、更多样的支付选择、更多的投资选择或者降低成本。

可变年金是基金行业的重要组成部分。在 2013 年，选择可变年金作为投资的占开放式基金资产总额的 8%（不包括退休计划中的年金）。[18]

美国退休计划的未来

正如我们所看到的，退休储蓄是基金行业的一个非常重要的部分，这意味着退休计划的未来在很大程度上是共同基金的未来。因此，基金管理公司和行业协会积极参与退休收入政策的公开讨论。我们将重点讨论其中正在进行辩论的 3 个主要问题：更好的分销计划需求，获得退休计划的渠道以及财务健康的社会保障体系。

养老金提款规划

退休计划是一个逐渐累积的过程，这意味着计划中的资产是逐渐增长的。在未来的年份里，市场会集中于养老金提取阶段，即从退休计划流出的资金要多于流入的部分。因为婴儿潮一代已经开始退休，和过去几十年内不停地向退休账户中存钱的做法相反，他们开始从账户中取钱来满足退休后的收入需求。

因此，从退休账户中支取多少钱，怎样减少支取时缴纳的税款，如何把养老金提取与遗产规划结合起来，通盘考虑这些问题，变得与使这些账户余额持续增长同等重要。

越来越多的投资者开始寻找一种平衡的策略，目的是既能够帮助他们实现现期收入与资产的持续增长，又能抵抗通货膨胀引发的购买力缩水。这两方面对于未来的养老金提取都非常重要。投资者还关心如何抵抗长寿风险，即寿命长于计划储蓄年龄的风险。这是一个非常现实的风险，因为提前退休的趋势与预期寿命延长的事实，意味着退休收入必须能够维持更长的时间。

帮助投资者管理这种风险的方法可分为两类：

1. **退休收入基金。**许多基金家族都引入了退休收入基金或管理支出基金，来帮助投资者从其退休账户中创造稳定的收入流。这些基金支付一定百分比的资产（通常为每年 4%），定期按季度或月度来提款。但它们没有提供担保，并且不能阻止投资者额外提款以支付拉斯维加斯的旅行费用。因此，它们并不是特别受欢迎。

2. **年金选择**。鉴于退休收入基金的限制，决策者的重点是鼓励退休账户中的资产年金化。为此，投资者从保险公司购买固定期限的年金；保险人保证定期固定缴款达到指定年数以获得保费。在寿险年金中，定期缴款持续到年金持有人死亡为止。

虽然年金是退休收入的合理选择，但它们很少被使用，经济学家称之为"年金困境"。[19]他们对年金使用水平低的两个解释如下：首先，退休人员常常担心，他们不会活得足够长来获得他们在年金中的付出，他们的继承人未来会被欺骗而没有能继承（他们没有深入思考如果他们会活得比预期更长的时间）。其次，很少有退休计划为参与者提供年金选择；根据德勤的调查发现，在 2012 年，只有 6% 的计划提供直接获得年金的渠道。[20]因此，那些对年金感兴趣的计划中的退休人员必须自己寻找，而只有很少人会这样做。

为了克服这种不情愿，一些决策者建议将退休计划的年金化作为一种默认选择。换句话说，一部分资产将在退休时自动归入年金，除非参与者采取行动将资产留在计划中或在转出期间取走。正如我们在第 12 章中讨论的其他默认选择那样，年金化的默认选择是为了引导投资者实现最佳选择。目前，美国税务局采用了一个新规则，使雇主更容易在 401（k）计划中提供年金作为投资选择。[21]

为此，年长的投资者需要了解专业的技术工具和知识，主要包括：

- 关于最低提款限额的复杂规定。
- 将受益人的有关规定整合到总体遗产计划中的建议。
- 帮助投资者查看自己所有退休收入来源的全套理财工具，不管是来自固定收益计划、固定缴款计划、个人退休计划、可变年金，还是社会保障的退休收入。

基金管理公司和经纪人正在努力提供这些工具。

确保所有人的退休收入安全

私人退休金体系面临的最大问题大概就是无法通过任何方式实现普遍覆

盖。事实上，在 2013 年 3 月，只有 46% 的劳动力会拥有私人退休计划，无论是固定收益计划还是固定缴款计划。[22]低收入职员被覆盖的可能性很小，主要有 3 个方面的原因：

1. 他们很可能是季节性或者是兼职的工人，根据《雇员退休收入保障法案》的规定，这些人没有被纳入在计划之中。季节性工作或者兼职一般是指一年的工作时间不足 1 000 小时。

2. 他们还可能是为小企业工作的，正如我们所见，这些小企业建立退休计划的可能性更小。[23]

3. 即使达到相应的要求，他们选择参加 401（k）计划的可能性也很小，因为他们可能无力承担这样的费用。

为了解决这个问题，人们已经采取了一些行动。我们已经讨论过这些行动中的两个：雇员储蓄激励配套计划个人退休账户让小企业雇主更容易提供退休计划，自动登记机制增加了参与率。[24]国会还推出了储蓄税务免除计划（Saver's Credit），为低收入职员提供了 401（k）计划缴款最高 50%，每年不超过 1 000 美元的税务减免。雇员储蓄激励配套计划的参与者有资格获得储蓄信贷。[25]但是，所有这些行动都没能解决该问题带来实际的变化。

有一个被称为自动个人退休账户的计划备受政策制定者的青睐，它要求所有雇用 10 个以上员工的雇主为职员提供工薪扣减退休计划。雇主不必对这些计划缴款，他只需要每季度把工资单提交给一个为个人退休账户提供足够投资选择的金融机构，就可以进入我们之前所述的免除其他责任的安全港。这些金融机构会根据自动个人退休账户，为之处理各种管理、报税工作。默认选择将鼓励雇员参与，当然他们也可以选择退出。

2014 年，奥巴马政府提出了"我的退休账户"（简称 myRA），这标志着自动个人退休账户迈出的第一步。根据政府的建议，低收入员工将能够通过一个可选的付款扣除程序向 myRA 缴款，它本质上是一个罗斯个人退休账户。（换句话说，雇主不需要向其员工提供 myRA。）联邦政府将支付账户的缴款利息。

myRA 项目是为非常小型的储户而设计的，这些储户开设一个账户只需 25 美元，并且定期缴存额低至 5 美元。当 myRA 的余额达到 15 000 美元时，资产必须转入常规的罗斯个人退休账户。根据美国财政部预计，myRA 项目将于 2014 年底推出。[26]

尽管充满挑战，但在公共社会保障系统预算紧张的情况下，寻找一种能够将所有工人囊括其中的私人退休计划仍非常重要，我们将在"退休金系统的第三重保障"专栏中进行详细讨论。

退休金系统的第三重保障

除雇主发起的退休计划和个人退休计划外，社会保障是退休金系统的第三重保证。到目前为止，这是最重要的，因为它覆盖了所有的员工并且为他们提供终身收入。对于超过 1/3 的退休人员，社会保障几乎是他们唯一的退休收入来源，社保还为另外 1/3 的退休人员提供了主要的退休收入。2012 年，社会保障福利是帮助 1 400 万美国老年人脱贫的唯一因素。[27]

遗憾的是，社会保障的融资机制使其特别容易受到人口因素变化的影响。本质上，它是一个现收现付系统，现期的纳税人供养现期的退休人员。（相反，固定收益和固定缴款计划大体上都算是提前累积的，将今天的钱存起来以支持未来的退休收入。）在年轻的劳动人口数量大到足以支付退休人员的社会保障福利支出时，现收现付制度能够实现良性运转。

但是婴儿潮时代出生的人们即将大批退休，这对现收现付制度的前提提出了挑战。数字令人担忧：1950 年，平均每 16.5 个工人供养一个退休人员；到 2033 年，平均每 2.1 个工人供养一个退休人员。[28]

因此，从 2010 年开始，社会保障账户就要入不敷出了。经济学家估计，在 2033 年前后，社会保障系统实际上就会破产，意味着它只能向退休人员支付现在福利水平的 1/4。[29]

国会最终要做出一个艰难的决定。数学计算很简单，它将：

- 降低未来退休人员的社会保障福利水平，提高退休年龄，或者为高收入退休人员提供更低的社会保障。
- 增加社会保障税，提高税率或者应税工资基数。
- 从其他项目中把税收收入转移到社会保障中来，这可能导致其他项目预算的缩减。

因为这些方法没有一个具有政治上的吸引力，所以国会一直不愿意正面面对社会保障系统的融资问题。任何一种形式的社会保障体系改革在数年之内都将进展缓慢。在这种情况下，私人退休计划系统就会变得更加重要。

本章小结

个人退休账户是最常见的私人退休储蓄工具。有两种主要类型的个人退休账户，它们具有不同的税收优惠：对传统个人退休账户的缴款通常是免税的，而从罗斯个人退休账户提款可以免税。个人退休账户中的资产一直在快速增长，主要是因为资金向个人退休账户的滚动；滚动是指从一个税收优惠的退休账户免税转移到另一个账户。共同基金是在个人退休账户中最常见的投资。

许多投资者通过可变年金来储蓄退休金，这通常是由保险公司发行的产品。为了获得保费，保险公司同意定期向投资者付款，这是由投资保费的回报所决定的。在可变年金内的投资收益累积免税，但缴款必须用税后的收入并且此收入在提取时也需要纳税。可变年金提供广泛的共同基金作为投资选择。可变年金的费用可能很大，部分原因是其合同可能包括类似保险的特征，例如保证最低收入水平。

随着婴儿潮时代出生的人们逐渐退休，越来越多的退休账户正从积累阶段转入回报阶段。退休收入基金帮助投资者从其退休资产中获得稳定的收入。然而，退休人员只能通过从保险公司购买固定年金来保证他们将获得正常收入。一些决策者建议，一部分退休资产应该自动年金化，除非退休者选择退出。

也许美国退休制度面临的最大问题，是缺乏对雇主提供的退休计划的普遍接受，特别是对于低收入员工。决策者建议创建一个自动个人退休账户，几乎所有员工都可以通过付款扣除来获得。奥巴马政府提出的"我的个人账户"项目是针对低收入工人的。考虑到社会保障在未来将面临的财务困难，建立更广泛的退休计划至关重要。

第 14 章

基金运营

正如我们所看到的，共同基金是非常复杂的，并且通过全面和详细的法规来进行管理。因此，毫无疑问，共同基金的运营也很复杂。这些操作由代表基金工作的一组服务机构执行。正如我们在第 2 章中所指出的，其中一些服务机构可能是基金管理公司的一部分，而其他则是第三方。

基金操作通常被称为后台，因为它们大多在幕后发生。（投资组合管理、销售和市场营销是前台。）尽管它非常低调，但后台仍然是行业里的关键组成部分。在 2013 年，超过 65 000 个工作岗位来自投资者服务和基金行政管理（相当于基金行业所有工作岗位的 40%）。[1]

在本章中，我们将了解关键的基金服务机构及其在共同基金运营中的作用，具体而言如下：

- 过户经纪商，维护投资者份额登记并提供客户服务。
- 基金会计，负责每日净资产值的计算，并协调完成投资组合证券的估值。
- 投资运营，向投资组合管理团队提供信息并协调交易的结算。

过户经纪商

过户经纪商（transfer agent，简称 TA）通常负责维护基金份额持有人的账户记录，并提供客户服务。[2] 具体而言，他们负责：

- 处理基金交易。
- 向投资者提供基金持有情况的报告。
- 回应客户的咨询。
- 帮助共同基金监管使其在运行中遵守诸多规则。

过户经纪商可以自己完成工作，也可将某些功能外包给第三方，或者对于某些账户使用子过户经纪商。在讨论了每个过户经纪商的功能之后，我们将考察这4个不同的执行工作模式。

处理基金交易

过户经纪商处理4种基本类型的交易：销售、赎回、互换和过户。

1. 销售。 在销售交易中，基金向投资者出售份额；从投资者的角度来看，同样的交易是基金份额的购买。销售也可以称为基金份额的分销或发行。

2. 赎回。 与销售相反的过程是赎回，其中基金赎回的是投资者出售的份额。赎回也可称为清算。

3. 互换。 互换交易是通过共同基金家族中的一只基金赎回份额，购买同一基金家族中另一只基金的同等金额的份额。能够成功互换通常被认为拥有特权，因为互换具有实际利益：支付销售佣金以投资基金的投资者通常不必在互换交易时再次支付销售手续费。然而，在所有其他方面，互换交易与赎回和购买并不相关。例如，从美国税务局的角度看，互换交易是一种应纳税的行为。

4. 过户。 过户是证券所有权的变更。过户可能涉及股份所有权的实际变化，例如在股份被一个人赠予另一个人的情况下，或可能只反映投资者记录姓名的变化。[3]

为了更清楚地了解过户经纪商的日常运营过程，我们来体验一下处理一项新的基金份额投资的一系列步骤。图14－1已经对此做了直观的展示。

（再次重申，基金正在出售份额，投资者正在购买它们。）我们选取以潜在客户决定购买为起点的整个交易过程进行介绍。

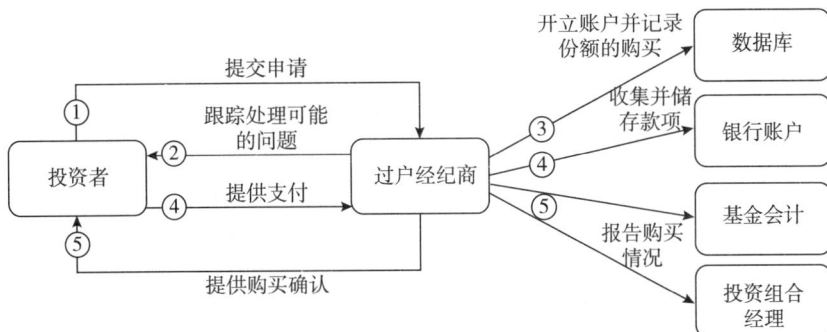

图 14-1 共同基金份额购买过程

第一步：申请。 第一步，客户填写一份公司提供的开设新账户的申请表，并将其交给过户经纪商。过户经纪商要求他们这样做，是为了进一步确认在电话中最开始给出的指令。

第二步：过户经纪商审核。 接下来，过户经纪商将对申请进行审核，确认信息完整，即所有要求的信息都包含在内。2001 年《美国爱国者法案》（USA PATRIOT ACT）中的条款规定，过户经纪商必须通过姓名、出生日期以及实际地址而非邮递地址等来核实客户身份，并且还要获得客户提交给美国税务局的纳税人身份证号码（对于美国公民而言，纳税人身份证号码即他们的社会保险号）。[4] 过户经纪商还需确认客户的购买计划遵循相关的基金规则。例如，过户经纪商需确定客户购买的股份至少符合基金销售说明书中详细规定的最少份额。如果应用程序中缺少任何此类信息，则认为其信息不完整，那么过户经纪商将与客户一起获取所需的信息。

第三步：开通账户并记录购买股份。 如果申请表信息完备，过户经纪商将会以客户的名义开通一个账户，该账户可以是开给个人的，比如个人账户或联合账户，也可以开给一个公司、合伙企业或信托公司。如果申请表存在问题，过户经纪商将延迟开通账户，直到客户解决了这些问题。账户建立后，购买的基金份额即被记录其中。后续购买被添加到同一个账户，则不需要申请。

第四步：收取款项。 过户经纪商负责收取投资者购买基金支付的款项，并将其存入基金银行账户。如今，大多数的款项以支票形式支付，或者从经纪账户或退休账户中进行电子转账，或者以同一综合体中其他基金互换的形式支付。基金不接受现金支付。

用一句话概括这些流程的时间安排就是，基金份额的购买在整个交易日都进行，而支付价格只有在交易日结束，即基金资产净值计算出来之后才能确定。（我们将在下一节中看到，这通常是在工作日结束那天）。基金的电子转账在夜里进行，这样，第二天一早，资金就会进入基金银行账户以用于投资。收取支票花费的时间较长，尽管近年来预付款程序在实质上已经大大提高了清算速度。如果支票被退回又该怎么办呢？法律上，买方仍有义务以原来的购买价格购买份额。

第五步：报告。 购买完成后，过户经纪商向买方发送一份包含所有详细内容的确认函，同时通知基金会计和投资组合经理，资金已经到账。[5]我们将在下一节详细阐述基金会计的角色。

当投资者决定减少对某基金的投资，基金份额赎回的流程如第三步至第五步所示，明显的区别在于资金从基金账户流出而非流入。如果投资者的投资是通过经纪账户或者退休账户进行的，实收款项将打进这些账户。直接拥有基金份额的个人可选择支票、电子转账或银行电汇的方式回收资金，尽管最后一种方式可能需要承担额外的费用。

填写申请表、开通账户、登记购买股份、收取款项、通知每个人，这样的描述使得保存投资者共同基金的交易记录听起来就像拍快照。

相反，确保交易过程处理工作又好又快却是一件惊人复杂的事情，部分原因在于客户账户与交易的数量之大。截至 2013 年底，美国共同基金有超过 2.6 亿个投资者账户。[6]仅客户所在社区电话区号或邮政编码的小小变动，就需要更新成千上万条记录。

或者，让我们来看一下纠正基金资产净值的例子。有时，由于证券交易或价格输入出现纰漏，基金净值可能会算错。此时，如果等值计算的错误超过 1 美分，过户经纪商就可能需要重新处理一些可能导致资产净值计算错误的购买和赎回交易。对于极受欢迎的基金，这可能意味着账户调整，要向数以千计的投资者再次确认。

但是数量只是其中的一个因素，真正的挑战来源于近些年来共同基金的许多新增特征，以及监管这些特征的详细规则。"互换特权"就是一个很好的例子。

为了正确处理这项交易，过户经纪商必须能够做到：

- 识别提议的交易为互换交易，而非先赎回再购买的交易。
- 确定计划的交易是否有资格免去销售手续费。如果投资者要把货币市场基金中的份额——一种没有前端认购费的基金——互换成有费用的股票基金，那么他就需要支付购买股票基金的费用。也就是说，除非投资者之前买的是股票基金，而且在交易过程中支付了费用，然后交换成货币市场基金，费用免除条款才适用。
- 记录投资者在该基金家庭中投资的整个过程。所有基金（除货币市场基金外）的持有时间将会因某些因素而汇总在一起，比如，计算投资者在赎回全部基金时过户经纪商收取的递延申购手续费。

换句话说，为了处理一种似乎很简单的特征，过户经纪商必须设计一个系统，来跟踪投资者在基金家族中的所有历史记录。

互换交易并不是过户经纪商们面临的唯一挑战。许多基金特征有类似的复杂性，例如：

- **断点**。正如我们所知道的，大多数基金允许投资者利用所购买的数量获得申购费用的减免，即断点折扣。一些投资者通过一段时间内的连续购买获得断点折扣资格；他们也可以通过签订意向书，或者追溯以往的交易，利用积累权益要求减免申购费用。过户经纪商负责监督这些实际的购买行动，并确保每个投资者都得到公平的待遇。（请参考第 5 章了解更多关于销售费用的详细内容。）
- **短期交易**。如果基金限制短期交易，即禁止在一定时间内多次购买或出售基金份额，那会怎样呢？过户经纪商负责实施这些限制，当投资者资金流入流出的频率超过基金董事会允许的频率时，过户经纪商就会限制其再次购买。

- **系统赎回计划**。如果投资者实施系统赎回计划，以使他们能够收到稳定的收入现金流，过户经纪商就必须每隔一段时间出售其一部分基金份额。过户经纪商必须跟踪记录投资者是否更愿意接受特定的金额，是否愿意出售特定数量的份额，是否赎回其账户值特定的百分比，或是否愿意根据其预期寿命来赎回提现。

过户经纪商负责管理的基金交易过程的一个额外步骤是，处理基金的投资收益和资本利得的分配（正如第 2 章所讨论的，基金至少每年要对所有收益进行一次分配）。再次强调，过户经纪商必须确保分配的现金正确地记录在投资者的账户上。如果投资者选择将所获得的分配资金再投入到基金中（大多数人都会这么做），过户经纪商就必须计算和记录这些购买的新增份额数量。对于每天都产生利息的固定收益基金，当投资者要完全赎回此类份额时，过户经纪商就必须计算并支付累计的全部利息。

大多数基金定期分配收益，但基金有时也必须在诉讼案件结案或监管部门调查后进行特殊的收益分配。这种特殊的收益分配，主要是为补偿那些在特定日期持有份额的投资者，或者需要满足其他的规定。确定哪些投资者有资格接受相应的收益分配以及分配多少，需要过户经纪商对基金份额所有权记录进行仔细审查。

为了处理所有的交易和应对复杂性，过户经纪商将依赖于技术。他们建立了复杂的数据库，在基金、投资者、中介机构和交易方面存储了数百万条记录。整个行业在自动化方面投入了巨额资金。例如，基金服务（Fund/SERV）系统将金融中介和基金组合之间的交易处理和货币流动进行了标准化和集中化。在基金服务系统建立之前，每个基金发起人都必须与出售其份额的中间人建立个人关系。现在，凭借基金服务系统，基金每天只进行一次电汇以结算所有购买和兑换活动，该系统负责将基金分配给经纪公司和基金份额的其他分销商。

华尔街的金库

基金服务（Fund/SERV）是由美国存托与清算公司（Depository Trust & Clearing Corporation，DTCC）通过其子公司全国证券清算公司（National Securities Clearing Corporation，NSCC）开发和运营的。

美国存托与清算公司在证券行业发挥特殊作用：它每次都在买方和卖方之间，处理了全美国几乎每一只股票、公司债券和市政债券的交易。它根据向其报告的交易信息，在其计算机系统中保留所有权记录。作为存托机构，美国存托与清算公司实际上持有了许多证券。如今，这几乎总是以电子化或无凭证的形式存储的，虽然在过去美国存托与清算公司有大型的存储纸质证书的金库。

美国存托与清算公司为其服务的主要使用者所拥有。

提供账户信息与基金报告

过户经纪商必须定期向基金投资者提供他们的账户信息。

每日：我们已经提到过，基金需要提供购买与赎回交易的确认信息。过户经纪商对于通过系统投资计划进行的购买一般不发送确认书。这类交易只出现在季度报表中。许多基金综合体还会发送非财务方面的变化的确认信息，包括地址、账户所有权，以及其他诸如系统赎回提现计划等账户信息。过户经纪商还必须向第一次购买基金的客户提供一份基金销售说明书或说明书摘要。

每季度：通常情况下，投资者每季度都会收到详述其基金持有状况的账户对账单。大多数基金发起人会把投资者在同一基金综合体中持有的所有股份整合在一起，放在一个对账单内，从而使客户使用起来更方便。（一般情况下，基金不提供经纪账户或退休计划所持基金份额的对账单。此类基金份额持有情况的信息通常由经纪账户或退休计划直接提供。）

每半年：正如我们在第 3 章已经介绍过的，基金每年必须向投资者提供至少两次关于基金业绩表现及持有情况的报告。过户经纪商负责监管这些发送给投资者的报告。

每年：为了帮助投资者进行税收筹划，过户经纪商提供每年末预计可能的基金收益分配情况。第二年初，他们还会发送信息给投资者以提供需要列入纳税申报单的确切数目。

- **表格1099 – DIV**，总结了基金的分配情况。它将基金分配收入分解成普通应税收益、免税收益、长期资本收益、短期资本收益、资本回报等项目，并将其发给投资者和美国税务局。

- **表格1099B**，报告基金份额的赎回所得。如果份额是在2012年之后购买的，基金必须根据美国税务局的成本基准报告要求，计算这些交易的资本利得或损失，计算时必须遵守所有的税务规则，即使是更复杂的，如洗售规则——防止投资者在销售后30天内买回股票带来纳税损失。过户经销商还必须允许投资者选择用于计算得失的方法。[7]

1099 – DIV和1099B表格都会被发送给投资者和美国税务局。年度报告还要求：大约每年，过户经销商通常都须向每个基金投资者发送更新的募集说明书。

定期：当共同基金召开投资者大会时，过户经纪商将协调代理委托书的邮递。关于代理委托书的更多详细信息，请参见本书第3章。[8]

为了节省资金、保护环境，如今大多数基金公司为投资者提供线上接收这些报告的选择。其还将向地址相同的投资者邮递一份纸质文件，如果投资者喜欢分开邮递，也可以做此选择。[9]

客户咨询

可能最棘手的客户服务就是回答来自客户（广义上包括基金投资者和为其提供建议的金融中介机构）的咨询。为了解答他们的疑难问题，基金综合体设有客户服务中心，其所有职员都经过专门训练，这些被称为客服代表的职员负责回答客户的各种问题，从地址变更到外国股价，再到房产税，等等。

为了避免雨、雪或其他恶劣天气的影响，大多数基金综合体会分别在国家的不同地区建立两个或两个以上的客户服务中心。他们还有定期检测的、详细的灾难恢复计划。如今，许多基金公司鼓励相当一部分比例的客户服务代表在家中工作，所以任何影响单一建筑的问题都不会再妨碍它们服务。精细复杂的通信系统会根据客户代表的专业知识将电话分配到不同的代表处。

为共同基金服务中心配备人员，是基金服务中心的一项非常重要的任务，尤其是当咨询数量随着股票市场的涨跌以及季节变化而急剧变化的时候。例如，在 1 月 1 日到 4 月 15 日的纳税期，电话数量就会大幅增长。因此，大多数基金服务中心在人力资源部投入了大量的资源，精心招募和培训客服代表。他们还会到当地的大学为毕业生提供职位。在基金管理公司，经常出现空缺的职位是初级过户代理。关于客户服务代表工作的详细信息，请参阅"职业生涯：客户服务代表"专栏。

职业生涯：客户服务代表

作为基金综合体的客户服务代表，你将在一个充满活力而且快节奏的环境中工作。你需要迅速起床——密集的训练从你走进办公室的那一刻就开始了。一开始，你就需要参加6—12周的课程培训，内容涵盖了共同基金行业的基本知识、公司产品的详细资料、深入的系统操作培训、客户服务技巧的基础知识等。你还可能要准备参加由金融业监管局举办的资格测试，以检验你对证券市场知识的掌握程度。

培训很有必要，因为你需要及时回答客户各种各样的咨询提问。你将要处理交易，并解决问题，甚至还可能与客户谈论潜在投资。工作的多样性可能让你觉得很有趣，但同时也意味着它很可能让你精疲力竭。整日忙于处理客户问题可能让人疲倦，而且一些服务中心还会24小时营业。因此，每年的员工流失率达到40%以上的服务中心并非罕见，这意味着员工仅会在此工作2—3年的时间。

　　另一方面，客户服务代表因为拥有大量培训和处理客户咨询的经验，很可能成为基金管理公司其他工作岗位的首选人才，如销售、合规管理、基金会计等。实际上，过户经纪商经常在为整个基金公司招聘人才。因此，客户服务代表是基金行业的入门职位。

　　服务中心密切关注全球的劳动力市场，并经常在一些有大量受过良好教育的劳动力却没有足够工作机会的地方建立新的分支服务中心。一般来说，过户经纪商会利用位于美国或加拿大的电话服务中心为美国客户服务。但是对一些非直面客户的功能，过户经纪商也愿意接受不同时区和多元文化的挑战。例如，许多服务中心在印度建立了技术支持运营中心。

　　虽然技术在过户经纪商业务中归属于"其他"，但它在客户服务中心是至关重要的。例如，语音应答单元（VRU）将呼叫者转向具有专门技术的代表以处理其咨询，并且甚至可以在呼叫开始之前通过屏幕显示，将基本账户数据发送到代表的计算机上。过户经纪商越来越多地使用语音识别技术来确认呼叫者身份。投资者可以在线访问他们的账户，并通过家庭计算机或移动设备处理简单的交易。

合规管理

　　过户经纪商还肩负着一些重大的责任，那就是确保基金遵守所有适用的法律、法规，以及基金自身的政策、程序。过户经纪商需要注意的问题包括：

　　遵守基金销售说明书的规定。过户经纪商必须确保其所处理的交易均符合基金销售说明书的要求。

　　隐私和数据保护。过户经纪商必须确保从投资者收集的机密信息被适当使用，并防止未经授权的访问。根据联邦法律，他们必须向投资者提供隐私通知，说明如何使用他们的个人信息，他们必须给投资者提示以阻止与第三方共享该信息。[10]此外，过户经纪商必须降低身份信息被窃取的风险。[11]

反洗钱（AML）。基金必须采取措施，避免为获得非法钱财的犯罪分子提供洗钱服务。前面已经提到，过户经纪商在为一些人开通账户的时候，必须对这些客户的身份信息进行核实确认。[12] 如果过户经纪商认为某基金份额购买使用非法活动相关资金，他们必须向美国财政部提交可疑活动报告。[13]

税款代为扣除。如果投资者没有提供一个有效的纳税人身份号码，共同基金必须在基金收益分配或者基金份额赎回过程中代为扣缴税款。过户经纪商把这些代为收缴的税款转交给美国税务局。[14]

"青天法"。基金必须遵守的国家证券登记法，通常被称为"青天法"，是指美国各州为抵制欺诈发行制定的法律，由于立法前欺诈盛行甚至将青天也出售，因而得名。[①] 正如我们在第 1 章中所讨论的，如今这些法律规定基金只需要支付在国内出售份额的费用。许多过户经纪商将此类工作外包给专业的服务机构。

归公产业法。基金必须遵守关于处理无主财产的归公产业法。有人与其财产失去联系，听起来可能会让人感到惊讶，但这样的事确实时有发生，通常是因为投资者搬家了或者去世了。州法律要求基金公司采取一些措施来找到合法拥有者。过户经纪商会再雇用专业从事此工作的公司来处理这些事情。[15]

过户经纪商的商业模式

过户经纪商有 3 种模式处理这些工作：

1. 模式 1：内部化。基金管理公司可以决定独立地依靠自己的力量管理所有的数据处理、回答客户询问等业务。虽然这种模式在过去是最常见的，但所需的资本投资不断增长，使这种选择越来越不受欢迎。

2. 模式 2：外包。基金过户经纪商可以雇用第三方来做这项工作。他们可能依靠专家提供数据库或追踪失去的投资者。或者，基金可以把所有投资者服务业务都外包给专业的全套服务供应商。最小的基金综合体通常会选择

---

① 该法律的制定是为了防止不良的证券推销人员诱骗投资者将所有资产一点儿不剩地投入证券之中。——译者注

这种模式。"服务机构报告"专栏解释了企业如何降低外包风险。

服务机构报告

对于基金管理公司来说，把重要的功能外包出去似乎是一种风险。如果服务机构没有准备好处理这项工作，管理公司的声誉可能会受到损害，在最坏的情况下，他们最终可能会在财务上因为出错而担责。

为了预防这种风险，基金管理公司不相信服务机构知道自己应该做什么。相反，它们要求服务机构提供证据，即由服务机构雇用的审计师来编制"服务机构报告"；此报告评估服务机构是否具有正确完成工作所需的能力。最常见的报告是审计鉴证准则16号报告或称SSAE 16报告。[16]

审计鉴证准则16号报告分为3种类别：

1. SOC 1是最常见的，审查服务机构的整体内部控制，是其管理运营的政策和程序。

2. SOC 2专注于服务机构的技术、评估系统安全性、处理完整性和隐私保护。它是专为专家使用而设计。

3. SOC 3涵盖了与SOC 2报告相同的内容，但它是一个公开认证的项目。

然后，在每个类别中有两种类型的报告：

1. 1类报告只检查服务供应商的内部控制。

2. 2类报告还检查过去的交易，以确定是否遵守相应的内部控制。

这些报告的另外两个重要组成部分：审计师将描述可能妨碍服务机构履行其职责的风险。服务机构的管理层会书面证实其负责实施控制。

另一个项目是：子过户经纪商可能被要求提供金融中介控制和合规评估（FICCA）报告。[17]

模式3：子过户经纪商。 过户经纪商可以使用中介作为子过户经纪商来服务通过该中介出售的账户。子过户经纪商的安排长期以来被用于基金平台，例如基金超市、打包项目和401（k）计划。（第11章提供了有关这些

平台的更多细节。）此外，过去的近 5 年中，大多数通过较大经纪商销售的账户已经转移到子过户经纪商来管理。[18]

为了理解其是如何运作的，让我们举个例子，假设在西拉迪安网络（Silas Deane OneNetwork）基金超市购买基金。西拉迪安经纪公司在基金的过户代理商处只建立一个综合账户，以管理所有拥有一体网账户的投资者在特定基金中所持有的全部份额。每个工作日，西拉迪安经纪公司把市场中所有的基金购买与赎回交易进行汇总，然后只向过户代理商报告变动的净值。基金过户经纪商只知道在该超级市场中的所有账户持有的基金份额的总量，而不知道具体投资者的姓名或每个投资者具体所持有的份额。[19]西拉迪安经纪公司处理其网络中所有账户的过户经纪功能。它处理交易、跟踪个人持有份额、向投资者发送报告、响应客户咨询，并监控是否符合相关规则。

基金直接或通过过户经纪商向中介支付这些服务的费用。这些费用是证券交易委员会的重点关注对象，正如我们在"伪装的分配？"专栏中的讨论。

伪装的分配？

请回答是或否：子过户经纪商的安排对基金份额持有者会更便宜吗？

从理论上来说，答案应该是"是的"，因为中介可以在与客户更广泛的关系背景下处理基金服务。例如，如果经纪商的财务顾问能够回答投资者账户问题，则基金管理公司不需要维持呼叫中心来回应这些咨询。使用中介来提供客户服务应该会更有效率。

到目前为止，成本节约在实践中是难以捉摸的。行业发展需要耐心，大多数向综合账户的过渡只发生在过去几年，中介需要一些时间来发展服务共同基金资产的专业性并实现规模经济。基金管理公司注意到，在这种情况发生之前，综合账户实际上可能会增加成本，因为基金必须建立团队来监督子过户经销商所做的工作。基金管理公司注意到，证券交易委员会没有说明对它们实施多大程度的监管可以避免错误发生。此外，子过户经纪商可以通过降低规模经济使主过户经纪商的效率更低。

证券交易委员会本身会担心一些完全不同的事情会发生，即子过户经纪商将收款伪装。换句话说，证券交易委员会关注的是，对子过户经纪商的付款不是用于维护投资者记录和提供客户服务，而是用于对销售基金份额的补偿，使其成为未向投资者充分披露的费用——伪装分配费用。[20]

批准基金支付费用的共同基金委员会独立董事正处于这场辩论之中。董事需要确定适当的价格来支付子过户经纪商的服务。当过户经纪服务由专门的实体提供时，衡量成本和评估通过调查及其他工具提供的服务水平会相对简单。但是，当基金服务只是多元化中介向客户提供的一小部分时，收集相关数据并不容易。因此，过户经纪费用的水平是共同基金董事会中最热门的话题之一。

基金管理公司通常使用这些模式的组合，具体组合随其业务来源而变化。大型免佣基金公司对其大部分账户都可能会内部处理，而对通过中介销售的任何份额则使用子过户经纪商。对于中型企业来说，则主要通过中介机构进行销售，其80%—90%的资产综合账户可以由子过户经纪商来维护，同时运行自己的呼叫中心，以回答财务顾问的问题，并将任何直接账户外包给第三方，同时使用由技术专家提供的中央过户经纪商记录系统。

基金会计

基金会计负责确定每日的资产净值和维护所有计算资产净值所需的基金记录。基金会计同时还需准备基金财务报表和纳税审报单，以便基金管理公司、审计员、基金董事会审核。我们在"职业生涯：基金会计"专栏中对这项职业进行了讨论。

职业生涯：基金会计

要成为一个基金会计需要什么呢？根据几家拥有会计机构的大型公司提供的最近的职位描述，可以看出基金会计应具备的职位技能包括：

- "在一个富有挑战和急剧变化的环境中工作的能力"。

- "能够在有限时间内按时完成任务，并在压力下工作的能力"。
- "能够意识到潜在的问题并把问题上报给上级的能力"。
- "对数字有很强的敏感性"。
- "注重细节"。
- "是一个既能在群体中高效工作，又能够保持高度独立性的良好合作伙伴"。
- "有良好的组织能力"。
- "有分析、优化、组织和时间管理能力"。

这是一个要求非常高的工作，要求基金会计能够在压力下又快又好地完成工作。

资产净值的快速计算

资产净值的计算会影响基金的会计日期。正如我们在第 2 章中所讨论的，基金必须计算其每天在纽约证券交易所开放的资产净值。基金可能会更频繁地（比如可能在一天中每隔一段时间）确定其资产净值，虽然这种做法对于除货币市场基金以外的基金是很不常见的。

对于所有基金，每天净资产值的计算必须在美国东部时间晚上 8：00 前完成。这是基金资产净值中央数据库——纳斯达克共同基金报价服务（NAS-DAQ's Mutual Fund Quotation Service）的最后期限。[21] 如果基金资产净值没有提交到纳斯达克，那么它们将在第二天作为"不适用（n/a）"出现在数据库中，并且其结果往往不会很好。投资者将无法通过报价服务查询其基金的价值。更糟的是，过户经纪商和子过户经纪商将需要手动输入资产净值以完成他们已经预订的交易。如果基金要他们的资产净值出现在第二天的报纸，他们甚至需要更早提交它们：下午 6：05 通常是印刷出版物的截止时间。

不幸的是，资产净值所需最重要信息的计算（基金里证券的估值），直到纽约证券交易所美国东部时间下午 4 点关闭时才能完成。因此，基金会计要花费大量时间准备在下午晚些时候进行净资产值快速计算。他们从其他参与者那里和后续活动中收集关键信息提供给基金。虽然大部分活动是自动化的，但基金会计必须监控流程，以确认是否有任何问题，然后努力解决例外情况。

在一天中，基金会计可以：

预测现金可用度。 基金会计必须使基金的记录与托管人的记录保持一致，并调查任何的例外或差异情况。另外，基金会计也负责调整当天计划交易的现金金额。每天早上，基金会计必须计算出基金的现金余额。证券投资经理需要一个确切的数字来计划当天的交易。

记录投资组合的交易活动。 基金会计负责更新记录以反映前一天基金投资组合中的买卖交易。在基金会计术语中，交易是按 T + 1 的方式登记的，即交易日期再加上一天，也就是在交易台执行完交易的第二天进行登记。[22]大多数基金公司的会计系统从托管人那里通过电子文件传输的形式获得自动更新的交易信息。基金会计需要处理所有异常现象。（"一切安全"专栏将对此进行阐述。）

一切安全

基金会计与基金托管人密切协调，基金托管人实际持有基金中的所有证券，并且是负责托管的实体。[23]基金通常聘请银行履行这一职能。

托管人的主要职责如下：

- 维持证券的精确库存。
- 处理与有价证券相关的活动。
- 进行资金调配，监管现金余额。
- 为基金会计提供资产净值计算的相关信息。

托管人可能提供的其他服务包括：

- 收入：追踪发行人的逾期款项。
- 税务服务：与基金获得的收入相关的问题研究，对非美国的投资服务可能很复杂。

- 代理服务：当投资组合持有人索取代理投票时通知投资经理。
- 现金清算：自动在一天结束时将剩余的所有现金，投资到货币市场基金或其他短期投资基金中（通常缩写为 STIF）。
- 信用额度：在需要额外现金时，会将资金借给基金。通常情况下是因为意外的投资者赎回。

记录基金份额变化活动。基金会计也负责记录前一天基金份额的变化，即记录投资者所持有的基金份额。过户经纪商会提供这些信息。

处理公司法人行为：基金会计会调整基金记录以反映所有当天会生效的公司法人行为；公司法人行为的通知来自基金托管人（"采取行动"专栏将对法人行为定义进行详细阐述）。有些法人行为非常复杂，在处理时很容易犯错误。为了把错误降到最小，托管人和基金公司通常雇用专门的公司来为其提供法人行为的详细信息，并用自动化系统对之进行记录。

采取行动

法人行为这一术语在投资行业里有着特殊的含义，是指通常由董事会发起，能够改变公司所发行的有价证券特性的事件。一般的法人行为包括：

- 两家公司的合并，合并公司发行新证券以代替现有证券。
- 公司分拆——与合并恰好相反——公司把曾经合并在一起的业务分割成独立的新公司，每个新公司发行自己的股票。
- 股票分割，公司对现有投资者发行新增股份，同时降低股票的价格。
- 权证发行，公司赋予现有投资者在优惠的条款下购买新增股份的权利。

记录非 12b–1 的费用累计。基金会计记录每天的费用累计情况。费用累计数量根据计划进行支付，但是当管理公司为费用的开支规定最高限额或补贴费用时，计算就会变得非常复杂。虽然这些费用每天都在累计，但是基金公司只会定期用现金支付。基金会计也认可在计划的时间用现金支付相关费用。当费用累计时，基金的资产净值就会减少，而现金费用支付对资产净值并没有影响。

分开记录每种股份类别的 12b－1 费用。基金会计维护所有股份类别的记录。在第 10 章，我们已经解释过许多基金有多种股份类别，每种股份类别都有独特的申购费用与 12b－1 费用。这意味着，每天基金会计都需要正确地记录每种股份类别的 12b－1 费用。

计算并记录股利分配额。基金会计还要记录利息收益、股利分红收益和证券销售而获得的资本利得收益。正如第 2 章所讨论的，在扣除费用开支后，基金必须至少每年一次将几乎全部收入都分配给份额持有人，从而获得税收优惠的资格。每只基金在支付这些收益的时候都有自己的安排，可能是按年、按季度、按月或者按天来支付。当到期进行收益分配时，基金会计就会将这段时期的利息、股利和资本利得进行加总，然后扣除费用，再除以份额总数，算出每份额的分配收益。然后将每份额的分配收益金额传给处理投资者账户实质分配的过户经纪商。收益分配的支付将会减少资产净值。再次说明，分配支付只是定期进行，但基金会计每天都需要记录应分配的收益。

美国东部时间下午 4：00，资产净值计算的最后 3 个阶段开始了：

1. 证券估值。根据投资组合中证券在下午 4：00 的价格计算证券价值。下午 4：00 是美国证券交易所收盘的时间（交易的收盘价格被用于计算证券的价值），同时也是评估包括国债与非美国股票在内的所有证券的时间。估值是一个复杂的过程，我们将在后续部分进行详细讨论。

2. 计算资产净值。一旦基金投资组合中的每种证券价值都确定下来，大多数会计系统在这一步完成之前不会继续变动，该系统会汇总所有证券的总价值，加上现金和其他资产，再减去债务，然后用所得的结果数值除以股本数就可以计算出资产净值。

3. 检查。又到了检查的时间：如果资产净值的变化超出预先期望值很多，基金会计将仔细检查整个计算过程，确保这样的变化并不是由输入错误所导致。在资产净值最后确定下来之前，主管人员需要再次检查并签字，如果资产净值变动特别大，高层管理者将可能介入。

似乎很简单，不是吗？有些时候确实是这样的，但有些时候并非如此——通常当市场活动处于高峰期时，任何问题都可能延缓事情的进展：会计系统可能会在最糟糕的时刻减速；证券估值服务供应商可能会在估计特别活跃行业的证券价值时遇到困难；或者有太多显著的价格波动，以至于对例外情况的处理时间要比平时多得多。

我们在讨论证券的估值之前，需要简要地说明这些工作都是在哪儿进行的？一些基金经理喜欢保留对证券投资组合相关服务的控制，并且自己处理这些工作。例如，富达基金、富兰克林邓普顿投资基金以及先锋基金都设有内部服务供应机构。其他的基金综合体则把会计工作外包给专门提供此类服务的第三方机构——通常是银行。

基金投资组合的估值

我们已经看到，资产净值计算最后的关键步骤是基金持有的有价证券的估值。因为资产净值是基金份额价值的最好体现，所以使用的价格必须能反映证券当前的市场价值。

基金董事会对资产净值有着最后的决定权。[24]董事会审查并正式通过定价政策——这些政策会在基金财务报表附加信息中披露，同时，董事会还确定了这些政策中的所有例外情况。为了处理出现的各种估值问题，大多数董事会建立了定价、估值或公平估值委员会，在每个工作日结束时工作。这些委员会通常由来自管理公司的专家组成（尽管不包括投资组合经理）。在一些基金综合体中，董事会成员也在这些委员会任职。定价委员会可以接触投资者员——能够根据可能产生价值的因素简要评估价值，同时也有权在使用标准政策不恰当时建立新的评估标准。董事会定期核查委员会的决策。

基金对每种类型的证券使用不同的估值方法：

- 股票是最容易评估的，特别是发达国家活跃的股票。它们几乎总是被根据当天最后一笔交易的价格进行估值。对于美国股票而言，就是最后一笔在证券买卖合并记录上报告的交易。（第 9 章讨论了合并报告系统。)

- 大多数债券利用矩阵定价法来估值。为了简化，矩阵定价法是通过估计国债收益率和同行业其他债券收益率的差价，并根据此种债券的历史收益率差价和所包含期权特征的影响，来倒推该债券的价格。（第6章附录描述了收益率差价。）为什么这种方法可行呢？因为这些债券中的大多数价值的日常变动都是由利率的变化决定的，以国债利率的变化衡量。收益率差价更加稳定，反映出基本信用质量通常缓慢发展的趋势。

- 对交易不太频繁的投资，基金可能使用一家或多家证券交易所市场投资者的出价和要价的均值进行估值。

- 当基金董事会认为所有这些方法均不能真实反映当时销售情况下应接受的价格，那些证券应该以公允价值定价。公允价值是基金经理关于证券在井然有序的市场上可能出售价格的最好估计值，而不是廉价急售情况下或被迫交易中的价格。公允价值可以应用于单一证券，也可以应用于整个投资组合，稍后我们将对此进行讨论。

如今，许多基金从专业的定价服务机构那里获得估价，特别是固定收益证券的估值。由于一些定价服务机构专注于某些类型的证券的定价，一个基金公司使用多个定价服务机构来覆盖全部的投资并不是一件罕见的事。现在，大部分基金还把定价服务机构的报价作为第二意见来确认自己的估值是否正确。[25]

在年度报告中，基金必须提供一个概述，解释它们在计算资产净值时如何在实际中运用这些程序。作为报告程序的一部分，基金会计根据使用的估值方法的不同将基金份额分成3类，这些分类由美国财务会计准则委员会（Financial Accounting Standards Board）建立。[26]它们分别是：

1. 第1类：应用于在活跃市场上交易有报价的同一证券。国债和大部分股票属于这一类。

2. 第2类：应用于那些交易不太频繁但仍可以通过观察市场投入，比如相似证券或利率的报价，来估计其价值的证券。以做市商报价估值和矩阵定价法估价的证券属于这一类。

3. 第 3 类：应用于那些没有观察市场投入的证券。对于此类证券，基金必须自己对当前的金融信息进行分析，以完成证券价值评估。第 3 类中的证券经常因为发行人的财务出现困境而交易并不频繁。

基金会计首先就一种证券具体的分类级别，与审计师、分析师和市场专家进行讨论交流，然后再计算出每个类别中证券的美元价值，并包含在基金年度报告中。

让我们再仔细地看一下证券估值与资产净值计算的时间安排。共同基金使用前向定价，意味着那些想要购买或销售基金份额的投资者通常能获得第二天适用的资产净值。[27]我们已经了解到，共同基金的资产净值是按照美国东部时间下午 4：00 纽约证券交易所收盘时的收盘价格每天计算一次。在下午 4：00 以前发出基金份额买卖订单的投资者，将会在同一天收到稍后计算的资产净值。但下午 4：01 或稍后的时间收到的订单只能等到下一个交易日才能处理，即在下一个交易日结束计算出资产净值时。前向定价确保没有人可以利用超人的知识来利用其他基金份额持有人获取利益。

与前向定价相反，共同基金在 1968 年以前使用的是后向定价系统。在后向定价系统中，基金份额的购买价格是根据之前最近的资产净值而定的。在该系统中，那些一直等到交易日结束时才来下单的投资者具有优势。例如，如果股票价格在某一天中持续高涨，那些在交易日结束时下订单购买股票共同基金的投资者就可以锁定利润。那是因为他们在购买基金份额时使用的是前一交易日的资产净值，而该资产净值很低，因为它反映的是前一天较低的股票价格。通过这种方式购买股份的投资者赚取的利润是以已有的股份持有者的损失为代价的，事实上，现有的基金份额持有者以非常低的价格出售了其部分份额。后向定价使交易基金份额变成基金经理用来增加销售的一种积极的推销方式。[28]

前向定价消除了这种与价格系统博弈的机会，是吗？现有的资产净值计算的时间安排是为主要投资于美国证券的基金而研发的。此方式运行良好，因为美国证券的估值是在交易日结束、资产净值计算之时进行的，而此时也正是当天基金购买与赎回交易终止之时。

但是当共同基金开始投资于非美国证券时，情况就会变得非常复杂。外国证券的估值也是在当地证券市场闭市时进行的，而且由于不同时区的原因，其闭市时间要远早于美国市场开市时间。但是购买在这些国家投资的基金份额的投资者在美国东部时间下午4：00——当地市场闭市12小时或更多小时后——之前，仍然能够继续进行基金份额的买卖。（关于主要股票市场开放与关闭的时间，请参见表14－1。）

表14－1　股票市场开放时间（美国东部时间）

股票市场	开市	闭市
澳大利亚证券交易所	7：00P. M.	1：00A. M.
东京证券交易所	7：00P. M.	1：00A. M.
上海证券交易所	8：30P. M.	2：00A. M.
香港证券交易所	8：30P. M.	3：00A. M.
孟买证券交易所	10：45P. M.	5：00A. M.
俄罗斯证券交易所	3：00A. M.	10：45A. M.
法兰克福证券交易所	2：00A. M.	2：00P. M.
伦敦证券交易所	3：00A. M.	11：30A. M.
巴黎证券交易所	3：00A. M.	11：30A. M.
巴西证券交易所	9：00A. M.	4：00P. M.
纽约证券交易所	9：30A. M.	4：00P. M.

事实上，持有大量外国证券的基金使用的是后向定价法——这样投资者就有机会通过观察美国市场的表现进行系统博弈。由于美国是世界经济的重要驱动力，通过分析美国证券市场的波动往往能够预测第二天其他证券市场的变化。因此，如果美国市场在星期二的时候上涨，亚洲和欧洲的证券市场很可能在星期三的时候上涨。但是，由于资产净值的时间安排，投资者仍然能够继续以反映星期二闭市价格的资产净值购买投资于亚洲和欧洲市场证券的基金份额，这为投资者提供了一种短期套利的机会。

为了阻止投资者利用时差来获取利益，基金董事会可能会调整非美国证券的价格，以反映美国证券价格的变动，以及在外国证券市场闭市后的其他重大事件。此项调整即被称为公允估值。持有大量外国证券的基金几乎都需要有书面的政策或程序规定，在市场变动超过特定的触发点或临界值时，必须使用公允估值法计算资产净值。

例如，一只主要投资于日本股票的美国基金可能会密切关注美国日经225 指数期货合约的价格。当该合约在芝加哥进行交易时，它仍以东京证券交易所股票业绩指数为依据。定价委员会把该美国期货合约在美国东部时间下午 4：00 的价格与东京证券交易所 15 小时前闭市时的日经指数价值做比较。如果期货合约的价格比日经指数价值高出特定的百分比，比如高出0.25 个百分点，该基金就会使用公允估值法。[29] 期货合约价格上升多少，基金就会将日经指数的估值提升多少。该较高的估值就是在美国证券交易所闭市时日经指数价值的估计值，也是 3 小时后东京证券交易所开市时的期望价格。

公允估值法也可以应用于其他场合。比如，在一种证券或整个市场都暂停交易时，或者当地市场闭市到纽约证券交易所闭市，海外发生自然灾难时，基金政策也会要求使用公允估值法估值。

尽管大多数的基金董事会不断与基金经理共同努力完善使用公允估值法的程序，美国证券交易委员会仍要求董事会至少每年对这些程序方法的适当性与精确性进行一次检查。作为该程序的一部分，基金董事会可能会进行回溯测试，在一段时期内，将已使用的公允价值与市场价格进行比较。良好的公允估值程序会使两者之间的差异最小。

如今，基金董事会专注于为所有的投资者争取合理的估值权，然而在 10 年前，基金行业曾因一件丑闻而受到极大震动，该丑闻涉及一项损害长期投资者利益，却有利于短期投资者的估值程序。详情参见"偏袒少数人"专栏。

偏袒少数人

尽管基金监管者要求所有的投资者——无论他们投资规模大小——都应受到平等的待遇，但有时仍有一些不负责任的基金管理公司会违背该原则偏袒少数人。这些行为主要发生在20世纪90年代末以及21世纪初，当时许多基金综合体允许一些机构和富裕的个人进行延迟交易或择时交易。

- **延迟交易**。有些投资者经常可以在下午4：00以后，有时甚至到晚上9：00，仍然能够进行基金份额的买卖。因为有延迟交易的特权，这些投资者可以从新闻中——如在市场关闭之后主要公司发布的收入公告中——获取以其他基金投资者损失为代价的利润。延迟交易是非法的。

- **择时交易**。其他投资者可以进行择时交易，即迅速购买和销售基金份额。虽然择时交易并不是非法的，但大多数基金销售说明书仍然明确禁止这种交易。如同延迟交易一样，择时交易会把费用强加给那些没有参与此类交易的基金投资者。为满足择时交易的需求，基金不得不更频繁地购买和销售证券，最终导致交易成本不断增加。更重要的是，择时交易者还能够利用国际基金的后向定价来获取短期利润。

一些基金发起人能够引导此类交易，要求投资者为特权付费，标榜投资高费用的基金能够为基金管理公司创造额外收益。其他的基金综合体希望阻止这些活动，但发现无法做到。可疑的交易总是来自金融中介所持有的综合账户，但是基金公司却没有足够的信息来阻止违规者的未来购买行为。而且还有另外一些基金管理公司简单地选择忽略这些可疑的交易。

2003年，纽约司法部长艾略特·斯皮策（Eliot Spitzer）披露了这些活动，丑闻由此曝光。[30]数位大型基金发起人都牵涉其中，大多数基金发起人与斯皮策办公室和证券交易委员会交涉，同意补偿那些受影响的投资者，并降低管理费用。因为该问题影响广泛，尽管只有一些基金投资组合经理个人参与择时交易，但是基金行业的声誉还是因披露的问题受到严重影响。许多受影响的公司发现其基金资产随着投资者的撤资而不断减少。

对该丑闻的回应是：

- 证券交易委员会强化对延迟交易和择时交易的监管，提高基金经理追踪这些活动的能力，即使它们是由金融中介引起的。[31]
- 基金公司需任命一名直接向董事会报告的首席合规官，来监督所有法律和法规的执行情况。[32]
- 基金经理完善了问题活动的侦察流程。
- 更多基金公司对短期交易者征收了高额的赎回费用。
- 大多数基金董事会，特别是那些投资于美国以外证券市场的基金董事会，开始使用公允估值法来消除与系统博弈的可能性。

投资运营

基金投资组合处理中的一个关键角色是由投资运营部门扮演的，即人们所熟知的投资后台系统，投资运营部负责为投资组合管理团队提供运营支持。投资运营通常被称为中台系统，因为它作为投资组合管理前台和后台之间的桥梁。

投资运营专业人员必须处理以下 3 个方面极为复杂性的事情：

1. 他们负责处理各种不同类型的账户。证券投资组合团队可能会监管独立账户、共同信托基金、对冲基金、单一客户账户和离岸基金，如欧洲可转让证券集体投资基金（UCITS）——《1940 年投资公司法》规定的共同基金以外的基金。每种类型的账户都由不同的规范管理，每只基金都有自己的投资政策和限制。

2. 投资运营人员还负责记录许多不同类型的证券，其中一些证券还有着复杂的特征。金融衍生工具还给其强加了特定的挑战。那些运用金融衍生工具的基金可能不得不在履行合约期间，根据市场变化提供抵押品、支付或收取款项。此类工具中许多是根据基金的特殊需要量身定做的，因此投资运营人员必须熟练掌握其独有的特征。

3. 最后，投资运营人员必须与多方交流配合，包括公开市场交易台、基金会计、托管银行以及为基金执行交易的证券经纪公司等。如果基金大量使用金融衍生工具，那么也可能拥有首席经纪商，即将衍生工具及抵押品集中起来处理的证券经纪公司。[33]

虽然投资运营一直以来都是投资组合管理组织的一部分，但基金经理正在逐渐将这类工作外包给托管银行或者其他专业的服务供应商。

投资运营部执行一系列职能，包括：

交易结算。投资运营部与基金经理的交易台紧密合作，确保交易正确结算。在第 9 章中我们已了解到，交易台负责执行来自投资组合经理的证券买卖指令。一旦交易台完成其工作，投资后台办公室就接手负责接下来的工作，安排我们所熟悉的交易结算过程中现金与证券的实质性交换。

如今，美国股票交易在 3 天内完成。交易在交易当天，即 T + 0 或 T 时发生。而交易结算，即现金和股票的交换是在 3 天之后，即 T + 3 或交易日期再加 3 天。[34]

在 T + 0 和 T + 3 之间，交易中所有参与方可以交换信息，调整任何可能的偏差。一旦证券经纪公司收到这些详细的信息，就会以已确认的形式，将这些信息发送给全国证券交易清算公司。在清算开始以前，买方与卖方都必须证实该确认信息。有时，参与交易的一方可能没有看到交易订单，而不了解交易过程。图 14 - 2 形象地展示了这一过程。美国证券托管结算公司的分公司——全国证券交易清算公司，是保存美国证券交易记录的中心存储机构。

如今，交易结算过程是高度自动化的，以致美国证券托管结算公司认为它可以发生得更快。它建议将结算期限缩短为两天，最终目标是在 T + 1 时结算。[35]

投资组合会计。投资运营团队通过协调基金经理内部系统的基金持有情况数据和托管银行的记录保持一致，来确保交易和法人行为都能够在内部组合会计系统中得到恰当的反映。由于许多基金经理需要与多个托管银行合作，所以这是一项工作量非常巨大的工作——很难实现全部自动化。

为什么不只使用托管银行的记录来进行投资决策呢？原因之一是托管银行是在交易完成的第 2 日或 T + 1 时才录入交易信息，这被称为会计账簿记录（accounting book of record，简称 ABOR）。但是，投资组合经理输入买卖

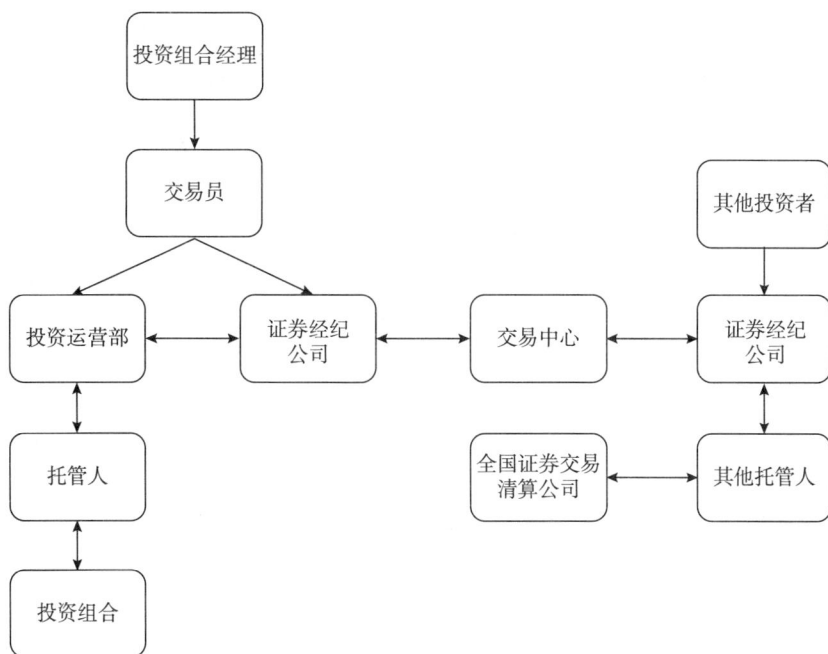

图 14 – 2 交易结算过程中的参与方

订单时需要更加即时的信息。交易信息在交易日或 T + 0 时就被输入了投资组合会计系统，这被称为投资账簿记录（investment book of record，简称 IBOR）。另外，投资组合经理可能还需要来自多家托管银行的基金持有情况的整合报告。许多投资经理正在努力使会计账簿记录和投资账簿记录同步自动化。

数据管理。投资后台办公室将基金证券持有情况的所有详细信息保存在一个叫作证券主文件的地方。每种证券的记录至少包括证券类型（比如是股票还是债券）、发行人、国家和行业等。对固定收益证券，证券主文件至少还包括债券息票利率、到期日和票面价值。证券主文件中的数据被用来撰写投资组合证券持有情况报告。

投资组合合规系统。投资运营部在帮助确保基金遵守证券相关法律和基金销售说明书中的政策方面扮演着重要的角色。大多数基金经理执行两套合规监督系统——负责检查已经提交但尚未到达交易台的交易过程的交易前合规系统，以及定期检查投资组合证券持有情况的交易后合规系统。

例如，如果一只债券基金销售说明书将持有评级为 BB 或更低的资产的比例限制在 20%，那么交易前合规系统就会反对任何将持有低信用级别的比例推高至超过总资产 20% 的债券购买计划。如果由于某种原因，此类债券的价值超过该债券基金资产总量的 20%，那么交易后合规监督系统就会对此展开调查。然后合规团队会确定使基金持有比例高于上限的原因。这可能是低信用级别债券总体上表现不错，市场价格出现变动的结果。在此类情况下，除向投资组合经理和首席投资官强调一下比例外，就不需要再采取进一步的行动。但该情况也可能是一种错误——最近购买的债券信用等级输入错误引起的，所以交易前合规系统并没有阻止此次购买行为。在这种情况下，交易就可能被撤销。详情见"当合规监督系统失效时"专栏。

良好的合规监控需要有良好的数据管理。在这个例子中，为了监控投资于低信用等级的债券的资产比例，合规体系必须包含所有的证券组合精确的市场价值和最新的信用评级。投资运营部负责跟踪所有要求的信息的来源，并确保所有信息都是最新的。因为合规体系必须经常监控数十种证券组合中成千上万种证券是否符合各种限制，所以数据更新必须尽可能自动化。

当合规监督系统失效时

当合规监督系统失效，一只基金投资于本不该投资的债券时，会发生什么呢？

步骤 1：基金经理必须通过卖掉问题证券使基金合规。

步骤 2：当问题证券超过一定数量时，基金经理必须向董事会报告（董事会决定报告的临界值）。基金经理必须解释发生错误的原因，以及采取何种措施来防止错误再次发生。

步骤 3：如果证券被亏本出售，那么通常由基金经理赔偿这些损失。法律中并没有要求基金经理补偿基金由于其错误而产生的损失，但大部分基金经理会依据惯例这么做。[36] 对大型基金而言，赔偿的款项可能非常大。如果错误带来了收益呢？通常由基金保留这些利润。

由于合规性错误代价很高，基金经理努力通过交易前合规系统阻止错误的发生，并通过交易后合规系统快速发现错误并纠正。

客户报告。投资后台办公室需要为基金董事会和其他客户准备大量报告，记录关于基金证券持有情况、投资活动及投资结果等详细信息。

抵押品管理。抵押品管理也是投资运营部负责的活动。那些卖空股票或那些利用金融衍生工具参与特定交易的基金，可能需要将其投资组合中的部分证券作为抵押，以确保其在这些交易中履行义务。与此同时，基金公司可能要求回购协议、股票借贷或其他衍生交易的对手方提供担保来保护它们的权益。投资后台办公室负责处理与抵押安排相关的大量书面工作，并确保抵押品与相应的抵押条款相符。许多基金经理将这些复杂的工作外包给其托管银行。

本章小结

基金运营由一组代表基金运营的服务提供者来执行。行业中很大一部分岗位都是基金运营岗。

过户经纪商负责维护投资者账户记录并向其所有者提供客户服务。这是一个主要任务，因为投资者账户数量巨大以及基金特征比较复杂。过户经纪商处理基金股票交易，定期向投资者提供特定的报告，并回应投资者咨询。许多基金合作伙伴经营大型客户服务中心，培训员工以应对这些咨询。过户经纪商在广泛的问题上，包括隐私和数据保护以及反洗钱计划方面，有重要的合规责任。

过户经纪商自身可以开展工作，较大的基金公司可以通过直接渠道销售的账户使用此模式。它们可能会将过户经纪商的全部功能外包或者将部分功能外包给第三方。当基金进行外包工作时，它们可以要求评估审计公司负责服务机构的内部控制。基金还可以使用中介作为过户经纪商辅助，为通过该中介出售的账户提供服务。在这个模式中，中介与基金建立单一的综合账户，包括在中介账户中持有的所有基金份额。中介为提供子过户经纪服务支付费用。

基金会计负责计算资产净值。在交易日的早些时候，基金会计负责在基金报表中记录前一天的交易活动、累计费用和收益。在美国东部时间下午4：00纽约证券交易所关闭之后，基金对所持有证券进行估值。然后，基金会计负责完成资产净值的计算，并将其报告给纳斯达克。

基金董事会为基金持有证券制定相应的估值政策。每类证券都使用不同的方法评估其价值。当基金董事会认为没有一种标准的方法能够反映证券的真实价值时，就可能选择公允估值法——估计证券价值。共同基金使用前向定价法即意味着那些想要购买或销售基金份额的投资者得到的是下一次可使用的资产净值。当基金不使用前向定价法而使用后向定价法时，那些察觉最近市场变动的投资者可能会以长期投资者的损失为代价获得相应的利润。在2003年，基金行业爆发了一场丑闻，人们发现有些投资者利用延迟交易或择时交易牟利，这些交易有时还是在基金管理公司的支持下进行的。为了避免再发生类似的事情，目前基金基本上都使用公允估值法，特别是海外证券，同时实施严苛的规则防止基金份额的频繁购买和赎回。

投资运营部为投资组合管理团队提供支持，处理各种不同类型的账户和证券，同时是连接各服务供应商的关键环节。投资运营部与基金经理的交易台密切合作，以确保交易都得到正确的结算。美国股票的交易通常在3天内结算完毕。在交易日和结算日之间，参与交易的各方需要对比信息并协调差异。投资运营部还负责维护投资组合经理制定投资决策时所用的数据。同样的数据还被用于系统中，确保所有投资都遵循相关的法律法规。

第四部分
非传统基金

虽然传统的开放式共同基金仍然占据投资基金市场的主导地位，但是其他类型的混合型基金已经受到投资者的青睐。在本部分，我们将探讨两种越来越流行的共同基金衍生品：ETF 和对冲基金。

根据投资公司协会的数据，ETF 中的资产从 1992 年几乎为零增长到 2013 年底的 1.7 万亿美元。它现在已经占到美国基金行业的 10%。

对冲基金的增长同样惊人。尽管受到金融危机的影响曾经中断，但其资产在过去 10 年中增长了 4 倍多。根据《对冲基金研究》报告，2013 年底对冲基金的总资产为 2.6 万亿美元。

在本部分中，我们将研究 ETF 和对冲基金的成功因素。本部分包含两章：

第 15 章仔细研究了 ETF。首先回顾它的历史，然后考察其独特的结构和操作。此外，本章还对不同类型 ETF 进行了对比，重点将讨论与传统基金相比，ETF 的不同投资方法。本章还将探讨 ETF 的销售前景。

第 16 章将着重探讨对冲基金。本章开篇将首先定义对冲基金，并讨论对冲基金经理监管的最新变化。然后，将讨论对冲基金使用的投资方法，并考察对冲基金与共同基金相比的优势和劣势，重点将研究对冲基金业绩表现。下一节将描述管理对冲基金投资的条例，并逐一分析对冲基金投资者的类型。最后，我们将讨论在对冲基金和共同基金经理之间日益趋同的基金类别——流动性衍生品。

第 15 章

ETF 和对冲基金的竞争

ETF 一直是基金行业里的破坏性技术产品。它改变了买卖基金的方式，增加了投资者对低成本指数投资的兴趣，并为投资者提供了投资组合的新选择。与此同时，它像滚雪球一样快速增长；截至 2013 年末，ETF 的资产占行业总额的 10%。[1]

在本章中，我们将讨论 ETF 现象，从它的起源一直到未来。具体而言，我们将探讨：

- ETF 的历史和增长。
- 与传统共同基金相比，ETF 的优势和劣势。
- ETF 的法律结构。
- ETF 的运营。
- ETF 的投资。
- ETF 的发展前景。

历史概要

ETF 近年来的发展的确非常吸引人眼球，特别是与基金行业的整体增长相比。但情况并非一直如此。从 1992 年第一只 ETF 问世开始的十多年时间里，该行业的增长都非常缓慢。（关于早期 ETF 的更多信息，请参见"关于超级信托、标准普尔存托凭证和 WEBS"专栏。）2004 年底，市场上只有少数几家发起人，发行 ETF 152 只，总资产不超过 2 280 亿美元。

但是从 21 世纪头 10 年的中期开始，ETF 就迎来其转折点，开启了爆发式的增长。截至 2009 年底，该行业发展到将近 30 家发起人，基金数量接近 800 只，总资产超过 7 750 亿美元。从至 2013 年的过去 5 年的数据来看，ETF 的综合年增长率超过了 27%，而同一时期共同基金行业的整体增长率却只有 7%。[2]

大多数 ETF 是被动管理的，它们的增长是由投资者对指数投资的兴趣所驱动的（我们在第 5 章中已经进行了讨论）。如图 15-1 所示，近年来，ETF 资产与传统指数共同基金中的资产同步增长。在 2013 年底，ETF 和指数基金各有约 1.7 万亿美元的资产。

关于超级信托、标准普尔存托凭证和 WEBS

问：美国的第一只 ETF 是什么？

有些研究行业历史的学生认为，美国第一只 ETF 是 1992 年开始在美国证券交易所上市的超级信托（SuperTrust）。超级信托是由加州的投资公司利兰-奥布莱恩-鲁宾斯坦（Leland O'Brien Rubinstein，LOR）的委托人根据在交易所交易的标准普尔 500 指数基金的需要而开发的。[3] 它是为机构投资者设计的复杂的指数型产品，但是该产品中途夭折了，以清算而告终。

这也就是大多数历史学家将第一的头衔授予另一个基于标准普尔 500 指数的 ETF——标准普尔存托凭证（英文简写为 SPDR）的原因。标准普尔存托凭证是对超级信托的继承，于 1993 年在美国证券交易所（ASE）公开发行，其旗下的各个系列到目前仍然是美国最大的 ETF。[4] 标准普尔存托凭证的结构是单位投资信托。

你在寻找第一只基于共同基金的 ETF 吗？（我们稍后将介绍单位投资信托和共同基金的区别。）答案是 WEBS，它是对标准普尔存托凭证的适当补充，是由 1996 年前 LOR 职员为巴克莱全球投资公司（Barclays Global Investors）和摩根士丹利创建的。巴克莱的 WEBS 已经成长为世界上最大的 ETF 家族，现在隶属于黑岩基金旗下的安硕（iShares）。

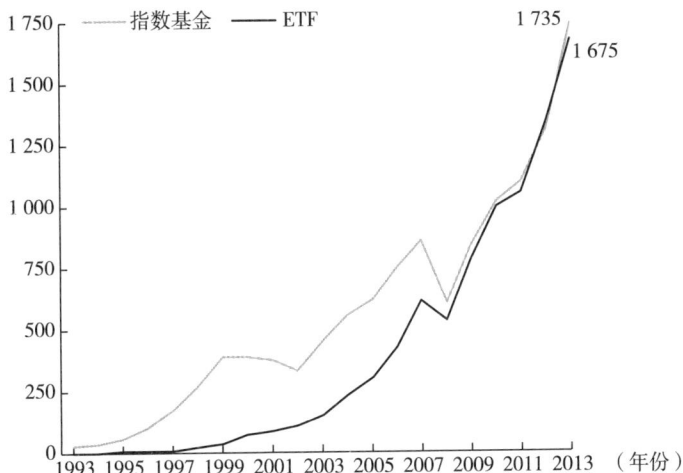

图 15 – 1　美国 ETF 和指数基金资产（10 亿美元）
资料来源：投资公司协会，2014 投资公司年报

正如新产品对基金行业整体增长至关重要，新类型的 ETF 的引入扩大了其吸引力，并促进了其市场的扩张。[5]ETF 快速超越了其根源标准普尔 500 指数，现在提供包括：

- 美国股市整体，ETF 以那些最著名的指数为基础。
- 特定行业的股票市场，如能源或技术。
- 国际股票市场，包括全球和特定区域。
- 美国和国际债券，应税和免税债券。
- 债券和股票的混合分配策略。
- 另类投资策略，如多空策略（我们将在下一章更深入地讨论）。

虽然大多数 ETF 仍然是基于指数的，但是我们将看到，越来越多的基金会至少将一些主动管理的元素纳入其投资方法中。事实上，除了货币市场基金外，ETF 提供了许多与传统共同基金相同的投资选择。

ETF 还通过引入创新方法创造了新局面，包括：

- 反向 ETF（Inverse ETF），当市场下跌时上升，反之亦然。
- 杠杆 ETF（Leveraged ETF），利用杠杆成倍扩大收益和损失。
- 大宗商品 ETF（Commodity ETF），提供更多的直接接触贵金属、石油和其他大宗商品的产品。

我们将在本章的后面部分讨论这些方法，以及为什么它们更适合 ETF 而不是开放式基金。

按类别划分的 ETF 资产的明细如图 15 - 2 所示。股票和债券指数 ETF 在类别中占据主导地位，而货币、房地产、反向和杠杆 ETF 也拥有相当多的资产。主动管理基金仅在债券类别中显著。

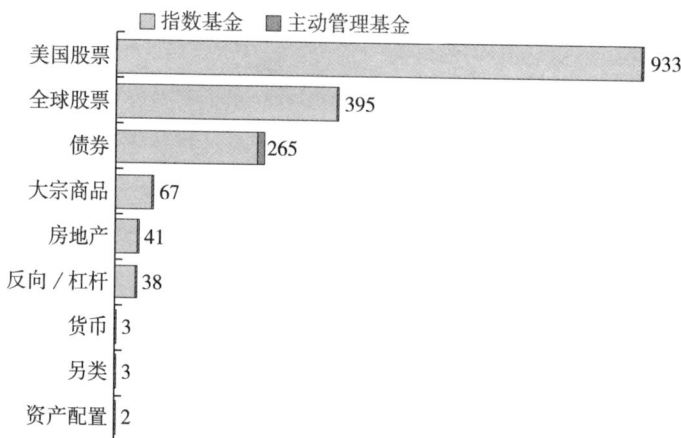

图 15 - 2　按类型划分的 ETF 资产（2014 年 4 月，10 亿美元）

优势和劣势

ETF 在很多方面都与共同基金相似，但是它们具有一个区别于共同基金的特征：其份额可以在证券交易所或者其他交易中心进行交易。因此，ETF在方便地为投资者提供一揽子分散化投资方面可以和共同基金相媲美。但是

ETF 相对于传统共同基金的优势在于：

- **日内交易**。共同基金在纽约证券交易所上市，每天只能申购或者赎回一次，次日交割。但是 ETF 可以在交易日内随时交易。

- **没有最低投资限额**。ETF 可以以最小单位为 1 份额进行交易，但是绝大多数的共同基金要求最低投资 1 000 美元才能创建一个账户。

- **费用更低**。由于大多数 ETF 都是指数基金，所以通常具有更低的管理费用，而且因为它们是在交易所交易，客户服务成本也很低。因此，许多 ETF 的费率比实行相同投资策略的共同基金还要低。

- **投资范围更广**。一些 ETF 允许投资者直接投资大宗商品，并且会经常使用衍生品投资。

- **税收更加优惠**。ETF 被认为比许多其他的共同基金有更多的税收优惠，意味着它们产生的应税资本收益更少。我们将在稍后部分解释为何如此。

另一方面，传统共同基金也有自己的优势：

- **每日按照资产净值赎回**。共同基金投资者可以在每个交易日结束后，以资产净值的价格直接赎回份额。ETF 投资者必须以即时交易价格在交易所内卖出份额，而即时价格和资产净值可能不一致。虽然 ETF 有能够保持交易价格和资产净值一致的机制，但正如我们将会看到的，该机制并不是在任何时候都有效。

- **没有交易佣金**。虽然 ETF 的费用通常比传统基金更低，但是一般而言，ETF 的投资者在每次买入或者卖出份额时都必须支付佣金，而一只共同基金的持有人无须支付佣金。然而，著名的经纪商已放弃对一些 ETF 收取交易佣金，至少目前是这样。

- **更广泛的主动管理策略选择**。大多数 ETF 是被动型指数基金，主动管理的 ETF 还只是刚刚问世。稍后我们就会发现，许多基金经理认为 ETF 对于主动管理策略并非一种合适的形式，因此主动型基金经理可能更倾向传统基金。

法律架构

ETF 这个术语，通常被用于一些广泛的投资工具的集合。更确切地说，业界的专业人士通常将这些工具一起称为交易型开放式指数产品（ETP）。但是在这里，我们将继续把它们称为 ETF。表 15 - 1 总结了 5 种类型 ETF 的特征。

表 15 - 1　不同类型 ETF 特征对比

	共同基金型	单位投资信托型	合伙信托[6]	委托人信托	交易所交易债券
投资策略	主动或者被动	只有被动	只有被动	证券的静态组合	基于指数的收益
完全复制还是抽样复制？	都有	只能完全复制	都有	证券的静态组合	不适用
是否根据《1940 年投资公司法》注册？	是	是	否	否	否
有没有独立的董事会？	有	无	无	无	无
有没有税收优惠？	是	是	是	是	不一样
是否承担发行者信用风险？	否	否	否	否	是
例证	安硕核心标准普尔 500 指数基金	SPDR 标准普尔 500 指数基金	德意志银行大宗商品指数追踪基金	SPDR 黄金信托	摩根大通爱瑞恩 MLP 指数基金

第一类：共同基金型或单位投资信托型。2014 年 4 月，超过 80% 的 ETF（包含份额大致相同的 ETF 资产）都被设置成了开放式共同基金的构架。[7] 因此，它们受《1940 年投资公司法》管制，尽管 ETF 可以向美国证券交易委员会申请免除一些适用于传统基金的监管规定（详情参见"母亲，我可以吗？"专栏）。

虽然基于基金的 ETF 通常是独立的实体，但该规则有一个例外：先锋

ETF（Vanguard ETF）实际上是开放式共同基金的一类。换句话说，先锋基金提供了两种在同一基础投资组合中购买份额的方式：以传统方式，通过在开放式份额类别中提交订单以在一天结束时以资产净值购买。或者，以市场价格在 ETF 份额类别中交易。（关于份额类别的概述请见第 5 章。）通过对投资组合和规模经济最大化的综合考虑，这种结构降低了成本。另外，ETF 类别的份额持有人可能最终不能像传统份额类别持有人那样获得额外服务补贴。

先锋基金结构在 ETF 领域中是独一无二的，这可能是因为先锋集团已经对该方法申请了专利。先锋并不是唯一一家试图保护其知识产权的机构，好几家公司已经获得了创新的 ETF 结构专利。[8]

母亲，我可以吗？

豁免申请和豁免令是触动 ETF 核心部分的两个术语。我们已经了解到，《1940 年投资公司法》包含关于基金结构、管理和运营的详细规定，但是 ETF 均不符合这些规定。即使是《1940 年投资公司法》的一些基本条款，对 ETF 来说也是挑战。例如，我们提到过，ETF 的份额持有人不能在每个工作日结束时以资产净值赎回份额。

为了绕开这些规定，ETF 及其发起人必须向证券交易委员会提交一份豁免申请表。在审查和公众意见——有时相关的条款还要接受公众听证——通过之后，美国证券交易委员会发布一个最终的豁免令，阐明对该 ETF 的豁免规定。早期的 ETF 豁免令需要耗时 3 年多才能通过，现在的程序已经变得非常迅速，只需要一个月的时间就可以完成。我们将在后面讨论，基于指数的 ETF 这种新结构的审查时间可能会更长。

即使流程加快了速度，但豁免令的要求意味着与传统共同基金相比，ETF 的监管十分烦琐。

为了加速进展，证券交易委员会在 2008 年提议建立标准化准则，新的 ETF 可以不用申请豁免令。[9]但现在仍不清楚该提议将会在何时，甚至能否最终得到采用。

在继续讨论之前还需要阐述另一个种类：有少数 ETF 是单位投资信托（UIT）。（可回到第 1 章，回顾该另类结构在《1940 年投资公司法》中的相关介绍。）其中最大、最老的 ETF 是 SPDR 标准普尔 500 指数基金，它虽然在数量上只是行业中的一小部分基金，但是从资产来看却占据了重要的一部分。单位投资信托的法律结构并不受欢迎，我们将看到这是因为它限制了投资组合的活动。

第二类：合伙信托和委托人信托。虽然基于共同基金或单位投资信托的形式对于专注于股票或债券的 ETF 非常有用，但它对专注于大宗商品的 ETF 不适用。正如我们在第 2 章中讨论的，这是因为直接投资大宗商品使基金不符合穿透性税收待遇标准。为了避免这个问题，需要接触大宗商品的传统基金必须通过购买行业中的公司股票、使用衍生品或者通过使用交易所交易票据（我们稍后会进行讨论）来间接投资。或者，它们可以在为它们投资的受控外国公司设立和购买股票，尽管美国税务局正在审查是否应该继续支持这种做法。[10]

为了避免所有这些麻烦，想要拥有大宗商品的 ETF 可以被构造为不受《1940 年投资公司法》管辖的合伙信托或委托人信托。因此，这些 ETF 可以直接投资于黄金或铂金，而且在使用衍生产品时限制较少。另一方面，虽然这些另类投资结构必须在证券交易委员会登记，但是它们缺乏投资者在基于基金的 ETF 中享有的一些投资者保护。例如，合伙信托和委托人信托 ETF 通常没有设立一个独立的董事会监督份额持有人的利益。

第三类：交易所交易债券。交易所交易债券（ETN）不属于基金，更确切地说，它们是债券，通常由银行发行，投资回报依赖于某个指数或者一揽子的证券、商品或货币的业绩表现。这项投资收益的结构在征税时具有更优惠的资本收益率。美国税务局目前正在审查这项收入的征税方式。例如，欧元/美元汇率交易所交易债券（iPath）是根据欧元和美元相对汇率的变化支付回报。交易所交易债券在整个 ETF 中占比很小，只占总资产的 1%。

如同商品 ETF 一样，交易所交易债券也是在证券交易委员会注册的证券，但不受《1940 年投资公司法》的制约，这意味着其投资者不受该法案的保护。交易所交易债券还包含另外一种很重要的风险：发行人破产倒闭，以致无法向交易所交易债券的投资者付款的信用风险。

运作流程

让我们来看看 ETF 是如何进行日常运作的。我们将介绍 ETF 份额如何进行申购和赎回,以及如何处理接下来的基金份额的市场交易。

份额的申购和赎回

ETF 份额的申购和赎回是一个复杂的过程。我们已经知道,传统共同基金中份额的申购就是投资者用现金购买基金份额,投资于该基金的过程。传统基金的投资者可以在任意时刻反向操作此过程,卖出份额获得等同于所投资资产净值的现金。

相反,ETF 不直接与投资者交易,而是通过授权参与人(authorized participant,AP)申购和赎回份额。授权参与人一般都是和 ETF 签订了协议的大型机构,常常是对冲基金、做市商或者券商。如图 15 – 3 所示,发行 ETF,并在市场上分销其份额包括 3 个步骤:

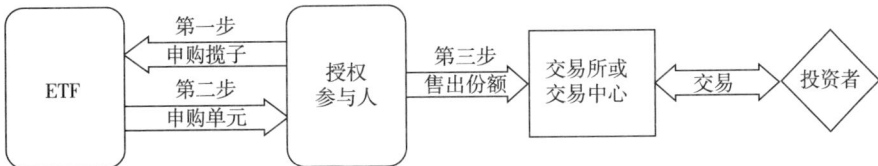

图 15 – 3 ETF 份额的发行过程

- **第一步**:授权参与人申购一揽子完全匹配 ETF 持有的证券投资组合(简称申购揽子)。为了帮助授权参与人,ETF 至少每天发布一次投资组合构成文件,披露自己的证券持有状况。

- **第二步**:授权参与人用申购揽子换回一个申购单元。根据 ETF 的不同资产净值,一单元可能包括大量的 ETF 份额,通常是 5 万份或 10 万份。

- **第三步**:授权参与人把申购单元拆分成小的份额组合,在公开市场上销售,或者授权参与人也可以决定自己持有部分或全部份额。

一旦这些份额进入市场，它们就像其他股票一样继续在投资者之间进行交易。赎回过程是申购过程的反向操作：

- 授权参与人集中 ETF 的份额达到一个申购单元的数量，通常也是 5 万份或 10 万份。
- 授权参与人将这些份额（现在叫作赎回单元）交给 ETF，赎回一揽子的证券，该证券反映了 ETF 投资组合的构成。赎回揽子是基于下一次每股资产净值计算时的投资组合。[11]

申购和赎回程序是 ETF 模型相对于传统共同基金结构的重要优势，它大大降低了 ETF 的交易成本，因为进行投资组合证券买卖的主要是授权参与人。

该程序具有实物偿付的特性，从而降低了 ETF 传递给投资者的资本收益。[12]ETF 从来都不需要为了满足投资者赎回的要求而出售持有的证券；它只需把证券和资本收益都转移给授权参与人，而授权参与人很可能是一只免税的养老基金，或者有能力通过其他交易抵销这些收益的投资者。

交易所交易和套利过程

我们已经了解到，一旦 ETF 份额发售出去，它们就能在证券交易所或者其他交易中心自由交易，那意味着，投资者可以像买卖股票一样在开市时买卖 ETF。绝大多数 ETF 都在纽约证券交易所高增长板块（NYSE Arca）交易，纽约证券交易所高增长板块于 2008 年收购了 ETF 交易的发源地——美国证券交易所，包含几乎所有上市交易的 ETF。

一般来说，ETF 的交易价格紧密跟随其资产净值。因为投机者会在 ETF 份额价格和资产净值相差超越一定界限时申购或者赎回份额。例如，如果 ETF 份额以低于其资产净值折价交易，投机者会买入 ETF 份额，集齐一个赎回单元，然后用一个单元换回一揽子等同于 ETF 资产净值的证券组合。当 ETF 资产净值比份额价格高时，投机者会卖出这些资产快速获利。如果设计了价格自动监控和申购赎回自动交易程序，那么即使是很小的价格差异都可以被投机者利用。投机者通常是授权参与人，因为他们可以内部跟踪申购和赎回过程。

正是这个套利机制将 ETF 与封闭式基金区分开来。我们在第 2 章已介绍过，ETF 和封闭式基金都是在交易所内交易，但封闭式基金经常按照资产净值的折价进行交易。因为它们拥有的是固定数量的份额，也没有机制使其市场价格和资产净值保持一致。只有 ETF 的这种申购和赎回特征，能帮助最小化溢价和折价。

因为 ETF 希望其份额价格与资产价值保持紧密一致，所以它们会通过提供大量关于持有投资组合及其价值的信息来鼓励这种套利行为。我们已经提到过，ETF 每天都会提供一份投资组合构成表。上市交易的 ETF 在整个交易日每 15 秒就公布一次盘中指示价值（IIV）。盘中指示价值是根据当前公布的投资组合的市场价格估计的资产净值。

总体而言，套利机制在保持 ETF 份额价格和资产净值一致方面卓有成效，但并不完美。从图 15 – 4 可以看出，2014 年 4 月，大约 60% ETF 的交易都发生在资产净值上下 25 个基点之间——尽管有 1/4 的 ETF 交易出现明显的折价。

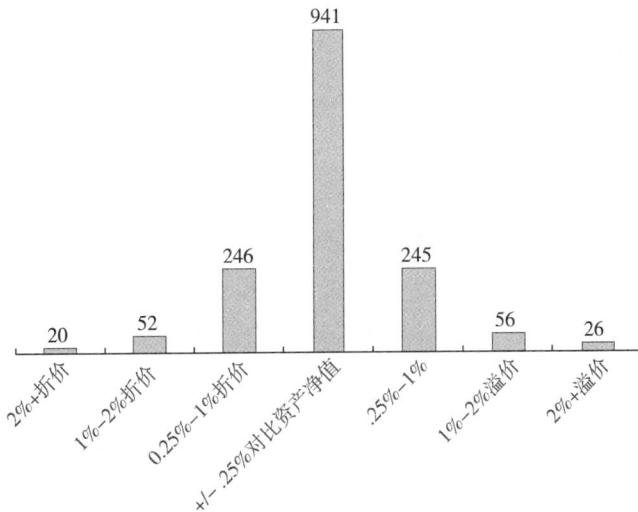

图 15 – 4　ETF 资产净值对比溢价或折价（2014 年 4 月）

当套利更困难时，溢价或折价往往会开始发展，因为基础投资组合中的证券不会进行大量交易。（或者用行业术语来说，它们的流动性不是很强。）一般来说，ETF 的流动性由其持有证券的流动性来决定。如果该市场区域关注交易流动性，那么交易量低的 ETF 份额仍然可以较容易地买入和卖出，申购和赎回过程确保两者之间的联系。

投资组合持股

虽然第一批 ETF 是纯粹的指数型基金，但随着新产品的推出，它们的投资方法也在不断发展。在本节中，我们来看看这些演变。

指数型 ETF

正如我们之前讨论的，正如我们前面所看到的，大多数 ETF 和绝大多数交易型开放式指数资产都是基于指数并且是非杠杆的。但是，虽然这些基金可能很直接，但它们并不简单。管理指数型 ETF 需要两个非常重要但又困难的决策：选择要跟踪的指数和选择跟踪该指数的方法。

最早的 ETF 是基于最高的市场指数；事实上，第一只 ETF（现在的道富环球投资管理 SPDR）被建立以追踪标准普尔 500 指数。然而，如今的 ETF 可能会使用更加模糊的指数，甚至可以为该特定 ETF 定制。使用不太知名的指数允许 ETF 提供特定策略或市场部分的风险敞口。例如，全球 X 尼日利亚指数 ETF（Global X Nigeria Index ETF）跟踪尼日利亚索拉克蒂夫指数，其中不仅包括在尼日利亚小型交易所交易的股票，而且包括在该国有重要业务公司的股票。

但指数的选择也可以由成本决定。指数提供商通常向 ETF 收取使用其名称和知识产权的使用费，这些费用可能很高，尤其是对于知名的指数。例如，SPDR 标准普尔 500 指数在截至 2013 年 9 月的年度中，支付了约 4 000 万美元的许可费用。同年初，先锋基金公司为一组基金更换指数基金提供商，以降低成本。新的供应商是专注国际基金的富时集团（FTSE）和专注美国基金的芝加哥大学证券价格研究中心（CRSP）。

大多数 ETF 都是被动管理的，按照某一指数建立自己的投资组合。最早的 ETF 都是基于被广泛接受的指数，如标准普尔 500 指数、道琼斯工业指数、威尔逊 5000 指数。随着 ETF 越来越专门化，它们开始集中于一些产业，有时候使用一些仅仅为 ETF 特别设计的指数。

指数型 ETF 需要决定采取何种程序来跟踪目标指数。正如我们在第 6 章所讨论过的，指数型基金可以使用两种投资组合管理技巧中的任一种：完全复制或者抽样复制。在完全复制法中，基金以与指数结构完全相同的比例购买证券。在抽样复制法中，基金只购买指数中一些经过特别选择的证券，可能还会加上一些衍生证券。

然而，并非所有的 ETF 都能选择自己的投资组合方式，采用单位投资信托方式建立的 ETF 必须使用完全复制法，而受托人信托必须持有一揽子不变的证券。所以，以单位信托组建的标准普尔存托凭证必须持有标准普尔 500 指数中包含的所有股票，而其主要的竞争对手安硕标准普尔 500 指数基金（以共同基金形式组建的基金）可能使用抽样复制法。抽样复制法会造成指数和组合表现的背离，通常被称为跟踪误差。由于跟踪误差及其他因素的影响，一些 ETF 挣扎于顺利跟踪其指数，"击中目标"专栏对此进行了详细的解释。

击中目标

跟踪误差，一个能让投资组合管理经理浑身战栗的词。最小化跟踪误差是被动管理投资策略的最大挑战之一。[13] 它对 ETF 来说也是一个问题。摩根士丹利近期的一项研究发现，2013 年指数型 ETF 平均偏离基准 0.66%，大多数基金都滞后于其基准指数回报。虽然这只是 4 年前的一半，但它仍然是一个显著的业绩表现差距。[14]

ETF 经理错过目标指数的原因主要有以下 5 个：

1. 基金费用。ETF 的费用越高，跟踪误差就越大，因为基准指数通常根本不包含任何成本。然而，即使支持这一因素，但这已经超出投资组合经理的控制，只有 38% 的 ETF 至少与其基准保持同步。

2. 交易成本。购买和出售证券通常会拖累业绩，因为在交易期间基金会带来佣金和分摊成本。这些成本在流动性较低的市场中可能是巨大的。

3. 多样化要求。范围较窄的指数常常高度集中于少数证券，这使 ETF 很难在遵循多元化要求的情况下完全复制基准指数。

4. 抽样复制。如果 ETF 不能完全复制其指数，就必须运用抽样复制法。在抽样复制过程中，诸如衍生品价格扭曲或者成份指数之间的相关性变化等无法预料的因素，都会导致跟踪误差。这些情况在市场高度波动时都很有可能出现。

5. 现金管理。如果不能有效管理现金流，ETF 经理面临的跟踪误差风险就会被放大。例如，如果他们面临一个上升的市场，由于申购而拥有过多的现金，则将拖累指数的回报。

请注意，除了费用之外，所有这些因素都可以受到投资者的欢迎，也可以遭到反对。例如，在下跌市场持有现金的 ETF 可能会超过其指数。ETF 经理也可以通过借贷组合证券主动抵销费用，从而减少跟踪误差。例如，在 2013 年，一只 ETF 实际上超过了其指数多于 1 个百分点。

反向和杠杠 ETF

虽然被动管理策略听起来很保守，但是也有一些 ETF 运用它进行一些非常激进的投资。这就是反向 ETF，或者称为做空 ETF，以及杠杆 ETF。

- **反向 ETF** 能让投资者从市场下跌中获利——如果标准普尔 500 指数一天下跌了 10%，一只基于标准普尔 500 指数的反向 ETF 预计可获得 10% 的收益。

- **杠杆 ETF** 给投资者创造了收益或者损失翻倍的机会。例如，拥有基于标准普尔 500 指数，3 倍杠杆的 ETF 投资者，可以在标准普尔 500 指数上涨 10% 的时候获得 30% 的收益。如果标准普尔 500 指数下降了 10%，那么同样的 ETF 预计损失也是 30%。

反向 ETF 和杠杆 ETF 可以结合在一起。一只确信标准普尔 500 指数会下降的投资者可以购买一只基于该指数的反向杠杆 ETF。（关于 ETF 使用的一般期货合约衍生品的更多信息，请参阅第 7 章附录和本书配套网站上的其他资料。）

注意，反向 ETF 每日跟踪其指数，意味着这种 ETF 的收益可能在长期内与其指数收益偏差很大。让我们来看一个假设的温迪科纳 2 倍杠杆 ETF，即其相对基准指数有 2 倍的杠杆。假如指数第一天上涨了 20%，然后第二天下跌了 10%，两天综合收益为 8%。该 ETF 每日的涨跌幅都是指数的 2 倍，第一天上涨 40%，第二天下跌 20%。两天的收益为 12%，是指数收益的 1.5 倍。表 15 - 2 总结了这些数据，此处忽略费用。

表 15 - 2　温迪科纳 2 倍杠杆 ETF

	指数价值	ETF 的资产净值
交易日	100 美元	100 美元
第一天	120 美元 = 100（1 + 20%）美元	140 美元 = 100（1 + 40%）美元
第二天	108 美元 = 120（1 - 10%）美元	112 美元 = 140（1 - 20%）美元
两日回报	+8% = 收益 8 美元/100 美元	+12% = 收益 12 美元/100 美元

这些超级 ETF 是 2008 年金融危机后的投资者投诉的目标，随后是监管层对其的审查。[15] 一段时间以来，证券交易委员会不再审查计划对衍生品进行大量投资的新 ETF 的豁免申请。但在 2012 年 12 月，它宣布将再次考虑这些申请，只要 ETF 的董事会规定了在审查基金衍生品使用方面发挥积极作用。然而，自暂停期结束以来，证券交易委员会还没有收到 ETF 的新申请。[16] 美国金融业监管局提醒财务顾问有义务仅推荐适合其客户的基金，并警告投资者这些 ETF 的风险。[17]

大宗商品 ETF

正如我们前面讨论的，希望直接接触大宗商品的 ETF 被构建为合伙型或信托型，这使它们有更大的自由来投资股票和债券以外的品种。大约一半的贵金属 ETF（不包括交易所交易票据）被设置为委托人信托，以便它们可以购买保管在其金库中的实物黄金、白银和铂金。大多数其他大宗商品 ETF 是主动交易期货合约的合伙信托。

主动管理 ETF

基金发起人一直认为主动管理 ETF 是"圣杯"（Holy Grail），是一种能够让 ETF 和传统共同基金处于相同位置的投资策略。然而，主动管理 ETF 的开发仍然非常缓慢，主要是因为投资组合经理担心面对抢先交易会比较脆弱。正如我们所见，ETF 依靠投机套利来保持资产净值与基金份额交易价格的一致；为了使套利过程顺利进行，ETF 必须完全透明，至少每天公布一次其持有情况的数据。

主动型经理通常不喜欢在这种备受瞩目的情况下操作。事实上，回顾第 9 章关于证券交易的内容可以发现，他们不惜一切代价让自己的活动避开公众的目光。他们不希望其他交易员预见自己的行动，并且在其之前达成交易（该策略被称为"抢先交易"）。在许多主动型经理看来，ETF 每日公布的投资组合构成文件——包括刚刚提交但是还没有成交的交易——就是在为这种抢先交易开绿灯。

考虑到大量的可用债券问题、市场交易的场外交易性质以及包括美国国债在内的许多市场深度的问题，固定收益市场的提前交易不是一个问题。因此，毫不奇怪，活跃的 ETF 只是在债券部门有重要的存在价值。

然而，在股权市场，提前交易是一个真正的风险，ETF 形式将促进它使最主动的经理保持开放让人担心。到目前为止，证券交易委员会拒绝了对不需要每天披露持有量的不透明 ETF 的提议。[18]在 2014 年 11 月，它批准了一项将传统共同基金和 ETF 的特征结合起来的混合式方法提议。采用这种方法的基金将通过授权参与人，使用 ETF 的申购和赎回过程来发行和兑换股票。但是，与传统共同基金一样，只有在计算资产净值那天结束时才会发生股票交易。这些混合型基金每天都会进行披露，虽然并不一定披露它们持有证券的全部。这些基金的投资者将能够在一天内以等于资产净值（这将在一天结束时确定）加上或减去溢价或折价来提交订单。[19]目前还不确定这种方法是否会被广泛接受。

在主动管理型基金成为合适的 ETF 管理形式这个共识之前，投资股票的

ETF 管理者基本上坚持基于指数的方法，尽管他们以增强指数的形式增加了主动管理风格。我们将在"不是你父亲的指数基金"专栏中详细阐述。

不是你父亲的指数基金

对 ETF 感兴趣，但对指数基金不感兴趣？增强型、另类或基本面指数的 ETF 是为你设计的选择。对于这类基金，发起人创建自定义的股票指数，以提供市场的风险敞口。它有以下两个品种：

1. 因素暴露筛选。筛选仅包括暴露某些因素的股票，例如低的市盈率或较小的市值，这些因素在历史上与优异的业绩相关。

2. 另类加权方法。传统指数通常使用市值来对指数中的成份股进行加权，因此市场中具有最大市值的股票对指数表现的影响最大。增强型指数可以给予所有股票相同的权重，使得较小的市值股票比它们在标准指数中具有更大的影响。或者，它可以基于收入或股利或一些其他基本面因素（例如过去曾成功预测）来赋权股票。

营销人员称这些基金是聪明贝塔（smart beta），这个名字比基本策略产生的争议更大。并且这些技术的使用不限于 ETF。（回到第 6 章中有关定量投资技术的讨论，以了解它们被广泛接受的程度。）然而，使用贝塔表示这些基金随市场整体风险波动。但是该名字的批评者认为，这些 ETF 实际上也在疯狂地寻找股票选择阿尔法。

ETF 的未来

所有基金行业的高管都想知道答案的问题是："ETF 将继续保持其增长率吗？"答案是肯定的，ETF 正站在风口上。

当前市场渗透率低。目前 ETF 当然还有很大的增长空间。只有 5% 的美国家庭在 2013 年持有 ETF。（相比之下，46% 的家庭持有传统的共同基金。）迄今为止，ETF 吸引的多为富有的个人和机构投资者。拥有 ETF 的家庭平均年收入为 9.68 万美元，总资产为 45 万美元；相比之下，拥有共同基金的家庭平均年收入为 8 万美元，总资产为 20 万美元。[20] ETF 在包括共同基金在内的机构投资者之间也很受欢迎，他们用 ETF 代替衍生品来管理暴露在市场上的头寸。事实上，根据安硕的调查，在 2013 年，接近 10% 的机构投资者使用它们。[21] 但 ETF 在与传统共同基金的流行吸引力相匹敌之前还有很长的路要走。

进入 401（k）计划。 ETF 已经落后于传统基金的一个原因是，其在非常关键的市场——固定缴款退休计划这个占据了行业 1/4 资产的市场上没有太多的份额。[22] ETF 的许多卖点并不适用于 401（k）或其他固定缴款计划。例如，税收效率在税务递延计划中是无关紧要的，401（k）计划通常的设计初衷并不是用于处理日内交易，除非该计划有经纪窗口。此外，如果 ETF 想要将常规投资窗口包括在内，则必须将其单位化，就像公司股票一样。［关于 401（k）计划设计问题的讨论，请参见第 11 章。］

但是退休计划提供商一直在解决添加 ETF 作为选择的问题，2014 年，佳信理财推出了第一个全景 ETF 401（k）计划。ETF 的增长前景已经增强，现在它已进入与共同基金相当的固定缴款市场。

中介机构的接受。 有另一个重要因素使得 ETF 受到青睐：中介发现它很容易使用。对于经纪商或注册投资顾问而言，ETF 看起来就像股票，而不像传统共同基金那样具有断点、意向书或系统投资计划的复杂性。这意味着 ETF 很容易融入其业务。事实上，许多最新的在线资产配置服务严重依赖（如果不是排他的话）ETF 的建议。

但是，ETF 也有一些缺点。

尚无主动管理的 ETF。 如之前所讨论的，目前还没关于如何构建不透明的主动管理 ETF 的一致意见，甚至关于它是否可行也没有达成共识。由于积极管理的基金仍占基金总资产的 80%，如果 ETF 在这一领域不具有竞争力，那么 ETF 将难以成长。[23]

税收的脆弱性。 ETF 的卖点之一是其税收优惠。不幸的是，投资者的税收减免可能看起来像美国税务局获取收入的机会，并且已经提出了消除类似交易所的免税待遇，使 ETF 具有税收效率（尽管这些提案到目前为止还没有受到热烈欢迎）。行业观察家质疑授权参与者吸收 ETF 投资组合收益的长期能力。然而，即使税收优惠由于任何原因而被完全消除，指数型的 ETF 仍将具有税收优惠，因为它是被动的投资方式。

在系统性风险和波动性中的作用。 在另一种情况下，如果 ETF 被视为金融体系不稳定或证券市场波动的主要因素，政府行动可能对 ETF 产生负面影响。不幸的是，对于 ETF，其市场中作用的严重问题已被提出。例如，金融稳定委员会提出 ETF 的衍生工具和证券借贷活动可能会增加系统性风险，而学术研究则认为指数交易的增加（其中 ETF 占很大一部分）正在推动市场的波动。[24]ETF 也涉及了 2010 年 5 月股市的暴跌，那时道琼斯工业平均指数在几分钟内下跌了 1 000 点。[25]虽然 ETF 在价格中断方面遭受了不成比例的影响，但行业观察家们质疑其问题是否是由自己的结构所驱动的。随着 ETF 市场的成熟，许多这些方面的担忧可能会消失，但发起人将密切监控监管层的反应。

本章小结

ETF 是传统共同基金快速增长的竞争对手。虽然原始 ETF 是基于股票指数的，但现在存在各种各样的 ETF，包括不是以开放式基金形式提供的投资方法。

ETF 与共同基金类似，但是其份额是在证券交易所交易。投资者可以在交易日的任何时刻进行交易，且没有最低投资额限制，尽管投资者在执行交易时需要支付一定的佣金。

大多数 ETF 是以共同基金或单位投资信托的形式组织起来的。但是，其他 ETF 利用这种结构，使其能够投资于大宗商品。交易所交易票据（ETN）不是基金，而是一种与一个指数或一揽子证券的价值水平相当的债券。

传统共同基金直接向投资者发售份额，但 ETF 通过与其签订协议的授权参与人申购和赎回份额。为了发行份额，授权参与人购买与 ETF 持有组合相符的一揽子证券，然后将这一揽子证券交换成 ETF 的份额。这种独特的申购和赎回程序帮助 ETF 最小化资本收益。投机套利者（通常是授权参与人）

利用此申购和赎回程序来保持 ETF 的份额价格与资产净值一致。尽管这种机制在一般情况下都能正常运行，但是基金份额价格与资产净值出现差异的情况也时有发生。

大多数 ETF 都是采用被动投资策略的指数基金。指数的选择和投资组合管理对使跟踪误差最小化都是重要的。一些指数型的 ETF 使用衍生工具提供指数的杠杆操作或反向操作。大宗商品型 ETF 可以持有实物形式的贵金属或投资于衍生品投资组合。关于不透明、积极管理的股票 ETF 的合适形式尚未达成共识。但是，一些基金发起人已经启动使用增强指数来提供一些积极管理风险的 ETF。

ETF 具有良好的增长前景，因为其目前的市场渗透率较低，正在开始进入固定缴款计划市场，并且受到中介机构的欢迎。然而，由于缺乏不透明的主动管理 ETF，市场对税收变化的担忧以及一些表明 ETF 会带来市场波动性的研究，其增长速度可能被抑制。

第 16 章

对冲基金

每个人都在谈论对冲基金，似乎每个人都想要开创一只或投资一只对冲基金。因此，对冲基金是投资管理行业中快速增长的部分，尽管在2008年金融危机中被迫中断，但在过去10年中规模翻了4倍多。根据对冲基金行业研究数据，在2013年底，其资产为2.6万亿美元。尽管其因为2008年金融危机而中断，并且大多数对冲基金经理自愿地放缓了他们的募资进程，以便满足某些法规的要求，但是这种大规模的增长仍然发生了。

对冲基金的增长前景非常好。法规的变化使许多对冲基金经理考虑扩大其传统市场。进入这些新市场将既不便宜也不容易，部分是因为对冲基金经理将面临来自共同基金发起人的竞争，这些基金发起人越来越多地在自己的产品中使用对冲基金投资技术。

在本章中，我们将讨论传统的对冲基金世界和对冲基金如何发展以利用新的机会，具体如下：

- 传统对冲基金：如何定义它们、它们使用的投资策略、与共同基金相比它们的优势和劣势以及它们的业绩表现。
- 传统的对冲基金投资者。
- 新的对冲基金以及对冲基金和共同基金之间的融合。

传统对冲基金

那么，什么是对冲基金？有趣的是，直到最近，这仍然是一个难以回答的问题，因为对冲基金没有法律定义。然而，2011年10月，美国证券交易委员会和美国商品期货委员会通过了一项官方定义，作为《多德－弗兰克金融改革法案》中新报告的一部分。[1]

根据证券交易委员会的定义，对冲基金必须是私有的，这意味着它不必在证券交易委员会登记。（我们将在本章稍后讨论豁免注册的条款。）此外，对冲基金至少能够做到以下3件事之一：

1. 可以向对冲基金经理支付基于市场价值的业绩报酬，包括未实现的收益（虽然，我们将看到，许多对冲基金支付的费用仅以实现收益的百分比计算）。

2. 或者对冲基金可以通过借款或通过使用衍生工具来显著增加杠杆。（"显著"的定义为至少一半的基金价值为借款或至少能够使用两倍衍生工具。）

3. 或者对冲基金可以卖空证券，我们将在"对冲基金的对冲"专栏中更为详尽地讨论这个投资技术。

要使基金成为对冲基金，重要的是做这些事情的权利，而不是做这些事情本身。也就是说，对冲基金如果只是因为它实际上使用杠杆并卖空股票，那还不是对冲基金。相反，从证券交易委员会的角度看，如果它有合法权利从事这些活动，那么它就是一只对冲基金。

"对冲基金的对冲"

问：为什么对冲基金被称为对冲基金？

答：因为它允许投资者对冲，以抵消他们直接或间接通过其他基金购买股票或债券的风险。在更多的技术术语中，典型对冲基金的表现将与股票或债券市场的回报具有非常低的相关性。（回顾第6章关于相关性及其在投资组合中作用的讨论。)

虽然今天的对冲基金使用各种各样的技术来提供多元化,但经典的对冲基金会使用卖空。卖空让投资者在价格下跌时获利。

以下是实践中的卖空:

- 基金出售它并不持有的股票。
- 同时,在融资代理的帮助下,基金从另一个投资者那里借入股票。[2]
- 基金将借入的股票交付给买方以完成销售。

当对冲基金想要平掉空头头寸时,它会买入市场中的股票,然后将这些股票给贷款代理人偿还贷款。如果股票的价格在销售和购买这段时间内下降,使得基金高卖低买,则卖空是有效的。

这看起来可能会很奇怪,股票的所有者(显然希望它的价格上涨)将融资给想要价格下跌的人。有一个他们参与贷款的理由:投资者可以通过其他投资者借入他们的股票获取额外报酬。卖空者(他们通常被称为 shorts)因为股票贷款的付息,收入通常远远超过了运行贷款计划的成本。(事实上,利润是可能获取的,因为贷款代理的费用通常以方案收入的百分比计算。[3])

与此同时,大多数市场专业人士同意,通过帮助保持价格与经济现实一致,卖空对于保持市场的有效性至关重要。监管层企图控制卖空,例如 2008 年金融危机后实施的监管尝试,总是遇到相当大的抗议。[4]

然而卖空仍然不受欢迎。公众经常指责其拉低股价,而行业评论家认为卖空容易被滥用。

但这是对冲基金的官方定义。行业内专业人士更随意地使用术语来描述使用积极投资技术的私有资金,包括杠杆、卖空、非流动性证券投资和集中持有,同时普遍强调公开交易的股票和债券。内部人士也可以将对冲基金视为另类投资,正如我们在"关注另类投资"专栏中所解释的。

关注另类投资

公开交易股票和债券以外的其他资产，被称为另类投资品（alternative investments）。该术语并没有官方定义，只是简单地用于指代在大宗商品、房地产、衍生品、私募股权基金、风险投资基金，以及在道路和机场等基础设施方面的投资。

这个术语对投资于这些资产的基金或者管理公司也适用。因此，对冲基金和对冲基金管理公司也常常被分别叫作另类投资和另类投资管理公司。

不过要小心！"另类投资"这一术语在至少一种情况下具有非常精确的含义：在欧盟，对冲基金监管由另类投资基金管理人指令（AIFMD）管理，该指令明确界定其涵盖的基金。

从某种意义上说，我们更容易通过知道对冲基金不是什么来理解它们是什么。对冲基金不是：

- 共同基金必须在证券交易委员会注册，并受到重大投资的限制，并且必须允许投资者在每个工作日可以赎回。
- 私募股权基金购买不向公众提供的证券，通常是因为发行它们的公司是私人持有的。[5]
- 风险投资基金，未正式定义为私募股权基金，专注于创业公司。[6]
- 房地产基金专注于房地产的直接投资。
- 企业发展公司，即在私人公司或小型上市公司购买证券的注册基金。[7]

虽然对冲基金本身是私人的且不受监管，根据《多德－弗兰克金融改革法案》规定的规则，这些对冲基金的管理人必须注册为投资顾问。[8]管理着超过1.5亿美元资产的大型管理机构必须向证券交易委员会报备，小型的对冲基金管理人则需要在国家证券监管机构注册。[9]

因此，对冲基金管理人现在受制于适用于注册投资顾问的所有规则，我

们已经在第 2 章和本书的其他地方进行了讨论。以下是美国证券交易委员会对注册投资顾问的关键要求：[10]

- 作为受托人，注册投资顾问必须以其客户的最大利益行事。例如，当他们在使用客户账户交易时，他们必须总是寻求最佳执行。[11]
- 他们必须准备一份对冲基金档案（ADV 表单）小册子，说明他们的服务和费用，这是向证券交易委员会提交并发送给客户的。[12]
- 他们必须遵守道德准则。[13]
- 他们必须有首席合规官和书面合规政策及程序。[14]
- 他们必须遵守证券交易委员会对投资顾问设定的广告规则。[15]

此外，在证券交易委员会注册的管理私人账户的顾问必须定期向证券交易委员会报告私募基金档案（PF 表单）。（大多数文件每年都会提交，尽管大型顾问必须每季度提交一次 PF 表单）。对冲基金的 PF 表单可以被看作是共同基金的募集说明书概要和年度报告，这其实都是一体的。它是为了向金融稳定监督委员会提供所需的信息，以确定对冲基金活动是否对金融系统构成任何系统性风险。[16]PF 表单要求提供以下数据：

- 资产管理规模。
- 使用的策略，包括高频交易。
- 基金业绩表现。
- 对手情况。
- 通过借款和衍生工具设置的杠杆程度。
- 投资者集中度，以确定个人投资者和投资者的类型。

非常大型的对冲基金顾问（管理超过 15 亿美元资产的顾问），必须提供关于基金持有情况的风险、杠杆的使用风险和投资者赎回限制等更多详细的信息。

总之，对冲基金顾问注册的要求使一个已经很复杂的业务更加复杂。我们在"职业道路：对冲基金经理"专栏中讨论了初创的对冲基金经理面临的挑战。

职业生涯：对冲基金经理

管理一只对冲基金涉及哪些工作呢？对许多刚入门的对冲基金经理而言，最大的惊喜是工作不仅仅涉及投资技巧。管理一只对冲基金与经营任何一个小生意一样，除面对日常的投资挑战外，还需要做大量烦琐且令人头疼的工作。

这意味着你每天都要花大量时间处理营销工作——吸引新投资者并留住现有投资者，而且这些投资者大多都希望和你单独交流。这是一项很重要的工作，因为新投入的资本是对冲基金的生命之源，还没有一只对冲基金能够仅仅依靠投资收益增长到相当的规模。对冲基金经理的日常工作还包括人员决策、基金运营、空间计划、合规问题和技术运用等。

而且，你也会做一些投资决策。你很可能是从银行投资专员或投资顾问开始你的投资职业生涯的，在那儿你形成了自己的投资风格。经营自己的对冲基金让你有机会在相对开放、制约相对较少的平台上表达自己的投资观点。如果决策适当，你将会得到丰厚的回报。但对任何一位已经成为亿万富翁的对冲基金经理而言，仍有大量可能成为投资明星，在为支付租金和投资回报而挣扎的人，在恳求投资者不要赎回，在通宵达旦地阅读年报及卖方研究报告。

投资策略

由于对冲基金本身没有注册，它们不必遵守任何投资公司法案的限制，这给了它们在投资时的巨大自由度。因此，对冲基金可以提供比传统共同基金更广泛的策略。以下是主要的对冲基金投资策略类型以及 2013 年底各自的资产所占百分比，共分为 7 类：[17]

1. 多空股票（31%）。对冲基金中使用最多的策略是专注于股票投资，乍看之下，对冲基金就像共同基金。但是，大多数共同基金只买多，也就是说其只买股票，不做卖空，而对冲基金则会同时买多和卖空股票。这些基金可以通过个股和指数型工具（如期货合约或 ETF）来买多或卖空。例如，他们可以买多单只股票并做空指数期货，反之亦然。

对冲基金正是通过混合多头和空头头寸来决定其投资策略。偏向空头策略（short bias）或熊市市场（bear market）的基金专注于卖空。多空股票策略基金通常买多它们认为被低估的股票，卖空它们认为被高估的股票。紧密匹配多头和空头头寸的基金被称为市场中性，因为抵销头寸可以将市场波动性或贝塔的风险最小化。偏向多头策略基金则强调买多而非卖空；它们倾向于通过拥有少量股票的集中投资组合，通过专注非常小的公司或采取主动管理的方法，将自己与共同基金区分开来。

2. 事件驱动（20%）。 重要的公司公告会作为事件驱动为对冲基金创造投资机会。基金投资涉及兼并或收购的公司（无论是作为买方还是卖方）来完成风险套利或兼并套利。破产公司是不良资产证券或资产重组基金的焦点。

3. 相对价值（18%）。 这一类别的基金研究了成对证券之间的比价关系并在比价关系转向不合理时寻求利润。经典的相对价值策略是可转换套利，其涉及购买可转换债券，并将其转换成的股票卖空。

4. 宏观对冲（7%）。 宏观基金以观察政治或经济的大局作为投资理念。一些宏观基金专门从事大宗商品或货币交易，而全球宏观基金在任何能够看到主要发展趋势的市场中都有交易。这些基金通常使用期货合约来实施策略，它们通常不局限于衍生工具，如果看到机会，就可以在潜在市场上进行交易。

5. 管理期货（9%）。 顾名思义，这些基金采用技术方法交易大宗商品、货币和金融市场的期货合约（参见第 6 章技术分析概述）。它们的价格走势跟踪策略与宏观基金不同，宏观基金是根据宏观经济分析买入或卖出的。管理型期货基金也称大宗商品池或商品交易顾问（CTA），需要在商品期货交易委员会（CFTC）注册，这些备用名称是指其与该监管机构的注册状况。[18]

6. 固定收益（8%）。 专注信贷的基金通过固定收益证券来交易。一些使用多空策略，而另一些则专注于债务市场的复杂部分，例如资产支持证券或债务人持有资产（DIP），为破产公司提供融资。这些基金通常被称为非传统固定收益，行业中有一些关于其是否是真正意义上的另类投资的争论。

7. 混合（5%）。顾名思义，这些基金会使用多种投资方式。通常将投资组合分成小部分，每个投资组合分配给不同的投资组合经理或管理团队。

所有这些类别的基金可能或多或少地通过借款或衍生品投资来利用杠杆。我们在"金融放大器"专栏中讨论杠杆的力量。

金融放大器

在对冲基金可用的所有工具中，也许影响最大的是使用杠杆的能力。通过借款或使用衍生工具，对冲基金可以增加其决策的影响力。

举例来说，我们考虑一只拥有100万美元资产的对冲基金。如果根本没有杠杆，基金中的资产将跟踪基础投资组合的表现。因此，如果投资组合在一年中获得20%的收益（净收益），资产也将增长20%，达到120万美元，即增长20万美元；如果投资组合下降20%，资产将下降到80万美元，损失20万美元。

现在，我们假设这只基金一年以10%的利率再借100万美元。借款将投资组合的资产规模增加到200万美元；换句话说，投资组合实现2倍的杠杆。如果投资组合价值增长20%，那么年底会发生什么？

- 200万美元的投资组合资产增加了20%，价值达到240万美元。
- 该基金偿还贷款100万美元，将基金余额减少至140万美元。
- 该基金还必须支付贷款利息，相当于100万美元的10%，即10万美元，进一步将基金余额降至130万美元，净利润为30万美元。

通过杠杆作用，该基金的收益增长了50%，从20万美元增加到30万美元，听起来很不错。

但是看看杠杆组合在下跌时会发生什么，即当投资组合损失20%（扣除费用）的时候。在这种情况下，杠杆作用增加了两倍半的损失：

- 投资组合的价值下降到 160 万美元。
- 偿还贷款本金和利息之后基金余额减少至 50 万美元，净亏损为 50 万美元。

我们在表 16 - 1 中总结了这些结果，以及 3 倍杠杆的计算。在第三种情况下，大量的损失几乎消耗殆尽了初始投资。

表 16 - 1　杠杆的影响力

初始头寸	无杠杆 （百万美元）	2 倍杠杆 （百万美元）	3 倍杠杆 （百万美元）
初始投资组合	1	1	1
借款	+0	+1	+2
总投资	**1**	**2**	**3**
盈利 20%	1.2	2.4	3.6
减去：本金返还	-0	-1	-2
减去：利息支付	-0	-0.1	-0.2
减去：初始投资	-1	-1	-1
净收益	**0.2**	**0.3**	**0.4n**
亏损 20%	0.8	1.6	2.4
减去：本金返还	-0	-1	-2
减去：利息支付	-0	-0.1	-0.2
减去：初始投资	-1	-1	-1
净亏损	**-0.2**	**-0.5**	**-0**

虽然从此例可以看到利用借款的杠杆，但基金也可以使用衍生工具来实现相同的放大结果。我们在本书配套网站上发布的补充材料部分讨论了衍生品的杠杆性质。

跨越许多类别的另一种投资技术是活跃型对冲基金。如果股票占投资组合的很大一部分，对冲基金可能会主张在公司进行变革，即希望通过说服其他投资者需要一个新的董事会，对公司进行分拆或兼并来提高股价。活跃型对冲基金可能会游说公司管理层和董事会采纳其建议，否则可能会提交投资者议案，甚至可能会进行投票权争夺，并尝试取代目前的董事会。（我们在第 10 章更详细地讨论了投资者的活跃性）。同样地，投资于债券的对冲基金，特别是那些处于财务困境的对冲基金，可能会参与破产程序或者牵头债权人委员会。

对冲基金的优势和劣势

既然我们已经概述了对冲基金的结构以及投资方式，我们现在可以评估它们如何与共同基金相结合。对冲基金的倡导者指出了以下优点：

- **投资灵活性**。正如我们所看到的，因为对冲基金是不受管制的，它们对投资工具的限制及可使用策略面临的限制都较少。

- **低相关性**。许多对冲基金策略旨在与传统股票和债券投资具有较低的相关性，或者甚至提供正的绝对收益，这意味着无论市场环境如何，都会产生收益。因此，它们的支持者认为，对冲基金为投资者提供了高水平的多元化投资组合。

- **利益一致性**。对冲基金将管理者的利益与投资者利益相结合。对冲基金经理只有为客户获得收益才能获得业绩报酬。（我们稍后会讨论这个费用的具体情况。）此外，对冲基金买家普遍预期基金管理人员将投入大笔资金用于基金投资。研究发现，高水平经理的跟投与对冲基金和共同基金的业绩提高有关系。[19]

- **有吸引力的经风险调整后回报**。但是对冲基金的最大优势在于，它们提供了卓越的业绩表现，并且有许多学术研究可以证明。也许最重要的是，当市场不好时它们的业绩也特别好，表明对冲基金真的是对冲基金。我们会稍后详细讨论业绩表现。

但不是每个人都是对冲基金的信徒，批评者也有理由来质疑它们。他们指出对冲基金的缺点是：

- **高额费用**。对冲基金经常因为高额的管理费而备受批评。对冲基金投资者通常需向经理支付两种费用。第一种费用是管理费，是按照管理资产的百分比计算的，而与基金业绩表现无关。第二种费用是业绩报酬，也称为分成，是按照实现资产增值的百分比计算的。绩效费只在超过前期高位时才能获得。这意味着，若某一年末资产价值不高于之前任何一年末资产价值，对冲基金经理就不能获得绩效分成。"高水位法"专栏以实例对这种对冲基金费用计算方法进行了解释。

标准的对冲基金费用构架为管理费是 1%—1.5%，分成是 20%。但奇怪的是，行业中经常将这种费用构成称为"2－20"，因为在以前典型的管理费通常设定为 2%。相比之下，股票型共同基金的管理费通常低于 1%；除非损失惩罚与利润分成条款同时存在，否则一般不征收绩效费。（第 5 章对共同基金绩效费用问题有更多详细介绍。）

高水位法

让我们来看看最高水位标记的规定在实践中是如何发挥作用的。我们假设雅芳希尔基金在第 1 年开始时采用 2－20 的费用结构，收取 1.5% 的管理费和 20% 的绩效分成费，管理资产 10 亿美元。如表 16－2 所示，如果第 1 年创造了正收益，资产价值增加到 11 亿美元，那么基金需要向经理支付等同于 11 亿美元的 1.5%，即 1 650 万美元的管理费，以及相当于从 10 亿美元增长到 11 亿美元获得的资产增值部分的 20%，即 2 000 万美元的绩效分成（在本例中，我们假设所有收益都是通过出售基金投资组合的持有情况来实现的）。这 11 亿美元的账户价值就成为新的最高水位标准。

表 16 - 2　雅芳希尔对冲基金费用计算一览

	基金价值 （10 亿美元）	管理费 （百万美元）	绩效费 （百万美元）
第 1 年初	1.0		
第 1 年末	1.1	16.5	20
第 2 年末	0.9	13.5	0
第 3 年末	1.0	15	0
第 4 年末	1.2	18	20

　　再假设第 2 年的收益为负，基金价值下跌到 9 亿美元。基金仍然收取 1.5% 即 1 350 万美元的管理费，但是不会收取绩效分成，因为基金价值已经下降到最高水位 11 亿美元以下了。即使该基金在第 3 年价值有所回升，但还是在最高水位之下，不能获得绩效分成。直到第 4 年的收益超过了前期最高水位。如果基金价值在第 4 年末为 12 亿美元，基金将收取 2 000 万的绩效分成，即新最高水位与前期最高水位之差的 20%，12 亿美元的价值就成了新的最高水位。

- **缺乏流动性**。共同基金投资者能够按规定的时间间隔赎回。赎回通常受到门槛的限制，防止大量投资者一次性兑现，这可能迫使基金降价甩卖资产。（本节结尾部分的"对冲基金词汇表"对对冲基金术语进行了整理。）

　　确切的规定将因基金类型而异。投资大盘股的对冲基金可能会允许每月流动性，这意味着投资者可以在每个月月底赎回，尽管赎回受到门槛的限制。如果基金持有的很大一部分难以出售，基金可能仅提供季度流动性，提高门槛并加设一年的锁定期，这意味着投资必须在基金中至少保存一年。一些对冲基金也可以通过辅助账户（side pockets）或暂停赎回来控制赎回，尽管如今这些规定一般只适用于小型的对冲基金。

- **缺乏透明度**。如果把共同基金看成是一本开放的书，那么对冲基金则是一个黑匣子。投资者经常抱怨对冲基金经理没有向其提供足够的数据（频率和详细程度均不够），因而自己无法有效地管理投资。虽然对冲基金正在逐渐转变，但是目前来说它们仍然不够透明，不能让投资者清楚地了解其内部运作情况。

- **缺乏投资者保护**。由于对冲基金不受监管，不受制于共同基金管理规范，所以难以确保所有投资者获得平等待遇。相反，每只对冲基金由基金和投资者之间的合约管理，而这些合约可能有利于较大的投资者。通过附加条款和管理账户，大型投资者可以获得有关投资组合头寸或特别赎回权的更多信息。对冲基金也不需要拥有专注于投资者利益的独立董事，[20]一些对冲基金自愿采用披露、估值、风险管理、基金治理和投资者行为等标准。[21]

- **低迷的业绩表现**。对冲基金是否已经取得成果也是遭到质疑的。关于对冲基金业绩的辩论越来越剧烈并将持续下去，所以我们将更深入地研究对它的支持和反对观点。

关于业绩表现的争论

正如我们所提到的，支持者认为对冲基金已经履行了所有的业绩承诺。另一方面，批评者认为，对冲基金的表现并没有达到要求。这里我们总结了支持观点和反对观点。

批评者说："数据是有偏差的。"关于对冲基金表现的争论首先是对数据质量的讨论，批评者认为这对对冲基金来说是有非常大的偏见的。

评估对冲基金表现与评估共同基金表现不尽相同。共同基金因份额类别数量的大大增加带来了一些挑战，但在大多数其他方面，跟踪共同基金表现很容易。正如我们在第 14 章讨论的那样，共同基金管理人每天晚上向纳斯达克汇报公开出售基金的资产净值，为计算和评估共同基金表现创造了一个完整而统一的数据库。

对冲基金世界的情况要复杂得多。它们可以提供多种报告服务，对冲基金并不一定能将所有的信息进行披露。因此，为了全面了解对冲基金的表现，研究人员需要将巴克莱对冲基金（Barclay Hedge）、优拉卡对冲基金（Eureka Hedge）、对冲基金研究（Hedge Fund Research）、晨星公司（Morningstar）和数据库（TASS）的信息进行汇总和整合。[22]

对冲基金自愿将数据提交给报告服务机构，并且常常只在业绩好的情况下报告。我们在"现在你看到了，现在你不要"专栏中讨论回填偏差和幸存者偏差的问题。[23]

此外，对冲基金提交的业绩数据可能被夸大，因为基金中的证券价格是有利的价格，或者因为它们是纯粹的错误。[24]这些报告问题在小型的初创基金中是最常见的。出售给大型机构投资者的对冲基金（通常被称为拥有机构化质量的基金），通常必须提交经审计的财务报表作为其绩效数据的支持。

现在你看到了，现在你不要

人的本性会驱使你只谈论让你看起来不错的方面，对冲基金经理也是如此。只有当对潜在投资者有吸引力时，他才会报告自己的业绩表现。因此，对冲基金业绩数据库有两个系统性偏差：

- **回填偏差**。第一个偏差是回填偏差，因为对冲基金经理可能只有在几年的优异回报之后才开始向数据库报告，然后他们将以前几年的所有正数回填到数据库。初始回报不佳的对冲基金可能根本不会向数据库报告。
- **幸存者偏差**。如果将对冲基金添加到数据库中，则会产生回填偏差。而当对冲基金从数据库中移除时，幸存者偏差就会产生。这往往是因为当对冲基金业绩不佳而导致经营不善，从数据库中移除时，此对冲基金过去的所有表现都会消除。

回填偏差和幸存者偏差使得对冲基金显示的平均水平比实际更好。因为业绩表现优异的都是增加的新基金，而对于剔除的基金而言，大部分的业绩表现都不佳。[25]

公平地说，回填偏差和幸存者偏差也会影响共同基金，尽管影响程度有限。基金管理公司有时会关闭一些业绩不佳的基金，通常将其融入另一只基金，以改善其业绩。另外，发起人可以向少数投资者出售共同基金，并且只有在积累了优异的历史业绩之后才能在全球范围内广泛展开销售。[26]但是，由于相比对冲基金，共同基金的设立和关闭会贵很多，这两种偏差的总体效应在共同基金领域都相当低。[27]

支持者说："业绩还是很不错的。" 对冲基金的支持者承认业绩的数据有偏差，但认为即使调整了所有问题，业绩仍然很好。而且，他们还可以指出支持他们观点的学术研究。2006 年，由投资业绩研究大师罗杰·伊博森（Roger Ibbotson）发起的一项引人注目的研究发现，回填偏差和幸存者偏差是很严重的问题，但在纠正这些问题后，对冲基金产生的回报将高于其基准水平的两倍。[28]

由约翰·约恩瓦瑞（Joha Joenväärä）、罗伯特·科索斯基（Robert Kosowski）和佩卡·托伦（Pekka Tolonen）进行的一项最新的研究总结了五大数据库中的信息，得出的结论是，对冲基金不仅可以产生积极的风险调整回报，而且他们认为的一些缺点反而带来了更好的结果。具体而言，业绩管理费较高的基金往往具有较高的回报，基金使用更长的锁定期限来限制投资者的赎回也往往会有更好的回报。[29]

支持者说："对冲基金已经套期保值。" 支持者指出对冲基金业绩的另一个积极因素，即当市场陷入僵局时，对冲基金往往通过套期保值获得了更大的回旋余地。最显著的是，对冲基金在市场下滑时表现非常好，如图 16 - 1 所示。

批评者说："对冲基金在 2008 年仍然亏损。" 批评家们看到了这个相同的图表，并强调了 2008 年的亏损。他们认为，对冲基金肯定没有履行承诺，在任何市场环境中提供积极的绝对回报。

批评者说："优异的业绩不会持续。" 批评者提供了另一套研究，以证明对冲基金业绩表现并不能持续，这意味着在一个时期内业绩优异的基金不太可能持续到下一个周期。例如，约翰·约恩瓦瑞、罗伯特·科索斯基和佩卡·托伦没有提供任何证据表明业绩会持续到一年以后。缺乏持续性使得选择对冲基金在长期取得成功很困难，但公平地来说，这种挑战对共同基金也是一样的。[30]

不过，支持者和批评者都看到了另一种模式，即对冲基金现在的业绩并不像 20 年前那样优异，而约恩瓦瑞和他的同事们对此进行了严密的学术研

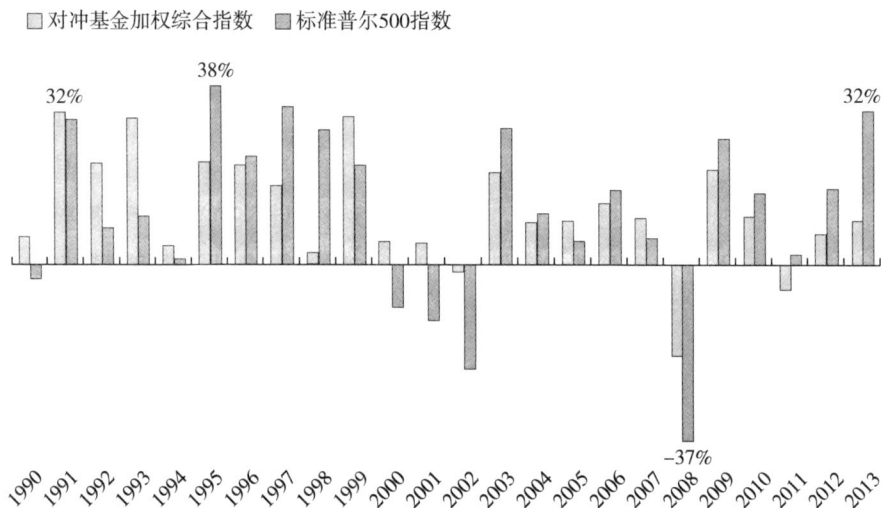

□ 对冲基金加权综合指数 ■ 标准普尔500指数

图 16－1　平均对冲基金回报与标准普尔 500 指数回报对比
资料来源：对冲基金研究，标准普尔道琼斯

究，[31]提出了解释该趋势的理论，包括：

- 对冲基金的平均规模正在增加。当对冲基金规模较小时，基金经理只需要稍微动动脑筋，用小规模资产来交易，更容易获得出色的业绩。随着基金规模的增长，基金经理必须找到越来越多的办法，并以更大的规模进行交易，以获得相同的结果。在资产规模增加的同时保持优异业绩的问题一直以来也是共同基金所关注的。[32]

- 对冲基金行业正在快速增长，而且可能会稀释人才库。只有最具天赋和最专业的基金经理才能进入其中。随着大量资金的涌入，能力更平庸的基金经理可能已经开始进入该行业，但至少有一项研究认为这个假设有争议。[33]

- 监管正在趋严并会影响业绩。的确，对冲基金本身仍然不受管制，但对冲基金经理现在通常会受到监督管理，而且有更多的法规，例如条例 FD（我们在第 6 章中已经讨论过），会使其变得更加艰难。

- 最好的管理人员为他们的天赋找到了另一种工具。一些行业专业人士做的不仅仅是抱怨新的规定，他们已经离开了对冲基金行业，而设立了家族办公室（family offices）。只要他们为其雇主和员工运营资金，就不需要向证券交易委员会注册。一些最著名和最成功的对冲基金经理，包括乔治·索罗斯和斯坦利·德鲁肯米勒，已经走上了这条路。[34]

简而言之，随着对冲基金业的发展，共同基金行业多年来一直面临许多挑战。只有时间才能证明对冲基金是否能够保持其业绩优势。

传统对冲基金投资者

到现在为止，我们已经讨论了对冲基金本身是如何进行监督和管理的。现在，我们将会转变观点，并讨论对冲基金的投资者。但事实证明，管理对冲基金的规定和投资者的特点是密切相关的。

回顾前一节，对冲基金是私有投资工具，这意味着它们不必根据《1940年投资公司法》在证券交易委员会注册（即使它们的经理可能需要注册为投资顾问）。私募是对冲基金的一个很大的优势，因为它给了对冲基金更大的投资灵活性；如果它们是注册共同基金，它们将不得不遵守《1940年投资公司法》的所有规定。此外，对冲基金可避免根据1934年《证券交易法》注册为证券。[35]

为此，所有的对冲基金都确保它们有资格获得两项免除注册豁免之一。两者都限制了基金中投资者的数量和种类。我们将针对每一个进行详细讨论。

合格投资者豁免。 第一个豁免允许对冲基金接受最多100个投资者而不触发注册要求，最多不超过35名投资者受到限制，这种豁免对于那些从朋友和家人那里寻求资金筹集的初创对冲基金非常有吸引力。但是，剩下的投资者必须都是合格投资者。要获得合格投资者的资格，个人的年收入必须达到20万美元以上（或与配偶共同收入达30万美元），或者他们的资产净值至少为100万美元（不包括其家庭的资产价值）。公司、信托、慈善机构等一般都要求必须拥有500万美元以上的资产。这项豁免也被称为《1940年投资公司法》第3（c）（1）条豁免。[36]

对冲基金必须确保所有的投资者都是合格客户，这意味着他们至少投了 100 万美元给该经理，或者拥有 200 万美元的资产净值（不包括其家庭的资产价值）。由于管理者通常希望获得附带权益，所以大多数对冲基金都遵守合格客户的规则。[37]

合格购买者豁免。在第二个豁免中，对冲基金最多可以接受 2 000 名客户，但他们都必须是至少有 500 万美元投资的合格购买者。较大的对冲基金通常依赖于这种豁免，它们可以通过要求最低的 500 万美元的资金来确保投资基金的投资者通过测试。只有合格购买者的基金可能会收取业绩费用。这种豁免也称为 3（c）（7）豁免。[38]

对于合格投资者和合格购买者豁免，还有一个额外的组成部分，即在公开发行中不能出售对冲基金。（请记住对冲基金是私有的。）为了进行非公开发行，对冲基金必须：

- 通过合理的努力确认投资者是合格投资者，如果它们依靠第一种豁免。[39]
- 确保犯罪分子和其他不良行为者（例如受到证券交易委员会纪律处分规定的个人）不属于基金的主要经理人或持有人，并且不参与份额的出售。[40]

直到最近，非公开发行的定义变得更加直观。在法律改变之前，如果想要保持豁免，对冲基金不得不脱离公众的视线；它们通常不会在它们的网站上向媒体发言、刊登广告或发布联系信息（如果它们有一个网站）。但是，当国会通过《创业企业扶助法》（《乔布斯法案》，JOBS）时，此法消除了私募基金对广告和"一般招揽"的禁令（虽然对冲基金经理现在遵守适用于注册投资顾问的广告一般规则）。[41]与此同时，《乔布斯法案》增加了关于检查认可投资者资质的要求，而《多德－弗兰克金融改革法案》对不良行为者施加了约束，证券交易委员会决定将这些条款纳入曾经被定义为非公开发行的规则中。[42]

这些规则带来的影响是使对冲基金投资者与典型的共同基金投资者变得截然不同。最值得注意的是，只有约 1/3 的对冲基金投资者是个人投资者。[43]相比之下，我们已经在第 11 章中了解到，10 个共同基金投资者中有 9 个是个人投资者。

相反，机构是对冲基金的主要投资者。它们的类型如下：

- **养老金计划（占机构资产的 41%）**。投资对冲基金的养老金计划是固定缴款计划，由公司、国家或地方政府向雇员提供（第 12 章已经讨论了固定收益计划）。由于这些退休计划有效地汇集了大量员工的退休储蓄，所以成了大型机构投资者，投资期非常长。

- **基金会和捐赠基金（19%）**。支持美国慈善机构的基金会和捐赠基金是对冲基金中的第二大投资者群体。这里需要解释一下两种投资者之间的差异，基金会给多个慈善机构捐款，美国今天最大的基金会是比尔和梅琳达·盖茨基金会。相比之下，捐赠基金致力于单一机构的支持，如美国最大的捐赠基金哈佛捐赠基金。为避免税收罚款，基金会和捐赠基金通常每年要减持其资产的 5%，余额被投资以创造收入并实现盈利，以确保慈善支持能够持续多年。[44]

- **资产管理者（15%）**。资产管理者、财富管理者和家族办公室可以代客户购买对冲基金。

- **金融机构（12%）**。保险公司和银行投资于对冲基金，以提高收益并使投资组合多样化。

- **主权财富基金（11%）**。对冲基金的其他主要投资者是主权财富基金，这是由各国政府设立的投资基金。主权财富基金在经历当前经济成功的国家中最常见，这往往是由于出售有限资源而产生的，而且希望将对冲基金作为对未来困难时期的缓冲。例如，根据主权财富基金协会的研究，当今最大的主权财富基金出自挪威，它把北海油田一部分收入投资到了对冲基金，以获取长期利益。对冲基金投资者分布可参见图 16 - 2。

无论是个人还是机构对冲基金投资者，都可以直接投资基金，也可以通过对冲母基金（hedge fund of funds）进行投资。根据 Preqin 的研究，16% 的对冲基金资产是通过母基金来投资的，它们特别受到公共养老基金投资者的欢迎。[45]

母基金旨在使对冲基金投资简单化，因为母基金管理人会完成全部的工

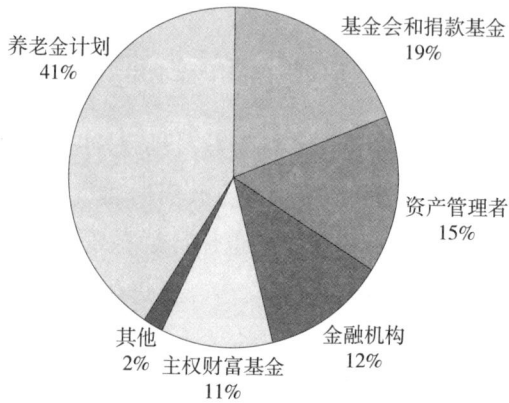

图 16 - 2　对冲基金投资者细分统计（2013）
资料来源：Preqin，2014 年 Preqin 全球对冲基金报告

作。他们会研究潜在的对冲基金投资，或者用行业术语来说，他们会对这些基金进行尽职调查。另外，他们会处理与进行投资相关的所有行政管理工作，并在投资后监督管理者业绩，并根据需要更改配置。母基金还有另一个优点：通过将多个客户的资产汇总在一起，使小型投资者能够轻松地实现对冲基金，而不必担心投资规模太小。它也可以为新投资者提供对处于封闭阶断对冲基金投资的机会。

母基金模式的主要抱怨点在于其费用，这些费用可能非常高。母基金管理人通常收取"1 和 10"，即管理费 1% 和业绩分成费用 10%，这些费用会加在它们投资的对冲基金所收取的"2 和 20"中。批评者认为很难通过基金管理人的筛选，来增加足够的价值以赚取这笔费用，而这些数字将会付给他们。母基金的平均业绩表现一般落后于对冲基金的平均水平。[46]

总而言之，对冲基金拥有非常多样化的客户群体。为了适应不同的需求，许多对冲基金使用了一种更为复杂的结构，称为主支基金。[47]基金管理人在美国以外的一个国家建立一只主要基金，当地的公司所得税率很低，因此基金本身很少或不用纳税。对冲基金最受欢迎的离岸地目前是开曼群岛，该地拥有基于英国的普通法、靠近美国的法律制度和温暖的冬季气候等优势。[48]投资是由主要基金来管理的。

投资者不直接将资金投入主要基金，相反，他们购买了支线基金的份额。对冲基金一般建立两种支线基金：

1. 在岸支线基金。第一种支线基金是在美国成立的。这种基金通常是有限合伙结构，像共同基金一样，拥有穿透性税收待遇。换句话说，合伙架构本身并不纳税，而是把所有的收入都交给投资者。然而，虽然合伙结构对个人和应纳税机构投资者的效益实现是有利的，但对于免税投资者来说会是一个问题，包括基金会、捐赠基金和养老计划等在对冲基金投资者中占比很大的主体类型。对于他们来说，有限合伙结构的收入可以说是无关营业应税收入（UBTI），顾名思义，它通常会给这些免税实体带来缴税的责任。

2. 离岸支线基金。为了避免以上问题，对冲基金管理人在美国境外设立了第二种基金，通常会设立在主要基金的同一个司法管辖区，通过公司或信托形式，来解决免税投资者的 UBTI 问题。但是，由于基金几乎总是在一个公司所得税率非常低的国家建立，所以它本身就很少或无须纳税。非美国投资者通常也会通过离岸支线基金购买，以使资产远离美国证券交易委员会和美国税务局的监视。

新型对冲基金：流动性另类投资

迄今为止，本章我们一直在讨论传统的对冲基金及其投资者，但由于新的法规和不断变化的投资者偏好，对冲基金世界正在转型。

对冲基金经理正在推动大部分的变化。过去，他们的结构化运营是为了避免所有的监管。但是现在这是不可能的，因为对冲基金经理可能需要注册为投资顾问。其中一些管理人员将该注册视为扩展到更大共同基金领域的机会。

并非所有的对冲基金经理都热衷于改变。有些人觉得他们已经有了足够好的业务，并且拥有高度的传统客户黏性。但其他人正在投身于共同基金的管理，希望通过快速发展，建立领导地位。

同时，共同基金管理公司正在应对竞争威胁。它们注意到对冲基金资产大规模增长以及投资者对另类投资策略的兴趣增加，并且正在设立基金来开拓这一市场。共同基金管理公司正在创立自己的对冲基金，或者以新的偏好来发起共同基金。

对冲基金管理和共同基金管理融合的核心点是一种被称为流动性衍生品（零售衍生品）或有时被称为注册投资基金的类别。无论是哪个名称，它们都是注册共同基金采用了传统上被对冲基金使用的投资方法。虽然它们采用新的策略，但是通过向投资者提供详细的报告，也可以拥有共同基金的所有传统特征，包括每日估值和赎回、董事会和高透明度。

流动性另类投资品是基金行业里的热门品种。根据《战略洞见》的数据，经过短短几年的销售，其资产到 2013 年底已超过 1 万亿美元。对比来看，在同样的时间，ETF 的资产为 1.7 万亿美元，所有对冲基金合计共 2.6 万亿美元。最受欢迎的策略是全球资产配置和非传统债券，这两个类别合并起来占流动性衍生品总资产的 2/3 以上。[49]

流动性衍生品已经受到了投资者的欢迎，因为它们提供了更积极的策略，具有更高回报的潜力，但同时仍然具有共同基金的优势。从便利性的角度看，普遍来说个人更偏好共同基金的公司结构而非合伙结构。因为这在纳税申报准备方面，不至于那么麻烦。更实质性的问题在于，共同基金投资者可以在任何工作日结束时以资产净值赎回，并收到完整的基金活动报告，其利益受独立董事会和证券交易委员会的监管。虽然该法规可能限制基金的投资活动，但也有一些好处在于，相比传统的对冲基金，其收取的费用会大幅度降低。

然而，较低的费用并没有阻止太多对冲基金管理者进入注册基金领域。因为可供共同基金投资的资金比对冲基金更多，所以流动性另类投资基金的运行显著提升了共同基金增长前景。与此同时，从商业角度来看，零售投资者相比机构投资者来说是更有价值的客户，因为业绩下降时他们赎回的可能性会小一些。[50]

注册另类投资基金的想法似乎存在矛盾。我们一直在谈论对冲基金是如何变得流行起来的，因为共同基金管制使得某些策略难以实施。虽然事实上共同基金并没有被完全禁止使用这些策略，但是在过去限制了它们使用这些策略的原因有 3 个：

1. 限制杠杆。具体而言，《1940 年投资公司法》将共同基金的借款限制在其资产价值的 1/3。[51]这个限额包括借出短期股票。相比之下，对冲基金的杠杆往往受到借款能力的限制。

2. 衍生品使用规定不明确。 当然，衍生工具可以代替借款，但共同基金往往对通过衍生工具进行杠杆化犹豫不决，因为有关它们的使用规定尚不明确（第 7 章附录更详细地讨论了这个问题）。对冲基金没有这样的担忧。一项研究发现，截至 2010 年的 5 年期间，对冲基金通过借款和使用衍生工具使其暴露资产增加到 1.5—2.5 倍。[52]

3. 保守客户群的传统方法。 最后，共同基金管理公司认为传统的策略最适合它们的核心客户群，该客户群是由那些有 8 万美元退休收入的家庭组成。[53]

但是，随着共同基金行业的成熟，它已经开始为外部投资者提供产品，或为寻求多元化的传统投资者提供产品。许多这些高风险产品最初是作为 ETF 来开发的，正如我们在第 15 章所讲述的，是为了吸引更高收入的投资者，尽管这些策略后来转移到了传统的基金形式中。例如，杠杆和反向基金过去只是 ETF，但现在也可以作为传统的共同基金。

对冲基金和共同基金之间的融合正在给所有参与者带来挑战。以下是各方所面临问题的一个简要说明：

- **对冲基金管理者面临的挑战。** 对于对冲基金管理者来说，管理注册基金可能是文化冲击，因为管理共同基金的规则比管理对冲基金的规则要严格得多，而且通常非常僵化。随便举一个例子，共同基金不能将超过 15% 的资产投资于非流动性证券，如果基金管理公司出现错误操作并超过了这个限额，则需要偿还基金的所有损失。为了防止不幸的发生，基金发起人建立了详细的流程，以确定流动性不足的证券，并监控其在投资组合中的权重。相比之下，对冲基金对流动性投资不存在任何限制。为了在更精确的共同基金世界中生存下去，对冲基金管理者必须确保其遵守程序并能应对所有规则，为此他们可能需要调整投资方式。

除了这些额外的合规义务，进入流动性另类投资领域的对冲基金管理者还需要分配渠道，这对于他们来说通常是全新的。虽然他们经常聘请第三方来组织共同基金销售协议、销售材料和批发等相关工作，但仍然需要制定产品和品牌战略来支持外包工作。

- **共同基金管理者面临的挑战。** 共同基金管理者已经制定好了程序和流程来满足规定要求，但他们需要在对冲基金和流动性另类投资品所采用的更激进投资策略中发展专长。通常，基金管理者习惯于用更长的时间来完成投资，但这些策略需要在很短的时间内完成投资。同时，共同基金管理公司必须建立新的监督方法，以评估和监督更激进策略的风险。[54]

- **对冲基金和共同基金管理者面临的挑战。** 并行管理对冲基金和共同基金为所有管理者提出了额外的合规性问题。因为对冲基金能够收取大量的业绩报酬，管理层可能会倾向于在对冲基金产品全力以赴而忽略了旗下的共同基金。证券交易委员会对这种偏袒主义表示反对，管理者必须确保公平对待所有账户。

- **监管者面临的挑战。** 最后，流动性另类投资的趋势为监管机构带来了挑战，因为监管机构现在必须应对更多样化的基金市场。过去，共同基金的风险水平在很大程度上是由它们所投资的资产类别决定的，但现在它们所利用的杠杆程度可能更为重要。一些行业观察家认为，鉴于今天基金市场风险水平和方法的多样性，"一刀切"的规则已不再适用。

此论点在欧盟方面获得了支持，欧盟在 2014 年制定了允许某些零售共同基金被归类为复杂金融工具的规则。复杂基金广泛使用衍生工具，并投资于难以评估的非流动性证券或者需要使用复杂的公式来确定回报。一旦规则产生了实际效果，出售这些基金的欧洲中介机构将需要采取额外的程序来确定它们是否适合买家。[55]我们将在第 18 章更详细地讨论欧洲共同基金及其监管。

随着流动性另类投资市场的发展，对冲基金管理者、共同基金管理者和监管机构将需要解决所有这些挑战。

对冲基金词汇表

与其他行业一样，对冲基金行业也有许多独特的术语和概念。以下是在

本章所使用的相关术语的详细定义：

赎回门槛：对冲基金相关条款阻止大量投资者同时赎回。具体而言，如果超过一定比例的投资者——通常为 10%—30%——想要在同一时间赎回，对冲基金经理只能满足代表这 10%—30% 资产的投资者的赎回，把其他投资者的资产继续保留到下一个规定的赎回日。赎回门槛让对冲基金管理人拥有更多时间来出售资产，这一点非常重要。门槛还保护了那些不需要赎回的投资者。如果基金管理人被迫出售更多流动性资产以筹集现金来兑现赎回，那管理人最终可能不得不持有一个难以出售的证券投资组合。

锁定期限。投资者不能从对冲基金赎回的期限。比如，2 年的锁定期限，投资者必须自投资日起将资金保留在该基金中 2 年。在锁定期限之后，投资者才有权每年、每半年、每季度地要求赎回。

管理账户。对单一投资者设立的迷你对冲基金。这种结构使基金持有状况和投资活动仅对该投资者完全透明。

暂停赎回。对冲基金管理文件中包含的，对冲基金经理在特定情况下拒绝投资者赎回请求的权利。特定情况可能包括对冲基金经理认为销售资产来募集现金以满足赎回需求会对基金价值造成不利影响。

附加条款。对冲基金与大型投资者签订的特别协议。例如，附加条款可以是授权一些投资者优先赎回，或者获取额外的投资组合数据的权利。

辅助账户。在对冲基金中，经理为持有非流动性资产而单独设立的账户。对冲基金经理将一项资产从对冲基金转移到辅助账户后，从该对冲基金赎回的投资者不能立刻获得辅助账户资产中归属于自己的部分。相反，要等到可能是多年以后该资产出售时才能获得该部分收益。

本章小结

对冲基金是私有的集合投资工具，不需要在美国证券交易委员会注册。对冲基金可以根据资产的市场价格收取业绩费用，还可以通过借款、使用衍生工具或者出售证券空头来显著增加杠杆。它们之所以被称为对冲基金，是因为它们的回报通常与传统股票和债券投资回报的相关性较低。

虽然对冲基金本身没有注册，但对冲基金经理最近被要求成为注册投资顾问。小型的对冲基金管理者需要在国家证券监管机构注册，大型的基金管理者需要在证券交易委员会注册。在证券交易委员会注册的管理者通过定期提交 PF 表单来提交他们所管理的对冲基金的数据。

由于不受监管，对冲基金使用了广泛的投资策略。最受欢迎的策略是多头/空头股票，其涉及买入股票和卖空股票。其次是事件驱动的策略，其重点是公司事件，如并购或破产。

对冲基金的支持者认为，它们提供了投资的灵活性、与其他投资的相关性较低、管理者与投资者利益的一致性以及经风险调整后的回报率有吸引力。批评者则认为，对冲基金收费高，还缺乏流动性和透明度以及对其他投资者的保护。他们还指出，对冲基金并没有在下跌的市场上提供所承诺过的绝对回报，而且业绩并不持续。对冲基金市场一直在不断地发展。

为了免于注册，对冲基金必须对其投资者的数量进行限制，他们的财务状况必须符合一定的标准。对冲基金必须符合以下两个测试之一：经认可的投资者测试或合格的买方测试。为了收取业绩费用，基金也必须符合合格的客户测试。

对冲基金拥有多元化的客户群。机构是对冲基金的主要投资者。一些投资者通过母基金买入对冲基金，并支付额外费用。为了适应客户的不同需求，许多对冲基金使用了一个主支基金的结构，同时具有在岸和离岸的支线基金。

对冲基金管理者和共同基金管理者都在引入流动性或零售另类投资基金，这些基金是使用在传统上被对冲基金所采用的投资方法的共同基金。通过结合更积极的投资方式、便利性和额外的监督管理来吸引投资者。这些基金将为其管理者带来投资和操作上的挑战；通过创建更多样化的共同基金池，也将为监管机构带来挑战。

第五部分
共同基金的国际化

在本部分，我们将视角投向美国以外的国家和地区，审视过去30年间共同基金不断增长的国际化趋势，该趋势包括两个相互独立却又相互关联的方面：在美国注册的共同基金越来越倾向于将至少部分资产投资海外；与此同时，美国及非美国的基金管理公司，都在试图从别国投资者手中募集资金。在诸如美国和西欧比较成熟的市场上，基金发起人的海外募资行为尤为常见。

尽管两种趋势同根同源，但两者的发展节奏大不相同。美国基金的海外投资在过去30年间显著增长，而且现在已经被美国大众投资者广泛接受。相反，基金管理公司的海外募资过程却喜忧参半，因为世界各地的基金市场相互之间仍存在税收和监管政策等壁垒。

因此，基金分销在很大程度上仍是本地业务，当地的基金管理公司更具主场优势。有志于全球扩张的企业希望通过在世界范围内分销现有产品从而获取市场份额并不容易——即使这些产品极具吸引力、服务水平一流、价格更低。基金发起人必须首先获准进入外国市场，然后在当地市场"建立量身定制"的基金，并且需要与当地的分销商合作。

然而，对投资基金而言，国际化趋势还是缓慢发展。人们对跨国基金的接受度正在逐步稳定提高，其中欧洲的可转让证券集体投资计划（UCITS）尤其引人注目。资产管理行业对此的反应是通过自然增长、联合、收购等方式，提升全球范围内的基金管理、分销、经营等专业技能。如今，一位德国投资者可以轻易购买一只由美国基金管理公司的子公司发起、在卢森堡注册的基金，而该管理公司则雇用一位中国香港的投资组合经理选择泰国的股票进行投资。

本部分包括两章：

第17章探讨美国共同基金的海外投资，总体概述跨国投资环境、优势、风险及运营过程中的挑战。此章最后讨论全球或国际基金的投资组合经理所面临的、不同于仅在美国投资的基金经理所遇到的特殊问题。

第18章探讨投资基金的全球市场，包括退休储蓄计划的介绍，并研究全球基金业务模式的建立。聚焦欧洲，探讨跨国基金可转让证券集体投资计划结构的成功之处，以及由于对其复杂性、产品扩散以及亚洲竞争的担忧而面临的挑战。最后，我们讨论最近为欧洲对冲基金设立的类似可转让证券集体投资计划的模式。

第18章附录考察了全球退休计划在资产募集中的作用。我们专注于智利和新加坡的创新型退休制度。

第 17 章

跨国投资

数百万美国人——带着他们的资金——奔赴世界各个角落。过去 30 年间，美国投资者持有外国证券的数量一直在稳步增长，他们希望通过这种途径在增长潜力更高的经济环境中寻求比本国投资更高的回报，而且在海外市场投资会增强其投资组合的多元化。

对那些希望到外国投资，但又担心可能遇到风险和困难的投资者而言，共同基金扮演了旅行社的角色。基金经理代表基金份额持有人密切监控投资风险，处理运营中的困难，使海外投资与在本国投资一样。在本章，我们还将讨论为何国际投资虽然变得更加容易，但仍存在很大困难。

本章将讨论：

- 跨国投资增长的原因。
- 海外投资的优势与风险。
- 国际投资运营中的挑战。
- 全球或国际基金的管理。

跨国投资的增长

自 20 世纪 90 年代开始，投资者一直致力于建立国际证券的投资组合（见图 17-1）。截至 2012 年底，美国投资者持有近 8 万亿美元的国际证券，约为 20 年前的 9 倍——尽管 2008 年金融信贷危机期间出现过大幅下滑。

美国共同基金海外投资活动反映了该增长趋势。几乎在同一时期，集中进行海外投资的共同基金资产增长了近 10 倍，基金数量则增长了 3 倍。全球与国际基金资产在行业总资产中的比重从 1994 年的 6% 增长到 2012 年的 12%。

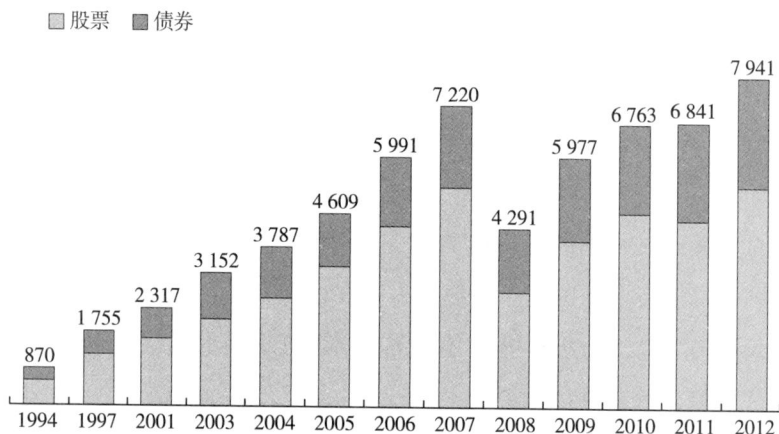

图 17 - 1　美国投资者所持的外国证券投资组合（10 亿美元）
资料来源：美国财政部

美国基金得以进行国际扩张的原因是，其他国家已经开放其市场以迎接更大数量的海外资本。资金流动限制越小的国家，对海外投资者就越有吸引力，因为他们希望能够随时撤回资金。因此，消除或减少资本管制会增加本国企业可用的外国资本的供应，而本国企业拥有更多资本会创造更强劲的经济增长潜力。[1]

另外，金融系统的开放会导致任何时候可用资本数量的剧烈波动。外国投资者在短时间内向一个国家投入大量资金，然后出其不意地撤出，将会导致实体经济受损。例如，2000—2008 年，外资占爱尔兰国内生产总值（GDP）的 20%，而西班牙的外资则占到其国内生产总值的 50% 以上。许多外资似乎在房地产行业找到了出路——无论是直接投资还是通过银行贷款——制造出的巨大泡沫在外资停止进入后破裂，给整个经济造成了巨大压力。

当然，并非所有外资都是快速流入与流出的热钱。例如，投资公司协会的研究表明，美国的共同基金是 20 世纪 90 年代新兴市场一项稳定的资金来源，此时许多新兴市场具有极高的波动性。[2]然而，总的来说，外资就其本性而言不如国内资金来源稳定。

面对突如其来的资金流出，金融基础体系不够成熟的新兴市场非常脆弱（详见"发展术语"专栏对新兴市场的定义）。因此，这些国家在全球经济低迷时经常试图置身事外，并且通过管制允许进入其金融市场的外资的数量和类型，来维持对内部事务更好的控制。

例如，中国通过多种类别的股份来限制企业发行外资股份。想购买中国公司股票的外国投资者可以通过购买下述两类股票之一进行投资：任何投资者都可以购买在香港证券交易所上市的 H 股；想购买在中国内地交易的 A 股的投资者必须获得许可成为 QFII，即合格境外机构投资者。如果他们的申请被接受，他们将被授予购买 A 股的配额。基金经理需要及时对这一额度匹配资金，将资金换成人民币转入中国，否则将丧失购买 A 股的权利。他们必须承诺在中国进行投资，因为在 3 个月到一年的锁定期限到期之前，他们将无法取出这笔钱。还有一条规定，共同基金一般必须将 A 股投资视为流动性不足的类别，这意味 A 股资产在投资组合中的比例不超过 15%。[3]

发展术语

什么是真正的新兴市场呢？尽管该术语的定义并不准确，但它通常用于指那些并不富裕却因经济高速增长而迅速变得富有的国家。新兴市场过去被认为是第三世界国家（Third World Nations）、欠发达国家（less developed countries，LCD）的一部分，但现在更常用于指发展经济体（developing economies）。

到目前为止，还没有一个被广泛接受的新兴市场名单。例如，一些观察家将韩国也归为新兴市场，但其他人认为其应该归为发达国家。新兴市场中最大的一些国家或地区，包括中国、韩国、中国台湾和巴西。巴西、俄罗斯、印度和中国，通常被放在一起合称为"金砖四国"（BRIC）。最小的一些新兴市场通常也被称为"前沿市场"（frontier market）。

中国并不是唯一一个对外国投资部分开放的国家。在过去的 25 年间，许多国家已经完全取消了资本管制，巴西、墨西哥、韩国就是近期针对外国投资开放资本市场的。即使是那些继续监管资本流动的国家，许多也减少并简化了其监管要求，以鼓励更多的外国投资。

一项重要提示：尽管总的趋势是放宽对资本的管制，但当这些国家认为其经济受到威胁时，仍然会设置新的管制措施。例如，1998—1999 年亚洲金融危机期间，当该区域许多货币大幅贬值时，马来西亚又重新对外汇实施管制。虽然国内经济因素似乎是此次危机的主要原因，但马来西亚政府的这一举措表明，公众认为经济所遭受的破坏是外国投机的结果。[4] 最近，在 2014 年，乌克兰限制了外币购买，以便在那里出现政治危机之后，阻止货币的贬值。

随着世界资本市场逐渐开放，美国以外的投资机会也在扩大。如图 17 - 2 所示，虽然美国股市是世界上最大的股票市场，但在 2014 年 4 月底，其占全球股票市值不到一半。

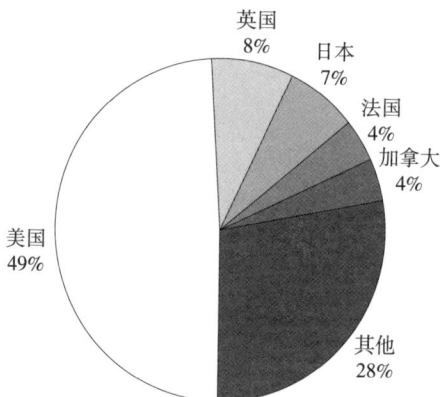

图 17 - 2　摩根士丹利全球所有国家市值指数（按国家分列，2014 年 4 月）

尽管资本的全球流动变得更加容易，投资者仍然倾向于本地市场的投资组合，这一偏好被学者们称作本土偏好之谜。虽然本土偏好在过去几十年中有所减退，但并没有完全消失。举例来说，如果美国投资者完全没有地理偏好，他们持有的股票将会有一半是美国公司股票，而剩下的为外国公司股票——与美国股票市场在世界市场中的比例相当。然而，2013 年底，美国股票基金资产中有 75% 投资于美国基金，而只有 25% 投资于全球或国际基金。

投资者通常在本地市场投资，是因为他们觉得在自己的市场中会有信息优势，更容易接收到来自管理层及媒体以本国语言撰写的定期报告（regular reports）；甚至拥有关于所投资的公司的产品和服务的第一手资料；同时，他们也可能更适应本国的投资者权利执行体系。与此同时，投资者也许会因其他市场被当地的内部人士和大投资者所控制而丧失购买信心。[5]

海外投资的优势与风险

虽然有诸多担心的问题，但美国投资者还是越来越愿意到海外市场投资，主要是因为潜在回报非常诱人，尤其是在发展中国家。最显著的是，新兴市场长期提供更高的回报，反映出其经济增长率较高，尽管短期内市场可能会出现大幅波动。表 17 - 1 显示了新兴市场的回报率，并与不同时期的发达国家的回报率进行了比较。

表 17 - 1　回报率比较（截至 2013 年 12 月 31 日）

	1 年	3 年	5 年	10 年	14 年
美国（标准普尔 500 指数）	32.4%	56.8%	128.2%	104.3%	64.0%
美国之外的发达市场（摩根士丹利欧澳远东指数）	23.3%	28.3%	83.9%	104.1%	62.4%
新兴市场（摩根士丹利全球新兴市场指数）	- 2.3%	- 1.7%	102.4%	197.7%	196.2%

即使新兴市场比发达市场的风险会更高，但许多投资者相信增加对新兴市场的投资能够在提高收益的同时降低投资组合风险。这似乎与直观印象相反，因为只有高风险新兴市场的投资回报与投资组合的发达市场部分没有高

度的相关性，它才起作用。

为了阐明其中缘由，假设一个投资者只持有预期收益 6% 的低风险资产 A，他正在考虑将收益率为 10% 的高风险资产 B 加入其投资组合。两类资产有较弱的正相关关系，意味着两者变动方向相同，但变动程度及变动时间均不相同。图 17 - 3 在有效边界（efficient frontier）上表示出了资产 A 和资产 B 所有可能的组合（图表背后的数学推导过程请参见本书配套网站）。因为两类股票并不是步调一致地升降起伏，所以在投资组合中加入一些资产 B，能够在增加预期收益的同时降低预期风险。80% 的资产 A 与 20% 的资产 B 组成的投资组合，其预期风险最小。在本例中，将资产组合中的 20% 变为资产 B 的投资相当于获得免费午餐——更多回报、更少风险。

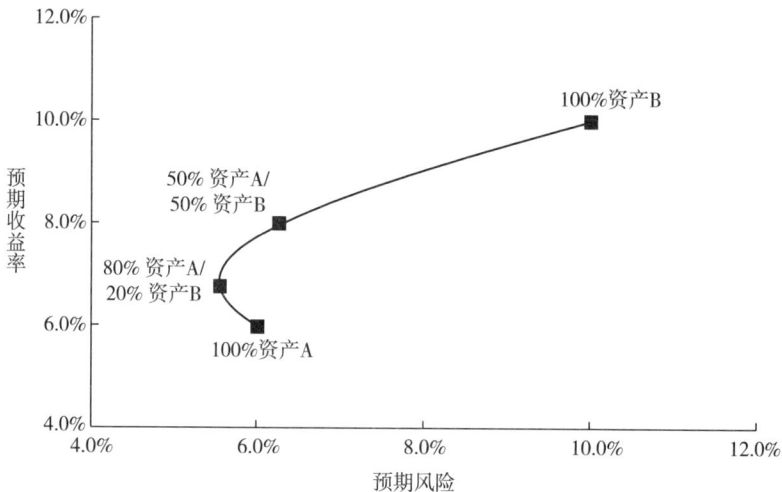

图 17 - 3　效率前沿

许多投资者认为，将资产 A 和资产 B 分别替换为发达市场和新兴市场非常合理。成熟的股票市场相对具有低风险、低收益，而新兴市场至少在过去是高风险、高收益，而且这两类股票市场的收益也并非高度相关。

事实上，近几年就有国际投资的支持者将资产 A 替换为"美国市场资产"，而将资产 B 替换为"所有非美国市场资产"。然而，发达市场之间的关联性现在相当密切。欧盟内部由共同经济政策相结合的国家尤其如此。因此，投资于发达国家的经理可能更多地关注跨行业的多样化，而不是跨国家的多样化。[6]而新兴市场则普遍提供了良好的多元化，有时与发达市场平行，特别是在危机时期。

即使国际化投资可能降低投资组合的风险，但海外投资者仍然面临着大量在本国投资不会遇到的风险，而这些风险在新兴市场中最为明显。

- **汇率风险。**跨国投资最为典型的风险就是汇率风险。这是因为美国投资者通常以美元进行投资，而外国证券一般则是以当地的货币计价。所以，汇率波动对以美元衡量的投资总收益会产生重要影响。当外币相对于美元较强劲时，美国投资者获得的收益会提高；但是，若外币相对于美元价格下降，美国投资者的利益就会受损。举例来说，如果一只英国股票年收益为 12%，但是若与此同时英镑相对于美元的价格下跌了 5%，那么这只股票给美国投资者带来的收益接近 7%，而不是 12%。

- **政治与监管风险。**其他国家政府的政策往往不像美国的政策对投资者那么友好，信息披露也不够充分。例如，许多外国企业并不需要披露关于养老金负债、并购或分项业务的业绩表现等方面的详细信息。阻止诸如内部交易或操纵市场等扰乱市场秩序行为的法律可能并未得到有效执行。而且，正如第 10 章所述，投资者权利也可能并未得到有效保护，政府甚至有可能通过对企业或整个行业国有化而将投资者的资产充公。阿根廷最近刚刚发生过类似事件，当地政府从当地石油公司（YPF）的西班牙业主雷普索尔（Repsol）侵吞了该公司大部分份额。许多国家在遇到困难时会将银行国有化。

  非本地的投资者可能需要遵守特殊标准，外国投资者也许会被禁止大量投资与国家安全和威望等相关的公司，如航空公司和电信公司等。试图购买美国资产的外国公司也会遇到同样的问题。例如，2005 年，在美国国会表达保留意见后，中国海洋石油总公司被迫放弃收购优尼科。

- **交易**。在海外买卖证券非常困难，而且费用高昂。尽管伦敦与东京等大型金融中心的证券交易市场可能非常高效，但是在许多外国市场，尤其是新兴市场上，证券通常需要预约才能交易，这使得共同基金之类的机构投资者很难实现其通常所追求的积累大量证券头寸的目标。佣金比率也可能远高于美国，甚至在某些市场上，经纪费用比率可能是由法律确定的。而不管购买还是出售证券，一些国家还会征收印花税或金融交易税，使交易成本大大增加。经济学家詹姆斯·托宾（James Tobin）是对这些税收早期的支持者，所以它们通常被称为托宾税。它们在欧盟内部越来越普遍。例如，法国在 2012 年实施了金融交易税，作为帮助防止未来金融危机的措施。[7]

海外投资的运营挑战

海外投资还会遭遇许多运营问题。

托管。例如，共同基金一般不能使用它们在美国建立的账户，在其他市场购买证券。相反，大多数共同基金在当地购买证券，然后将其委托给当地的托管银行——被称为次级托管银行（subcustodian）——妥善保管（回顾第 14 章，复习一下托管人的角色）。大多数基金公司在世界各地都拥有若干次级托管银行，形成一个全球托管网络（global custody network），我们将在"网络管理"专栏中对之进行深入讨论。次级托管人通常是当地市场发展信息（尤其是监管方面的信息）的关键来源。

网络管理

基金董事会建立全球托管网络之初需要选择一个外国托管公司（foreign custody manager，FCM），通常为基金的美国托管银行。董事会委托外国托管公司承担网络的日常管理责任，但是董事会必须仔细审核外国托管公司的资质，而且外国托管公司要同意在履行职责时尽到"合理谨慎、勤勉、审慎的义务"。

外国托管公司通过网络选择它认为能同样履行"基于相关市场中托管人标准的合理谨慎义务"的次级托管银行。在选择过程中,外国托管公司将考虑银行的信誉、财力及内部控制体系。银行必须同意保护或确保该银行持有的证券基金免受损失,明确区分属于基金的资产,提供接触独立审计师的途径,并且允许资产自由转让。外国托管公司必须监控当地银行职责履行情况,并在银行未能满足以上要求时将资产移出。

外国托管公司还必须确保其他市场的中央证券存管达到最低标准。像美国存托及结算机构之类的证券交易结算机构都是由政府或全国证券交易所建立,以官方纸质或电子形式保存证券所有权交易记录。一个国家的投资者通常会被要求使用此类托管机构,但是若外国托管公司认为强制使用的中央证券托管机构不能为其基金资产提供足够的有效保护,它可以停止基金在该市场上的交易。例如,当中央托管机构将其自有资产与基金资产混在一起时,外国托管公司可能不会允许基金在该国市场上进行交易。

外国托管公司的最后一项职责是,定期向基金公司的董事会报告,内容包括次级托管人的义务履行情况,并对使用中央证券存管服务的相关风险进行评估。[8]

在某些国家,建立一个分托管账户很容易——只需要一到两天。但在一些国家,那是一个耗时的过程——可能会需要数月,通常还需当地的监管机构或外汇管理局的许可。想在此类市场上进行投资的组合经理必须在初次交易前留出足够的准备时间。

如果建立外国证券账户对共同基金来说是一项挑战,那么对个人来说就几乎是不可能的。现在有几家经纪公司已经建立了国际账户,让那些喜欢自己动手的投资者(do-it-yourself investors)能够在一定的世界范围内的市场上直接进行交易。但是,对个体投资者而言,比较常见的海外投资方法仍然是使用美国存托凭证(American Depositary Receipt,ADR),详细内容参见"证券存托"专栏。

证券存托

不希望或不能建立海外证券账户的投资者仍可通过一个使用已超过 90 年的工具——存托凭证（depository receipt）进行海外投资。存托凭证是一种可在公司本地市场外进行交易的外国公司证券，而且是一种非常流行的国际投资方式。纽约梅隆银行（BNY Mellon）的报告指出，美国之外 70 多个国家的公司拥有超过 3 000 种存托凭证计划；虽然存托凭证可以用于其他证券，但绝大多数包含股票。[9]美国存托凭证在美国证券交易所交易，而全球存托凭证（Global Depository Receipt，GDR）则在欧洲交易所交易。

为创立美国存托凭证或全球存托凭证，托管银行必须在当地市场购买股份，然后向美国投资者发行作为股权证明的凭证。银行处理所有汇率问题，所以凭证以美元计价。大公司通常会发行美国存托凭证，同意在美国证券交易委员会注册发行，并向投资者提供符合美国证券交易委员会要求的披露信息，使其美国存托凭证得以在证券交易所上市。对于一个跨国公司来说，其美国存托凭证交易量可能与其母国市场交易量一样多——甚至更多。然而，应客户要求，银行可能创造在本国交易的任何外国股票的凭证，即使没有该公司的担保。

那么，为什么在当地投资呢？为什么不直接购买存托凭证呢？首先，当地市场股票的流动性可能更高，对那些小公司来说尤其如此。投资当地市场的投资者可以更快地对新信息做出反应并进行交易，不用等到美国股市开盘。最后，当地股份所有者能够获得更多信息，因为公司可能被要求向股票的直接持有者而非存托凭证持有者报告信息。

因此，在美国之外进行大量资产投资的共同基金通常会建立全球托管网络，然后在当地购买股票。但只是偶尔购买外国证券的基金和个人则通常会选择便利的存托凭证。

外国机构投资者注册。在一些国家，基金或其管理公司可能需要通过注册成为外国机构投资者（foreign institutional investor，FII）。该过程需要大量

文书工作，需要当地次级托管人、外国托管公司、基金管理公司与基金公司本身的参与，更不用说外国监管机构。如果像中国一样对外国机构投资者设置配额，那么基金就可能需要排队，直到获得资格。而且，在有些国家，外国机构投资者可能面临着比当地投资者更多的合规要求和投资限制。

例如，印度要求美国的共同基金通过其在印度的子托管人注册为外国证券组合投资者（FPI）。条例规定，外国证券组合投资者须具有"足够的经验、良好的记录、专业的能力、财务健全以及普遍良好的公平和诚信声誉"，并指定合规官员监督其适用法律的遵守情况。为了确保外国证券组合投资者只是被动投资者，并且不能控制印度企业，印度还要求外国证券组合投资者不得购买任何公司 10% 以上的流通股，不得拥有非上市股份。[10]

外国税收。 海外投资像在美国投资纳税一样也需要缴税。如果基金最后需要在海外纳税，它们通常会在年度纳税申报表 1099 – DIV 中提供每个基金投资者所应承担的纳税份额信息。投资者可要求从美国缴纳的所得税税额中抵免或扣除——假如他们已经缴纳了足够的美国所得税，而且他们所持的基金份额属于应税基金而非退休基金。

因为并非所有的基金投资者都能以这种方式抵扣外国税款，基金通常会与当地的税务顾问合作，充分利用税收豁免或抵扣条款，将税收账单最小化。由于基金最终缴纳的税款中有许多是股利代扣税，基金也会限制持有股利分派较多的基金。此外，基金公司还可能从事跨国股息套利（cross-border dividend arbitrage），在支付股利前将高回报的股票借给当地投资者，获取与股息收益相等的利息——如此一来就可免于缴税。因为不是每个基金投资者都可以通过这种方式抵销外国应缴税额，所以基金与当地税务顾问合作，通过充分利用免税或可用信贷来最大限度地减少其应缴税额。

外国股份合规。 大多数国家对所有权集中程度都有规定。许多规定要求投资者在持有某公司股份超过一定额度时，必须向监管者申请备案。例如，法国和美国要求，公开出售的投资基金在持有某公司的股份超过流通在外股份的 5% 时，就需要上报公司或监管机构。在英国，类似的限制比例是 3%。[11] 对于特定类型的企业，国家也许会对外国投资者的持股比例建立无条件的限制。

此类规则非常复杂——但是共同基金必须遵守所有规则。违规的惩罚可能相当严厉，从失去投资者投票权到巨额罚款，再到失去外国机构投资者资格。共同基金的合规团队必须与当地专家密切合作，确保其合规系统符合所有要求。

鉴于海外投资的复杂性，几乎没有个体投资者尝试海外投资就不足为奇了。相反，他们一般会选择共同基金——能够拥有更多资源来研究、交易、运营以及处理各种市场的合规性问题。

信息汇总：管理全球或国际基金

你刚刚被任命为一个在美国注册但在海外投资的股票共同基金的投资组合经理。在很多方面，你的工作和国内基金的投资组合经理的工作完全相同，但是两者之间仍存在一些关键性差异。

基金募集说明书。对于任何一项共同基金管理工作，你都需要从阅读基金销售说明书开始，内容包括基金目标、投资方式以及投资限制等。你需要知道的最重要的事情之一就是基金具体可以在哪儿进行投资。你的基金可以投资于：

- **单一国家**。限定在一个特定国家，比如印度或日本。
- **某一区域**。集中于某一特定的地理区域，比如欧洲、拉丁美洲或东南亚。
- **新兴市场**。仅投资于发展中国家。
- **国际市场**。在美国以外的国家或地区投资，也许只在发达国家，或者同时在发达国家和发展中国家投资。
- **世界或全球市场**。同时在美国和其他国家投资。

为了符合美国证券交易委员会的规定，你的基金通常必须将至少80%的资产投资于经济上与聚焦地区密切相关的区域。[12]基金销售说明书会列出一系列标准，帮助你判定一项投资是否满足要求。在这些类别中，你甚至可以集中于某一个特定的行业或产业。

我们假设你的基金是主动管理型基金——尽管指数基金也同样可用于海外投资——而且销售说明书也明确规定你应使用价值法来进行股票选择。

基准。你会敏锐地意识到,基金的证券组合状况和你的绩效都与基准指数进行比较判断,摩根士丹利资本国际公司是最知名的全球与国际指标提供者,所以你很有可能根据其指标之一进行判断。最常用的指标有:

- 摩根士丹利全球国家指数(MSCI All-Country World Index,MSCI AC-WI),是全球基金的常用基准指数。MSCI ACWI 既包括发达市场,也包括新兴市场。2014 年 4 月,该指数包括超过 44 个国家的 2 400 只股票。
- 摩根士丹利欧澳远东指数(MSCI EAFE Index),包括欧洲、澳大利亚以及远东国家,是除加拿大和美国以外的发达市场的代表。
- 摩根士丹利全球新兴市场指数(MSCI EMI Index),顾名思义,摩根士丹利全球新兴市场指数是集中投资于新兴经济体的基金常见的基准指数。

正如"创建一个指数"专栏所述,在新兴市场创建指数可能极具挑战性。

创建一个指数

国际市场的指数并不是为那些安于现状的人建立的。世界市场,尤其是新兴市场,风云变幻,指数必须适时调整以适应变化的节奏。

首先,你会希望指数能够代表可投资的领域——一般投资组合经理可以购买的股票,所以你将要去除指数中所有公司交叉持股与内部人持股的部分。为此,你必须对公司所有权变动了如指掌。

如果一个国家像 1998 年的马来西亚那样出人意料地实施外汇管制,你该怎么办?你有正当的理由将该国从指标中移除,因为它几乎对外国投资关上了大门。但是那会将投资组合经理置于现有持有头寸的盲区:他们无法卖掉其持有的该国股票,但是仍然与一个突然除去该国股票的指数进行对比衡量。（在这种情况下，摩根士丹利并未突然将马来西亚从股票指数中除去，而是进行妥协使用平行的指数继续将该国的股票包含在内。）

你必须从 4 个维度考虑来划分指数：国家、货币、产业/行业和发行人。一位美国股票基金经理至少需要考虑最后两个维度。具体而言：

1. 国家。 我们已经了解到，国家风险虽然已经远没有从前那么重要，但有时仍然是非常重要的因素。至少，你会希望避开那些政府对投资者特别有敌意的国家。与此同时，你可能更加青睐那些经济发展迅速的国家。

2. 货币。 不久前，国家和货币两个维度还是相似的，但现在却并非如此。欧洲许多国家——虽然不是全部——是欧洲货币联盟（European Monetary Union）的成员国，使用欧元作为其货币。另一方面，为了显示经济政策的稳定性，一些新兴市场将本国货币与欧元或美元挂钩。你必须密切注意这样的联系。

3. 产业。 与美国股票基金经理一样，你必须监控行业和产业风险。如果你管理的基金集中投资发达市场的大盘股，你也许应当将考虑重点放在产业而非国家。你将投资的公司中有许多是真正的跨国企业，业务遍布全世界。

4. 发行人。 你必须确保对指标中比重最大的股票足够熟悉，因为它们对指数表现有着重大影响，所以在考虑投资这些股票时你必须特别慎重。

同类组。 你还需要关注那些将会与你的基金比较的其他同类基金，了解其中的偏差。例如，许多基金经理持续增持新兴市场股票，认为这些市场上的股票预期回报更高。因此，如果你决定比照指数减持这些市场的股票，那么与竞争对手相比，你在这些市场上的持有量会相对更小。

量化选股。 股票数量巨大而时间有限，所以你必须利用定量分析法缩小你考虑投资的股票的范围。作为一个价值型基金经理，你必须寻找那些市盈率、市净率、价格/现金流比率等都比较低的股票。（第 6 章详细介绍了定量分析、价值投资以及其他股票投资的方法。）

但是由于数据方面的限制，国际投资基金比只投资美国股票的基金更难使用这种方法，数据的可得性与可比性都存在问题，具体如下：

- **数据可得性**。通常，投资者可获得的美国公司数据远多于其他发达国家公司，可获得的发达市场数据远多于新兴市场。一些特定类型的数据在某些市场根本无法得到，而且即使可以得到，也可能只能搜集到短期数据，限制了回溯测试法的使用。

- **数据可比性**。让事情更加困难的是，同样的数据点在不同市场间不具可比性。例如，美国的市盈率无法同德国的市盈率进行比较，而德国的市盈率也无法同日本的市盈率进行比较。那是因为不同国家计算每股收益时使用的会计标准不同，而每股收益是市盈率的分母。美国公司记账时使用美国公认会计准则（Generally Accepted Accounting Principles，US GAAP）以符合美国的要求。欧洲使用的是国际财务报告准则（International Financial Reporting Standards，IFRS），而日本也有自己的标准。这些标准在衡量基本收益以及购入专利等无形资产价值时存在差异。[13]投资者一致认为全球最好能使用统一的标准，但在短期内几乎没有可能。虽然许多国家采用国际财务报告准则，但许多其他国家（包括美国）都在阻止，而且采用国际标准的国家之间的差异很大。

由于存在跨国比较问题，你将会特别依赖不同国家间的相对估值。这也是另外一个你仍然需要考虑国家因素的原因，虽然产业因素在投资回报中的作用更为重要。你需要对一个国家的市场进行整体估值，当你发现它似乎偏离轨道——就像 20 世纪 80 年代末的日本——你会改变对该国股票的投资比例。

基本面分析。既然你已经使用了定量筛选法——虽然不够完美——来缩小投资的选择范围，那么就准备好与分析师一起深入研究公司的基本面信息。显然，此时面临的挑战要远大于国内的基金经理，而且正如我们已经讨论的，并不仅仅是因为非美国公司的信息披露较少。你可能希望自己的团队拥有一定的外语能力。虽然许多公司使用英语开展日常工作——至少许多公司会将重要文件翻译成世界通用的商业语言——但是如果你不熟悉当地语言，就可能丢失许多细节信息，甚至会错过一些投资于那些并未开始迎合国际投资者偏好的小公司的投资机会。

为了确保掌握全面信息，你也许会决定雇用一些所要研究的地区当地的分析师。为此，许多基金管理公司会在诸如伦敦、新加坡和东京等金融中心建立分析员办公室。你希望得到关于公司管理层的更多信息，形成对当地市场发展趋势更清晰的认识。但是在国外设立投资办公室的成本相当高昂。而且，协调全球分析师的研究成果，并确保其使用相似的方法可能更加困难。因此，你可能会决定在美国总部建立国际和美国分析团队。

不管哪种情况，你都会经常出差。你可能希望亲自与公司管理层会面，尤其是对那些持有份额较多的公司。另外，如果有海外分析师，你还将试图经常与他们接触，将其凝聚成一个团队。

汇率。仅仅有选择股票的能力还远远不够。你还需要掌握管理汇率风险的方法。是进行套期保值还是不进行套期保值？如果进行套期保值，你需要使用衍生工具——通常是外汇远期互换或期货合约——将以当地货币计算的股票价值转换成美元。你可能采取以下 3 种方式：

1. 从不套期保值。你也许会决定从不进行套期保值，简单地接受汇率风险，并将其纳入决定是否购买某只股票的考虑因素当中。举例来说，如果你认为日元相对于美元会走软，那么预期日本股票的收益就会减少，可能就会减持日本股票。许多基金经理都使用这种交易成本最低的方法。

2. 总是进行套期保值。也许你不想承担任何外汇风险，所以一直将外汇转换成美元。这种方法导致的一个问题是：你获得的收益可能与基准指数或同类组的收益大不相同。尤其是外国货币走强，而你的业绩落后时，该问题会更加突出。因此，几乎没有基金经理会使用这种交易成本最高的方法。

3. 有时会进行套期保值。当基金经理相信外国货币会走软而美元会走强时，许多人会使用套期保值法来提高收益。由于货币价值变化是个持续的过程，技术分析对预测汇率趋势将大有帮助。[14]

交易。一旦做出证券选择决策，你将会向交易台发出购买或出售订单。与分析团队一样，你也许会决定将交易员分散在世界各地。当地信息可能极为重要，尤其是在那些交易量很小而且自动化程度不高的国家。但是，不管交易员在哪儿，你都必须做好半夜接听电话的准备。你的基金交易团队也许会根据世界各地的交易时间表打电话给你，另外你也可能需要随时确认交易指令。

虽然我们一直强调海外投资基金与本地投资基金在管理方面有诸多不同，但就本质而言，核心过程都相同。你和你的团队必须超越普通的常识去寻找最好的投资思路。

本章小结

美国投资者不断增加所持有的海外证券数量。这是由于在美国之外的投资变得更容易，而且其他国家已经减少对资本流动的控制。因为外国市场的收益与美国市场并不完全相关，在投资组合中增持外国资产可以降低整体风险。然而，世界各市场——尤其是发达国家市场之间的联系不断增强，特别是在危机期间。投资者对本地市场一直表现出强烈偏好，尽管这种本国偏好已经逐渐减弱。

与在美国投资相比，海外投资面临着特殊的风险。外国货币相对于美元价值可能出现波动，其他国家政府对投资者的政策也可能并不友好，而且交易成本可能很高。

通过在当地交易进行海外投资的基金必须建立全球托管网络，委托一家外国托管公司来选择次级托管银行。这些基金还必须以外国机构投资者的身份在当地监管机构进行注册，同时必须遵守相关的税收规定以及股权限制。投资者可以通过购买存托凭证来避开在当地交易所面临的困难，而存托凭证表示在当地市场以外的市场上进行交易的外国公司股票。

进行海外投资的共同基金可能将投资重点聚焦于某一国家或地区，可能只在美国以外的国家或地区投资，也可能在全球投资，同时持有美国和非美国的证券。这些基金的投资组合经理必须密切注意国家、外汇、产业以及发行人等相对于基准指数的风险，而这些指数频繁变化以反映许多非美国市场的快节奏变化。

非美国公司的数据难以获得，而且由于不同国家使用的会计准则不同，所以不同市场上的数据之间可能无法比较。因此，相对于只在美国进行的投资，海外投资更难进行定量筛选。一些基金管理公司也许会在世界各地雇用当地的分析师和交易员，以增加对当地知识和信息的了解，而其他公司则将投资者员聚集在一个地方以确保投资方式的一致性。投资组合经理必须决定是否对汇率风险进行套期保值，以及套期保值到何种程度。

第 18 章

跨国募资

对跨国资金流动控制的放松，使得海外投资更加方便，也使得跨国商业活动更加容易。世界经济一体化进程加速，越来越多的企业开始在本国以外的其他国家寻求新的增长点，它们希望通过扩大销售来提高收入和利润。

基金管理公司通过在世界范围内建立新基金、创建分支机构而成为全球化大趋势的重要组成部分，相关数字也尤其引人注目。美国是世界上最大的共同基金市场，尽管其所占的基金资产只有世界基金市场的一半，但这意味着企业海外投资至少能将其目标市场份额扩大一倍。[1]此外，这些基金公司在海外有着比在本土市场维持更快的增长速度的机会。

在本章中，我们将基金管理公司视为意欲进行国际化扩张的企业，解释基金担保人在其他国家开展业务所采用的模式，然后对这些模式如何在欧洲地区得以应用并发展出成功的跨国募资结构加以探讨。

本章将综述：

- 世界范围内的投资基金市场的发展历史及增长潜力。
- 建立适应全球化基金业务的可行模式。
- 欧洲可转让证券集合投资机构（UCITS）跨国模式的成功以及其在另类投资基金经理指令（AIFMD）下向对冲基金的拓展运用。

投资基金全球市场

基金管理公司能够通过海外扩张大幅提高其增长潜力。2013 年底，世界共同基金资产规模达 30 万亿美元，且在之前的 10 年内翻了超过一倍。[2] 让我们看一下基金市场在不同区域的增长趋势，如图 18 – 1 所示。

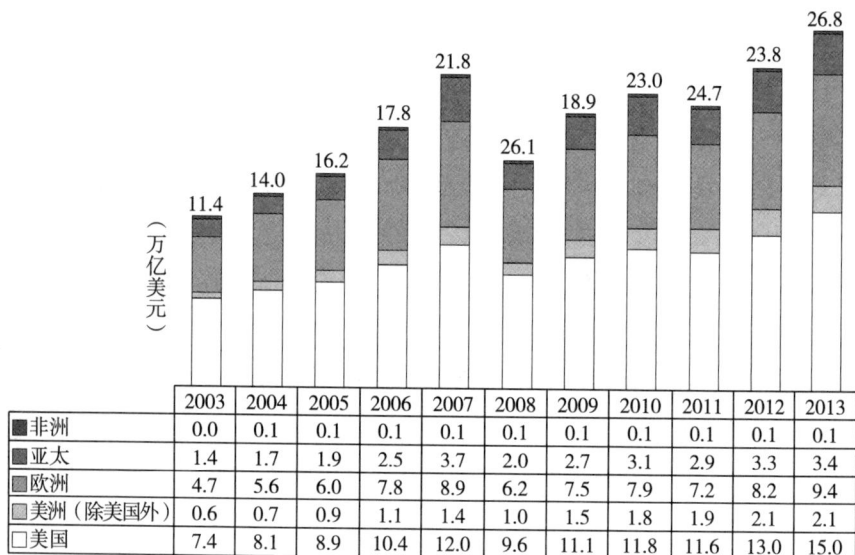

（万亿美元）

	2003	2004	2005	2006	2007	2008	2009	2010	2011	2012	2013
■非洲	0.0	0.1	0.1	0.1	0.1	0.1	0.1	0.1	0.1	0.1	0.1
■亚太	1.4	1.7	1.9	2.5	3.7	2.0	2.7	3.1	2.9	3.3	3.4
■欧洲	4.7	5.6	6.0	7.8	8.9	6.2	7.5	7.9	7.2	8.2	9.4
□美洲（除美国外）	0.6	0.7	0.9	1.1	1.4	1.0	1.5	1.8	1.9	2.1	2.1
□美国	7.4	8.1	8.9	10.4	12.0	9.6	11.1	11.8	11.6	13.0	15.0

图 18 – 1　世界共同基金资产

资料来源：投资公司协会，2010—2014 投资公司年报

- **美国。**美国基金资产在 2013 年底达到 17.2 万亿美元，占世界基金总资产的将近一半。但美国是世界基金增长最慢的区域，其在过去 10 年间的年均增长率只有 7.3%。即便如此，美国仍是世界资金的主要聚集地，也就是说，希望进行全球扩张的非美国基金担保人通常都通过收购的方式在此开发业务。由于本书大部分内容都以美国基金市场为叙述对象，所以除强调世界其他地区基金市场与美国的不同之处外，本章均不再对其进行深入探讨。

- **美国以外的美洲地区**。美国以外的美洲地区在世界基金市场上所占的份额较小，但其增长速率特别惊人，在过去的 10 年中基金资产涨了 5 倍，年增长率达到 14.4%。巴西是该地区最大的市场，过去的 10 年中无论是资产还是增长都占了一半的比例。

- **欧洲**。欧洲是世界第二大基金市场，资产占世界总资产的 1/3，其增长也在平均值之上，在过去 10 年中年均增长率为 7.2%。卢森堡是欧洲最大的基金市场，占有欧洲基金资产的 30% 以上，这让人觉得非常惊奇，因为卢森堡是一个很小的国家，却为基金业的许多人所熟知。而且它不仅是欧洲，而且也是世界的基金资产管理中心。法国是欧洲第二大基金市场，而爱尔兰作为另一个基金管理中心，排名第三，英国排名第四位。本章后面部分我们将着重讨论欧洲作为资产管理中心的角色。

- **亚太地区**。亚太地区的基金资产占世界基金资产的 10% 多一点儿，在过去 10 年中以平均超过 9.5% 的速度增长。澳大利亚是该地区最大的市场，在该市场的增长，被第二大市场日本的衰退所抵消。

- **非洲**。非洲的基金资产较少，南非是该地区唯一拥有基金市场的国家。

毫无疑问，富裕国家拥有更大的共同基金市场，不管是相对数量还是相对规模。[3] 另外，发展中经济体共同基金市场的增速往往更快，原因有几个：

- **对共同基金优点关注的持续增长**。中产阶级投资者正变得更加关注基金的优点，寻求更加专业的资产管理，以实现更高水平的投资多元化及参与更加宽广范围内的投资。共同基金对投资者提供的透明度和相关监管规则是其他投资工具不具备的，它们有助于基金资产的增长。[4] 与此同时，在某些市场上，投资者相信通过共同基金进行投资，使得他们在那些推崇内幕交易和大型投资者的国家更有竞争力。

- **新产品引进**。如同美国市场一样，外国的基金担保人已经引进新的产品类型来吸引不同的利基市场。例如，他们已经为激进型投资者开发出与对冲基金特征类似的基金，为风险规避型投资者开发出保证最低回报或最低回报率的基金。

- **竞争加剧**。现在的国家已经允许不同类型的竞争者进入共同基金市场。例如，目前已经允许银行销售基金，而之前只有证券公司才能进行类似交易；或者在其他国家注册的离岸基金可能有权在本地市场销售，而之前只有在当地注册的基金才有此资格。低进入门槛也促进了基金资产的增长。

- **增长的中产阶级**。行业中的许多人也认为，在新兴市场中，经济发展支撑着中产阶级的消费，这类群体有着快速增长的储蓄，以及对利用这些储蓄进行投资获取更高回报的渴望。[5]（但是，这个观点的批评者指出，从发达市场的标准来看，新兴市场中产阶级的收入水平较低，而且这些群体中的个人更有可能投资小型企业而不是金融市场。）

- **人口老龄化及不断增长的退休储蓄**。许多国家老龄人口急剧增加，使得这部分群体借助基金来进行退休储蓄。图 18 - 2 显示了中国、欧洲、印度、日本和美国 65 岁及以上人口比例的发展趋势。美国老龄化速度非常快，中国由于实行独生子女政策，使其老龄化速度更快。类似地，欧洲和日本的退休人员在人口总数中所占的比例已经超过美国。

在美国以外的发达国家的退休人员通常期望国家支持的养老金系统（通常称退休制度第一支柱）将为其提供大部分收入来源。（参见"你真的理解退休吗？"专栏对退休支柱的介绍）然而，同美国一样，在这些量入为出的系统中，现有的工人支撑着对现有的退休人员的养老金支付。许多系统需要注意每个退休人员减少的工人数量。因此，许多公共养老金计划不久将会出现收支平衡问题，且可能被迫减少利润增长来维持支付能力。

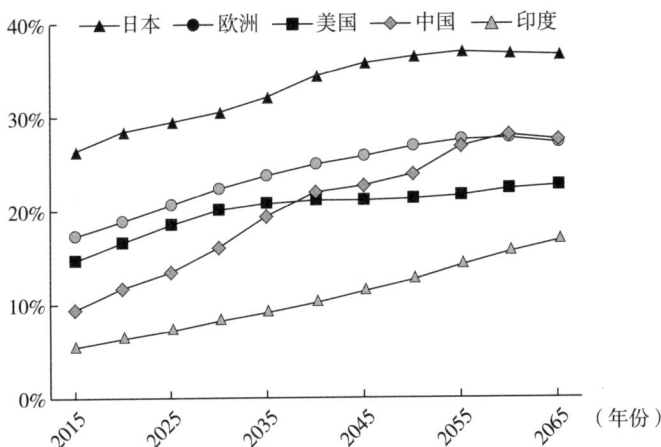

图 18 - 2　65 岁及以上人口百分比
资料来源：联合国秘书处经济和社会事务部人口司，世界人口前景：2012 年修订本

你真的理解退休吗？

美国人将资金投入个人退休账户，德国人投入里斯特养老金计划（Riester-Rente），英国人投入个人养老金计划，智利人投入自愿储蓄养老计划（ahorros previsionales voluntarios）。尽管名称不同，但正式的退休制度有很多共同之处，因为它们都是基于同样的 3 个基本组成部分，通常被称为退休计划的支柱。

世界银行定义了以下支柱：[6]

- **第一支柱**是政府提供的退休计划，覆盖整个国家的所有公民，在美国，这是社会保障制度。退休人员只要还活着就会获得定期的收入，通常是基于他们退休前的薪酬所决定，并受到最低额和最高额的限制。第一支柱计划由所得税提供资金，而且是现收现付制，这意味着今天支付的税款将立即用于支付给现任退休人员。
- 相反，**第二支柱**则是完全预筹积累式。在第二支柱计划中，代表当前员工对系统的缴款被拨出并投入使用，然后在退休的时候支付。换句话说，第二支柱是政府发起的每个公民都需强制储蓄的计划。

收益通常以累计资产的价值为基础，虽然可能存在最低限度的支出以及要求将部分资产作为退休人员一年期的年金来支付。第二支柱计划通常是公开–私人混合机制。该制度由政府机构监督，但其运作的要素，如基础行政事务或投资管理，往往都分包给私人公司。新加坡中央公积金是第二支柱计划的一个例子，我们将在本章附录中详细考察该中央公积金计划。

- 另一方面，**第三支柱**储蓄计划完全落在私营部门之中。这些方案由私人主体管理，参与者完全是自愿的。第三支柱由两种类型的账户组成：个人储蓄计划和职业养老金计划（在美国被称为雇主发起的计划）。世界银行将美国固定收益计划、401（k）计划和个人退休账户归为第三支柱的一部分。

世界银行的框架还包括一个支柱——政府援助，为非常贫穷的老年人提供支持，被称为零支柱，它也是包括家庭支持在内的非正式支持的第四个支柱。表18–1总结了各个支柱。

表18–1 世界银行退休金支柱总结

支柱	参与方式	管理者	筹资模式	所属分类
0	不缴费	公开	普通预算	正式/非正式
1	强制缴费	公开	现收现付制	正式
2	强制缴费	公开—私有混合	完全预筹积累式	正式
3	强制缴费	私有	完全预筹积累式	正式
4	自愿缴费	私有	私有	非正式

然而，世界银行对支柱的定义根本不能被普遍接受，特别是涉及第二支柱和第三支柱时。在另一种替代的分类系统中，所有雇主提供的方案（无论是否是强制性的）都包括在第二支柱中，而所有税收优惠的个人储蓄计划都是第三支柱。所以在这个模式下，传统的养老金和401（k）都是第二支柱，个人退休账户是第三支柱。对美国退休制度的许多讨论都会参考这些支柱的定义。

　　为减轻公共系统的压力，许多国家通过税收激励的方式鼓励第二支柱和第三支柱形式的退休储蓄。如在美国，共同基金经常被作为私人退休计划的一种投资选择。还有两个与美国个人退休账户类似的例子：英国已建立"自我投资个人养老金"，而澳大利亚也创建了基于强制储蓄计划的"退休金保证"，类似于要求企业有所贡献的 401（k）计划。澳大利亚的计划非常成功，到 2013 年中筹集的资产就达到 1.5 万亿美元。[7]然而，对于 401（k）计划和个人退休账户（IRAs）的参与者来说，其他国家的第二支柱和第三支柱方案的特征往往都是极具外国特征的。"对比方案"专栏解释了其中一些关键的区别。

对比方案

　　其他国家固定缴款养老金计划通常与 401（k）计划进行比较，因为它们提供了退休收入，而该利润是由个人账户的资产价值所决定的。但它们在同等重要的方面有所不同：美国 401（k）计划完全是自愿的，而其他许多国家的计划通常至少在某些方面是强制性的。表 18-2 总结了部分关键的不同之处［第 12 章有关 401（k）计划的更多细节］。

表 18-2　非美国固定缴款养老金计划与美国 401（k）计划的比较

特征	非美国固定缴款养老金计划	美国 401（k）计划
个人账户	员工拥有个人账户，账户余额是基于贡献和投资收益	员工拥有个人账户，账户余额是基于贡献和投资收益
员工参与	某些国家员工强制参与	员工自动参与，但可以退出
员工缴款	某些国家以工资固定比例征收	根据员工意愿，遵循覆盖、非歧视原则
企业缴款	通常以工资的固定百分比征收	根据企业意愿，遵循覆盖、非歧视原则
计划提供者	在大多数国家，员工可以在有限的提供者或政府管理计划中选择	由企业选择

（续表）

特征	非美国固定缴款养老金计划	美国 401（k）计划
投资分配	在备选数量有限的情况下，根据计划管理者或参与者确定	企业选择选项集合，员工在这些选项中分配资产
收益	由账户中的余额决定，尽管有些国家有最低收益的要求	由账户余额确定
收益支出	可能要求参与者以终身年金的方式接受所有或部分收益	参与者根据最低分配要求，自己决定何时从账户中提取现金

另外一个关键不同在于：定额缴纳养老金计划通常被称为谋划（schemes），该词在国外没有在美国英语里面所拥有的负面含义。在本章附录中，我们将更加深入地分析其他一些国家的定额养老金计划。

图 18-3 总结了美国以外共同基金的增长潜力。它显示了 2013 年世界上最大的经济体（不包括俄罗斯）的基金资产，以及这些资产的潜在增长，这里假设它们上升到 GDP 的 90%，也就是美国基金行业的规模。例如，

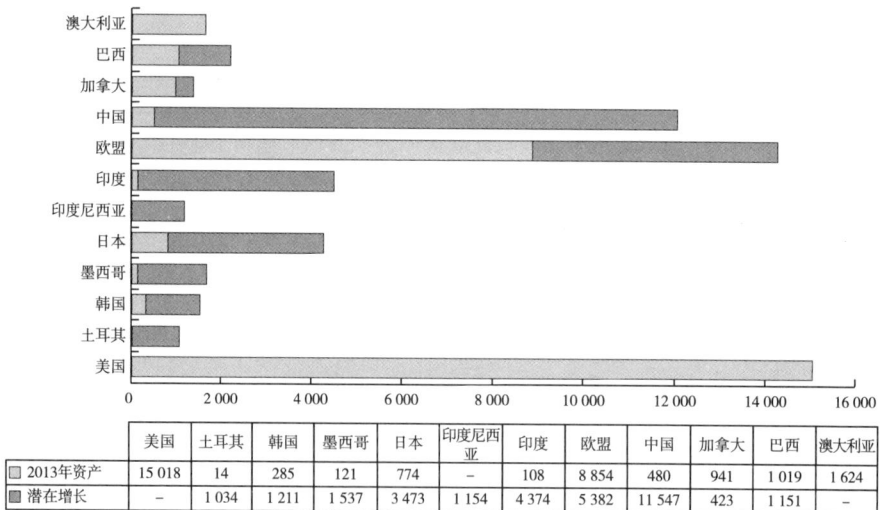

	美国	土耳其	韩国	墨西哥	日本	印度尼西亚	印度	欧盟	中国	加拿大	巴西	澳大利亚
2013年资产	15 018	14	285	121	774	–	108	8 854	480	941	1 019	1 624
潜在增长	–	1 034	1 211	1 537	3 473	1 154	4 374	5 382	11 547	423	1 151	–

图 18-3　潜在全球基金行业增长（10 亿美元）

资料来源：投资公司协会，2014 投资公司年报；中央情报局，世界概况

416

日本的共同基金资产需要增加 34 730 亿美元，才能等于国内生产总值的 90%，相比现在只是 GDP 的 16%。基金资产超过国内生产总值水平的 90% 的唯一国家是澳大利亚。如上所述，该国拥有一个强制性的私人退休制度。我们会在本章附录回到对退休计划和基金行业之间关系的讨论。

全球基金业务模式

尽管海外市场长期增长潜力非常诱人，但基金管理公司在海外开发业务仍面临巨大障碍。至今没有一家共同基金能够在全球每个国家都进行销售，这是因为法律规则、会计标准和税收体制在各个国家都各不相同，且通常是互不兼容的。

基金发起人需要对其产品进行修改以适应当地的要求。他们不仅仅通过以当地语言发布文件并以当地货币核算资产净值，还必须调整其产品组合以满足不同投资类型的偏好。例如，在欧洲，德国人更乐意购买债券基金，而英国人则更愿意购买股票基金。[8]另外，来自当地的市场参与者的竞争也非常激烈，他们更熟悉当地的市场，已经通过很长时间建立了优势地位。

一家基金管理公司如果希望进入一个新市场，且从现有的市场竞争者手中获得一定的市场份额，就必须在当地市场建立分支机构，开发一系列符合该市场要求和投资者偏好的基金产品，并建立独特的品牌和良好的声誉。当地的市场分支机构必须在各市场逐个建立，使得基金发起人难以通过规模经济来降低启动费用。因此，有全球化理想的基金管理公司所面临的挑战是确定一种商业模式，以使企业能够在每一个当地市场上有竞争性地分销产品，并控制成本。

尽管没有一种完美的方法来为共同基金构建一个全球增长的战略，企业通常会采用以下 6 种方式中的一种来达到其目的，即：相互认同、主从结构、克隆基金、合资企业、次级顾问关系、收购。下面我们将分别予以讨论。

相互认同。第一种模式是相互认同，它是一种规则性安排，使得在一种母国监管体系的组织和管理下的基金，不需要在每一个东道国都进行注册而可以直接在东道国销售。（简要术语注释：当一只基金在特定国家的监管机构注册时，就称其在该监管机构注册。我们混合使用"domicile"和"jurisdiction"两词来指在一个国家的注册和监管。）

相互认同协议在其他领域非常普遍。例如，驾照在美国 50 个州，甚至在国际上都能相互认同。在马萨诸塞州领取的驾照可以在美国的任何地方驾驶汽车，甚至不需要参加英国严格的道路驾驶测试就能够在伦敦租车。相互认同使得企业和消费者的日常生活都更加方便，只要有一个关于规则（如一个合格的司机需要什么）的基本协议，就不会引起不必要的麻烦。

遗憾的是，共同基金方面却很少有关于投资者需要何种保护、什么样的税收合适等问题的国际性协议，而且当地的企业和监管者（都会全力保护其地盘）也没有动力妥协。他们希望有国民待遇，要求所有的基金公司都遵守地方准则。因此，相互认同在基金行业非常少见。

但在欧盟可转让证券集合投资计划和另类投资基金经理指令制度下，它确实存在于欧洲，我们将在稍后详细讨论。或许这并不令人惊讶，因为欧盟的成立加强了各国间的经济合作，欧盟也成立了超国家机构，如欧洲理事会、欧盟委员会，以推动该类合作。然而，正如我们所见到的，甚至在欧盟内部，在执行相互认同时也遭遇到地方性阻碍。

主从结构。如果在不同的监管体制下不能销售相同的基金，可以对相同的基金进行再包装，以满足不同监管者的要求。电子产品生产商在提供多种语言的用户手册时就是这样做的。

在投资界，基金被设计成主从或轮辐式结构以满足此类需求。在主从结构中，多个支线基金（从基金）均投资于一只母基金（目标基金），支线基金唯一的投资是持有母基金的份额。理论上，主从结构基金比设立独立的地方基金更加便宜，因为支持在不同分销渠道销售的支线基金的母基金只有一种投资组合。支线基金通常在本地注册，而母基金可能在另一种监管体系中成立并受其管制。图 18-4 描述了一个理想的主从结构。

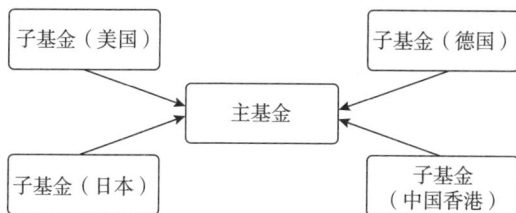

图 18 – 4　理想的主从结构

然而，在实践中，一个多层次的主从结构基金，其会计和管理成本非常高昂，因为每一个支线基金都是一个独立的法人。因此，主从结构基金在美国并不常用。相反，大多数基金发起人选择在同一法人实体内部建立多样的基金份额类别（回顾第 5 章的基金份额类别）。基金份额类别对管理者而言更加便宜，尽管它们不如主从结构基金那样操作灵活。基金份额类别促使基金向不同类型的份额持有人收取不同的分销和服务费用，但通常要求份额持有人接受相同的服务。

主从结构基金的一个问题是，许多国家的监管机构担心它们会被利用，以规避地方法则和税收制度，因此会设立一些限制，限制其在公开基金中的应用。例如，在美国，证券交易委员会禁止那些母基金在其他国家组织的、在美国注册的子基金的销售。[9]但是，欧洲仍然是个例外，允许 UCITS 基金的主从结构。[10]正如我们在第 16 章讨论的那样，对冲基金世界的主从结构也很常见。

克隆基金。鉴于诸多障碍，许多经理已经放弃同一时间在不同国家销售相同的基金的尝试。相反，他们在每个国家都建立不同的基金，以复制品的形式对其进行管理。如我们在第 9 章所讨论的，复制基金必须有相同的投资目标和政策，有相同的投资组合，由相同的投资组合管理团队，通过公开市场操作平台将一只基金中的股份复制到所有其他的基金中。投资组合管理团队可能亲自操控最大的基金，或者可能建立一个投资模板，所有情况下，公开市场交易将基础基金中的股份复制到克隆基金中去。

尽管该流程在理论上非常简单明了，但在实践中却很难保证所有投资组合完全一样。地方法规要求常常迫使基金遵守不同的投资政策。例如，每个国家可能对最大的头寸规模和衍生品的使用有所限制。克隆基金将由于份额持有者购买和赎回，遭遇不同的现金流，这意味着它们不会总是同时进行交易，上个月所有基金都能进行投资的债券在这个月可能就没有足够的量来满足基金的投资需求，这是债券基金面临的特殊问题。

除这些缺点外，从监管和运作的角度看，克隆是一种最简单的模式。因此，它也是应用最频繁的一种模式。

合资企业。对较大的投资而言，特别在很难进入的市场上，许多共同基金管理公司可能与当地的合作伙伴建立合资企业。合资企业在印度曾非常普遍，尽管印度对外国投资规则逐步放松，但目前此种形式的应用越来越少。有时，建立合资企业可能是进入一个存在准入政策限制市场的唯一方式：目前中国大陆就是这种情况，外国基金发起人必须与当地的银行或证券公司合作。（如果中国香港的共同认可计划获得通过这种情况可能会改善，我们稍后将会讨论）。

合资企业可以以两种方式中的任何一种成立：基金发起人可能与当地合作伙伴建立一个新的企业，或者基金发起人购买一家现有公司的股份。合资的优点在于基金发起人能够在市场上尽快开展业务，因为他们能够立即了解当地的情况和关系，而当地的合作伙伴通常能够加快必要的审批程序。

然而，即使有了良好的开端，合资企业——特别是完全新建的企业，仍需要建立自己的品牌。合资企业仍需要设立在本地注册的基金，否则会限制其规模经济资本化的能力。另外，与合作伙伴共同工作可能会很困难，特别是对于少数所有者。在中国，外国基金发起人在合资企业中的股份限额为49%，从而防止其完全控制本地合作伙伴。为减轻合资企业内部的紧张度，基金管理公司必须仔细挑选合资企业的合作伙伴。

次级顾问关系。在一个被稀释的合资企业中，基金管理公司可能同意向一家当地公司管理的基金提供投资管理服务，此种类型的安排被称为次级顾问关系。对当地的基金发起人而言，这是一种向其产品线中增加产品类型的非常廉价的方式，即使他们公司内部没有任何的投资专长，当地公司仅需要根据其管理的资产向次级顾问支付相关费用，而不需要建立投资组合管理团队。聘用知名的基金经理作为顾问，也能够提高基金家族的品牌声誉，进而促进销售。次级顾问可以通过此安排，几乎无须任何花费就提高其服务收入。该次级顾问能够简单地开始管理另一只克隆基金，将所有的分销和运作问题留给当地的基金发起人。

从消极的一面来看，基金经理很难通过次级顾问关系建立分支机构，因为只有当地的基金公司才能直接接触客户。次级顾问可能会发现，一旦当地的经理有时间完善自己的专业技能，顾问协议就会终止。

当基金需要在当地的证券监管机构进行注册时，次级顾问通常是没有本地投资办公室的——只要外国基金经理没有本地的投资办公室，且在其母国受到比东道国更加严格的规则的限制。（其实，这是相互认同的一种形式。）由于美国的规则非常严格，美国基金经理在为一个非美国的基金做顾问时，基金经理不会遇到任何困难。至少目前是这种情况，尽管在信贷危机结束以后，该问题得到人们越来越多的重视。[11]

收购。最终，基金管理公司可能通过购买的方式进入新市场——假定对外国的所有权没有限制。如上所述，许多外国基金发起人决定通过此种方法进入美国市场——由于市场的规模、美国业界残酷的竞争，以及基于国民待遇严格的法规，那几乎是必须的。

然而，如果收购者希望创造交叉销售的机会或者实现成本节约，他必须将一些其他的模式整合到其收购后的运营计划中。例如，他可能建立克隆基金或次级顾问关系，使新收购的投资组合管理团队能够管理在全世界销售的基金。没有这种整合，兼并似乎不能创造期望的利润。

在实践中，建立全球分支机构的基金管理公司通常综合运用各种模式，从而考虑在特定情境下哪一种是最有效的。企业还可以混合应用这些方式。例如，一家基金管理公司可能会在注册地为都柏林的一只基金克隆一个基于美国的基金的投资组合，然后依靠相互认同机制将此爱尔兰基金分销到整个欧洲。

与此同时，他们会尽可能多地集中其功能以实现更低的运营成本。例如，投资组合经理和交易团队仅在主要的金融中心如伦敦、东京、新加坡建立分支机构。类似地，投资者服务、基金核算、投资运作都将被整合到多语言服务中心，这样就可以运用单一的技术平台进行包括多种货币的交易。

可转让证券集体投资计划模式

跨国分销在欧洲最为成功，在欧盟任何一个成员国注册的基金只需要东道国监管部门发布一份通知，就可以以此作为通行证在欧盟各成员国销售。此相互认证协议框架是在 1985 年可转让债券集合投资机构文件中建立的，即人们所熟知的可转让证券集体投资计划（UCITS）规章（规章是由欧洲议会发布的法律文件）。[12] 可转让证券集体投资计划规则会定期更新，可转让证券集体投资计划第五版指令已经于 2014 年 3 月通过。"欧洲的话语"专栏对欧洲的证券法规进行了简要介绍。

欧洲的话语

以下是欧盟证券监管的简要总结：

欧洲理事会。欧洲理事会制定总体政策，由欧盟成员国国家元首组成，并且一年会晤 4 次，但不参与立法。欧洲理事会任命一位主席。

欧洲议会。欧洲议会代表欧盟成员国公民，其通过选举直接产生。

欧盟理事会。请不要将其与欧洲理事会混淆，欧盟理事会由成员国部长组成。它负责协调政策，并与议会一起批准法律的颁布。

欧盟委员会。委员会是欧洲政府的公务员制度。它由一组专员组成，每个专员来自每个成员国。

规章。须经欧洲理事会和欧洲议会都批准才通过的新法律，称为规章，它为欧盟制定政策目标；规章由欧盟委员会起草，必须通过实施国家立法机关通过的措施才能转为法律。但是，理事会和议会也可以通过在成员国通过且立即生效的规定，而不需要转换。

金融服务市场准则。金融服务市场准则即人们熟知的 MiFID，其设立目的在于在欧洲内部协调投资服务准则，于 2007 年通过，替代了投资服务指令。在 MiFID 之下，成员国不能实行有利于保护本国市场而阻碍来自其他成员国企业竞争的准则。[13]

可转让证券集体投资计划。可转让债券集体投资计划是一系列允许集合投资工具在一个国家内注册之后在所有欧盟地区都可应用的指令。

另类投资基金管理人规章。另类投资基金管理人规章（简称 AIFMD）对非可转让证券集体投资计划基金进行监管。与可转让证券集体投资计划规章一样，它提供了一种通行证，可以在欧盟范围内方便地跨境出售基金。[14]

欧洲证券市场监管局。欧洲证券市场监管局（简称 ESMA）是欧洲委员会负责证券相关事宜的机构。它协调当地证券监管机构的活动，并向委员会提供有关新规章的建议，还制定执行规章的指导方针和建议，欧盟成员国必须遵守这些指导方针和建议，否则必须解释不遵守的原因。[15]

虽然欧洲证券市场监管局没有执法权力，但欧洲证券市场监管局大概类似于美国证券交易委员会。会员国履行这一职能，尽管它们经常依靠欧洲证券市场管理局的指导。欧洲法院也可以对成员国执行规章的适用性做出判决。欧洲证券市场监管局的前身是欧洲证券监管委员会（简称 CESR 或 Caesar）。

咨询。欧洲证券市场监管局通过咨询完成其大部分工作，如果欧洲证券市场监管局提出一个关于证券相关指令的提案，首先要送到欧洲理事会获得批准，然后送到欧洲议会进行讨论。事实上，欧洲证券市场监管局的提案在实行之前需要经过一个评议期。

为获得相互认同资格，成为一只可转让证券集体投资计划基金，集合投资工具至少满足一定的最低标准。[16]可转让证券集体投资计划基金可能是 SI-CAV（拥有可变资本的投资协会），代表可变资本投资公司，或者是 FCP（共同投资基金）。SICAV 是一个独立法人团体，大致上等同于美国的开放式共同基金。相反，FCP 的设立介于管理公司和托管机构之间。它们必须通过委托给一个独立的托管机构来保护其资产，并进行分散投资，且必须在管理合同出现重大变动时得到董事会或投资者的批准。总之，这些限制条件与适用于美国共同基金的准则非常类似，尽管它们在某些方面限制更严格，但在另一些方面却更宽松。可转让证券集体投资计划还需要向买方提供关键投资

者信息文件（简称 KIID），这类似于美国公开募集说明书。[17]

美国基金和欧洲基金的一个最重要的区别是，可转让证券集体投资计划不必每年都分派所有收入，尽管许多基金会给投资者提供这种选择。第二个显著不同在于，可转让证券集体投资计划基金接受赎回的次数每月不超过两次，而其他许多基金投资者每天都可以赎回。最后，可转让证券集体投资计划发起人必须遵守欧盟关于"报酬关键人员"规章的赔偿准则。根据 2014年初通过的这些准则，发起人必须：

- 调整奖金以反映风险。
- 如果未来表现不佳，能够扣回奖金。
- 支付基金份额作为绝大部分奖金，而不是现金。
- 延期支付一部分奖金。
- 向投资者披露其薪酬政策。[18]

可转让证券集体投资计划系统已经非常成功。据欧洲基金和资产管理协会的数据显示，如今，在欧洲最普遍的投资基金类型就是可转让证券集体投资计划基金，占欧洲基金行业总资产的大约 71%。[19] 在该计划首次建立的 30年后，目前有超过 80 000 只跨国注册的可转让证券集体投资计划基金。基金平均在 8 个国家注册，而超过 1/3 的基金在 10 个及以上国家注册。[20] 在许多欧洲国家，跨国可转让证券集体投资计划基金数量超过本国国内的基金数量。[21]

简而言之，可转让证券集体投资计划已经使自己成为欧洲散户投资者眼中非常优秀的投资基金，而且它在欧洲之外也不断为投资者所接受。2013年，已经在超过 45 个非欧洲成员国进行销售，包括巴林、智利、新加坡、瑞士和南非等。[22] 可转让证券集体投资计划在智利、中国香港和新加坡的固定缴款计划中发挥了重要作用。

许多非欧洲的基金管理公司，包括一些美国的大公司，也在欧洲建立了分支机构，因为欧洲已经建立起了以卢森堡和爱尔兰为中心的基金家族。大多数跨国销售的可转让证券集体投资计划会选择这两个国家中的一个作为中心，详见"基金焦点"专栏。

基金焦点

两个小国——卢森堡和爱尔兰——已经成为基金业的两个巨人，因为这两个国家都有一套卓越的有关可转让证券集体投资计划基金注册的法规。

卢森堡位于欧洲的中心，被比利时、法国、德国三国环绕，是 20 世纪 80 年代第一个推出可转让证券集体投资计划指令的国家，且使得跨国基金成为其经济增长的核心部分。卢森堡建立了一套简单易懂的规则体系，能够对基金申请快速响应，并建立了良好的税收制度。截至 2013 年底，其所拥有的基金资产超过 2.6 万亿美元，包括可转让证券集体投资计划基金和不可转让证券集体投资计划基金，占欧洲基金总资产的 1/4，并使之成为欧洲最大的基金聚集地。

爱尔兰紧跟卢森堡的脚步，目前在欧洲排名第 4，拥有超过 1.4 万亿美元的基金资产。根据金融服务市场准则，它可能成为对冲基金寻求与欧盟进行跨境销售的主要场所。[23]

法国和德国在基金资产总额上分别占据第 2 位和第 3 位，尽管这些国家的基金专注于本地市场，很少参与跨国销售。事实上，超过 2/3 的至少在 3 个国家注册的可转让证券集体投资计划基金在卢森堡创立，而爱尔兰拥有此类跨国可转让证券集体投资计划基金 13% 的份额，法国排名第 3，约占 4% 的份额。[24]

卢森堡和爱尔兰正努力确保其最高的排名，因为其他国家发现拥有众多投资公司非常吸引人。马耳他作为一个地中海岛国，在对冲基金业已经赫赫有名（在一些欧洲国家，对冲基金经理经常被要求去监管机构注册）。据说一些波罗的海国家不久也将加入到纷争中来。

你可以通过卢森堡和爱尔兰的各种交易协会了解更多关于基金业的知识，如卢森堡基金业联合会（ALFI）及爱尔兰基金业联合会（IFIA）。它们网站分别为：www.alfi.lu 及 www.irishfunds.ie。

可转让证券集体投资计划的成功并不容易。许多地方监管机构千方百计破坏相互认证体制，建立自己的监管要求体系，但不为其他国家所兼容。此外，每个国家都有自己独特的税法体系，并建立起特定的、在设计将要在市场上销售的产品时必须考虑的营销模式。因而，即使在相对统一的区域，如欧洲，可转让证券集体投资计划在任何一个国家成功销售之前，必须进行一定的本地化。然而，随着可转让证券集体投资计划逐渐被接受，跨境差距也在不断减小。

复杂的可转让证券集体投资计划

尽管放松跨国分销的限制对可转让证券集体投资计划至关重要，但其获得发展的另一个重要原因在于其投资的灵活性。尽管最初的投资指南要求苛刻，但现在可转让证券集体投资计划允许广泛使用衍生品。通过衍生工具，它们可以利用投资组合，增加两倍的资产额，或者创造相当的空头头寸。[25]因此，可转让证券集体投资计划现在能够复制对冲基金的投资策略，如多空基金或其他绝对收益基金，即使可转让证券集体投资计划仍然不能直接销售空头基金（第16章详细介绍了对冲基金策略。）因为可转让证券集体投资计划的杠杆融资额度有限，并且它们被禁止直接卖空证券，所以它们可通过衍生产品合成来实施这些策略。

拥有这些增强型能力的基金被官方称为复杂可转让证券集体投资计划，或者更正式地被称为新CITS。像美国的流动性或零售另类投资基金一样，它们一直在迅速增长。根据《战略洞察》，截至2013年底，它们的资产为2 940亿美元。[26]图18-5给出了按投资方式分列的细目。宏观、多重资产策略是最受欢迎的，其次是多空股票策略（有关另类投资策略的讨论，请参阅第16章）。

基金管理公司被要求有很强的风险管理程序对投资组合经理进行独立运行。如果策略需要，基金发起人必须能够每天甚至是不足一天之内来计算风险暴露情况。如果发起人正在使用复杂的策略（许多衍生工具间相互抵销），那他就必须采用复杂的方法来衡量暴露程度。例如，他可能需要使用风险价值法（value at risk），该方法可以估算各种市场情境下的损失，并结合压力

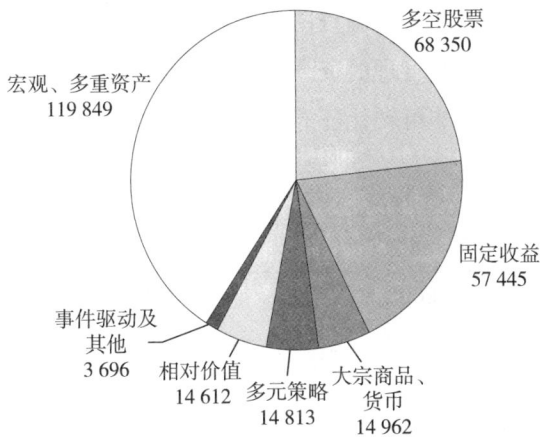

图 18 - 5　另类可转让证券集体投资计划（按策略，10 亿美元）

测试来确定哪些情境可能导致灾难性的损失。

　　尽管有这些控制措施，国家监管机构也担心激进的基金正在进入投资者的投资组合，他们不了解风险，并且还没有为处理亏损做好准备。因此，2014 年 4 月，经欧洲议会和欧洲理事会同意，一些可转让证券集体投资计划应受到欧盟金融工具市场法规的适当测试。[27]这些规则要求财务顾问根据他们对市场的了解来确定复杂的工具是否适合他们的客户。所有可转让证券集体投资计划基金以前都被认为是非复杂的，但根据 2014 年对欧盟金融工具市场法规的修订，由欧洲证券市场监管局发布被分为复杂的和非复杂的可转让证券集体投资计划的使用指南。如果按照拟议的方式采用新的披露规则，复杂的基金必须明确地向潜在投资者提示所涉风险。[28]在欧盟以外，中国香港和瑞士也对复杂的可转让证券集体投资计划表示担忧，并已采取措施增加所需披露，并更紧密地控制销售。[29]

可转让证券集体投资计划的未来

　　尽管很成功，但欧洲模式仍然面临诸多几乎都是在字面上的挑战。截至 2013 年底，欧洲有超过 35 000 只基金，而美国仅有 7 700 只基金，但美国基金管理的资产规模比欧洲大得多。欧洲基金的平均资产只有美国基金的 1/5。由于基金规模较小，欧洲基金似乎比美国基金更加昂贵，事实上确实是非常昂贵。在欧洲，每只基金的平均费用几乎是美国的两倍。表 18 – 3 显示了美国、欧洲、亚洲基金及其管理的资产数量。注意，这些数字包括只在当地销售而不进行跨国销售的非可转让证券集体投资计划基金。亚洲基金市场的规模也相当分散。

表 18 – 3　各地区基金和资产数量

	2003 年	2013 年	变化
美国			
基金数量	8 125	7 707	– 418
总资产	7.4 万亿美元	15.0 万亿美元	+ 7.6 万亿美元
单位基金资产	9.11 亿美元	19.49 亿美元	+ 10.38 亿美元
欧洲			
基金数量	28 541	34 743	+ 6 202
总资产	4.7 万亿美元	9.4 万亿美元	+ 4.7 万亿美元
单位基金资产	1.64 亿美元	2.7 亿美元	1.06 亿美元
亚洲			
基金数量	11 641	18 375	+ 6 734
总资产	1.4 万亿美元	3.4 万亿美元	+ 2.0 万亿美元
单位基金资产	1.16 亿美元	1.83 亿美元	+ 6 700 万美元

资料来源：投资公司协会，2010 投资公司年报、2014 投资公司年报

欧洲的资产基金比率之所以较低，是因为欧洲基金的销售模式——大部分基金被打包成新基金销售。换句话说，为募集资金，基金家族必须持续地建立创新基金。相反，美国许多资金都注入了现有的基金之中。事实上，美国基金数量已经下降了。

为何会有这种差别呢？欧洲的基金分销商倾向于强调新特性，而美国的基金分销商强调长期追踪记录。这些长期记录对企业支持的固定缴纳退休金计划相当重要，它们并不经常改变投资选择。总之，美国共同基金参与大量的退休金计划，使得其能稳定该行业的资产基础和产品线。如同我们已经讨论的，私人退休计划在美国扮演着重要角色。

然而，由于在欧盟和国家层面的一系列监管举措，欧洲投资基金的分配正在发生重大变化。这些举措的总体目标是通过为财务顾问制定资格标准，避免支付佣金（这有利于基于费用的补偿模式），并提高咨询的质量。新规则通常仅适用于独立顾问，而不适用于分销公司基金的专有销售部门。[30] 在英国，这类项目有一种非常全面的零售分配评估方法，并在 2013 年初开始全面实施，现在若想评估其影响还为时过早。

增加竞争是可转让证券集体投资计划模式面临的另一个迫在眉睫的挑战。我们在"东方的可转让证券集体投资计划"专栏中考察太平洋地区的举措。

东方的可转让证券集体投资计划

当自己可以建造时，为什么还要买呢？这就是太平洋沿岸几个国家所询问的关于共同基金的问题。尽管这些国家迄今为止已经是可转让证券集体投资计划基金的进口大国，但它们希望能够使自己的基金行业得到提振。它们认为可行的方法是通过与本地区其他国家建立互惠的销售协议，让当地的基金管理公司进入更广泛的市场，并获得比欧洲和美国那些大型竞争对手更大的优势。

截至 2014 年中期，3 项举措正在进行中：

- 在中国香港与中国大陆基金互认的规定下，香港的基金可由香港管理人进行管理，在中国大陆进行出售，反之亦然。相互承认将允许企业进入中国大陆市场，而不必在当地建立合资企业。虽然如果它们需要在香港建立本地业务，可能不会节省太多钱。
- 东盟基金跨境供给框架将使得符合一定标准的基金在所有参与国家都能轻松进行销售。目前，马来西亚、新加坡和泰国已完成签约。
- 亚洲地区基金通行证将像东盟框架化跨境销售一样运行，但涉及一组不同的国家，即澳大利亚、新西兰、新加坡和韩国。[31]

基金管理公司正在仔细观察这些举措的进展情况。如果成功，它们可以考虑在有关国家启动基金，以便更容易地利用该地区的增长。

对冲基金可转让证券集体投资计划

在欧洲，可转让证券集体投资计划方法的成功为其他金融产品的监管创造了一个框架。例如，2011 年通过的"另类投资基金管理人规章"（AIFMD）简化了欧盟内部的跨境对冲基金营销。[32] 它取代了从成员国到另一成员国之间不同的国家私人配售制度。在另类投资基金管理人规章的规则下，如果在一个欧盟成员国注册的对冲基金和对冲基金管理人有通行证，则允许他们在所有欧盟成员国经营。

设立另类投资基金管理人规章的主要目的不是使对冲基金和另类投资基金管理人更容易谋生，它旨在更好地保护投资者，并确保另类投资基金不会对金融体系构成系统性风险。另类投资基金管理人规章适用于欧盟管理的所有非可转让证券集体投资计划基金及向欧盟成员国投资者开放的市场。它要求这些基金的管理人：

- 拥有风险管理系统。
- 遵守另类投资基金管理人规章有关关键人员薪酬的指南，类似于可转让证券集体投资计划管理人刚刚通过的方式。
- 定期向投资者和监管机构报告。
- 向潜在投资者披露有关该基金的关键信息。

其中一些规定与我们在第 16 章提及的对美国对冲基金管理人施加的新规则相一致。例如，监管报告要求非常相似，一些欧洲和美国的另类投资管理人现在都有一个单独的组织处理两个司法管辖区的报告。

另类投资基金管理人规章下的营销通行证是新限制云层中的银色光衬。欧洲基金行业的支持者希望它能像可转让证券集体投资计划那样被广泛接受。

本章小结

基金管理公司能够通过海外扩张实现大幅增长。美国拥有世界上最大的共同基金市场，占全球基金资产的一半。然而，美国以外市场的资产增长速度却远远高于美国，并且在未来有很强的增长潜力。

基金发起人利用下列 6 种模式中的一种在其他国家开展业务，分别为：

1. 依靠相互认同机制，使得他们能够在一个国家不用注册就可以销售在另一个国家建立的基金产品。

2. 通过在一个国家建立主基金而在其他市场上建立从基金的方式建立主从结构的基金。

3. 克隆在另一个国家管理的基金，并在本地注册。

4. 与当地合作伙伴组建合资企业。

5. 为当地基金发起人提供次级顾问基金。

6. 收购当地基金管理公司。

基金管理公司可能应用以上基金中的多种模式，通过自己的方式进入想要进入的市场。

跨国分销在欧盟各成员国最为成功，原因在于它们对可转让证券集体投资计划（UCITS）的采用。在欧盟任一遵守可转让证券集体投资计划指令的成员国注册的基金，只需要很少的公示文件就可以在当地销售。可转让证券集体投资计划基金已经占欧盟基金资产的 3/4，同时也为许多非欧盟国家所接受。大多数可转让证券集体投资计划基金在卢森堡或爱尔兰注册。

现在可转让证券集体投资计划基金应用衍生品及复杂的投资策略已被允许，基金经理在可转让证券集体投资计划构架下使用对冲基金的相关策略也被允许。使用这些策略的基金可能被认为是复杂的，财务顾问必须确保所销售的产品适合投资者购买。

在可转让证券集体投资计划未来所面临的挑战方面，可转让证券集体投资计划基金的销售集中于新基金，但仍有许多地方基金。由于可转让证券集体投资计划基金的平均规模较小，所以其费用比美国共同基金高。此外，太平洋沿岸国家已经开展制定了跨境营销协议，该协议将与该地区的可转让证券集体投资计划进行竞争。

欧盟根据另类投资基金管理人规章建立了类似的对冲基金营销通行证。

然而，该规章制定的主要目的是保护投资者和控制系统性风险。它对非可转让证券集体投资计划基金的管理人员施加了许多新的限制。

附录　通过退休计划募资

在第 18 章，我们考察了基金管理公司在全球募资方面所面临的挑战，并讨论了它们为克服这些挑战而设置的模式。我们仔细研究了跨国募资最成功的模式，即可转让证券集体投资计划（UCITS）模式，允许发起人在多个国家或地区出售基金份额。

在本附录中，我们继续考察在美国和欧洲以外的募资，但将重点转移到养老金计划，这是全球资产的重要来源。毫不奇怪，在拥有更多财富（按国内生产总值定义）的国家，养老金资产会更大。同样，在人口老龄化（定义为 65 岁及以上）更严重的国家，人均养老金资产较高。[33]

> 请注意：在阅读之前，我们在整个讨论中假设您已经熟悉退休计划的术语。如果不是这样，你可以先阅读第 12 章中关于 401（k）计划的讨论。

养老金资产可能是政府计划的一部分，也可能是雇主或其他私人团体管理的私人退休制度的一部分。具有较大私人部门制度的国家，往往比大部分由政府经营计划的国家拥有更多的养老金资产，如图 18A－1 所示。

私有化系统更有可能按照固定缴款计划进行组织，而非固定收益计划，如图 18A－2 所示。最后一个关系对于基金行业至关重要，因为正如我们在第 12 章中所解释的那样，共同基金在固定缴款计划中占主导地位，通常允许参与者选择投资。相比之下，固定收益计划的资产通常在一个集合池中进行管理，由政府或雇主作为计划发起人来选择投资。

因此，对任何特定国家的养老金制度进行分析，应首先将退休计划分为 4 类：政府固定收益计划、政府固定缴款计划、私人固定收益计划和私人固定缴款计划。对于该国存在的每个类别的计划，关键问题在于：

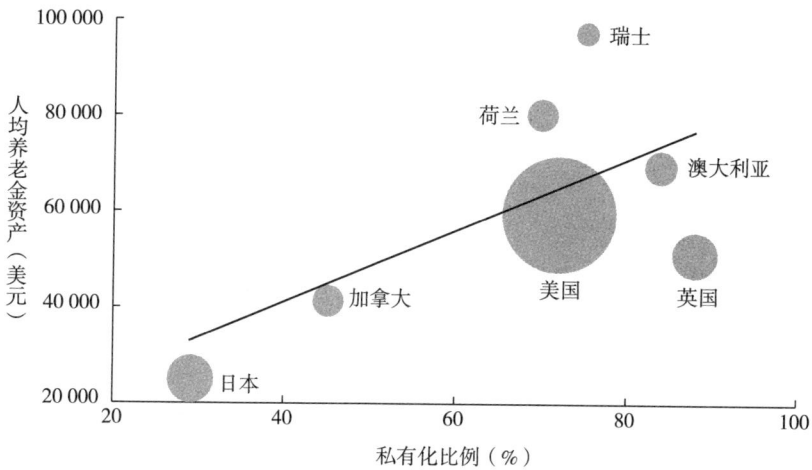

**图 18A–1　部分国家人均养老金资产与养老金资产私有化
程度的相关关系（2013 年）**

资料来源：韬睿惠悦，2014 年全球养老金资产研究

- 谁在对计划进行缴款：员工，雇主或其他人？
- 养老金是强制的还是自愿的？
- 养老金缴款的最低或最大限额是多少？
- 养老金计划使用的投资工具是什么？
- 谁来选择养老金计划的投资类型？
- 计划投资的现行资产配置是什么？
- 正常的退休年龄（分男性和女性）是多少岁？
- 退休时年度平均福利有多少？
- 从计划中可以分配哪些另类投资品（如年金)？
- 养老金缴款和分配的税收待遇如何？

本附录不会通过全球养老金计划对募资进行全面的阐述。相反，我们会考察两个国家的养老金制度：智利和新加坡。两国都有相对较新的养老金计划，被各地广泛学习研究，甚至有时还被模仿。它们的模式在 3 个方面是创新的：

1. 均主要基于固定缴款计划。
2. 固定缴款计划的缴款是强制性的。

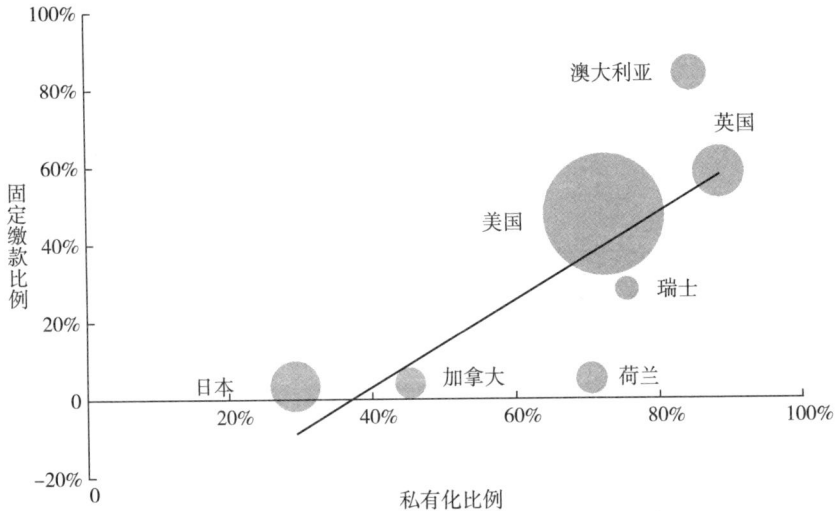

**图 18A – 2　部分国家固定缴款计划与养老金资产私有化
程度的相关关系（2013 年）**

资料来源：韬睿惠悦，2014 年全球养老金资产研究

3. 养老金负债的很大一部分得到了全额的供资，这意味着现在的资产已经被搁置起来为未来的养老金付款提供资金。

相比之下，在世界上大多数富裕国家里，历史悠久的养老金制度最初是作为固定收益计划来制定的，直到最近才增加了固定缴款的元素。在许多国家，固定收益计划继续提供大部分养老金福利，而对固定缴款计划的缴款通常是自愿的。这些较老的系统可能主要以现收现付的方式资助，这意味着目前的税收收入用于支付现有收益，很少或甚至没有任何资金用于提供未来的养老金支付。

虽然智利和新加坡的退休制度有很多共同点，但它们之间有很大的差异。两个系统的总结如下：

- 智利的养老金制度相对简单，主要依靠私营部门。智利系统的特色是政府发起具有强制性员工缴款性质的固定缴款计划，员工可以为其个人账户选择投资经理。

  同时，智利为低收入退休人员和未参与新固定缴款系统的老年工人制定了现收现付制的固定收益计划系统。它还提供税收补贴，以鼓励额外的自愿退休储蓄。

- 新加坡有一个复杂的福利制度系统，在这个制度中，政府比智利发挥更重要的作用。新加坡系统的主要储蓄机构是中央公积金（Central Provident Fund，简称 CPF），是由雇员和雇主强制缴纳的固定缴款计划。该基金的大部分资产由新加坡政府投资公司（Government Investment Corporation，简称 GIC）管理，并获得固定利率。然而，超过一定储蓄水平的参与者，可以将其一部分养老金资产分配给由私人管理的更广泛的投资。

除中央公积金外，政府还提供税收优惠政策，鼓励员工和雇主为补充养老金计划主动管理做出贡献。这些自愿缴存可以通过 3 家本地银行利用各种金融工具进行投资。

在下面的部分，我们总结了智利和新加坡退休计划的关键要素。

智利退休制度

智利的养老金系统是该国最大的单一资产来源，也是拉丁美洲最大的资产组合之一。1980 年，智利采取了强制性个人固定缴款账户制度，成为第一个取代现收现付制度的国家。为了扩大参与度、降低成本并增加低收入退休人员的福利，智利在 2008 年对该体系进行了重大改革。[34]

国家快照：智利

人口：1740 万。

人均国内生产总值：19 100 美元。

年龄中位数：33 岁。

退休年龄：男性 65 岁，女性 60 岁。

超过退休年龄的人口百分比：不到 10%。

资料来源：中央情报局，世界概况（截至 2014 年 8 月）

智利养老金制度已经产生了大量的储蓄。私人养老基金经理管理的资产在 2013 年底达到了 1 620 亿美元。相比来看，智利的养老金资产大约是国内生产总值的一半，这是发展中经济体中相对较新制度下一个很高的比例。[35]

强制性固定缴款计划

智利的主要退休计划由个人固定缴款账户组成。智利的员工必须将其收入的 10% 投入这些账户。尽管截至 2013 年 7 月，缴款的上限为每月 70 个联合支持单位（UFs）（UFs 是指经过通胀调整后的单位，在智利用于在多个财务环境中对估值进行标准化）。[36]雇主不需要为其员工的个人账户提供缴款，尽管他们必须为雇员支付伤残保险费。对强制性固定缴款计划的缴款是递减的，缴款收益在取出之前是免税的，而到退休分配时则按正常税率缴税。

员工自动参加固定缴款计划，雇主必须从工资中进行扣除。自 2008 年改革以来，个体经营者也需要对计划进行缴款。

参与者从一组受政府监管的养老金管理人（Administradoras de Fondos de Pensiones，简称 AFP）中选出其个人账户的基金管理人。截至 2014 年 6 月，共有 6 个养老金管理人；参与者可以选择其中任何一个，并且可以在任何时间以很少的费用进行切换。

每个养老金管理人提供 5 类基金（标注为基金 A 到基金 E）并且每类基金具有不同程度的风险。条例规定了各类基金投资到股票中的百分比水平。例如，被称为"中级"的基金 C 必须有 15%—40% 的资产投资于股票。

参与者选择这 5 类基金中的一类，尽管退休人员和老年人的选择有限。例如，56 岁以上的男士和 51 岁以上的妇女可能不会选择风险最高的基金。

除了为该账户提供收入的 10% 之外，养老金管理人收取的费用由参与者支付。此费用水平一直是一个问题，2008 年改革的目标之一就是通过加强养老金管理人之间的竞争来降低收费。例如，将费用结构简化，以便更容易地对比费用水平。另外，还没有积极选择养老金管理人的新员工，现在会被分配到收费最低的养老金管理人那里。

退休后，参与者主要有两个选择：

1. 他们可以用自己的账户余额从一家保险公司购买一笔年金，由保险公司来支付其退休后的收入。

2. 他们可以从其养老金管理人管理的账户中进行系统化的提款。

这两种方法的一些组合也是可用的。

扶贫项目

虽然退休制度的主要组成部分是强制性固定缴款计划，但智利还支持制定固定收益计划，目的是预防老年人的贫困。这个计划由两个部分组成：

1. 基本工会养老金（Pensión Básica Solidaria de Vejez，简称 PBS），为低收入退休人员提供了最低限度的退休金，这些退休人员没有为固定缴款计划进行缴款。（在 2008 年的改革之前，只有约 2/3 的工人在固定缴款计划中有账户，因为个体经营者没有被要求参加，而这个群体占全国劳动力的很大一部分）。

2. 养老金工会补助（Pension Solidarity Complement），是对在固定缴款计划中完成了缴款的退休人员的补充养老金，但其账户余额太小，无法产生最低收入。

基本工会养老金和养老金工会补助都是由智利政府以现收现付的方式筹款。它们可提供给在智利居住总计满 20 年且在过去 5 年中至少居住 3 年的达到退休年龄的公民。

自愿固定缴款

除了对固定缴款计划的强制性缴款之外，员工还可以向政府批准的储蓄工具提供额外的自愿缴款。这些通常是由养老金管理人、银行或保险公司建立的个人账户，被称为自愿储蓄账户（cuentas de ahorro voluntario）。然而，自2008年开始，雇主有意设立一个自愿集合计划，被称为集合自愿储蓄养老金计划（ahorro previsional voluntario colectivo，简称APVC），类似于美国的401（k）计划。[37]

在自愿账户缴款具有税收优势。储户可以选择在税后缴款，这样账户的分配取款是免税的，或者可以用税前收入来缴款，并在提款时缴税。雇主获得设立集合计划的税收优惠政策，并为员工配对这些账户。

工作人员可以每月向这些自愿项目提供最多50个联合支持单位。[38]低收入人员缴款会获得补贴。

养老金计划投资

智利退休金管理总局制定了投资准则，以确保养老金资产多样化。如上所述，5类基金中的每一类投资股票的比例必须保持在监管机构确定的最小和最大百分比之间。

智利中央银行对每一类基金有关投资海外资产的问题也进行了规定，无论是否有货币对冲。随着智利经济的逐步开放，这些限制一直在稳步增长。截至2013年底，智利以外的投资占养老金资产的42%以上，高于2008年的29%。跨境投资的养老金约有70%的标的为股票。在地域多样化方面，智利以外的资产中约有2/3投资于发达国家市场，其中约一半在北美；其余1/3的资产在新兴市场。[39]

此外，智利人可能会将非养老金管理人的个人储蓄（通常在其他类型有税收优惠的退休账户中）投放在海外投资中。

大多数智利以外的退休基金的资产由非智利公司管理，其中2/3的资产集中在前10大企业中。[40]可转让证券集体投资计划基金一直是跨境投资中非常受欢迎的工具。

新加坡退休制度

新加坡的养老金制度是基于支持其迅速老龄化的人口和社会最脆弱的成

员，其主要组成部分——强制性的固定缴款计划，是对自愿退休储蓄计划的
补充。

国家快照：新加坡

人口：560 万。

人均国内生产总值：62 400 美元。

年龄中位数：34 岁。

退休年龄：65 岁。

超过退休年龄的人口百分比：不到 10%。

资料来源：中央情报局，世界概况（截至 2014 年 8 月）

该系统内的资产增长迅速；在 2013 年底，它们达到了 2 000 亿美元，这
相当于新加坡国内生产总值的近 60%。[41] 这个比例甚至高于发达经济体，而
且对于较新的系统来说也是很高的。

中央公积金

新加坡退休制度的核心储蓄机构是中央公积金（Central Provident Fund，
简称 CPF）。作为最初于 1955 年成立的强制性退休储蓄计划，中央公积金的
作用逐渐扩大。目前已经帮助参与者解决了主要财务需求，从退休收入、住
房、教育到医疗保健。[42]

中央公积金是完全预筹积累式固定缴款计划，并且是由新加坡政府维持
的个人账户。雇员和雇主都必须按照每月最高 4 500 新加坡元从工资中扣除
并作为公积金缴纳。缴费率因参与者的年龄而异，如图 18A-3 所示。例如，
一名 40 岁左右的工人是由雇主缴纳其工资的 16%，自己缴纳工资的 20%。
工资低于每月 1 500 新加坡元的缴款率较低。

强制性缴款来自税前收入，并在中央公积金的部分是免税的。从这些强
制性缴款中提取公积金一般也是免税的。[43]

缴款会被分配给 3 个个人账户，每个账户有不同的资金需求：

1. 普通账户（Ordinary Account，简称 OA），可用于资助住房、教育和其他获批准的支出。

2. 医疗保健储蓄账户（Medisave Account，简称 MA），可用于支付住院费用。

3. 特别账户（Special Account，简称 SA），专门用于退休储蓄。

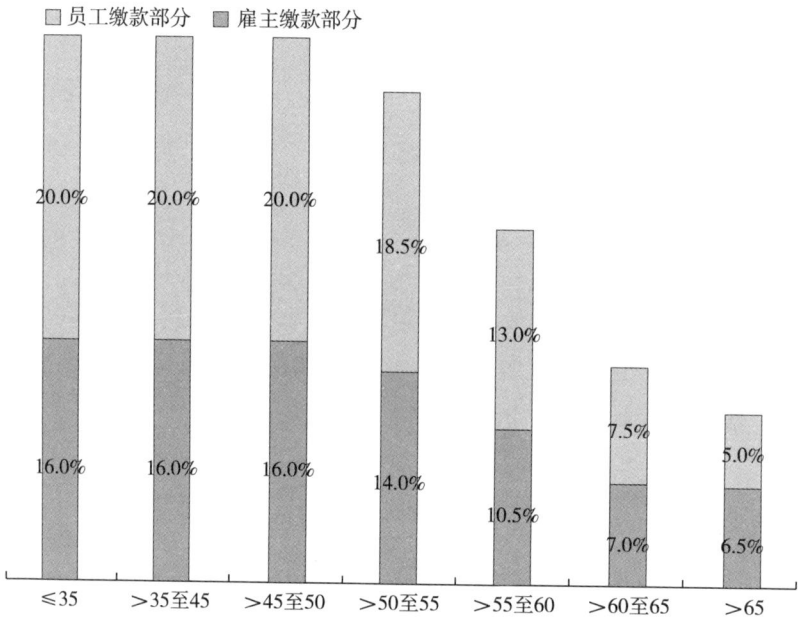

图18A-3　中央公积金缴存率（截至 2012 年 9 月，月工资高于 1 500 新元）

资料来源：中央公积金委员会

账户的分配由中央公积金委员会决定，并且根据参与者的年龄不同而有所差异。最显著的是，保健储蓄账户的比例随着年龄的增长而增加。截至 2012 年 9 月的分配情况如图18A-4 所示。

55 岁以前，参加者可以从中央公积金账户中提取资金，例如用于购买房屋，支付医院费用或高等教育费用。这些提款可能会受到限制，在某些情况下可能需要偿还利息。

55 岁时，参与者必须将资金从普通账户和特别账户转入第四个账户——退休账户（Retirement Account，简称 RA）。参与者必须在退休账户中保留指

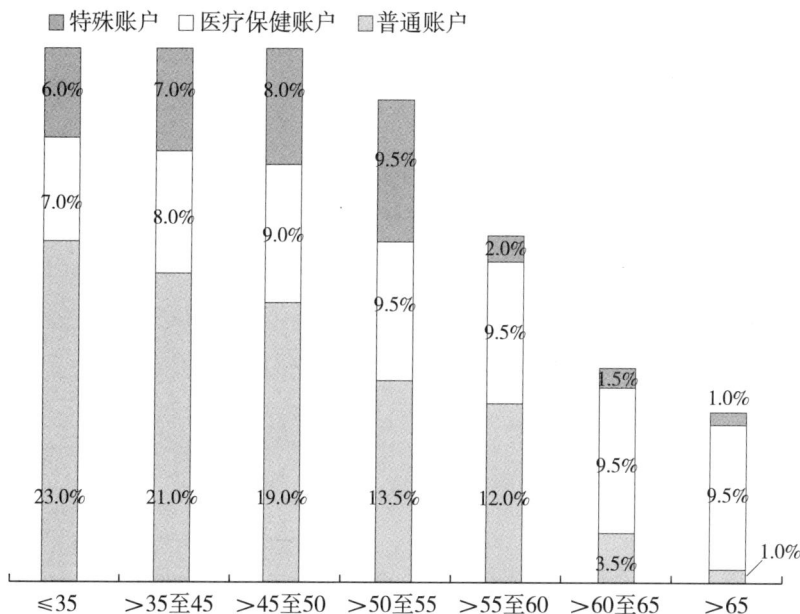

图 18A – 4 中央公积金拨款率（截至 2012 年 9 月）

资料来源：中央公积金委员会

定的余额，被称为最低总额（Minimum Sum），用于为退休收入支取提供资金。[44] 从 2013 年开始，到达 55 岁的人士必须使用最低总额，根据中央公积金老年人终身收入计划（Lifelong Income Scheme forthe Elderly，简称 LIFE）购买年金，政府鼓励老年参与者通过金融激励来参与该计划。高于最低总额的储蓄可以被提取。

中央公积金投资

中央公积金中的大部分资产由新加坡政府投资公司投资。据估计，这只主权财富基金在 2013 年总共管理了 3 200 亿美元，其中包括公积金的资产[45]。其投资组合管理主要由内部员工进行，在全球设 9 个办事处，但是部分资产被委托给外部管理人，包括位于新加坡以外的公司。

新加坡政府投资公司根据市场利率向中央公积金参与者支付固定收益回报，每年至少为 2.5%。为了支持这些付款，新加坡政府投资公司的资产投资于广泛的工具中。截至 2013 年 3 月，投资组合中约有一半投资于股票；

1/4 投资于各种另类产品，包括房地产和自然资源；只有 1/4 是投资在债券上。从区域配置来看，大约一半的投资组合投资在美洲，其他分布在欧洲和亚洲。[46]

但是，超过指定金额的经常账户和特别账户储蓄的参与者可以通过中央公积金投资计划（CPFIS）将额外资产的投资交给外部管理人。该计划允许个人追求更积极的投资策略。包括可转让证券集体投资计划基金在内的共同基金，都是该计划中颇受欢迎的投资选择。截至 2013 年底，中央公积金中有 210 亿美元资产，是由中央公积金投资计划中的非新加坡政府投资公司的外部管理人来管理的。

补充退休计划

新加坡还设立了补充退休计划（Supplementary Retirement Scheme，简称SRS），以鼓励雇主和员工自愿对退休进行储蓄。[47]补充退休计划的缴款是在税前进行的（按年度），账户内的收入是累积免税的，只有 50% 的提款是在62 岁以后再缴税的。提前提款是需要完全缴税的，而且可能会遭遇 5% 的罚款。

补充退休计划账户可从 3 家作为获批供应商的新加坡银行中获得。其为账户持有人提供了多种投资选择。

补充退休账户资产在 2013 年底为 30 亿美元。[48]

注释

第 1 章

1. 除特别注释外，第 1 章正文、图表中所有统计数据均来自投资公司协会，参见 2014 *Investment Company Fact Book*。

2. Jesse Bricker, Arthur B. Kennickell, et al., "Changes in U. S. Family Financesfrom 2007 to 2010: Evidence from the Survey of Consumer Finances," *Federal Reserve Bulletin* 98, no. 2 (June 2012), Table 5.

3. 投资组合包括开放式基金、封闭式基金、ETF，不包括单位投资信托。

4. 17 CFR 230. 144A, "Private resales of securities to institutions. "

5. Vitali Alexeev and Francis Tapon, "Equity Portfolio Diversification: How Many Stocks Are Enough? Evidence from Five Developed Markets," SSRN (November28, 2012).

6. 开放型股票、债券和混合型基金进行资本加权平均，不包括母基金和货币市场基金。

7. 根据晨星公司数据或者投资公司协会数据的平均数或中位数，"The Economics of Providing 401 (k) Plans: Services, Fees, and Expenses, 2012," *ICI Research Perspective* 19, no. 4 (June 2013) and *2014 Investment Company Fact Book*。

8. 虽然还有更古老的共同基金，但这些是属于封闭式基金的类型。欲了解更多共同基金的历史，请参阅 Matthew P. Fink, *The Rise of Mutual Funds* (New York: Oxford University Press, 2008)。

9. Formerly 12 USC 371a, "Payment of interest on demand deposits" (section 19 (i) of the Federal Reserve Act) and 17 CFR 217, "Prohibition against the paymentof interest on

demand deposits（Regulation Q）." All references to Regulation Q were eliminated as the result of the passage of the Dodd-Frank Wall Street Reform and Consumer Protection Act, Section 627, "Interest-bearing transaction accounts authorized."

10. 1983 年至 1989 年的资产只包括开放式基金，1990 年之后的资产为开放式基金、封闭式基金和单位投资信托（包括 ETF）。参见美国劳工统计局基于消费者物价指数的通货膨胀调整，以及美国经济分析局的真实国内生产总值。

11. 立法通过之前，持有共同基金中的市政债券所取得的利息收入均需要缴税。26 USC 852（b）（5），"Taxation of registered investment companies and their shareholders." Section 2137 of the Tax Reform Act of 1976, "Exempt-interestdividends of registered investment companies."

12. 1984 年至 1989 年的资产只包括开放式基金，其他的资产为开放式基金、封闭式基金和单位投资信托（包括 ETF）。

13. 从技术层面来看，经纪人安排其客户进行交易，并收取佣金为其服务。他并不需要证券的所有权。相反，交易商则是通过自己的账户买卖证券，并期望能在其交易中赚取息差。许多公司都同时是经纪人和交易商，因此可以同时参与两种角色的活动。

14. 基金资产包括个人退休账户和养老金固定缴款计划中的资产。

15. 净投资包括新的净现金以及再投资利息和分红。基金只能是长期的基金（不包括货币市场基金），包括共同基金、可变年金、ETF 和封闭式基金。

16. 15 USC 78d, "Securities and Exchange Commission."

17. Securities and Exchange Commission, "The Investor's Advocate: How the SEC Protects Investors, Maintains Market Integrity, and Facilitates Capital Formation," www. sec. gov/about/whatwedo. shtml（accessed February 8, 2014）.

18. 15 USC 78q-1（c）, "National System for Clearance and Settlement of Securities Transactions." 17 CFR 240. 17ad-1-240. 17ad-21T.

19. Office of Compliance Inspections and Examinations, "National Examination Program Risk Alert: Investment Adviser Use of Social Media."（January 4, 2012）

20. 该信函来自投资顾问监管办公室、首席律师办公室以及投资管理司给管理基金协会（2014 年 2 月 6 日）。

21. FINRA Manual, FINRA Rule 1230, "Registration Categories," and NASD Rules 1020, "Registration of Principals," and 1030, "Registration of Representatives."

22. FINRA Manual, NASD Rule 2210, "Communications with the Public."

23. FINRA Manual, NASD Rule 2830, "Investment Company Securities," under authority established by the Investment Company Act of 1940 15 USC80a-22 (a), "Distribution, redemption, and repurchase of securities; regulations by securities associations."

24. 欲了解更多关于自律组织的信息，请参阅 CFA 协会 "Self-Regulation in the Securities Markets: Transitions and New Possibilities" （2013） and John Carson, "Self-Regulation in Securities Markets," *Policy Research Working Paper* 5542 （World Bank, January 2011）。

25. Pub. L. 104 – 290, October 11, 1996, 110 Stat. 3416.

第 2 章

1. 共同基金既可以是一个企业，也可以是一项企业信托。尽管这两种形式存在着技术差异，但是它们事实上除了名称其他完全一样。在本书中我们将只会提及公司形式。

2. 15 USC 80a-22, "Distribution, redemption, and repurchase of securities; regulations by securities associations." 17 CFR 270. 22c-1, "Pricing of redeemable securities for distribution, redemption and repurchase."

3. 15 USC 80a-2 （a） （41）, "Definitions; applicability; rulemaking considerations." 17 CFR 270. 2a-4, "Definition of 'current net asset value' for use in computing periodically the current price of redeemable security."

4. 15 USC 80a-22 （e）, "Distribution, redemption, and repurchase of securities; regulations by securities associations."

5. 基金保留了以实物方式为拨款赎回进行支付的权利——通过出售基金中持有的部分投资，而不是现金。很少有人使用基金这一权利，除非向同意接受这类证券的大投资者行使。

6. Matthew P. Fink, *The Rise of Mutual Funds* （New York: Oxford University Press, 2008）, 26.

7. 15 USC 80a-18 （a）, "Capital structure of investment companies."

8. 15 USC 80a-5 （b）, "Subclassification of management companies."

9. Securities and Exchange Commission Release 33-6927; IC-18612, "Revisions of

Guidelines to Form N-1A" （March 12， 1992） .

10. 17 CFR 270. 2a-7， "Money market funds. " Securities and Exchange Commission Release IC-29132， "Money market reform" （February 23， 2010）.

11. 26 USC 851 （b） （3）， "Definition of regulated investment company. "

12. Ibid.

13. 26 USC 852， "Taxation of regulated investment companies and their shareholders. "

14. 26 USC 851 （b） （2） （A）， "Definition of regulated investment company. " Some funds

have obtained private letter rulings that allow them to invest in commodity-linked notes or controlled foreign corporations that are organized solely for the purpose of giving the fund exposure to commodities.

15. 15 USC 80a-7 （d）， "Transactions by unregistered investment companies，" governs the sale of non-U. S. funds. The Investment Company Institute reports that， as of October 2013， only two firms are selling non-U. S. funds under 7 （d） authority （see Investment Company Institute， "Market Access for Regulated Fund Managers in the United States and the European Union" （October 2013）） . For an analysis of Section 7 （d）， see Investment Company Institute， "Section 7 （d） of the Investment Company Act of 1940 and National Treatment" （January16， 1996）. 17 CFR 270. 7d-1， "Specification of conditions and arrangements for Canadian management investment companies requesting order permitting registration，" sets forth conditions for non-U. S. fund interested in selling in the United States. The Investment Company Institute reports that the SEC has stated that the rule's terms apply to non-Canadian issuers as well.

16. 这类有税收优惠的共同基金只包括开放式基金。*Investment Company Institute*， 2014 *Investment Company Fact Book*.

17. 如果基金成立商业信托（见注释 1），它被称为董事会信托，但其职能与董事会的职能相同。同样，为了保持简单，我们在本书中使用术语"董事"。

18. 共同基金须遵守 2002 年《萨班斯－奥克斯利法案》（2002 年 7 月 30 日颁布的第 107-204 号，第 116 号，第 745 条），其中规定了审查财务报表和相关披露控制的要求。美国证券交易委员会强调了基金董事在 J. 肯尼斯·阿尔德曼（J. Kenneth Alderman）等人的行政诉讼中监督投资组合估值的责任，发布了第 30557 号（2013 年 6 月 13 日），文件编入 3-15107 中。最高法院确认，基金董事（而不是基金管理公司）

监督雅努斯资本集团有限公司（Janus Capital Group, Inc.）和第一衍生交易（First Derivative Traders）的投资者披露文件的发布（131 号 2296 条，2011 年 6 月 13 日）。

19. 15 USC 80a-16（a），"Board of directors." Stock exchange rules generally require that companies hold elections annually, but since open-end funds don't trade on an exchange, they are not subject to these rules.

20. 该合同必须是书面的。15 USC 80a-15（a），"Contracts of advisers and underwriters."

21. 15 USC 80a-15（a），"Contacts of advisers and underwriters." The board can renew a contract, but new contracts must be approved by shareholders.

22. *Gartenberg v. Merrill Lynch Asset Management*, *Inc.* 694 F. 2d 923（2d Cir. 1982）.

23. *Jones V. Harris Assocs.*, *L. P.*, 130 S. Ct. 1418（2010）.

24. 15 USC 80a-17, "Transactions of certain affiliated persons and underwriters."

25. 15 USC 80a-17（e）（1），"Transactions of certain affiliated persons and underwriters." 17 CFR 270. 17e-1, "Brokerage transactions on a securities exchange"（known as Rule 17e-1）.

26. 15 USC 80a-10（f）（e），"Affiliations or interests of directors, officers or employers." 17 CFR 270. 10f-3, "Exemption for the acquisition of securities during the existence of an underwriting or selling syndicate"（known as Rule 10f-3）. SEC, Final Rule IC-25560, "Exemption for the Acquisition of Securities During the Existence of an Underwriting or Selling Syndicate"（April 30, 2002）.

27. 《1940 年投资公司法》规定，仅能有 40% 的独立董事，但是美国证券交易委员会不允许基金涉及某些特定活动，除非这些活动符合董事会构成和程序中更严格的规定。因此，事实上所有基金均符合证券交易委员会的规定。15 USC 80a-10（a），"Affiliation or interest of directors, officers, or employees." SEC, Final Rule 33-7932, 34-43786, IC-24816, "Role of Independent Directors of Investment Companies"（January 2, 2001）.

28. 15 USC 80a-2（a）（19），"Definitions; applicability; rulemaking considerations."

29. 15 USC 80a-15（c），"Contracts of advisers and underwriters." SEC, Final Rule 33-7932, 34-43786, IC-24816, "Role of Independent Directors of Investment Companies"（January 2, 2001）.

30. John C. Coates IV and R. Glenn Hubbard, "Competition in the Mutual Fund Indus-

try: Evidence and Implications," SSRN (August 2007).

31. 关于封闭式基金、ETF 和单位投资信托基金的统计数据，均来自投资公司协会 2014 投资公司年报。

32. SEC, Final Rule IC-26520, "Investment Company Governance" (July 27, 2004). 除了文中讨论的规定外，该规则还包括要求董事会主席为独立董事的规定。基金管理公司反对这项规定，认为没有实际证据表明投资者在基金董事会比任独立主席时做得更好。美国证券交易委员会在失去法院案件请求后，提出了有关证券交易委员会的规则制定过程的问题。*Chamber of Commerce of the United States of America v. Securities and Exchange Commission*, 443 F. 3d 890 (2006).

33. 17 CFR 275. 204a-1, "Investment adviser codes of ethics." SEC, Final RuleI A-2256, IC-26492, "Investment Adviser Codes of Ethics" (July 2, 2004).

34. 15 USC 80b-3, "Registration of investment advisers." 15 USC 80b-3A, "State and Federal responsibilities."

35. 17 CFR 275. 204-3, "Delivery of brochures and brochure supplements."

36. 过去，"中国墙" 一词常用于代替 "防火墙"。

37. 17 CFR 270. 17j-1, "Personal investment activities of investment company personnel." SEC, Final Rule 33-7728, IC-23958, IA-1815, "Personal Investment Activities of Investment Company Personnel" (August 24, 1999).

38. 美国金融业监管局禁止个人在其处注册时给予或接受价值超过 100 美元的礼物或现金（详见第一章美国金融业监管局注册要求介绍）。投资顾问道德规范中将这一原则拓展应用于所有职工及给予和接受的情形。FINRA Manual, FINRA Rule 3220. "Influencing or Rewarding Employees of Others."

39. 17 CFR 206 (4) -5, "Political contributions by certain investment advisers." SEC, Final Rule IA-3043, "Political Contributions by Certain Investment Advisers" (July 1, 2010).

40. 付费游戏规则中互相掩护的同伙与在个人交易法规中的访问者之间的重叠有限。

41. 17 CFR 270. 38a-1, "Compliance procedures and practices of certain investment companies." 17 CFR 275. 206 (4) -7, "Compliance procedures and practices."

42. SEC, Final Rule IA-2204, IC-26299 "Compliance Programs of Investment Companies and Investment Advisers," II. C. 1.

43. 15 USC 78u-6, "Securities whistle blower incentives and protection." 17 CFR 240. 21F-1 through 21F-17. SEC, Final Rule 34-64545, "Implementation of the Whistleblower Provisions of Section 21F of the Securities Exchange Act of 1934" (May 25, 2011). 举报人奖励计划由《多德–弗兰克华尔街改革》和《个人消费者保护法案》授权。

44. SEC, "2013 Annual Report to Congress on the Dodd-Frank Whistleblower Program." SEC, "SEC Announces Largest-Ever Whistleblower Award" (September22, 2014).

45. 欲了解更多关于特许金融分析师信息和 CFA 协会，请访问网站 www. cfainstitute. org。

46. AlphaClone, Covestor, Folio Investing, Motif Investing, and mygdp, respectively.

47. 15 USC 80a-5 (a), "Subclassification of management companies."

48. 关于封闭式基金、ETF 和单位投资信托基金的统计数据，均来自投资公司协会 2014 投资公司年报。

49. 15 USC 80a-4 (b), "Classification of management companies." For more on UITs, see NICSA, "Unit Investment Trusts: An Introduction for Investment Industry Professionals" (January 2013) at www. slideshare. net/nicsaonline/aifmd-101.

50. 26 USC Chapter 1, Subchapter K, "Partners and partnerships."

第 3 章

1. 17 CFR 229. 501 (c) (7), "(Item 501) Forepart of registration statement and outside front cover page of prospectus."

2. 17 CFR 232. 101 (a), "Mandated electronic submissions and exceptions."

3. 募集说明书和附加信息声明以表格 N – 1A 一起提交。17 CFR 239. 15A, "Form N-1A, registration statement of open-end management investment companies." SEC, Final Rule 33-8998, IC 28584, "Enhanced Disclosure and New Prospectus Delivery Option for Registered Open-End Management Investment Companies" (January 13, 2009). 17 CFR 230. 498 (b) (4), "Summary prospectuses for open-end management investment companies." 17 CFR 230. 497 (k), "Filing of investment company prospectuses," governs the filing of the summary prospectus.

4. 17 CFR 230. 421 (a), "Presentation of information in prospectuses." SEC, Final

Rule 33-7497，34-39593，IC-23011，"Plain English Disclosure"（January 28，1998）. SEC，Final Rule 33-8998，IC 28584，"Enhanced Disclosure and New Prospectus Delivery Option for Registered Open-End Management Investment Companies"（January 13，2009）.

5. See Note 3. Also，see Letter to Registrant from Carolyn B. Lewis，assistant director，Division of Investment Management，January 17，1992，in R. R. Donnelley and Stradley Ronon Investment Management Group，"The Registration of Mutual Funds，" 21st Edition（February 2012）：630.

6. SEC，Final Rule 33-8998，IC 28584，"Enhanced Disclosure and New Prospectus Delivery Option for Registered Open-End Management Investment Companies"（January 13，2009）. 17 CFR 230. 498（b）（2），"Summary prospectuses for open-end management investment companies. "

7. 17 CFR 270. 35D-1，"Investment Company Names. " SEC，Final Rule IC 24828，"Investment Company Names"（January 17，2001）.

8. 更确切地说，在名称中使用免税的基金必须投资于产生不含普通所得税和替代最低税收入的证券。基金中使用市政府名义的证券可能需要可替代最低税（AMT），如果基金使用州名称，收入也必须免除该州的所得税。

9. 投资组合周转率等于基金在年内购买的证券价值或基金在年内出售的证券价值的较低者，除以全部所持证券的月平均值。因此，投资组合周转率的计算对于规模相当稳定的基金是非常有用的，但对于基金规模快速增长或缩小的基金是不适用的。该计算范围不包括一年内到期的证券。

10. Investment Company Institute，"Shareholder Assessment of Risk Disclosure Method"（Spring 1996）.

11. 如果一只基金作为无须缴税的投资工具的一部分，则不要求税后回报，例如401（k）计划或者可变年金。

12. 有关如何购买股票的信息不是必需的，但是大多数募集说明书中都会包含进去。

13. Investment Company Institute，"Understanding Investor Preferences for Mutual Fund Information"（2006），6.

14. 17 CFR 230. 482，"Advertisements by an investment company as satisfying requirements of Section 10. " SEC，Final Rule 33-8294，34-48558，IC 26195，"Amendments to Investment Company Advertising Rules"（September 29，2003）. FINRA Manual，FINRA

Rule 2210, "Communications with the Public."

15. FINRA, Regulatory Notice 10-06, "Guidance on Blogs and Social Networking Web Sites" (January 2010).

16. 之前从未向美国金融业监管局递交过材料的咨询公司必须在首次使用的 10 天之前递交使用 1 年所需的材料。FINRA Manual, FINRA Rule 2210 (c) (1), "Communications with the Public."

17. FINRA Manual, FINRA Rule 2210 (d) (1), "Communications with the Public."

18. And there's a study to prove it: Jonathan J. Koehler and Molly Mercer, "Selection Neglect in Mutual Fund Advertisements," SSRN (December 2008).

19. 部分基金按季度向投资者报告，但这是例外。15 USC80a-29 (e), "Reports and financial statements of investment companies and affiliated persons." 17 CFR 270.30b1-5, "Quarterly Reports." 17 CFR 249.331 and274.128, "Form N-CSR, certified shareholder report." SEC, Final Rule 33-8393, 34-49333, IC 26372, "Shareholder Reports and Quarterly Portfolio Disclosure of Registered Management Investment Companies" (February 27, 2004).

20. *Northern Lights Compliance Services, LLC, et al.*, Administrative Proceedings Release No. 30502 (May 2, 2013), File No. 3-15313.

21. 特别地，除货币市场基金以外的所有基金需列明其持股比例前 50 的股份，以及任何持股超过其净资产 1% 的股份。一份完整的股份清单同样需要按季度递交给美国证券交易委员会，尽管部分基金会更频繁地发布相关持股信息。投资者报告说明了怎样评估持股数据。SEC Final Rule 33-8393, 34-49333, IC-26372, "Shareholder Reports and Quarterly Portfolio Disclosure of Registered Management Investment Companies." See also 17 CFR 210.6-10, "What schedules are to be filed" and 17 CFR 210.12-12C, "Summary schedule of investments in securities of unaffiliated issuers."

22. 17 CFR 210.6-01, "Application of Sections 210.6-01 to 210.6-10."

第 4 章

1. 17 CFR 239.15A, "Form N-1A, registration statement of open-end management investment companies." SEC, Final Rule 33-7512, 34-39748, IC 23064, "Registration

Form Used by Open-End Management Investment Companies"（March 13，1998）. SEC，Final Rule 33-8393，34-49333，IC 26372，"Shareholder Reports and Quarterly Portfolio Disclosure of Registered Management Investment Companies"（February 27，2004）.

2. 这种计算被称为风险的夏普度量。

3. Diane Del Guercio and Paula A. Tkac，"Star Power：The Effect of Morningstar Ratings on Mutual Fund Flows," Journal of Financial and Quantitative Analysis 43，no. 4（December 2008）.

4. 研究包括：Antonios Antypas，Gugliemo Maria Caporale，et al.，"Selectivity，Market Timing，and the Morningstar Star Rating System," SSRN（April1 2009）；Robert Huebscher，"Morningstar Ratings Fail Over a Full Market Cycle," *Advisor Perspectives*（December 8，2009）；Russel Kinnel，"These Data Points Make Beautiful Music Together," *Morningstar Fund Spy*（April 25，2011）and "How Expense Ratios and Star Ratings Predict Success," *Morningstar Fund Spy*（August 9，2010）；Matthew R. Morey，"The Kiss of Death：A 5-Star Morningstar Mutual Fund Rating?" SSRN（September 2003）；Matthew R. Morey and Aron Gottesman，"Morningstar Mutual Fund Ratings Redux," SSRN（January 006）；and Vanguard，"Mutual Fund Ratings and Future Performance"（June 2010）。

5. 17 CFR 239. 15A，"Form N-1A，registration statement of open-end management investment companies." SEC，Final Rule 33-7512，34-39748，IC 23064，Registration Form Used by Open-End Management Investment Companies（March 13，1998）.

6. 17 CFR 270. 35D-1，"Investment company names." SEC，Final Rule IC 24828，"Investment Company Names"（January 17，2001）.

7. 欲了解更多信息，请访问网站 www. imoneynet. com。

8. 参见本章注释1。

9. Lipper，"U. S. Open-End，Closed-End，Variable Annuity，and Overseas Fund Classification Descriptions"（September 23，2013）.

10. 可转换证券基金投资于债券或者能够交换或转换成股票的优先股。这些证券具有债券或股票的特点。我们将在"债券特征"部分讨论转换特征，读者可以在本书配套网站上查阅。

第5章

1. William F. Sharpe，"Mutual Fund Performance," Journal of Business 39，no. 1

（January 1966）：137. Thank you to Jack Bogle for highlighting the quote in his Financial Analysts Journal article of January/February 2014.

2. Russel Kinnel, "How Expense Ratios and Star Ratings Predict Success," *Morningstar Fund Spy* (August 9, 2010).

3. 17 CFR 239. 15A, "Form N-1A, Registration Statement of Open-end Management Investment Companies." SEC, Final Rule 33-8998, IC 28584, "Enhanced Disclosure and New Prospectus Delivery Option for Registered Open-End Management Investment Companies" (January 13, 2009). 17 CFR 230. 482, "Advertisementsby an investment company as satisfying requirements of Section 10." SEC, Final Rule 33-8294, 34-48558, IC 26195, "Amendments to Investment Company Advertising Rules" (September 29, 2003). FINRA Manual, FINRA Rules, 2210 Communications with the Public.

4. Investment Company Institute, *2014 Investment Company Fact Book*.

5. 同上。

6. SEC, Final Rule 33-8427, 34-49817, IC 264644, "Disclosure of Breakpoint Discountsby Mutual Funds" (June 7, 2004).

7. 17 CFR 270. 12b-1, "Distribution of Shares by Registered Open-end Management Investment Company."

8. 1908 年条例 12b－1 被采用时，作为严重经济衰退的结果，基金经历了大量赎回。增加基金资产被视为利用规模经济减少基金开支的一种方式——同时有利于投资者和基金管理公司。

9. SEC, Proposed Rule 33-9128, 34-62544, IC-29367, "Mutual Fund Distribution Fees; Confirmations" (July 21, 2010).

10. B 类份额变得不受欢迎，部分原因在于该类份额给管理公司制造了巨大的金融风险。正如本文所解释的，基金经销商预先向中间商支付费用，只能日后通过收取 12b－1 费用以及递延申购手续费挣回。风险在于投资回收期可能无限延长。当基金资产由于市场下跌或基金董事会暂停 12b－1 项目时，或者由于基金扩展得很大，不再接受新的投资时，就可能发生这一风险。为了降低风险，很多基金发起人选择以贴现方式向第三方出售远期 12b－1 支付的权利。然而，正如文中所指出的那样，很多公司不再发行 B 类份额。因此完全避免了风险。

11. FINRA, NASD Rule 2830 (1) (4), "Investment Company Securities."

12. Funds retain any distribution fees for shares that they sell directly to investors without

the help of an intermediary, but this is normally a small percentage of sales at fund families charging loads. 在没有中介帮助的情况下，基金会保留所有直接向投资者出售的分销费用，但这通常只是基金销售费用中的一小部分。

13. Don Phillips, "Mutual Fund Urban Myths," *Morningstar Advisor* (June/July2013).

14. Roger Edelen, Richard Evans, and Gregory Kadlec, "Shedding Light on 'Invisible' Costs: Trading Costs and Mutual Fund Performance," *Financial Analysts Journal* 69, no. 1 (January/February 2013) and John Haslem, "Assessing Mutual Fund Expenses and Transaction Costs," working paper, University of Maryland, May 1, 2006.

15. Morningstar. Includes Alliance Bernstein, BlackRock, Eaton Vance, Federated Investors, Franklin Resources, GAMCO Investors, Janus Capital, Legg Mason, T. Rowe Price, and Waddell & Reed.

16. For a detailed review of the debate over mutual fund fees, see John C. Coates IV and R. Glenn Hubbard et al., *The Mutual Fund Industry: Competition and Investor Welfare* (New York: Columbia University Press, 2010). Also by the same authors, "Competition and Shareholder Fees in the Mutual Fund Industry: Evidence and Implications for Policy," *American Enterprise Institute Working Paper No.* 127, June 2006.

17. 这里的基金不包括可变年金中的基金和母基金。

18. John P. Freeman and Stuart B. Brown, "Mutual Fund Advisory Fees: The Cost of Conflicts of Interest," *The Journal of Corporate Law* 26 (2001): 609 - 74. A more recent study reaching the same conclusion is John P. Freeman, Stewart L. Brown and Steve Pomerantz, "Mutual Fund Advisory Fees: New Evidenceand a Fair Fiduciary Duty Test," *Oklahoma Law Review* 61 (2008): 83.

19. Brad M. Barber, Terrance Odean and Lu Zheng, "Out of Sight, Out of Mind: The Effects of Expenses on Mutual Fund Flows," Journal of Business 78, no. 6 (2005).

20. Investment Company Institute, *op. cit.*, note 4.

21. Lipper and Thomson Reuters, "Performance Incentive Fee Funds Post Downturn" (September 2012).

22. Jones v. Harris Assocs., L. P., 130 S. Ct. 1418 (2010).

23. Investment Company Institute, *2014 Investment Company Fact Book.*

24. 同上。

25. 同上。

26. 同样，至少75%基金的董事须在转让咨询合同后至少3年保持独立。

27. 资料来源：晨星公司。

28. For a review of the literature on performance persistence with a positive conclusion, see Eero J. Pätäri, "Do Hot Hands Warm the Mutual Fund investor？. The Myth of Performance Persistence Phenomenon," International ResearchJournal of Finance and Economics 34 (2009)。

29. For a review of the literature on performance persistence with a positive conclusion, see For a review of the literature on performance persistence with a positive conclusion, see Robert C. Jones and Russ Wermers, "Active Managers in Mostly Efficient Markets," Financial Analysts Journal 67, no. 6 (November/December 2011)。

30. Itzhak Ben-David Francesco Franzoni and Rabih Moussawi, "Do ETFs Increase Volatility," *NBER Working Paper* Series 20071 (April 2014); Rodney N. Sullivanand James X. Xiong, "How Index Trading Increases Market Vulnerability," *Financial Analysts Journal* 68, no. 2 (March/April 2012); and Russ Wermers and Tong Yao, "Active vs. Passive Investing and the Efficiency of Individual Stock Prices" (May 2010).

31. ETF，不包括封闭式基金和单位投资信托。

32. 研究人员把负面业绩的持续性归因于投资者惰性。部分投资者在亏本时也不会出售基金份额，不论这一长期结果多么持久。

33. David Hirshleifer and Tyler Shumway, "Good Day Sunshine：Stock Returns and the Weather," SSRN (August 17, 2001); and Alex Edmans Diego García and Øyvind Norli, "Sports Sentiment and Stock Returns," SSRN (May 1, 2006).

第6章

1. 股票也经常被称为普通股，以区别于优先股，优先股是一种更接近债券的投资工具而不像股票。像债券一样，优先股吸引以收入为导向的投资者。因为其每年支付固定数量资金，尽管以分红形式而不是利息形式。优先股投资者不能有任何所有权或者投票权。然而，优先股和债券有两个关键的不同。首先，优先股的收入支付是根据管理公司的判断，而不是合同承诺，就像利息支付；当公司有资金困难时，它会在停止支付债券利息之前暂停支付优先股红利。其次，优先股是永久的，意味着它们没有到期日；它们一直流通在外，直到公司采取措施赎回它们。

2. 一个显著的例外是，2004 年谷歌通过所谓在线拍卖或荷兰式拍卖的方式直接向公众出售它的 IPO 股票，而没有委托投资银行。在拍卖中，潜在买家表示他们想要购买的股票数量和他们愿意支付的价格。公司利用这些信息建立一个使供求平衡的价格。虽然一些公司已经受谷歌领导，包括共同基金评级公司晨星，但在线拍卖 IPO 股票仍然不常见。

3. 公司股票的后续销售经常被称为二次发行，尽管这个术语经常指单个股东（而不是公司本身）销售大量股票。

4. 这个例子的模型是由米勒塔巴公司（Miller Tabak ＋Co）的菲尔·罗斯（Phil Roth）提供的。

5. 技术分析经常用于商品和货币投资，它们的价格趋势非常重要。

6. 17 CFR 249. 310，"Form 10-K，for annual and transition reports pursuant to sections 13 or 15（d）of the Securities Exchange Act of 1934."

7. 这种情况被称为权责发生制异常，最早是由理查德·斯隆在 1996 年提出。"Do Stock Prices Fully Reflect Information in Accruals and Cash Flows about Future Earnings?" *The Accounting Review* 71，*no.* 3（1996）.

8. 17 CFR 249. 308A "Form 10-Q，for quarterly and transition reports under sections 13 or 15（d）of the Securities Exchange Act of 1934."

9. 17 CFR 240. 14a，Regulation 14A，"Solicitation of Proxies."

10. 17 CFR 243，"Regulation FD."

11. 或者，公司可以通过向证券交易委员会提交 8-K 表格来发布公告。17 CFR 249. 308，"Form 8-K，for current reports."

12. 证券交易委员会在第 69279 号法案中认可社交媒体渠道根据公平披露规则公布的有效性。"Report of Investigation Pursuant to Section 21（a）of the Securities Exchange Act of 1934：Netflix，Inc. ，and Reed Hastings"（April 2，2013）.

13. 内幕交易法在很大程度上是由联邦法院解释的 1934 年《证券交易法》反欺诈条款所定义的。For an overview，see Christopher L. Garcia and Boyd M. Johnson III，"Defending Clients in Insider Trading Investigations and Enforcement Actions," in Defending Corporations and Individuals in Government Investigations，ed. Daniel J. Fetterman and Mark P. Goodman（Thomson West，2012），Chapter 13.

14. See "SEC Enforcement Actions：Insider Trading Cases" on the SEC website（www. sec. gov/spotlight/insidertrading/cases. shtml）.

15. 该研究来自 20 世纪 90 年代初担任保诚证券的定量研究主管梅丽莎·布朗（Melissa Brown）。最近的研究表明，这种现象依然存在。See Byoung-Hyoun Hwang and Dong Lou，"'Consistent'Earnings Surprises，"SSRN（May 6，2013）.

16. 在管理指数基金的背景下，专业人员经常将指数表现和基金表现之间的绝对差异称为跟踪误差。在定量分析和风险分析中，绝对差异将通过贝塔值来调整以达到跟踪误差。

17. 纳入指数似乎对市场价值没有永久性的影响。See Maria Kasch and Asani Sarkar，"Is There an S&P 500 Index Effect?"SSRN（November 5，2012）.

18. 投资组合管理经常经过权衡决定，就像打赌。

19. SEC Proposed Rule，"Incentive-Based Compensation Arrangements"（March 2，2011），implementing Section 956 of the Dodd-Frank Wall Street Reform and Consumer Protection Act，"Enhanced Compensation Structure Reporting."

20. 17 CFR 239.15A，"Form N-1A，registration statement of open-end management investment companies."SEC Final Rule 33-8458，34-50227，IC-26533，"Disclosure Regarding Portfolio Managers of Registered Management Investment Companies"（August 23，2004）. If proposed rules are adopted，investment advisers will also have to report to the SEC on their compensation plans and explain how they are designed not to encourage the taking of "inappropriate risks." The proposed rules were promulgated under Section 956 of the Dodd-Frank financial reform legislation（see note 19）.

21. 如果一个基金家族中的所有基金都购买了一家公司的大部分基金份额，那么这些份额将很难被售出，因为缺少买家。而且，如果持有一家公司的基金组合超过公司投票权的 15%，基金将增加达到各种联邦和州法律要求的目标的风险。These include：15 USC 78p（a），"Directors，officers，and principal stockholders，" and 17 CFR 240.13d-1 through 13d-102，"Filing of Schedules 13D and 13G."

22. For detail on the calculation of alpha（also called Jensen's alpha），the information ratio and other measures of risk and performance，including the Sharpe ratio，see Véronique Le Sourd，"Performance Measurement for Traditional Investment：Literature Survey，" EDHEC Risk and Asset Management Research Centre（January 2007）. 这是跟踪误差的技术定义。如注释 16 所述，该术语通常用于指投资组合收益与指数收益之间的绝对差异。

23. For detail on the calculation of alpha（also called Jensen's alpha），the informa-

tion ratio and other measures of risk and performance, including the Sharpe ratio, see Véronique Le Sourd, "Performance Measurement for Traditional Investment: Literature Survey," EDHEC Risk and Asset Management Research Centre (January 2007).

第7章

1. "Inside Mortgage Finance" data, cited in Robert Pozen, Too Big to Save? (Hoboken, NJ: John Wiley & Sons, 2010), 11.

2. For an analysis of the loans that generated the large losses at Fannie Mae and Freddie Mac, see "Housing Policy, Subprime Markets and Fannie Mae and Freddie Mac: What We Know, What We Think We Know and What We Don't Know," http://business. gwu. edu/wp-content/uploads/2014/05/A-Closer-Look-at-Fannie-Mae-and-Freddie-Mac-What-We-Know-What-We-Think-We-Know-and-What-We-Dont-Know. pdf （March 2011）.

3. Discussion of Fannie Mae and Freddie Mac is based on U. S. Department of the Treasury and U. S. Department of Housing and Urban Development, "Reforming America's Housing Finance Market: A Report to Congress" (February 2011).

4. "Mortgage Securitization Rates Edged Higher in 2013 Despite Growth of Non-Agency Originations," Inside ABS and MBS (March 14, 2014).

5. For a full discussion, see Michael Lewis, The Big Short (New York: Norton, 2010).

6. 发行人是斯佩里金融租赁公司。

7. 这些证券中包含单一的资产支持证券，虽然它们通常只能作为定制证券化的一部分。

8. 大多数资产抵押证券都是超额抵押，这意味着基础资产池中的贷款比支付所有投资者所需的贷款更多。因此，只有在基础贷款耗尽之后，D 类资产才会承担损失。

9. 对于资产抵押证券的创建者或发起者，他们还保留对支付分期付款时所需超额收入的权利。这被称为卖方的利益。它在初级类别受到影响之前，从技术层面上承担第一类损失。

10. Title IX, Subtitle D, of the Dodd-Frank Wall Street Reform and Consumer Protection

Act, "Improvements to the Asset-Backed Securitization Process." SEC Final Rule 33-9638, 34-72982, "Asset-Backed Securities Disclosure and Registration" (September 4, 2014). Department of the Treasury, Federal Reserve System, et al., Final Rule, "Credit Risk Retention" (October 22, 2014). Other regulatory activity related to asset-backed securities include: SEC Final Rule 33-9175, 34-63741, "Disclosure for Asset-Backed Securities Required by Section 943 of the Dodd-Frank Wall Street Reform and Consumer Protection Act" (January 20, 2011); SEC Final Rule 33-9176, 34-63742, "Issuer Reviewof Assets in Offerings of Asset-Backed Securities" (January 20, 2011); SEC Final Rule 34-65148, "Suspension of the Duty to File Reports for Classes of Asset-Backed Securities under Section 15 (d) of the Securities Exchange Act of 1934" (August 17, 2011); SEC Proposed Rule 34-65355, "Prohibition against Conflict of Interest in Certain Securitizations" (September 19, 2011).

11. Title IX, Subtitle C, of the Dodd-Frank Wall Street Reform and Consumer ProtectionAct.

12. SEC Final Rules 33-9245, 34-64975, "Security Ratings" (July 27, 2011), 33-9506, IC-30847, "Removal of Certain References to Credit Ratings Under the Investment Company Act" (December 27, 92013) and 34-71194, "Removal of Certain References to Credit Ratings Under the Securities Exchange Act of1934" (December 27, 2013).

13. Javed I. Ahmed, "Competition in Lending and Credit Ratings," OFR Working Paper (April 16, 2014).

14. SEC, "Report to Congress on Assigned Credit Ratings" (December 2012). SEC, "Report to Congress on Credit Rating Agency Independence" (November 2013).

15. SEC Final Rule 34-59342, "Amendments to Rules for Nationally Recognized Statistical Rating Organizations" (February 2, 2009). SEC Final Rule 34-61050, "Amendments to Rules for Nationally Recognized Statistical Rating Organizations" (November 23, 2009). SEC Final Rule 33-9146, 34-63003, "Removal from Regulation FD of the Exemption for Credit Rating Agencies" (September 29, 2010). SEC Final Rule 34-72936, "Nationally Recognized Statistical Rating Organizations" (August 27, 2014). 17 CFR 240.17g-1 through 6. 17CFR 243.100, "General rule regarding selective disclosure."

16. 德崇投资银行最后破产，迈克尔·米尔顿因违犯证券法被判有罪而入狱。

17. 欧洲美元债券是在美国以外发行和交易，扬基债券是在美国国内发行和交易。

18. Standard & Poor's, "The U. S. Bond Insurance Industry Is on a Path to Reemergence, but of a Different Profile" (July 23, 2012); and Antoine Gara, "MBIA May Return to Municipal Bond Market after 20 Years," The Street (March 19, 2014).

19. 规则 4-5 规定了对商品运营商注册的豁免，CFTC 将对冲定义为具有降低风险作用的交易。投资组合经理通常使用更广泛的对冲概念涵盖相对于基准降低风险的所有事情。例如，使用衍生工具就是该概念下的对冲。我们在这里使用狭义的 CFTC 定义。CFTC, RIN 3038-AD30, "Commodity Pool Operators and Commodity Trading Advisors: Amendments to Compliance Obligations" (February 9, 2012). 17 CFR 4.5, "Exclusion for certain otherwise regulated persons from the definition of the term." 17 CFR 1.3 (z) (1), "Definitions." 17 CFR 151.5:, "Bonafide hedge and other exemptions for Referenced Contracts."

20. For a discussion of synthetic ETFs, see Vanguard, "Understanding Synthetic ETFs" (June 2013).

21. The issues surrounding derivatives regulation are reviewed in SEC, Concept Release IC-29776, "Use of Derivatives by Investment Companies under the Investment Company Act of 1940" (August 31, 2011).

22. 同上。

23. CFTC, *op. cit.*, note 1. Commodity pool operators technically register with the National Futures Association, or NFA, which is a self-regulatory organization that has been delegated authority by the CFTC.

24. CFTC, RIN 3038-AD75, "Harmonization of Compliance Obligations for Registered Investment Companies Required to Register as Commodity Pool Operators" (August 12, 2013).

25. 15 USC 77b (a) (1), "Definitions; promotion of efficiency, competition and capitalformation." CFTC, Release 33-933, 34-67453, "Further Definition of 'Swap,' 'Security-Based Swap,' and 'Security-Based Swap Agreement'; Mixed Swaps; Security-Based Swap Agreement Recordkeeping" (July 10, 2012).

第 8 章

1. Investment Company Institute, 2014 *Investment Company Fact Book*. 参见第 1 章关

于货币市场基金历史的阐述。

2. SEC，Final Rule 33-9616，IA-3879，IC-31166，FR-84，"Money Market Reform；Amendments to Form PF"（July 23，2014）。

3. Check writing is usually provided by a bank on behalf of a money market fund.

4. 根据 15 USC 80（a）-22（e），"Distribution，redemption，and repurchase of securities；regulations by securities associations，"共同基金可以最多延迟七天的赎回。此外，正如本章所讨论的，货币市场基金可以在它们跌破面值并打算清算之后暂停赎回。根据法规 D（17 CFR 230.500-508），银行必须保留要求提前 7 天预约提款的权利。有关法规 D 的概述，请参见 Federal Reserve，"Regulation D：Reserve Requirements，"*Consumer Compliance Handbook*（June 16，2014）。

5. For the industry's analysis of the events of the financial crisis, see the Investment Company Institute's testimony of Paul Schott Stevens，president and CEO，Investment Company Institute，before the Committee on Banking，Housing and Urban Development，United States Senate，on "Perspectives on Money Market Mutual Funds"（June 21，2012）。

6. SEC，Final Rule IC-20132，"Money Market Fund Reform"（February 23，2010）。

7. SEC，"Money Market Reform；Amendments to Form PF，"op. cit.，note 2.

8. 17 CFR 270.2a-7，"Money Market Funds."Rule 2a-7 was adopted in 1982，when the SEC decided to codify the guidance it had previously given to money market funds through "no action" letters.

9. 17 CFR 270.2a-7（a）（2）and（c），2014 年 7 月修订。成本基础根据溢价或折扣的摊销进行了调整，实际上是零息证券的增值（参见债券基础知识章节对"增值"的定义）。所有基金可以以摊余成本计算存续期为 60 天或以下的证券。SEC，Release IC-9786，"Valuation of Debt Instruments by Money Market Funds and Certain Other Open-End Investment Companies"（May 31，1977）。

10. 17 CFR 270.2a-7（a）（21）and（c），as amended in July 2014.

11. SEC，"Money Market Reform；Amendments to Form PF，"op. cit.，note 2.

12. 17 CFR 270.2a-7（a）（16），as amended in July 2014. Municipal money market funds are not considered government money market funds.

13. 17 CFR 270.2a-7（a）（25），as amended in July 2014.

14. 17 CFR 270.2a-7（c）（1）（ii），as amended in July 2014.

15. IRS，Notice of proposed rulemaking and notice of public hearing，RIN 1545-BM04，

"Method of Accounting for Gains and Losses on Shares in Certain Money Market Funds; Broker Returns with Respect to Sales of Shares in Money Market Funds"（July 23，2014）.

16. 17 CFR 270. 2a-7（d）（1），as amended in July 2014.

17. 17 CFR 270. 2a-7（d）（2），as amended in July 2014.

18. In the form of guarantees or demand features. 17 CFR 270. 2a-7（d）（3），as amended in July 2014.

19. 17 CFR 270. 2a-7（a）（18）（ii），（d）（3）（i）（A）and（B），（d）（3）（ii）（F）and（d）（3）（iii），as amended in July 2014.

20. 17 CFR 270. 2a-7（d）（4）（ii）and（iii），as amended in July 2014.

21. 17 CFR 270. 2a-7（a）（8）and（a）（34），as amended in July 2014.

22. 17 CFR 270. 2a-7（d）（4）（i），as amended in July 2014.

23. 17 CFR 270. 2a-7（c）（2）（i），as amended in July 2014.

24. 17 CFR 270. 2a-7（c），as amended in July 2014.

25. 17 CFR 270. 2a-7（b），as amended in July 2014.

26. 17 CFR 270. 2a-7（g）（1）（i）（A），as amended in July 2014.

27. 17 CFR 270. 2a-7（h）（10），as amended in July 2014，and Form N-MFP.

28. 17 CFR 270. 22e-3，"Exemption for liquidation of money market funds."

29. 发起人可以提供此支持以摊余成本购买从基金中减值的证券。17 CFR 270. 17a-9：，"Purchase of certain securities from a money market fund by an affiliate，or an affiliate of an affiliate." They may also request a no-action letter from the SEC that allows them to provide credit support to the fund.

30. Item 16（g）（2）of Form N-1A，as amended.

31. 17 CFR 270. 2a-7（c）（7）（iii）（A）prior to 2014 amendments.

32. 当时，基金需要向证监会申请暂停赎回的许可。SEC，Release IC-28386，"Order Temporarily Suspending Redemption of Investment Company Shares and Postponing Payment for Investment Company Shares"（September 22，2008）. The SEC subsequently approved an exemption for money market funds，op. cit.，note 30.

33. 尽管《多德－弗兰克金融改革法案》第 939A 节呼吁在条例中删除这种提法，但在 2014 年 7 月修订时，该规则继续引用 NRSRO，作为国家认可的统计评级机构（信用评级机构的官方术语）。然而，美国证券交易委员会重新制定了消除这些参考的规则。SEC，Proposed Rule IC-31184，"Removal of Certain References to Credit Ratings

and Amendment to the Issuer Diversification Requirement in the Money Market Fund Rule"（July 23，2104）.

34. 17 CFR 270. 2a-7 （g）, as amended in July 2014.

35. 17 CFR 270. 2a-7 （g）（8）, as amended in July 2014.

36. 17 CFR 270. 2a-7 （c）（2）, as amended in July 2014.

37. 流动性费用不被视为费用表目的的赎回费用。See SEC，"Money Market Reform；Amendments to Form PF，" op. cit. , note 2.

38. 收取费用和设立门槛必须经过多数独立董事批准。

39. 此外，支线基金只能通过主要基金来收取费用和设立门槛。如果一只基金不征收费用和设立门槛，一旦流动性低于资产的10%，就必须经过多数独立董事批准。

40. 如第3章所述，为了使用这些名称，基金必须至少有80%的资产投资于这种类型的证券。17 CFR 270. 35D-1，"Investment Company names." SEC，Final Rule IC 24828，"Investment Company Names"（January 17，2001）. However，to qualify for the exemptions from the floating NAV and fees and gates requirements，the fund must have 99. 5 percent of its assets in government securities. 17 CFR 270. 2a-7 （a）（16），as amended in July 2014.

41. 大额可转让定期存单附有联邦存款保险公司保险，其25万美元的上限意味着它对大多数货币市场基金的影响非常小。

42. 持有非美国政府证券，通常需要多于102%的抵押品。

43. 债券可直接由发行者持有，或者可由第三方发起人以资产抵押形式持有。后者为综合的VRDN。

44. 在2010年，证券交易委员会要求增加对VRDN问题的披露。17 CFR240. 15c2-12，"Municipal Securities Disclosure." SEC，Final Rule 34-62184A，"Amendment to Municipal Securities Disclosure"（May 27，2010）. See the derivatives articles on this book's website for an overview of put options.

第9章

1. Amber Anand，Paul Irvine，et al. ，"Performance of Institutional Trading Desks：An Analysis of Persistence in Trading Cost，" SSRN （March 2009）.

2. Don Phillips，"Mutual Fund Urban Myths，" *Morningstar Advisor* （June/July2013）.

3. 在法律上，抢先交易只能在经纪人与其客户间发生。然而，抢先交易通常用于指代在交易中拥有预知信息的任何一方，以便从该信息中获利。See FINRA Rule 5270 Front Running of Block Transactions.

4. NASDAQ 代表"全国证券交易商自动报价系统协会"，这是一家曾通过电话和纸粉单出版物经营业务的经销商。

5. 在这 4 个小型交易所中，只有芝加哥交易所今天依然独立。波士顿交易所和费城交易所被纳斯达克收购，而纽约证券交易所收购了美国证券交易所。

6. 15 U. S. C. 78k-1，"National Market System for Securities；Securities Information Processors."

7. 17 CFR 242. 601，"Dissemination of Transaction Reports and Last Sale Datawith Respect to Transactions in NMS Stocks."

8. 17 CFR 242. 602，"Dissemination of Quotations in NMS Securities." This rule technically applies only to market makers whose trading exceeds 1 percent of nationwide trading volume in a stock. 17 CFR 242. 600（b）（73）（ii），"NMS Security Designation and Definitions."

9. 17 CFR 242. 300 – 242. 303. SEC，Final Rule 34-40760，"Regulation of Exchanges and Alternative Trading Systems"（December 8，1998）.

10. 同上。

11. This data is available on the FINRA website at：https：//ats. finra. org/TradingParticipants.

12. 17 CFR 240. 611，"Order Protection Rule." SEC，Final Rule 34-51808，"Regulation NMS：Final Rules and Amendments to Joint Industry Plans"（June 9，2005）.

13. Quotations for stock with very low prices would often use a smaller tick size of either 1/16 or 1/32 of a cent. SEC，Division of Market Regulation，"Market 2000：An Examination of Current Equity Market Developments"（January1994）.

14. For a history of decimalization，see SEC，"Report to Congress on Decimalization"（July 2012）.

15. SEC，"Order Directing the Exchanges and NASD to Submit a Phase-in Plan to Implement Decimal Pricing in Equity Securities and Options"（June 8，2000）.

16. SEC Chair Mary Jo White，"Chairman' s Address at SEC Speaks 2014"（February 21，2014）.

17. From SEC，Staff of the Division of Trading and Markets，"Equity Market Structure Literature Review，Part I：Market Fragmentation"（October 7，2013）. The equivalent decline on NASDAQ was from 52 percent to 24 percent. The studysuggested that NASDAQ was less affected than the NYSE because of its differing structure and rules.

18. The CBOE Stock Exchange halted trading on April 30，2014；the National Stock Exchange halted trading on May 30，2014.

19. BATS 最初代表 Better Alternative Trading System，即更好的替代性交易系统，尽管现在交易所只使用首字母缩略词。

20. For general background on the different types of trading venues，see CFA Institute，"Dark Pools，Internalization and Equity Market Quality，" *Issue Brief*（November 2012）.

21. FINRA，op. cit.，note 11.

22. 黑池交易必须在他们向证券交易委员会提交的 ATS 表单中包括他们的规则，填写的表格将保密。然而，POSIT 在其网站上公布了其完成的 ATS 表单。

23. FINRA 交易报告规则：6200 and 7100 Alternative Display Facility，6300A and 7200A FINRA/NASDAQ Trade Reporting Facility，6300B and 7200B FINRA/NYSE Trade Reporting Facility，6620 Reporting Transactions in OTC Equity Securities and Restricted Equity Securities，7300 OTC Reporting Facility.

24. Laura Tuttle，SEC Division of Economic and Risk Analysis，"Alternative Trading Systems：Description of ATS Trading in National Market System Stocks"（October 2013）.

25. Data cited in James Angel，Lawrence Harris and Chester S. Spatt，"Equity Tradingin the 21st Century，" SSRN（May 18，2010）.

26. ITG，"Global Cost Review：Q4/2013"（June 6，2014）.

27. Shengwei Ding，John Hanna，and Terrence Hendershott，"How Slow Is the NBBO? A Comparison with Direct Exchange Feeds，" *The Financial Review* 49（2014）.

28. Authority for these fees derives from footnote 126 of SEC，Final Rule 34-37619A，"Order Execution Obligations"（September 6，1996）.

29. SEC，Release 34-72460，"Order Directing the Exchanges and the Financial Industry Regulatory Authority to Submit a Tick Size Pilot Plan"（June 24，2014）.

30. Circuit breakers were established for the market as a whole after the 1987 crash；they were put in place for individual stocks after the 2010 flash crash.

31. SEC Proposed Rule 34-69077，"Regulation Systems Compliance and Integrity"

（May 20，2013）.

32. 26 U. S. C. 851，"Definition of Regulated Investment Company. "

33. SEC，Interpretive Release 34-23170，"Interpretive Release Concerning the Scope of Section 28（e）of the Securities Exchange Act of 1934 and Related Matters"（April 28，1986）.

34. 15 U. S. C. 78bb（e），"Effect on Existing Law. " SEC，Interpretive Release 34-54165，"Commission Guidance Regarding Client Commission Practices under Section 28（e）of the Securities Exchange Act of 1934"（July 24，2006）.

35. 15 U. S. C. 80a-17（e）（1），"Transactions of Certain Affiliated Persons and Underwriters. " 17 CFR 270. 17e-1，"Brokerage Transactions on a Securities Exchange"（known as Rule 17e-1）.

36. 15 U. S. C. 80a-10（f）（e），"Affiliations or Interests of Directors，Officers or Employers. " 17 CFR 270. 10f-3，"Exemption for the Acquisition of Securities during the Existence of an Underwriting or Selling Syndicate"（known as Rule10f-3）. SEC，Final Rule IC-25560，"Exemption for the Acquisition of Securities During the Existence of an Underwriting or Selling Syndicate"（April 30，2002）.

37. Under Rules 10f-3，17a-7 and 17e-1. See notes 36 and 38.

38. For a discussion of trade allocation best practices，see PwC，FS Regulatory Brief："SEC's Current Views on Regarding Trade Allocation Practices"（2011）. SEC，"Letter From the Office of Compliance Inspections and Examinations to Registered Investment Advisers on Areas Reviewed and Violations Found During Inspections"（May 1，2000）.

39. 15 U. S. C. 80a-17（e）（1），"Transactions of Certain Affiliated Persons and Underwriters. " 17 CFR 270. 17a-7，"Exemption of Certain Purchase or Sale Transactions between an Investment Company and Certain Affiliated Persons Thereof"（known as Rule17a-7）.

40. McKinsey&Company and Greenwich Associates，"Corporate Bond E-Trading：Same Game，New Playing Field"（2013）.

41. See note18 for FINRA reporting rules. More information on TRACE：www. finra. org/Industry/Compliance/MarketTransparency/TRACE/ and www. msrb. org/Market-Disclosures-and-Data/About-Trade-Data/Information-for-Dealers. aspx.

42. McKinsey & Company and Greenwich Associates，op. cit. ，note 40.

43. Greenwich Associates，"Fixed-Income Electronic Trading：Global Trends and Competitive Analysis of Multi-Dealer Platforms"（February 2014）.

44. 同上。

第 10 章

1. Investment Company Institute，*2014 Investment Company Fact Book*.

2. Information on board size in Deloitte and Society of Corporate Secretaries and Governance Professionals，*2012 Board Practices Report*：*Providing Insight into the Shape of Things to Come*.

3. For example，NYSE Listed Company Manual 303A. 00，"Corporate Governance Standards," and NASDAQ Stock Market Rules 5600，"Corporate Governance Requirements. "

4. Most notably the Sarbanes-Oxley Act of 2002.

5. 如第 3 章所讨论的，开放式共同基金是该规则的例外。封闭式基金每年必须持有委托投票。

6. 17 CFR 240. 14a-1 – 240. 14b-2. For an overview of proxy voting，see SEC Concept Release 34-6245，IA-3052，IC-29340，"Concept Release on the U. S. Proxy System. "

7. 管理层作为投资者在投票过程中的代理，这意味着管理层有权作为投资者来行事。

8. 17 CFR 240. 14A-8，"Shareholder Proposals. " SEC Staff Legal Bulletin，No. 14G（CF），"Shareholder Proposals"（October 16，2012）.

9. Gibson Dunn，"Shareholder Proposal Developments during the 2013 Proxy Season"（July 9，2013），based on data from ISS.

10. 在法律术语中，它们是精简提案。

11. 投资者有权修订对公司具有约束力的细则，但是对于利用细则修订权剥夺董事管理公司的自由裁量权存在争议。For a discussion of this controversy in the context of Delaware corporate law，see Jay B. Kesten，"Towards aMoral Agency Theory of the Shareholder Bylaw Power," Temple Law Review（Spring 2013）.

12. 如果公司不回应获得大多数支持的投资者提案，未来几年的董事候选人可能会面临严重的反对。See ISS，"Board Response to Majority-Supported Shareholder Proposals（U. S. ）"

13. 17 CFR 270. 30b1-4, "Report of Proxy Voting Record." Form N-PX. SEC Final Rule 33-8188, 34-47304, IC-25922, "Disclosure of Proxy Voting Policies and Proxy Voting Records by Registered Management Investment Companies" (January31, 2003). The Department of Labor imposes a similar duty of care on retirement plan fiduciaries. See 17 CFR 2509. 08-2, "Interpretive Bulletin Relating to the Exercise of Shareholder Rights and Written Statements of Investment Policy, Including Proxy Voting Policies or Guidelines."

14. 投资顾问必须拥有代理投票政策和程序文本，并且他们需要根据请求向客户提供这些政策和程序及其投票决定。但除了共同基金之外，他们不需要向公众公开任何项目。17 CFR 275. 206（4）-6, "Proxy Voting" and see SEC Final Rule IA-2106, "Proxy Voting by Investment Advisers" (January 31, 2003).

15. Section 951 (d) of the Dodd-Frank Wall Street Reform and Consumer Protection Act, "Shareholder Vote on Executive Compensation Disclosure."

16. 在任何特定情况下，独立性的精确定义由国家、联邦和证券交易所规则的相互作用决定。2002 年，《萨班斯－奥克斯利法案》为在审计委员会任职的董事确定了独立性定义（该委员会必须完全由独立董事组成）。17 CFR 240.10A-3, "Listing Standards Related to Audit Committees," and SEC Final Rule 33-8220, 34-47654, IC-26001, "Standards Relating to Listed Company Audit Committees（April 9, 2003). Section 952 of the Dodd-Frank financial reform legislation established a separate definition of independence for compensation committee members. See Section 952 of the Dodd-Frank WallStreet Reform and Consumer Protection Act, "Compensation Committee Independence," 17 CFR 240. 10C-1, "Listing Standards for Compensation Committees," and SEC Final Rule 33-9330, 34-67220, "Listing Standards for Compensation Committees." Relevant exchange rules include NYSE Listed Company Manual 303A. 02, "Independence Tests," and NASDAQ Stock Market Rules5605 (a) (2), "Board of Directors and Committees."

17. Miroslava Straska and Gregory Waller, "Antitakeover Provisions and Shareholder Wealth: A Survey of the Literature," SSRN (January 22, 2013).

18. More information is available on their websites: www. issgovernance. com and www. glasslewis. com. For research on mutual funds' use of proxy voting services, see Peter Iliev and Michelle Lowry, "Are Mutual Funds Active Voters?" SSRN (October 14, 2013) and Reena Aggarwal, Isil Evel, and Laura Starks, "Influence of Public Opinion on Investor Voting and Proxy Advisors" (April 2014).

19. 2014 年 6 月 3 日，《华尔街日报》报道，证券交易委员会要求更多披露因提供咨询服务造成的潜在冲突。Andrew Ackerman, Joann S. Lublin, and Theo Francis, "ISS, Other Proxy Advisers Pressed to Disclose Conflicts." Glass Lewis is owned by the Ontario Teachers' Pension Plan Board and the Alberta Investment Management Corp.

20. 投票政策被批准成为基金合规计划的一部分。17CFR 270. 38a-1, "Compliance Procedures and Practices of Certain Investment Companies." See also Independent Directors Council and Investment Company Institute, "Oversight of Fund Proxy Voting" (July 2008).

21. Aggarwal, op. cit., note 18. For analysis of fund voting on a single issue, see Stephen Choi, Jill Fisch, and Marcel Khan, "Who Calls the Shots? How Mutual Funds Vote on Director Elections," Harvard Business Law Review 3 (2013).

22. For research on funds' decisions to sell versus vote, see Ying Duan and Yawen Jiao, "The Role of Mutual Funds in Corporate Governance: Evidence from Mutual Funds' Proxy Voting and Trading Behavior," SSRN (December 2013).

23. Aggarwal, op. cit., note 18.

24. Ronald Gilson and Jeffrey Gordon, "The Agency Costs of Agency Capitalism: Activist Investors and the Revaluation of Governance Rights," Columbia Law Review 113, no. 4 (May 2013); William Bratton, "Hedge Fund and Governance Targets," The Georgetown Law Journal 95, no. 5 (2007); and Lucian A. Bebchuk, Alon Brav, and Wei Jiang, "The Long-Term Effects of Hedge Fund Activism," SSRN (July 9, 2013).

25. For an assessment of the effectiveness of the CalPERS governance program, see Andrew Junkin, "Update to the 'CalPERS Effect' on Targeted Company Share Prices," Wilshire (September 24, 2013). For research on motivations of activist pension plans see Diane Del Guercio and Tracie Woidtke, "Do the Interests of Public Pension Fund and Labor Union Activists Align with Other Shareholders'? Evidence from the Market for Directors" and David F. Larcker and BrianTayan, "Union Activism: Do Union Pension Funds Act Solely in the Interest of Beneficiaries?" Stanford Closer Look Series, SSRN (December 11, 2012).

26. www. srp. law. harvard. edu.

27. Tom Lauricella, "Mutual Funds Get Mad," Wall Street Journal, October 2, 2007.

28. The Forum for Sustainable and Responsible Investing, Sustainable and Responsible Investing Trends in the United States 2012.

29. www. ceres. org/investor-network/resolutions for shareholder proposals on environ-

mental sustainability.

30. Based on ISS United States Research Team, "2013 Proxy Season Review: United States" (August 22, 2013).

31. Section 951 of the Dodd-Frank Wall Street Reform and Consumer Protection Act, "Shareholder Vote on Executive Compensation Disclosure."

32. Ricardo Correa and Ugur Lel, "Say on Pay Laws, Executive Compensation, CEO Pay Slice, and Firm Value around the World," *Board of Governors of the Federal Reserve System International Finance Discussion Papers* 1084 (July 2013).

For an overview of say on pay around the world, see Randall S. Thomas and Christoph Van der Elst, "The International Scope of Say on Pay," SSRN (September 2013).

33. Diane Del Guercio, Laura Cole, and Tracie Woidtke, "Do Boards Pay Attention When Institutional Investor Activists 'Just Vote No'?" SSRN (January 2008) and IRRC Institute and GMIRatings, "The Election of Corporate Directors: What Happens When Shareowners Withhold a Majority of Votes from Director Nominees?" SSRN (August 2012).

34. Section 971 of the Dodd-Frank Wall Street Reform and Consumer Protection Act, "Proxy Access." On August 25, 2010, the SEC approved Regulation 14a-11implementing this section of the Act. (See SEC Final Rule 33-9136, 34-62764, IC-29384, "Facilitating Shareholder Director Nominations.") This regulation was vacated by the U. S. Court of Appeals in a decision on a lawsuit filed by the Business Roundtable and the U. S. Chamber of Commerce. (Business Roundtablev. SEC, 647 F. 3d 1144 (D. C. Cir. 2011).) A 2009 change in Delaware law allows corporations to amend their bylaws to permit proxy access.

35. Lucian A. Bebchuk and Robert J. Jackson, Jr., "Shining Light on Corporate Political Spending," *The Georgetown Law Journal* 101 (2013): 923.

36. Investment Company Institute, op. cit., note 1.

37. CFA Institute, "Non-Preemptive Share Issues in Asia: Role of Regulation in Investor Protection" (2014).

38. 黄金股一直是非常有争议的，并且是欧洲法院审查许多案件的主题。See European Commission, "Selected Jurisprudence of the Court of Justice of the European Union on the Free Movement of Capital."

39. Government Commission, "German Corporate Governance Code" (May 15, 2012).

40. Franklin Allen, et al., "Stakeholder Capitalism, Corporate Governance and Firm

Value," SSRN (September 16, 2009).

41. Aline Conchon, "Board-level Employee Representation Rights in Europe," European Trade Union Institute publication (2011).

42. 东京证券交易所第一部分公司只有 50% 拥有独立董事，虽然这个比例正在增加。请参阅 Tokyo Stock Exchange, "Appointment of Outside Directors at Companies Listed on To kyo Stock Exchange" (September 12, 2013). Many companies have a single outside director, since Tokyo Stock Exchange Rules require only one outside director or auditor。

43. Council of Institutional Investors, "Everything You Ever Wanted to Know about International Proxy Voting but Were Afraid to Ask" (2011).

第11章

1. Investment Company Institute, 2014 *Investment Company Fact Book.*

2. 个人投资者会购买业绩优异的基金，但他们并不卖出业绩差的基金。这种现象在世界各地是一致的。See Miguel A. Ferreira, Aneel Keswanai, et al., "The Flow-Performance Relationship around the World," SSRN (September 2010). For the differing behavior of individual and institutional investors, see Galla Salganik and Amnon Schreiber, "The Determinants of Investment Flows: Retail versus Institutional Mutual Funds," SSRN (November 17, 2013).

3. Andrea Frazzini and Owen A. Lamont, "Dumb Money: Mutual Fund Flows and the Cross-Section of Stock Returns," Journal of Financial Economics (February 23, 2008); and Geoffrey C. Friesen and Travis R. A. Sapp, "Mutual Fund Flows and Investor Returns: An Empirical Examination of Fund Investor Timing Ability," Journal of Banking and Finance 31 (2007).

4. Diane Del Guercio and Paula A. Tkac, "Star Power: The Effect of Morningstar Ratings on Mutual Fund Flows," *Federal Reserve Bank of Atlanta, Working Paper* 2001 - 15, (August 2001, updated January 2007).

5. 相对于年费比率的差异，投资者似乎对销售费用更敏感。See Brad M. Barber, Terrance Odean, and Lu Zheng, "Outof Sight, Out of Mind: The Effects of Expenses on Mutual Fund Flows," SSRN (December 2003).

6. Steven Gallaher, Ron Kaniel, and Laura Starks, "Advertising and Mutual Funds:

From Families to Individual Funds," SSRN（October 2008）.

7. Investment Company Institute, *op. cit.*, *note* 1.

8. Investment Company Institute, Understanding Investor Preferences for Mutual Fund Information（2006）.

9. 该退休计划中不包括货币市场基金。Estimates derived from data from Broadridge Fund Distribution Intelligence TM and the Investment Company Institute, 2014 *Investment Company Fact Book.*

10. According to the Investment Company Institute, *op. cit.*, note 8, 40 percent of investors prefer to receive fund information from advisers in person.

11. FINRA Manual, NASD Rules, 2830 Investment Company Securities. NASD Notice to Members 98-75（September 1998）, "SEC Approves Rule Change Relating to Non-Cash Compensation for Mutual Funds and Variable Products."

12. FINRA Manual, NASD Rules, 1030 Registration of Representatives.

13. Section 410 of the Dodd-Frank Wall Street Reform and Consumer Protection Act, "State and Federal Responsibilities; Asset Threshold for Federal Registration of Investment Advisers." 17 CFR 175. 203A-1, "Eligibility for SEC Registration; Switching to or from SEC Registration." SEC Final Rule, IA-3221, "Rules Implementing Amendments to the Investment Advisers Act of 1940"（June 22, 2011）. Information on state registration requirements is available on the website of the North American Securities Administrators Association at www. nasaa. org; Wyoming is the only state without a registration requirement.

14. Uniform Securities Act of 1956, Section 201, "Registration Requirement."

15. 财务顾问和注册投资顾问之间还存在一个区别：只有财务顾问能与客户从事主要交易（详见第 8 章对主要交易的解释）。

16. 15 USC 80b-2（a）（11）, "Definitions." Financial Planning Association v. SEC, 2007 WL 935733, C. A. D. C.（2007）, which vacated SEC interpretive rulemaking that allowed broker-dealers to charge asset-based fees.

17. 17 CFR 275. 204-3, "Delivery of Brochures and Brochure Supplements."

18. 17CFR 240. 10b-16, "Disclosure of Credit Terms in Margin Transactions." 17CFR Part 248, Subpart A, "Regulation S-P: Privacy of Consumer Financial Information and Safeguarding Personal Information." Voluntary conflict of interest disclosure followed issuance of FINRA, "Report on Conflicts of Interest"（October 2013）. Footnote 126 of SEC Fi-

nal Rule 34-37619A, "Order Execution Obligations" (September 6, 1996).

19. FINRA Manual, NASD Rules, 2310 Recommendations to Clients (Suitability).

20. Section 913 of the Dodd-Frank Wall Street Reform and Consumer Protection Act, "Study and Rulemaking Regarding Obligations of Brokers, Dealers, and Investment Advisers." See SEC Proposed Rule 34-69013, IA-3558, "Duties of Brokers, Dealers, and Investment Advisers" (March 1, 2013).

21. Dually-registered advisers have their Series 7 with a broker-dealer and their Series 65 through the registered investment adviser affiliated with the broker-dealer. Hybrid advisers have their Series 7 with a broker-dealer and have established their own registered investment adviser. The SEC has identified dual registrations as an examination priority for 2013; SEC, "Examination Priorities for 2013" (February 21, 2013).

22. Broadridge Fund Distribution Intelligence TM, "The RIA Channel: A Roadmap for Driving Growth" (2014).

23. For an overview of bank provision of investment services, see Comptroller of the Currency, Administrator of National Banks, "Investment Management Services: Comptroller's Handbook" (August 2001).

24. Government Accountability Office, "Consumer Finance: Regulatory Coverage Generally Exists for Financial Planners, but Consumer Protection Issues Remain" (January 2011).

25. Investment Company Institute, "Ownership of Mutual Funds through Professional Financial Advisers, 2007" (September 2008).

26. 对于收取佣金的基金，通常 A 类份额不用收取佣金。对于不收取佣金的基金，通常为 N 类份额。

27. Money Management Institute, 2013-2014 *MMI Industry Guide.*

28. 共同基金公司对于持有来自赠予人的缴款不设置利润，且为赠予人设置指导准则。通常，这些准则允许向 501（C）（3）公共慈善机构赠予，以及向其他捐献者指示基金赠予，比如社区基金，向私人基金捐赠受到严格限制。

29. National Philanthropic Trust, "2013 Donor-Advised Fund Report" (2013).

30. 26 USC 529, "Qualified Tuition Programs."

31. 《统一转账未成年人法案》（UTMA）和《统一赠予未成年人法案》（UGMA）均效仿州立法律。大多数州采用了更新的 UTMA，代替之前的 UGMA。欲了解更多信息，请访问网站 www. uniformlaws. org。

32. 26 USC 530, "Coverdell Education Savings Accounts."

33. McKinsey & Company Financial Services Practice, "Searching for Profitable Growth in Asset Management: It's about More Than Investment Alpha" (October 2013).

34. kasina, "Building Dynamic Distribution Partnerships" (February 2013).

35. kasina, "Positioning for Profitability: Comprehensive Analysis and Benchmarking of Intermediary Distribution" (August 2012) and "Repositioning the Internal Desk" (2013).

36. Government Accountability Office, "Mutual Fund Advertising: Improving HowRegulators Communicate New Rule Interpretations to Industry Would FurtherProtect Investors" (July 2011): 20.

第 12 章

1. Assets in individual retirement accounts and defined contribution plans. Investment Company Institute, 2014 *Investment Company Fact Book*.

2. 26 U. S. C. 401, "Qualified Pension, Profit-sharing, and Stock Bonus Plans."

3. 正如本章所提到的，传统的 401（k）计划有税收优惠。罗斯 401（k）依然是有效的，尽管这些计划几乎都没有实施。它提供的税收优惠与将在 13 章中讨论的罗斯个人退休账户（Roth IRA）相似。

4. 26 U. S. C. 409A, "Inclusion in Gross Income of Deferred Compensation under Nonqualified Deferred Compensation Plans."

5. 26 U. S. C. 401（k）, "Qualified Pension, Profit-sharing, and Stock Bonus Plans."

6. 在 1978 年，作为《1978 年税收法》的一部分，第 401（k）条被添加到税法中。美国税务局在 1981 年颁布了 401（k）计划的规定，第一个计划于 1982 年正式开始运作。Employee Benefit Research Institute, "History of 401（k）Plans: An Update" (February 2005).

7. 403（b）和 457 计划早于 401（k）计划，最初的设计与它完全不同，但过去 20 年的立法变化使它们非常类似于 401（k）计划。26 U. S. C. 403（b）, "Taxation of Employee Annuities" and 26 U. S. C. 457, "Deferred Compensation Plans of State and Local Governments and Tax-exempt Organizations."

8. 有时，雇员也为固定收益计划做贡献，尽管这种情况很少见。

9. 从技术上说，要得到全面的资助，在考虑现值和预期投资收益的情况下，固定收益计划必须有足够的资产来偿还所有递延时期的收益，承诺未来服务的收益除外。

10. 然而，一个基金管理公司并不是通过管理一个包含在计划中的基金，来成为退休计划的受托人。29 U. S. C. 1002（21）（b），"Definitions."

11. Median job tenure in January 2012 according to the Bureau of Labor Statistics, Employee Tenure in 2012（September 18，2012）.

12. U. S. Department of Labor, Employee Benefits Security Administration, *Private Pension Plan Bulleting Historical Tables and Graphs*（June 2013）.

13. 根据美国税务局 2014 年 9 月通过的条例，贷款利率可以是由雇主确定的固定利率（以最高限额为限）、与债券收益率相关的利率（可能需要下限）、基于共同基金收益率的可变利率（如标准普尔 500 指数基金）或基于计划资产（或这些资产的一部分）的实际回报的可变利率。计划可以混合使用这些利率。IRS RIN 1545-BI16，"Additional Rules Regarding Hybrid Retirement Plans"（September 19，2014）.

14. 26 CFR 1. 411（a）（13）-1，"Statutory Hybrid Plans."

15. U. S. Department of Labor, Employee Benefits Security Administration, *Private Pension Plan Bulletin*：*Abstract of* 2011 *Form* 5500 *Annual Reports*（*June* 2013）*and Private Pension Plan Bulletin*：*Abstract of* 2007 *Form* 5500 *Annual Reports*（March 2012）.

16. 26 CFR 1. 411（b）（5）-1，"Reduction in Rate of Benefit Accrual under a DefinedBenefit Plan."

17. 29 U. S. C. Chapter 18 Subchapter III Subtitle A，"Pension Benefit Guaranty Corporation."

18. Financial Accounting Standards Board, Summary of Statement No. 158，"Employers' Accounting for Defined Benefit Pension and Other Postretirement Plans—an Amendment of FASB Statements No. 87，88，106，and 132（R）."

19. The Pew Center on the States, The Trillion Dollar Gap（2010）.

20. Alicia H. Munnell, Jean-Pierre Aubry, and Mark Cafarelli，"Defined Contribution Plans in the Public Sector：An Update," *Center for State & Local Government Excellence Issue Brief*（April 2014）.

21. 26 U. S. C. 402（g）（1），"Taxability of Beneficiary of Employees' Trust." 26 U. S. C. 404（a）（3），"Deduction for Contributions of an Employer to an Employees' Trust

or Annuity Plan and Compensation under a Deferred-payment Plan. "

22. Government Accountability Office， "Retirement Savings：Automatic Enrollment Shows Promise for Some Workers，but Proposals to Broaden Retirement Savings for Other Workers Could Face Challenges"（October 2009）.

23. Vanguard, *How America Saves* 2014：*A Report on Vanguard* 2013 *Defined Contribut- ionPlan Data*（June 2014）.

24. Automatic contribution features were made possible by Section 902 of the Pension Protection Act of 2006， "Increasing Participation through Automatic Contribution Arrange- ments. "

25. 在反歧视规则中，高度补偿员工（HCE）和非高度补偿员工（NHCE）的平均贡献率每年必须由401（k）计划的管理者计算并比较。如果高度补偿员工的平均贡献率比非高度补偿员工的平均贡献率高，但不高于其125%，该计划就通过了反歧视规则测试。追补分配除外。反歧视规则不适用于403（b）或者457计划。26 U. S. C. 401（k），"Cash or Deferred Arrangements. " 26 U. S. C. 414（q），"Definitions and Special Rules. "

26. 集合信托基金原本是设计用来使较小的固定收益计划资产混合于单独的信托组中。银行提供的集合信托基金是合伙经营资产的受托人，它代表合伙经营中的投资者。12 CFR 9. 18，"Collective Investment Funds. "

27. As noted，op. cit. ，note 10，the manager of a mutual fund may be exempt from these requirements.

28. SEI Knowledge Partnership， "Getting Ahead of the CIT Boom：Aligning Capabili- ties to Capture DC Market Share"（April 2012）.

29. 29 CFR 2550. 404c-1，"ERISA Section 404（c）Plans. "

30. 计划发起人一般喜欢稳定价值工具而不是投资担保合同，因为稳定价值工具能更好地预防发行人破产。投资担保合同由保险公司发行，且仅仅以公司资产担保；如果发行人破产，投资担保合同的投资者可能损失一切。稳定价值工具可以由包括保险公司在内的不同金融机构发行。

31. 2014年8月，员工福利安全管理局要求提供有关退休计划中经纪人窗口的标准信息，作为对其使用情况一般审查中的一部分。目前对经纪人窗口的指导是在劳动、雇员和福利安全管理局Q39条款"Field Assistance Bulletin No. 2012-02R"（July 30，2012）.

32. Plan Sponsor Council of American, *Annual Survey of Profit Sharing and 401k Plans*, and Vanguard, op. cit. , note 24.

33. 29 CFR 2550. 408g-1, "Investment Advice—Participants and Beneficiaries. " 29 CFR 2550. 408g-2, "Investment Advice—Fiduciary Election. " Department of Labor, Employee Benefits Security Administration, Final Rule RIN 1210-AB35, "Investment Advice—Participants and Beneficiaries" (October 25, 2011). Section 601 of the Pension Protection Act of 2006, "Prohibited Transaction Exemption for Provision of Investment Advice. "

34. World at Work and the American Benefits Institute, "Trends in 401 (k) Plans and Retirement Rewards" (March 2013).

35. 29 CFR 2550. 404c-5, "Fiduciary Relief for Investments in Qualified Default Investment Alternatives. " Department of Labor, Employee Benefits Security Administration, Final Rule RIN 1210-AB10, "Default Investment Alternatives under Participant Directed Individual Account Plans. " Section 624 of the Pension Protection Act of 2006, "Treatment of Investment of Assets by Plan Where Participant Fails to Exercise Investment Election. "

36. Vanguard, op. cit. , note 24.

37. Cited in SEC Investor Advisory Committee, "Recommendation, "Target Date Mutual Funds" (April 11, 2013).

38. SEC Proposed Rule 33-9126, 34-62300, IC-29301, "Investment Company Advertising: Target Date Retirement Fund Names and Marketing" (June 16, 2010). The SEC reopened the comment period in April 2014. Department of Labor, Employee Benefits Security Administration, Proposed Rule RIN 1210-AB38, "Target Date Disclosure" (November 30, 2010). Department of Labor and SEC, "Investor Bulletin: Target Date Retirement Funds" (May 6, 2010). Department of Labor, Employee Benefits Security Administration, "Target Date Retirement Funds—Tips for ERISA Plan Fiduciaries" (February 2013).

39. 26 U. S. C. 401 (a) (9), "Qualified Pension, Profit-sharing, and Stock Bonus Plans. "

40. 29 CFR 2550. 404c-1, "ERISA Section 404 (c) Plans. " Department of Labor, Employee Benefits Security Administration, Final Rule RIN 1210-AB07, "Fiduciary Requirements for Disclosure In Participant-directed Individual Account Plans" (October 20, 2010).

第 13 章

1. Investment Company Institute, 2014 *Investment Company Fact Book*.

2. 26 U. S. C. 408, "Individual Retirement Accounts. "

3. 26 U. S. C. 408A, "Roth IRAs. "

4. 26 U. S. C. 408A (d) (3), "Roth IRAs. "

5. 26 U. S. C. 401 (a) (9), "Qualified Pension, Profit-sharing, and Stock Bonus Plans. "

6. 26 U. S. C. 408 (p), "Individual Retirement Accounts. " SIMPLE plans can be structured as 401 (k) plans or IRAs; virtually all employers have chosen IRAs because of their greater simplicity. 26 U. S. C. 401 (k) (11), "Qualified Pension, Profit-sharing and Stock Bonus Plans. "

7. 26 U. S. C. 408 (k), "Individual Retirement Accounts. "

8. Employee Benefits Research Institute, "Individual Retirement Account Balances, Contributions, and Rollovers, 2012; With Longitudinal Results 2010 – 2012: The EBRI IRA Database" (May 2014).

9. 26 U. S. C. 402 (c), "Taxability of Beneficiary of Employees' Trust. "

10. Employee Benefits Research Institute, *op. cit.* , *note* 8.

11. 可变年金中非常小的一部分是即时年金，意味着支付是立即开始的并且不被延迟。除非另有说明，本节所有可变年金数据的来源：Insured Retirement Institute, *2013 Annuity Falt Book.*

12. IRS, Rev. Rul. 81-225, 1981-2C. B. 12, and Rev. Rul. 82-55, 1982-1C. B. 12. For an overview of the laws and regulations affecting annuity taxation, see Joseph F. McKeever and Mark E. Griffin, "The Taxation of Annuity Contracts" (May2007)。

13. 发行人通常会对缴款施加限制，虽然有时可以免除这些限制。

14. 事实上，年金的监管参考了注册投资公司的要求。26 U. S. C. 817 (h), "Treatment of Variable Contracts. " IRS, Rev. Rul. 82-54, 1982-1C. B. 11. See also, McKeever and Griffin, op. cit. , note 12.

15. 26 U. S. C. 72, "Annuities; Certain Proceeds of Endowment and Life Insurance Contracts. " See also, McKeever and Griffin, op. cit. , note 12.

16. 总销售数据和净销售数据来自保险退休协会，经许可后使用。

17. 26 U. S. C. 1035，"Certain Exchanges of Insurance Policies."

18. Investment Company Institute，*op. cit.*，note 1.

19. 最近一项关于年金问题的研究来自 Shlomo Benartzi，Alessandro Previtero，and Richard H. Thaler，"Annuitization Puzzles," SSRN（October 13，2011）.

20. Deloitte，International Foundation of Employee Benefit Plans，and International Society of Certified Employee Benefit Specialists，"Annual 401（k）Benchmarking Survey：2012 Edition"（2013）.

21. IRS RIN 1545-BK23，"Longevity Annuity Contracts"（July 2，2014）.

22. Bureau of Labor Statistics，"Establishments Offering Retirement and Healthcare Benefits"（March 2013）.

23. Patrick Purcell，"Retirement Savings and Household Wealth in 2007," *Congressional Research Service* 7-5700，April 2009. Seasonal or part-time work is defined as fewer than 1,000 hours per year.

24. Vanguard Center for Retirement Research，"Measuring the Effectiveness of Automatic Enrollment"（December 2007）.

25. SIMPLE 计划参与者有资格享受储蓄者的信贷。26 U. S. C. 25B，"Elective Deferrals and IRA Contributions by Certain Individuals."

26. Department of the Treasury，"myRA：A Simple，Safe，Affordable Retirement Savings Account."

27. Center on Budget and Policy Priorities，"Policy Basics：Top Ten Facts about Social Security"（November 6，2012）.

28. Social Security Administration，"Ratio of Covered Workers to Beneficiaries"（accessed May 30，2014），and "Social Security Basic Facts"（April 2，1014）.

29. Social Security Administration，"A Summary of the 2013 Annual Reports."

第 14 章

1. Investment Company Institute，2014 *Investment Company Fact Book*.

2. 过户经纪商必须向证券交易委员会注册。15 U. S. C. 78q-1（c）（1）and（3），"National System for Clearance and Settlement of Securities Transactions."

3. 证券转让协会已制定了过户所需文件的准则。

4. 2001 年，美国《爱国者法案》的正式名称是通过提供适当的工具来加强美国国防，以拦截和阻止恐怖主义（USA PATRIOT）。如果投资者不提供有效的税务信息，则需要预先扣除税款备用。26 U. S. C. 3406，"Backup Withholding."

5. 17 CFR 240. 10b-10 "Confirmation of Transactions."

6. Investment Company Institute, *op. cit.*, *note* 1.

7. 26 U. S. C. 6045，"Returns of Brokers."

8. Electronic Signatures in Global and National Commerce Act（E-SIGN）. 15 U. S. C. 7001，"General Rule of Validity."

9. 17 CFR 230. 154，"Delivery of Prospectuses to Investors at the Same Address." 17 CFR 270. 30e-1，"Reports to Stockholders of Management Companies." 17 CFR 240. 14a-3（e），"Information to Be Furnished to Security Holders."

10. 17 CFR Part 248，Subpart A，"Regulation S-P: Privacy of Consumer Financial Information and Safeguarding Personal Information."

11. SEC，Final Rule 34-69359，IA-3582，IC-30456， "Identity Theft Red Flags Rules," adopting Regulation S-ID.

12. 31 CFR 1024. 200，"Customer Identification Programs for Mutual Funds." 31 CFR 1010. 520，"Information Sharing between Government Agencies and Financial Institutions." 31 U. S. C. 5318（i）， "Compliance, Exemptions, and Summons Authority." 31 CFR 1010. 350，"Reports of Foreign Financial Accounts."

13. 31 CFR 1024. 320，"Reports by Mutual Funds of Suspicious Transactions," for filing of Suspicious Activity Reports, or SARs. 31 CFR 1010. 310，"Reports of Transactions in Currency," for filing of currency transaction reports, or CTRs. 31 CFR 1010. 410 "Records to Be Made and Retained by Financial Institutions," known as the Travel Rule.

14. 26 U. S. C. 3406，"Backup Withholding."

15. 虽然审查在很大程度上是一个国家层面的事务，但证券交易委员会设立了有关规定来管理那些寻找丢失证券的持有人和无回应的收款人。17 CFR 240. 17Ad-17，"Lost Security holders and Unresponsive Payees."

16. American Institute of Certified Public Accountants，Statements on Standards for Attestation Engagements 16，"Reporting on Controls at a Service Organization." Service providers with a global presence may choose an International Standard on Assurance Engagement

3402 or ISAE 3402, "Assurance Reports on Controls at a Service Organization," from the International Federation of Accountants.

17. FICCA 构架是由投资公司协会发起的。

18. 这些协议严格来说是保存或持有服务协议，但通常被称为子过户经纪商协议。

19. 然而，细则 22c - 2 要求中介机构向基金提供信息，以强制对短期交易和其他募集说明书的规则施加限制。17 CFR 270. 22c-2（a）（2），"Redemption Fees for Redeemable Securities."

20. 2013 年和 2014 年，伪装的分配是证券交易委员会审查的重点。SEC，"Examination Priorities for 2013"（February 21, 2013）and "Examination Priorities for 2014"（January 9, 2014）.

21. NASDAQ OMX, "NASDAQ OMX to Combine MFQS Reporting Sessions on Monday, November 16, 2009," MFQS News #2009 - 3.

22. T + 1 规则有一个例外：机构货币市场基金（包括证券交易和资本股票活动）在交易日（即 T + 0）进行交易。

23. 15 U. S. C. 80a-17（f），"Transactions of Certain Affiliated Persons and Underwriters." 17 CFR 270. 17f-1 through 270. 17f-7.

24. 15 U. S. C. 80a-2（a），"Definitions；Applicability；Rulemaking Considerations." Boards approve valuation procedures at least annually under 17 CFR 270. 38a-1, "Compliance Procedures and Practices of Certain Investment Companies." For a general discussion of valuation and the board's role in it, see Mutual Fund Directors Forum, "Practical Guidance for Fund Directors on Valuation Oversight"（June 2012）.

25. Deloitte, "Fair Value Pricing Survey, Eleventh Edition"（2013）.

26. Financial Accounting Standards Board, Accounting Standards Update No. 2010-06, "Fair Value Measurements and Disclosures（Topic 820）"（January 2010）. When it was initially adopted, this guidance was referred to as Financial Accounting Standard 157, or FAS 157.

27. 17 CFR 270. 22c-1, "Pricing of Redeemable Securities for Distribution, Redemption and Repurchase."

28. Remarks of Solomon Freedman, Director Division of Corporate Regulation, SEC, "Projections, Forward Pricing, and Group Purchasing"（October 22, 1968）.

29. 超过 1/3 的基金使用零门槛。Deloitte, op. cit., note 25.

30. State of New York v. Canary Capital Partners, LLC, et al., Index No. 402830/2003（Supreme Court New York County, September 3, 2003）.

31. Rule 22c-2, op. cit., note 19. Intermediaries using omnibus accounts, including many 401（k）plans, may need time to total the day's orders after the market close and therefore must submit them to the fund after 4 P. M. This practice is acceptable if the intermediary has a written contract with the fund that requires it to affirm that no trades have been placed by investors after 4 P. M.

32. 17 CFR 270. 38a-1, "Compliance Procedures and Practices of Certain Investment Companies."

33. 17 CFR 170. 17f-6, "Custody of Investment Company Assets with Futures Commission Merchants and Commodity Clearing Organizations."

34. 15 U. S. C. 78q-1, "National System for Clearance and Settlement of Securities Transactions." 17 CFR 240. 15c-1, "Settlement Cycle."

35. DTCC, "DTCC Recommends Shortening the U. S. Trade Settlement Cycle"（April 2014）.

36. Fund managers are not legally required to reimburse funds for losses incurred as the result of errors, but most do so as a matter of practice. For more on errors, see Robert W. Helm and Megan C. Johnson, "Dealing with Investment Errors," *The Investment Lawyer* 20, no. 3（March 2013）.

第 15 章

1. Investment Company Institute, 2014 *Investment Company Fact Book.*

2. 同上。

3. 参见 "Leland O'Brien Rubinstein Associates Inc.：SuperTrust," Harvard Business School Case Study 9-294-050（1995）叙述首只 ETF 在发展过程中面临的挑战。

4. 先锋标准普尔 500 指数基金的总规模与 SPDR 基本相同（截至 2014 年 4 月约为 1 600 亿美元），尽管只有其中一个类别（相当于其资产的 10% 左右）被划分为 ETF 并在交易所交易。相比之下，SPDR 的所有股票都是在交易所交易。

5. 虽然合伙信托 ETF 可以主动管理，但截至 2014 年 4 月的所有产品都是基于指数的。

6. 合伙信托税是根据美国《国内税收法》（Rev. Rul）第 K 条管辖的。委托人信托的投资者按比例持有相关证券。交易所交易票据（除了与外币相关的交易所交易票据外）被视为用于税收目的的预付远期合同，由 Rev. Rul 2003-7 管辖。预付款远期一般不产生应税收入，直到它们被出售或赎回。然而，在 Rev. Rul 2008-1 中的"外汇兑换票据"（2008 年 1 月 4 日），美国税务局确定基于外币的交易所交易票据应被视为债务。在 2008-2 号通知"关于预付远期合同和类似安排的时间、性质、来源和其他问题"中，美国税务局表示有意审查交易所交易票据的税务处理。截至 2014 年 4 月，美国税务局没有发出任何额外指导。See Ray Beeman and Yoram Keinan, "The Tax Treatment of Exchange-Traded Notes," Tax Analysts（July 1, 2008）.

7. 本部分中的所有资产信息均来自 ETF 数据库。

8. 最近，最高法院的裁决提出了关于这些专利的有效性的问题。See Alice Corporation Pty. Ltd. v. CLS Bank International, et al.（2014）。

9. 关于交易型开放式指数基金豁免订单中涉及的问题描述包括在美国证券交易委员会拟议的规则 33-8901, IC-28193, "Exchange-Traded Funds"（March11, 2008）。See SEC, Release 30975, In the Matter of Emerging Global Advisors, "Order under Section 6（c）, 12（d）（l）（J）and 17（b）of the Investment Company Act of 1940"（March 7, 2014）.

10. See Permanent Subcommittee on Investigations, "Compliance with Tax Limits on Mutual Fund Commodity Speculation"（January 26, 2012）. The exhibits for the hearing include examples of IRS private letter rulings advising that income from controlled foreign corporations is qualifying income for purposes of determining a mutual fund's tax status. In July 2011, the IRS indicated that it would suspend issuance of these private letter rulings pending further review.

11. 赎回揽子是基于下一次每股资产净值计算时的投资组合。

12. 26 U. S. C. 1031, "Exchange of Property Held for Productive Use or Investment."

13. 跟踪误差在这里被定义为每股资产净值表现与指数表现之间的差异。一些分析家将其定义为股票与指数间的表现差异，可以反映股票价格与每股资产净值的溢价或贴现的变化。我们使用跟踪误差的非正式定义，意味着指数表现和基金表现之间的绝对差异。如我们在第 6 章所讨论的，在更严格的定量分析中，绝对差异将通过贝塔来调整以得到跟踪误差。

14. Morgan Stanley，"ETF Tracking Error：A Modest Rise in 2013"（March 20，2014）. Average was 45 basis points when weighted by assets.

15. 针对杠杆基金提供商普硕（ProShares）的指控披露不足的集体诉讼被驳回。 Sankowich et al. v. ProShares Trust et al.（SDNY2009）.

16. SEC，Letter from Elizbeth G. Osterman，associate director，Office of Exemptive Applications，Office of Investment Company Regulation（December 6，2012）.

17. FINRA Regulatory Notice 09-31，"FINRA Reminds Firms of Sales Practice Obligations Relating to Leveraged and Inverse Exchange-Traded Funds"（June 2009）. FINRA Investor Alert，"Leveraged and Inverse ETFs：Specialized Products with Extra Risks for Buy-and-Hold Investors"（August 18，2009）.

18. SEC，Notice of Application IC-31300（October 21，2014）.

19. SEC，Notice of Application IC-31333（November 6，2014）.

20. Investment Company Institute，*op. cit.*，*note* 1.

21. iShares by BlackRock，"2013 iShares Institutional Survey."To prevent fee pyramiding，there are rules governing mutual funds' investments in other funds，including ETFs. See 15 U. S. C. 80a-12（d），"Limitations on Acquisition by Investment Companies of Securities of Other Specific Businesses"；17 CFR 270. 12d-1，"Exemptions for Investments in Money Market Funds"；17 CFR 270. 12d-2，"Exemptions for Investment Companies Relying on Section 12（d）（1）（G）of the Act."；CFR 270. 12d-3，"Exemptions for Investment Companies Relying on Section 12（d）（1）（F）of the Act."；SEC Final Rule 33-8713，IC-27399，"Fund ofFunds Investments"（June 20，2006）. The SEC proposed relaxing these rules in 2008；see SEC Proposed Rule 33-8901，IC-28193，"Exchange-Traded Funds"（March 11，2008）.

22. Investment Company Institute，op. cit.，note 1.

23. 同上。

24. Financial Stability Board，"Potential Financial Stability Issues Arising from Recent Trends in Exchange-Traded Funds（ETFs）"（April 12，2011）；Itzhak Ben-David，Francesco Franzoni，and Rabih Moussawi，"Do ETFs Increase Stock Volatility？"SSRN（November 2013）；Rodney N. Sullivan and James X. Xiong，"How Index Trading Increases Market Vulnerability，"Financial Analysts Journal 68，no. 2（March/April 2012）；and Russ Wermers and Tong Yao，"Active vs. Passive Investing and the Efficiency of Individual

Stock Prices"（May 2010）.

25. CFTC and SEC，"Findings Regarding the Market Events of May 6, 2010"（September 30, 2010）.

第 16 章

1. Form PF，"Reporting Form for Investment Advisers to Private Funds and Certain Commodity Pool Operators and Commodity Trading Advisors."SEC，Final Rule IA-3308，"Reporting by Investment Advisers to Private Funds and Certain Commodity Pool Operators and Commodity Trading Advisors on Form PF"（October 31, 2011）.17 CFR 175.204（b）-1，"Reporting by Investment Advisers to Private Funds."

2. 在美国，禁止无借券卖空，即未使用借入股票交付给买方的卖空。17 CFR 240.10b-21，"Deception in Connection with a Seller's Ability or Intent to Deliver Securities on the Date Delivery Is Due."SEC，Final Rule 34-58774，"'Naked' Short Selling Antifraud Rule"（October 14, 2008）.17 CFR 242.200 et seq.，Regulation SHO.SEC，Final Rule 34-50103，"Short Sales"（July 28, 2004）.

3. 共同基金管理公司的关联方有时会作为相关基金的借贷代理人。许多管理公司将部分收入作为支付贷款计划的费用。这个安排是有争议的，批评者认为这些基金应该收取所有的收入。该做法的支持者则认为，董事会是分开制定特殊服务的。

4. SEC，"Emergency Order Pursuant to Section 12（k）（2）of the Securities Exchange Act of 1934 Taking Temporary Action to Respond to Market Developments."

5. 证券交易委员会的定义更具体。正如 PF 表单所定义的，私募股权基金不是大宗商品池、对冲基金、流动性基金（类似于第 12 章讨论的稳定价值基金）、证券化资产基金（通常称为专用工具，我们在第 7 章中阐述过）或风险投资基金。此外，它不提供"通常情况下的赎回权"。Form PF，"Reporting Form for Investment Advisers to Private Funds and Certain Commodity Pool Operators and Commodity Trading Advisors."

6. 根据证券交易委员会的定义，风险投资基金从发行人处直接收购股权，而不使用杠杆的，就称自己为风险投资基金，证券交易委员会并不参考投资组合公司的规模。17 CFR275.203（1）-1，"Venture Capital Fund Defined."SEC Final Rule IA-3222，"Exemptions for Advisers to Venture Capital Funds，Private Fund Advisers With Less Than $150 Million in Assets under Management，and Foreign Private Advisers."

7. 商业发展公司是根据《1940 年投资公司法》进行管理的，尽管它们的许多规定都已经被免除了。15 U. S. C. 80a-53 et seq. ，"Election to Be Regulated as a Business Development Company. "

8. 《多德－弗兰克金融改革法案》第 403 节，"消除私人顾问的豁免，外国私营顾问的有限豁免，有限的内部豁免"。对冲基金的注册是有历史渊源的。美国证券交易委员会最初在 2004 年通过向基础客户查看基金，来确定顾问是否满足了当时 15 类客户的注册门槛。但是，这一规则在联邦上诉法庭中已被废除。

9. Section 410 of the Dodd-Frank Wall Street Reform and Consumer Protection Act, "State and Federal Responsibilities; Asset Threshold for Federal Registration of Investment Advisers. " 17 CFR 175. 203A-1, "Eligibility for SEC Registration; Switching to or from SEC Registration. " SEC Final Rule, IA-3221, "Rules Implementing Amendments to the Investment Advisers Act of 1940" (June 22, 2011). 有关国家注册要求的信息，请访问北美证券管理员协会网站 www. nasaa. org，怀俄明州是唯一一没有注册要求的州。

10. For a complete review of SEC requirements, see Staff of the Investment Adviser Regulation Office, Division of Investment Management, SEC, "Regulation of Investment Advisers by the U. S. Securities Exchange Commission" (March 2013). State-registered investment advisers must comply with the regulations imposed by the state, which are often less onerous。

11. SEC Interpretive Release 34-23170, "Commission Guidance Regarding Client Commission Practices under Section 28 (e) of the Securities Exchange Act of 1934" (July 24, 2006).

12. 17 CFR 275. 204-3, "Delivery of Brochures and Brochure Supplements. "

13. CFR 275. 204a-1, "Investment Adviser Codes of Ethics. " SEC, Final Rule IA-2256, IC-26492, "Investment Adviser Codes of Ethics" (July 2, 2004). See Chapter 2 for a more detailed discussion of codes of ethics.

14. 17 CFR 275. 206 (4) -7, "Compliance Procedures and Practices. " SEC Final RuleIA-2204, IC-26299, "Compliance Programs of Investment Companies and Investment Advisers" (December 17, 2003).

15. 17 CFR 230. 482, "Advertisements by an Investment Company as Satisfying Requirements of Section 10. " SEC, Final Rule 33-8294, 34-48558, IC-26195, "Amendments to Investment Company Advertising Rules" (September 29, 2003). FINRA Manual,

FINRA Rules 2210 "Communications with the Public."

16. 17 CFR 175. 204（b）-1，"Reporting by Investment Advisers to Private Funds." 17 CFR 279. 9，"Form PF，Reporting by Investment Advisers to Private Funds." SEC Final Rule IA-3308，"Reporting by Investment Advisers to Private Funds and Certain Commodity Pool Operators and Commodity Trading Advisors on Form PF"（October 31，2011）.

17. Data derived from Hedge Fund Research，Inc.

18. Visit the CFTC website for definitions of commodity pools and commodity trading advisers：

www. cftc. gov/ConsumerProtection/EducationCenter/CFTCGlossary/index. htm.

19. For research on hedge funds，see Vikas Agarwal，Naveen D. Daniel，and Narayan Y. Naik，"Role of Managerial Incentives and Discretion in Hedge Fund Performance" SSRN（October 11，2008）. For research on mutual funds see Ajay Khorana，Henri Servaes，and Lei Wedge，"Portfolio Manager Ownership and Fund Performance，" SSRN（September 13，2006）.

20. 有限合伙公司往往没有董事会成员。如果它们有董事会，就不需要有独立董事。2013 年，1/4 的对冲基金董事会没有独立董事。Sound Fund Advisors，"Fund Governance Trends：2013 Industry Data，Hot Topics & Recommended Best Practices"（February 2014）.

21. 这些自愿性标准由对冲基金标准委员会制定和管理。See www. hfsb. org.

22. For a discussion of the multiple database issue see Juha Joenväärä，Robert Kosowski，and Pekka Tolonen，"Hedge Fund Performance：What Do We Know?" SSRN（February 7，2014）.

23. 全球投资业绩标准（GIPS 标准），用于最小化投资公司业绩报告中的幸存者偏差和回填偏差。遵循这一原则的公司需要保留该公司管理的所有投资组合的业绩历史记录。注册金融分析师协会创建并且管理该准则。

24. Gjergji Cici，Alexander Kempf，and Alexander Puetz，"The Valuation of Hedge Funds' Equity Positions，" SSRN（May 2013）；ing-zhi Huang，John Liechty，and Marco Rossi，"Return Smoothing and Its Implications for Performance Analysis of Hedge Funds，" SSRN（November 18，2009）；and Andrew J. Patton，Tarun Ramadorai，and Michael Streatfield，"Change You Can Believe In? Hedge Fund Data Revisions，" SSRN（March 22，2013）. SEC regulation seemed to decrease the incidence of misreporting. See Stephen

G. Dimmock and William C. Gerken, "Regulatory Oversight and Return Misreporting by Hedge Funds," SSRN (February 3, 2014).

25. An early study estimating the degree of bias is Gaurav S. Amin and Harry M. Kat, "Welcome to the Dark Side: Hedge Fund Attrition and Survivorship Bias over the Period 1994 – 2001," SSRN (December 11, 2001). Adjustments for backfill and survivorship bias are now incorporated in most rigorous analyses of hedge fund performance. Studies estimating the degree of nonreporting include Xiaoqing Eleanor Xu, Jiong Liu, and Anthony L. Loviscek, "Hedge Fund Attrition, Survivorship Bias, and Performance: Perspectives from the Global Financial Crisis," SSRN (February 12, 2010); Vikas Agarwal, Vyacheslav Fos, and Wei Jiang, "Inferring Reporting Biases in Hedge Fund Databases from Hedge Fund Equity Holdings," SSRN (May 2011); and Adam L. Aiken, Christopher P. Clifford, and Jesse Ellis, "Out of the Dark: Hedge Fund Reporting Biases and Commercial Databases," SSRN (July 6, 2012).

26. 根据证券交易委员会的各种私人信件裁决，从私人转向公众的基金可以包括公开募集说明书期间的业绩。然而，美国金融业监管局不允许宣传该业绩。See K&L Gates, "Advertising the Mutual Fund" (2013).

27. Mark M. Carhart, Jennifer N. Carpenter, et al., "Mutual Fund Survivorship," The Review of Financial Studies 15, no. 5 (Winter 2002). A more recent estimate is available in Vanguard, "The Mutual Fund Graveyard: An Analysis of Dead Funds" (January 2013).

28. Roger G. Ibbotson, Peng Chen, and Kevin X. Zhu, "The ABCs of Hedge Funds: Alphas, Betas, and Costs," SSRN (March 30, 2010).

29. Joenväärä, op. cit., see note 22. The conclusions on fund features are supported by other research, including Agarwal, op. cit., see note 19. For an analysis of how the high water mark affects hedge fund manager incentives, see Sugata Ray, "The Downside of High Water Marks: An Empirical Study," SSRN (March 22, 2011).

30. Joenväärä, op. cit., see note 22.

31. Joenväärä, op. cit., see note 22. Daniel Edelman, William Fung, et al., "Funds ofHedge Funds: Performance, Risk and Capital Formation 2005 to 2010," Financial Markets and Portfolio Management 26, no. 1 (2012).

32. Narayan Y. Naik, Tarun Ramadorai, and Maria Stromqvist, "Capacity Constraints

and Hedge Fund Strategy Returns," European Financial Management 13, no. 2 (March 2007).

33. Zhaodong (Ken) Zhong, "Why Does Hedge Fund Alpha Decrease over Time? Evidence from Individual Hedge Funds," SSRN (January 2008). An analysis of the size issue in mutual funds, see Luboš Pástor, Robert F. Stambaugh, and Lucian A. Taylor, "Scale and Skill in Active Management," SSRN (January 31, 2014).

34. Section 409 of the Dodd-Frank Wall Street Reform and Consumer Protection Act, "Family Offices." 17 CFR 275. 202 (a) (11) (G) -1, "Family Offices." SEC Final Rule IA-3220, "Family Offices" (June 22, 2011).

35. Offerings that are exempt under the Exchange Act are still required to file Form D with the SEC and some state securities regulators. 17 CFR 230. 503, "Filingof Notice of Sales."

36. Exemption from Investment Company registration: 15 U. S. C. 80a-3 (c) (1), Definition of Investment Company. Exemption from Securities Act Registration: 17 CFR 2305. 06, "Exemption for Limited Offers and Sales without Regard to Dollar Amount of Offering." Definition of accredited investor: 17 CFR 230. 501, "Definitions and Terms Used in Regulation D." Section 413 of the Dodd-Frank Wall Street Reform and Consumer Protection Act, "Adjusting the Accredited Investor Standard" mandated changes in the standards that were implemented in SEC Final Rule 33-9287, IA-3341, IC-29891, "Net Worth Standard for Accredited Investors" (December 21, 2011). (See also technical amendment issued on March 23, 2012.) Section 415 of the Dodd-Frank Wall Street Reform and Consumer Protection Act, "GAO Study and Report on Accredited Investors" mandated a General Accounting Office study of the standard, which was published on July 18, 2013, "Alternative Criteria for Qualifying as an Accredited Investor Should Be Considered."

37. 15 U. S. C. 80b-5 (e), "Investment Advisory Contracts." 17 CFR 275. 205-3, "Exemption from the Compensation Prohibition of Section 205 (a) (1) for Investment Advisers." Section 418 of the Dodd-Frank Wall Street Reform and Consumer Protection Act, "Qualified Client Standard," mandated changes in the standard that were implemented in SEC, Final Rule IA-3372, "Investment Adviser Performance Compensation" (February 15, 2012).

38. Exemption from Investment Company registration: 15 U. S. C. 80a-3 (c) (7),

"Definition of Investment Company. " Definition of Qualified Purchaser: 15U. S. C. 80a-2 (51), "Definitions; Applicability; Rulemaking Considerations. " Exemption from Exchange Act registration: 15 U. S. C. 78l (g) (1) . Exchange Act 12 (g) (1) was recently modified by Section 501 of the Jumpstart Our Business Startups Act, "Threshold for Registration. "

39. SEC Final Rule 33-9415, 34-69959, IA-3624, "Eliminating the Prohibition Against General Solicitation and General Advertising in Rule 506 and Rule 144A Offerings" (July 10, 2013) .

40. SEC Final Rule 33-9414, "Disqualification of Felons and Other 'Bad Actors' from Rule 506 Offerings" (July 10, 2013) .

41. Section 201 (a) of the Jumpstart Our Business Startups Act, "Modification of Exemption. " For the antifraud and other rules affecting advertising by registered investment advisers, see 15 U. S. C. 80b-6, "Prohibited Transactions by Investment Advisers" and 17 CFR 275. 206 (4) -1, "Advertisements by Investment Advisers. "

42. Section 201 (a) of the Jumpstart Our Business Startups Act, "Modification of Exemption. " Section 926 of the Dodd-FrankWall Street Reform and Consumer Protection Act, "Disqualifying Felons and Other 'Bad Actors' from Regulation D Offerings. "

43. Preqin (January 2014), as cited by the Managed Funds Association (www. managedfunds. org/hedge-fund-investors/who-invests/) .

44. 26 U. S. C. 4942, "Taxes on Failure to Distribute Income. " Endowments are privatefoundations for tax purposes.

45. Preqin, 2014 Preqin Global Hedge Fund Report and Preqin Investor Outlook: Hedge Funds, H2 2013.

46. Based on a comparison of the performance of the HFRI Fund Weighted Composite Index and the HFRI Fund of Funds Composite Index since January 1990. (Source: Hedge Fund Research.) See also Stephen J. Brown, William N. Goetzmann, and Bing Luang, "Fees on Fees in Funds of Funds," Yale ICF Working Paper No. 02-33 (June 2004) .

47. 有些对冲基金不使用主支基金的结构。相反，它们建立了一个美国基金和一个离岸基金，并且平行管理它们，这意味着它们在两个基金中创造了相同的投资头寸。

48. 有一半的对冲基金资产都在开曼群岛注册。SEC，"Annual Staff Report Re-

lating to the Use of Data Collected from Private Fund Systemic Risk Reports"（July 25，2013）.

49. Strategic Insight. Used with permission.

50. 个人投资者购买业绩好的，但不会卖出业绩差的。Miguel A. Ferreira，Aneel Keswani，et al.，"The Flow-Performance Relationship around the World," SSRN（September 2010）. For the differing behavior of individual and institutional investors，see Galla Salganik and Amnon Schreiber，"The Determinants of Investment Flows：Retail versus Institutional Mutual Funds," SSRN（November 17，2013）.

51. 15 U. S. C. 80a-18（a），"Capital Structure of Investment Companies. "

52. Andrew Ang，Sergiy Gorovyy，and Gregory B. van Inwegen，"Hedge Fund Leverage," SSRN（July 5，2010）.

53. Investment Company Institute，2014 *Investment Company Fact Book.*

54. 公平分配交易是投资顾问信托义务的一部分。For an analysis，see PwC，"SEC's Current View Related to Trade Allocation Practices," FS Regulatory Brief，2011. For an analysis of the performance impact of side by side management，see Tom Nohel，Z. Jay Wang，and Lu Zheng，"Side-by-Side Management of Hedge Funds and Mutual Funds," SSRN（December 2006）.

55. 金融工具指令市场（称为 MiFID II）在 2014 年 1 月 14 日商定的变化中，允许使用衍生品的"结构化 UCITS"被广泛地指定为是复杂的，所有 UCITS 基金以前被认为是非复杂的。See European Securities Markets Authority（ESMA），"MiFID Practices for Firms Selling Complex Products"（February 7，2014）.

第 17 章

1. Studies documenting the benefits of trade and investment liberalization include Jeffrey D. Sachs and Andrew Warner，"Economic Reform and the Process of Global Integration," Brookings Papers on Economic Activity 1（1995）；Organisation for Economic Co-Operation and Development，"Open Markets Matter：The Benefits of Trade and Investment Liberalization," OECD Policy Brief（October 1999）and Trade，Investment and Development：Reaping the Full Benefits of Open Markets（1999）；and Romain Wacziarg and Karen Horn Welsh，"Trade Liberalization and Growth：New Evidence," NBER Working Paper

No. 10152 (December 2003) .

2. John Rea, "U. S. Emerging Market Funds: Hot Money or Stable Source of Investment Capital?" ICI Perspective 2, no. 6 (December 1996); and Mitchell A. Post and Kimberlee Miller, "U. S. Emerging Market Equity Funds and the 1997 Crisis in Asian Financial Markets," ICI Perspective 4, no. 2 (June 1998) .

3. For a summary of the QFII rules, see Keith Robinson, Karl Egbert, et al. , "The Qualified Foreign Institutional Investor Program in China—Recent Developments, New Opportunities and Ongoing Challenges," The Investment Lawyer 20, no. 2 (February 2013) .

4. Christopher J. Neely, "An Introduction to Capital Controls," Federal Reserve Bank of St. Louis Review (November-December 1999) .

5. Bong-Chan Kho, RenéM. Stulz, and Francis E. Warnock, "Financial Globalization, Governance, and the Evolution of the Home Bias," SSRN (June 2007); and Geert Bekaert and Xiaozheng Wang, "Home Bias Revisited," SSRN (February 16, 2009) .

6. Studies include Javier Estrada, Mark Kritzman, et al. , "Countries versus Industries in Europe: A Normative Portfolio Approach," SSRN (February 2005); Peter F. Christoffersen, Vihang R. Erruna, et al. , "Is the Potential for International Diversification Disappearing?" SSRN (March 16, 2010); and Nicholas Apergis, Christina Christou, and StephenM. Miller, "Country and Industry Convergence of Equity Markets: International Evidence from Club Convergence and Clustering," SSRN (July 2012) .

7. The ICAEW maintains a list of accounting standards by country. See www. kpmg. com/ Global/en/IssuesAndInsights/ArticlesPublications/financial-transaction-taxsurvey/Pages/default. aspx.

8. 17 CFR 270. 17f-5, "Custody of Investment Company Assets Outside the United States," known as Rule 17f-5. SEC, Final Rule IC-24424, IS-1221, "Custody of Investment Company Assets Outside the United States," (April 27, 2000) . 9. Securities and Exchange Board of India, "Notification (Foreign Portfolio Investors) Regulations, 2014" (January 7, 2014) .

9. BNY Mellon, "The Depositary Receipt Market: 2013 Yearbook" (2014) .

10. Securities and Exchange Board of India, "Notification (Foreign Portfolio Investors) Regulations, 2014" (January 7, 2014) .

11. 15 U. S. C. 78m (d), "Periodical and Other Reports. " 17 CFR 240. 13d-101,

"Schedule 13D. " 17 CFR 240. 13d-102, "Schedule 13G. " Code de Commerce, Article 233-7. Financial Conduct Authority, Disclosure Rules and Transparency Rules, DTR 5. 1, "Notification of the Acquisition or Disposal of Major Shareholdings. "

12. 17 CFR 270. 35D-1, "Investment Company Names. " SEC, Final Rule IC 24828, "Investment Company Names" (January 17, 2001).

13. The ICAEW maintains a list of accounting standards by country. See: www.icaew. com/en/library/subject-gateways/accounting/accounting-by-country.

14. See Christopher J. Neely and Paul A. Weller, "Technical Analysis in the Foreign Exchange Market," Federal Reserve Bank of St. Louis Working Paper No. 2011-001B, SSRN (July 24, 2011); and Lukas Menkhoff, Lucio Sarno, et al., "Currency Momentum Strategies," BIS Working Paper No. 366, SSRN (December 1, 2011).

第 18 章

1. Investment Company Institute, 2014 *Investment Company Fact Book.*

2. *Idem* and Investment Company Institute, 2010 *Investment Company Fact Book.*

3. Ajay Khorana, Henri Servaes, and Peter Tufano, "Explaining the Size of the Mutual Fund Industry around the World," SSRN (January 2004).

4. 研究人员发现, 在投资者保护最强的国家, 基金通常是最容易被接受的, 并且成本是最低的。Ajay Khorana, Henri Servaes, and Peter Tufano, "Mutual Funds Fees around the World," SSRN (July 2007).

5. For example, see EY, "Hitting the Sweet Spot in Emerging Markets: The Growth of the Middle Class in Emerging Markets" (2013).

6. World Bank, "World Bank Pension Conceptual Framework," World Bank Pension Reform Primer (2008/9); and Robert Holzmann, "Global Pension Systems and Their Reform: Worldwide Drivers, Trends, and Challenges," Social Protection & Labor Discussion Paper 1213, World Bank (May 2012).

7. Investment Company Institute, *op. cit.*, note 1.

8. EFAMA, "Asset Management in Europe: Facts and Figures" (June 2013).

9. 15 U. S. C. 80a-7 (d), "Transactions by Unregistered Investment Companies. " A master fund registered overseas (and not in the United States) must qualify for one of the

exemptions from registration discussed in Chapter 16 in order to be sold in the United States. If the unregistered master fund is purchased by a feeder fund, the SEC looks through the feeder fund to its investors to determine whether the master fund complies with the exemptions.

10. Under what is known as the UCITS IV Directive. European Parliament and European Council, Directive 2009/65/EC on the coordination of laws, regulations, and administrative provisions relating to undertakings for collective investment in transferable securities (UCITS) (July 13, 2009).

11. 中国香港监管机构日益要求本地管理基金的管理层本地化。例如，最近在香港设立公司形式的开放式基金结构的建议包括一项规定，即投资管理人在本地注册，而不使用外国分支机构。Financial Services and the Treasury Bureau, "Open-Ended Fund Companies Consultation Paper" (March 2014). Alternative Investment Management Association, Letter to Financial Services Branch, "Response to Consultation Paper Concerning the Proposed Open Ended Fund Company (OFC)." 根据欧盟 AIFMD，处理投资组合管理和风险管理的美国分管员可能会被视为另类投资基金管理人，但须符合规章的所有规定。

12. European Parliament and European Council. UCITS I: Directive 85/611/EC (December 20, 1985). UCITS II was abandoned before it was passed. UCITS III: Directive 2001/107/EC and Directive 2001/108/EC (January 21, 2002). UCITS IV: op. cit. , note 7. UCITS V was approved on March 13, 2014.

13. European Parliament and European Council. MiFID 1: Level 1 Directive 2004/39/EC (December 20, 1985) and Level 2 Implementing Directive 2006/73/EC (August 10, 2006). MiFID 2 was approved on April 15, 2014.

14. Alternative Investment Fund Managers Directive (AIFMD): European Parliament and European Council, Directive 2011/61/EU (June 8, 2011). For an overview of AIFMD, see NICSA, "AIFMD 101: An Introduction for U. S. Managers" (September 2103) at www. slideshare. net/nicsaonline/aifmd-101.

15. European Parliament and European Council, Regulation 1095/2010 (November 24, 2010). The comply or explain provision is Article 16 (3).

16. A UCITS fund may be either a SICAV, which stands for *société d' investissement à capital variable*, meaning "investment society with variable capital," or an FCP, for *fond commun de placement*. A SICAV is a separate legal entity, roughly equivalent to a

U. S. open-end mutual fund, while an FCP is established by contract between the management company and the custodian.

17. The KIID was adopted as part of UCITS IV, Sections 4. 4. 1 and 7, op. cit. , note 7. See ESMA/2012/592, "Questions and Answers—Key Investor Information Document (KIID) for UCITS" (September 25, 2012).

18. 薪酬指引是 UCITS V 的一部分。作为欧盟金融机构报酬要求的第三套,它补充了资本要求指令(简称 CRD,管理信贷机构和投资公司)和 AIFMD(管理非 UCITS 基金)的规则。参见注 14,它们是相似但不完全相同的。观察家预计这些将以某种方式进行协调,也许通过等效条款。See CRD IV: European Parliament and European Council, Directive2013/26/EU(June 26, 2013).

19. EFAMA, EFAMA Investment Fund Industry Fact Sheet: December 2013 Data.

20. PwC, "Benchmark Your Global Fund Distribution 2014" (2014). Cross-border funds are defined as those registered in at least three countries, including their domicile.

21. ALFI and EFAMA, "The European Investment Fund Industry at End-December 2013" (March 28, 2014).

22. PwC, op. cit. , note 20.

23. EFAMA, "Trends in the European Investment Fund Industry in the Fourth Quarter of 2013 and Results for the Full Year 2013" (March 2014).

24. PwC, op. cit. , note 20.

25. UCITS III, op. cit. , note 8, in combination with the Eligible Assets Directive: European Parliament and European Council, Directive 85/611/EEC as regards the clarification of certain definitions. See also Committee of European Securities Regulators, "CESR's Guidelines on Risk Measurement and Calculation of Global Exposure and Counterparty Risk for UCITS" (July 28, 2010).

26. Used with permission.

27. Articles 19(5) and (6) of MiFID(2004/39/EC) and Articles 36 – 38 of MiFID Implementing Directive(2006/73/EC).

28. 根据欧洲议会于 2013 年 11 月 20 日批准的包装零售投资产品(PRIP)的主要信息文件(KID)规则草案。

29. 2013 年,瑞士改革了零售基金分配管理。Hong Kong Monetary Authority, "Synthetic Exchange-Traded Funds(ETFs)and Related Products" (September 3, 2010).

30. Under MiFID 2, op. cit. , note 13.

31. For more detail, see Citi Securities and Fund Services, "Funds Passporting in the Asia Pacific Region: Fifteen Markets, Eight Players, Three Schemes, One Objective" (2013).

32. AIFMD, op. cit. , note 14.

33. Theresa Hamacher, "Pensions, Population and Policy," NICSA News (March 19, 2013). See also Investment Company Institute, "Globalisation and the Global Growth of Long-Term Mutual Funds," ICI Global Research Perspective (March 2014).

34. For an overview of the Chilean retirement system, see Alison M. Shelton, "Chile's Pension System: Background in Brief," Congressional Research Service (March 28, 2012). A more detailed description is available in Superintendence of Pensions, The Chilean Pension System (2010).

35. Superintendencia de Pensiones, "Valor y Rentabilidad de los Fondos de Pensiones: Diciember de 2013" (January 7, 2014). Central Intelligence Agency, World Factbook.

36. 对强制性计划的缴款上限可以每年调整一次。

37. 个人的工资扣除计划也称个人自愿储蓄养老（ahorro provisional voluntario individual）。

38. 自愿计划缴款的上限是固定的，每年不能调整。

39. Superintendencia de Pensiones, op. cit. , note 3.

40. Cerulli Associates. Used with permission.

41. Central Provident Fund Board. Central Intelligence Agency, World Factbook.

42. For an overview of the CPF, see Organization of Economic Cooperation and Development, "About the Central Provident Fund" at www. oecd. org/finance/private-pensions/46260 911. pdf. Additional information is available on the Central Provident Fund Board website at www. mycpf. cpf. gov. sg. For detail on withdrawals, see CPF Board publications "Reaching 55," "CPF LIFE: Retire with Peace of Mind," and "Withdrawals of CPF Savings."

43. 新加坡股票支付的股息按普通个人税率征收。

44. 如果普通账户和特殊账户中的资产并不等于最低总额，那么以前用于购买住房的中央公积金储蓄将会把最低总额减少高达50%。

45. Sovereign Wealth Fund Institute.

46. All information about Government Investment Corporation of Singapore from GIC, Report on the Management of the Government's Portfolio for the Year 2012/13.

47. Information on the Supplemental Retirement System is available from Inland Revenue Authority of Singapore at www. iras. gov. sg/irasHome/page03_ ektid340. aspx.

48. Singapore Ministry of Finance.

关于作者

罗伯特·博森（Robert Pozen）

罗伯特·博森是哈佛大学商学院的高级讲师，也是布鲁金斯学会的高级研究员。在他杰出的职业生涯中，他一直活跃在商界、政界和学术界。

2004 年，博森先生成为 MFS 投资管理公司的执行董事长，该公司现在管理共同基金和养老金计划超过 4 000 亿美元。在 2004—2010 年期间，MFS 管理的资产翻了一番。在加入 MFS 之前，博森先生曾任富达投资的副总裁兼富达投资管理研究公司的总裁。在博森先生担任总裁的 5 年间，富达的资产从 5 000 亿美元增加到 9 000 亿美元。

在 2001 年底和 2002 年，博森先生服务于乔治·布什总统的加强社会保障委员会，制订了系统偿还能力的渐进计划。2003 年，博森先生担任马萨诸塞州州长米特·罗姆尼（Mitt Romney）经济事务秘书。2007 年，他担任证券交易委员会改革财务报告委员会的主席。

博森先生目前是美敦力公司、尼尔森（Nelsen）和 AMC（世界银行的子公司）等的独立董事。他同时也是英联邦基金理事会成员。

博森先生经常为《金融时报》《纽约时报》《华尔街日报》和《哈佛商业评论》撰写文章。他出版了一本关于金融危机的书《大乱有大治——如何治理美国的金融系统》以及一本关于专业人士如何在工作中提高效率的畅销书籍，书名为《极限生产力：提高结果，缩短时间》。

博森先生以优异成绩毕业于哈佛大学，并拥有耶鲁大学的法学学士学位。

特雷莎·哈马彻（Theresa Hamacher），CFA

特雷莎女士自 2008 年 3 月以来一直担任美国国家投资公司服务协会（NICSA）的主席。NICSA 是一家为全球投资管理界服务的非营利性贸易协会。

她曾任马萨诸塞州波士顿先锋投资管理公司首席投资官，曾经带领超过 50 名投资专业人士的团队，他们为共同基金和机构客户管理全球股权和固定收益资产超过 150 亿美元。在此之前，她是新泽西州纽瓦克市的保诚共同基金首席投资官，在那里她监督管理了 600 多亿美元资产。1984 年，她担任美国业绩最好的共同基金——保诚贝奇（税务管理）公用事业基金的投资组合管理人。1983 年，她的职业生涯起始于在投资行业担任证券分析师。

特雷莎女士是《傻瓜式股票投资袖珍指南》一书的合著者，并为《金融时报》和其他金融业出版物撰写投资管理行业相关文章。她是耶鲁大学的优秀毕业生并且是特许金融分析师。

致谢

我们向为本书做出重大贡献的朋友表示衷心的感谢，尤其要感谢那些在以下各章节中提供背景资料和在修订过程中花费大量时间和精力的专家，他们是：

第 3 章：信息披露文件，朱迪·霍根（Judy Hogan）。

第 7 章：债券基金，杰里·韦布曼（Jerry Webman）。

第 8 章：货币市场基金，简·海因里希（Jane Heinrichs）。

第 9 章：基金交易，丹尼尔·法内尔（Daniel Farrell）。

第 10 章：代理投票，马修·R. 菲洛萨（Matthew R. Filosa）。

第 11 章：零售，李·科瓦斯基（Lee Kowarski）。

第 12 章和 13 章：退休储蓄计划，在 NICSA 退休计划委员会任职人员，包括联席主席艾伦·布朗（Allan Browns）和佩瑞·威廉斯（Perri Williams）以及成员霍莉·登顿（Holly Denton）和沙伦·沙伊德（Sharon Scheid）。此外，还有退休计划的专家团队奥本海默基金（Oppenheimer Funds）。

第 13 章：个人退休账户（IRAs）和年金，丹妮尔·霍兰（Danielle Holland）和弗兰克·奥康纳（Frank O'Connor）。

第 14 章：基金运营，约翰·格雷（John Gray）和 NICSA 董事会成员布赖恩·琼斯（Brian Jones）和弗雷德·柯特奇（Fred Quatrocky）。

第 15 章：ETF，卡尔 – 奥托·哈特曼（Karl-Otto Hartmann）。

第 16 章：对冲基金，约瑟夫·莫甘特（Joseph Morgart）和卡尔 – 奥托·哈特曼。

第 17 章和 18 章：跨境投资和资产募集，克里斯托弗·R – 博哈尼（Christopher R. Bohane）。

第 18 章附录：智利和新加坡，洛德丝·朗（Lourdes Long）。

我们还要感谢在本书撰写过程中对我们的问题快速回应的以下人员：托尼·德伊莱亚（Tony D'Elia），弗兰克·波尔弗洛（Frank Polefrone），黛比·塞德尔（Debbie Seidel），艾琳·斯托 – 萨林诺（Eileen Storz-Salino），希夫·塔尼亚（Shiv Taneja）和马克·特伦查德（Mark Trenchard）。

博森希望感谢他的妻子莉兹对她的耐心和支持。他还要感谢鲍勃·希勒热情地同意为本书作序。此外，还要感谢特雷莎的牵头，在本书的修订和完善中做了大幅度调整，才顺利完成了全新的第二版。

特雷莎还希望感谢 NICSA 全体员工及董事会给予的大力支持和帮助，并感谢她的丈夫格雷·休梅克（Greg Schumaker）对本版大幅优于前一版的认同和支持。

罗伯特·博森

特雷莎·哈马彻

2014 年 10 月